DIREITOS e CIDADANIA

justiça, poder e mídia

DIREITOS e CIDADANIA

justiça, poder e mídia

Angela de Castro Gomes | coord.

FAPERJ
Fundação Carlos Chagas Filho de Amparo à Pesquisa do Estado do Rio de Janeiro

CNPq
Conselho Nacional de Desenvolvimento Científico e Tecnológico

FGV
EDITORA

ISBN — 978-85-225-0627-9

EDITORA FGV
Rua Jornalista Orlando Dantas, 37
22231-010 — Rio de Janeiro, RJ — Brasil
Tels.: 0800-21-7777 — 21-2559-4427
Fax: 21-2559-4430
e-mail: editora@fgv.br — pedidoseditora@fgv.br
web site: www.editora.fgv.br

Impresso no Brasil / *Printed in Brazil*

1ª edição — 2007
PREPARAÇÃO DE ORIGINAIS: Luiz Alberto Monjardim
EDITORAÇÃO ELETRÔNICA: FA Editoração
REVISÃO: Aleidis de Beltran, Fatima Caroni e Mauro Pinto de Faria
CAPA: aspecto:design

Ficha catalográfica elaborada pela
Biblioteca Mario Henrique Simonsen

Direitos e cidadania: justiça, poder e mídia / Angela de Castro Gomes (Coord.). — Rio de Janeiro : Editora FGV, 2007.

328 p.

Inclui bibliografia.

1. Cidadania. 2. Justiça social. 3. Identidade social. 4. Comunicação de massa — Aspectos sociais. I. Gomes, Angela Maria de Castro, 1948 - . II. Fundação Getulio Vargas.

CDD – 323.6

SUMÁRIO

APRESENTAÇÃO

*Angela de Castro Gomes**

Este livro reúne artigos produzidos pelo Projeto Pronex Direitos e Cidadania, desenvolvido com o apoio do CNPq e da Faperj e sediado no Cpdoc/FGV, sob a coordenação de Angela de Castro Gomes, durante os anos de 2004 a 2007.

O foco do projeto foi a investigação do processo histórico de construção da cidadania no Brasil, na chave do acesso a direitos (civis, políticos, sociais, culturais, de gênero etc.) e da efetivação de controles democráticos capazes de garantir e expandir esses direitos. O tema da construção da cidadania, portanto, foi compreendido como um longo e permanente processo de interação político-cultural que envolve tanto as instituições formais do Estado quanto entidades da sociedade civil e inclui uma grande diversidade de atores sociais, mesmo não organizados.

Dessa forma, a abordagem proposta se diferenciou das análises que têm dominado as áreas da história e das ciências sociais e que costumam se concentrar no estudo de instituições e temas políticos clássicos, como o Poder Executivo, o Congresso Nacional, os partidos políticos e o sistema eleitoral. Nesses casos, mesmo quando movimentos sociais ou setores da população são contemplados, ainda se reserva pouca atenção para as articulações construídas entre uma esfera formal da política e toda uma outra ordem de fenômenos sociais mais difusos, mas não menos importantes, como os que envolvem o exercício efetivo de direitos e a conformação de culturas políticas.

* Doutora em ciência política pelo Iuperj. Professora titular de história do Brasil na UFF, pesquisadora sênior do Cpdoc/FGV e coordenadora do Projeto Pronex Direitos e Cidadania.

Ou seja, fenômenos que privilegiam um conjunto de valores, crenças, vocabulário, símbolos e comportamentos que é compartilhado por grupos sociais mais ou menos formalizados.

A categoria cidadania foi, nesse sentido, tomada como um real objeto de análise, pois a orientação teórica do projeto recusou-se a preenchê-la de significados prévios e fixos. Assumiu-se assim a postura de que os "sentidos da cidadania" são múltiplos, dependendo da perspectiva cognitiva do grupo social contemplado, que é variável no tempo e no espaço. Mais, à medida que novas identidades se afirmam como resultado dos processos sociais, redefinindo contornos de grupos preexistentes, novas pautas de direitos tornam-se objeto de reivindicação, imprimindo novos sentidos à noção de cidadania. A abordagem que aqui se adota afirma, portanto, a existência de concepções de cidadania que se articulam a "identidades sociais" e a "culturas de direitos", quer dizer, que se articulam aos modos como os grupos sociais se percebem e, dessa forma, vivenciam a efetivação de direitos e o acesso à justiça, tanto no sentido das instituições judiciárias quanto no sentido de uma justiça social, também, embora não exclusivamente, de responsabilidade do Estado. Por conseguinte, o projeto partiu da premissa de que as categorias cidadania e direitos têm sentidos não necessariamente únicos e convergentes para diversos setores da população, o que se constitui em um rico tema de análise histórico-sociológica.

Essa premissa de trabalho torna-se particularmente relevante em conjunturas marcadas por processos de redemocratização do país (anos 1940 e 1980), bem como em momentos em que a luta por direitos assume contornos mais explícitos e até mais radicalizados (anos 1960 e 1970). Ela também aponta para a importância de parâmetros internacionais comparativos que auxiliem na reflexão sobre alternativas e rumos que as questões da cidadania, sua extensão e seus controles assumiram no Brasil republicano, desde o início do século XX. Por outro lado, como é sempre a ótica contemporânea que orienta o olhar do historiador e do cientista social, avulta em importância, nesse projeto, toda uma série de experiências desencadeadas após a elaboração da Constituição de 1988. Isso porque o processo de redemocratização encetado nos anos 1980 foi acompanhado de um amplo debate público sobre o acesso à justiça e sobre a inclusão de setores da população excluídos da participação de determinados direitos (os analfabetos, os "negros", os "trabalhadores informais"). Na verdade, observou-se uma ampliação das preocupações, das discussões e, em função disso, dos conteúdos que preenchiam o que se entendia por direitos, com o reconhecimento, por exemplo, dos direitos do consumidor; da criança e do adolescente; dos homossexuais; das comunidades descendentes de quilombos etc.

A nova Carta significou, portanto, uma etapa crucial para a consolidação da democracia no país, ao estender direitos civis, políticos e sociais a uma parcela da sociedade até então excluída, e ao redefinir, ampliando, a própria idéia de direitos, conformando assim novas dimensões a serem demandadas e novos instrumentos para seu exercício, implementação e fiscalização. Dessa forma, à medida que novas identidades vão sendo construídas e assumidas, vai-se impondo a necessidade de definir novos direitos. Nesse sentido, é fundamental compreender que o uso das noções de inclusão e exclusão não nos deve levar a considerar os direitos como algo que se tem ou não se tem, numa lógica política de "jogo de soma zero". É certo, porém, que quanto mais se desce na hierarquia social e quanto menor é o grau de não pertencimento dos indivíduos a redes sociais de proteção, solidariedade etc., maior é seu grau de exclusão e menor sua condição efetiva de cidadania, a despeito de seus direitos constitucionais. Entretanto, também é fundamental destacar o quanto a luta por direitos no campo político-formal é decisiva para a democratização de uma sociedade, pois, embora possa haver recuos no acesso a direitos, é sempre mais difícil alterar uma norma já consagrada legalmente, sobretudo quando ela tiver sido aprendida por segmentos da população, incorporando-se no que se está aqui chamando de uma "cultura de direitos".

Porém, ao assegurar um outro patamar ao exercício da cidadania, a Constituição de 1988 colocou na ordem do dia uma série de desafios. Por um lado, o aparelho de Estado não estava equipado material e doutrinariamente para arcar com suas novas responsabilidades perante a sociedade. Diante disso, uma nova pauta de problemas para o exercício da cidadania ganhou maior visibilidade. Nela podem-se destacar, por exemplo, as questões da reforma e dos controles sobre o Judiciário; da ética no contexto da representação política; do debate em torno dos direitos consagrados pela legislação trabalhista; do lugar do Ministério Público como instrumento fiscalizador de direitos; do papel da mídia como instância de participação da população na busca do atendimento a seus direitos. Por outro lado, tornou-se patente que a expansão da oferta de direitos e a criação de instâncias de garantia, fiscalização e controle não eram suficientes, por si sós, para gerar um aumento correspondente da demanda social por direitos. Ou seja, era indispensável empreender ações que pudessem dotar os diferentes setores sociais, principalmente os mais desfavorecidos, dos recursos necessários ao reconhecimento e à apropriação dos direitos, inclusive e talvez principalmente os já inscritos na legislação existente.

Se o Estado continuava tendo um lugar central nessa questão, particularmente em função da importância que tem, por exemplo, uma educação pública de qualidade como mecanismo de inclusão, foram principalmente os novos atores reunidos no que se passou a chamar de terceiro setor, ONGs e fundações empresariais, em particular, que tomaram a frente das ações. Impuseram-se eles, assim, como agentes fundamentais de políticas sociais e culturais, além de também se afirmarem como importantes instâncias de pressão, controle e fiscalização sobre o poder público.

Foram essas numerosas e complexas questões de fundo que orientaram o trabalho de uma ampla equipe de pesquisadores, resultando na elaboração de duas coletâneas de artigos: *Direitos e cidadania: justiça, poder e mídia* e *Direitos e cidadania: memória, política e cultura.*

Neste volume, *Direitos e cidadania: justiça, poder e mídia,* são apresentados 11 textos, resultantes do trabalho de 13 pesquisadores. Um primeiro bloco de textos põe em foco o Poder Judiciário. Angela de Castro Gomes, Elina da Fonte Pessanha e Regina de Moraes Morel apresentam os resultados de um *survey* aplicado à população de magistrados do trabalho do Brasil, tendo em vista, pela primeira vez, traçar um perfil sociológico dessa magistratura. Nesse sentido, apresentam-se dados sobre suas origens sociais e discutem-se questões vinculadas a sua carreira, além de se apresentar a visão dos magistrados sobre os principais temas e problemas que afetam uma melhor aplicação da justiça nesse ramo especial do direito. A seguir, Alzira Alves de Abreu e Christiane Jalles de Paula concentram sua atenção no Ministério Público do estado do Rio de Janeiro, uma das instituições mais identificadas com a consolidação do processo democrático brasileiro e a promoção da cidadania, contemplando duas questões fundamentais que demarcam sua ação. Christiane de Paula trata de dar relevo a um debate dos mais significativos e polêmicos envolvendo a instituição: as atribuições da exclusividade da ação penal pública, do poder investigatório do Ministério Público e do controle externo da polícia. Um debate que está no coração do processo de extraordinária expansão da atuação do Ministério Público na esfera dos direitos difusos e coletivos, e que assume importância cada vez maior em nossa sociedade. Já Alzira de Abreu concentra sua atenção nas relações entre Ministério Público e imprensa, entendidas como inevitáveis, mas também ambíguas e não menos polêmicas. Nos dois casos, um conjunto de entrevistas com procuradores e promotores do Ministério Público do estado do Rio de Janeiro subsidiou a análise, fundando um ponto de partida para a constituição de um acervo de fontes orais para o estudo dessa instituição.

A seguir, na trilha dos controles externos do poder, Charles Pessanha analisa o Tribunal de Contas, instituição de *accountability* que certamente pode ser entendida como um dos melhores indicadores da consolidação de processos democráticos na América Latina. Nesse sentido, o artigo trabalha, de forma comparativa, com os exemplos brasileiro e argentino, o que constitui contribuição relevante e inovadora, principalmente porque ainda são muito poucas as pesquisas que dedicam atenção a tais instituições. Dialogando com o tema da consolidação de processos democráticos, na chave da participação de atores da sociedade civil, Eduardo Rodrigues Gomes elege a ação empresarial como tema de reflexão. A chamada responsabilidade social das empresas, que crescentemente tem se expandido e marcado o mundo empresarial mais recentemente, recebe um tratamento "genealógico". Quando, como e através de que formas associativas e com que lideranças essa questão foi sendo formulada e praticada como pauta de ação e também como valor de mercado? Buscando responder a tais questões, ele trabalha com a idéia de que o desenvolvimento da responsabilidade social no Brasil foi o desdobramento de uma nova orientação política de um setor do empresariado que incorporou "exemplos práticos" de intervenção social como parte de sua atuação política no final dos anos 1980.

Em um segundo bloco encontram-se textos que privilegiam o poder da mídia e seu diálogo com a sociedade, bem como outros que abordam, de forma muito diferenciada, questões políticas vinculadas à dinâmica de inclusão/exclusão social. Fernando Lattman-Weltman dedica-se à investigação de uma nova modalidade de telejornalismo, chamada pela literatura de comunitário ou "jornalismo cívico". Realizando um estudo de caso do telejornal *RJTV*, da rede Globo, o autor insere esse tipo de prática da imprensa na discussão mais ampla sobre a questão do controle externo. Ou seja, na discussão que diagnostica que as instituições representativas (como partidos, parlamentares, governantes, servidores públicos etc.), em muitas democracias do mundo, ou preterem os interesses e urgências de seus representados em prol de seus próprios interesses ou então, mesmo sendo "éticas", não conseguem se desincumbir eficazmente de suas tarefas. Donde a atuação da imprensa em função que, em princípio, é identificada pelos próprios jornalistas como pertencente às instituições ditas representativas.

Permanecendo no âmbito desse debate mais amplo, Mônica Kornis desloca o eixo de reflexão do telejornal para a produção ficcional da televisão, em particular para duas minisséries de grande impacto: *Cidade dos homens* e *Falcão, meninos do tráfico.* Um ponto específico as une e é de especial interesse para a análise: a violência urbana ligada ao tema do tráfico de drogas e à questão racial. Defendendo o argumento da crescente importância desse tipo de produção na televisão, Mônica analisa as minisséries enquanto documentos, tratando, de forma indissociável, de seus conteúdos socioculturais e dos efeitos estéticos de suas linguagens visuais.

Os quatro últimos textos do volume trabalham, ainda que de forma muito variada, com história política. Celso Castro explora uma questão muito pouco tratada na literatura especializada, embora também muito mencionada: a implantação do serviço militar obrigatório, imaginado no início do século XX, como forma privilegiada de educação cívica dos cidadãos, como estratégia necessária de inclusão social. Entender as formas e as razões da resistência às tentativas de implementação dessa política no Brasil ajuda a pensar a historicidade das concepções de cidadania, o papel que as Forças Armadas nelas tiveram e as dinâmicas de reação da sociedade, para além dos constrangimentos das leis e das normas. A seguir, Jorge Ferreira, afastando-se no tempo, mas nem tanto do protagonismo dos militares, analisa um conjunto de cartas enviadas por populares ao ex-presidente João Goulart, deposto por um golpe, em março de 1964. Essa correspondência é examinada como um meio de acesso às estratégias de resistência, ao menos de resistência da memória, de setores da população que recorriam a Jango, pedindo favores ou apenas, o que não é pouco, sustentando sua identidade política. A presença das cartas no arquivo privado do ex-presidente, doado ao Cpdoc/FGV, reafirma o valor simbólico desse ato comunicativo. Assim como houve quem lhe escrevesse no exílio, de sua parte existiram o cuidado e a preocupação de guardar os traços de sua memória junto à população em momento tão difícil, em "lugar" tão distante. Ainda na temporalidade do regime militar, Célia Costa acompanha outras resistências e resistentes através da figura do deputado federal do Movimento Democrático Brasileiro (MDB-RJ) Lysâneas Maciel, que integrava o grupo dos "autênticos". Trajetórias quase inexploradas: a do indivíduo Lysâneas e a do grupo dos "autênticos" do MDB. A base para sua pesquisa é também a documentação do arquivo privado do deputado, entregue ao Cpdoc/FGV e organizado pela própria autora. Finalmente, Daniel Aarão Reis fecha o volume, abrindo-o para o mundo, no tempo e no espaço. Ele também se inscreve entre os que exploram trajetórias biográficas, desta feita a de um político e intelectual russo, Alexandre Herzen. Vivendo no século XIX, fez projetos de uma "boa sociedade", resistindo com suas idéias e ações e, assim, tornando-as modelares para se pensarem realidades as mais diversas em temporalidades as mais distintas. Usando as palavras de Herzen, citadas como epígrafe por Daniel: "infelizes o homem e sobretudo a mulher que pensam em fazer o que ninguém faz; e infelizes os que não fazem o que fazem todos os outros". O que esperamos é ter feito algo que certamente muitos já fizeram, mas não como nós, ou melhor, como nós desejamos ter feito.

CAPÍTULO 1

Perfil da magistratura do Trabalho no Brasil

Angela de Castro Gomes
*Elina da Fonte Pessanha**
*Regina de Moraes Morel***

Certamente correndo muitos riscos, talvez se possa dizer que a década de 1990 foi de "grande transformação" na atuação do Poder Judiciário, tanto no plano nacional quanto no internacional. Os processos de democratização ocorridos no pós-1970-80 informaram o constitucionalismo moderno, consolidando um novo relacionamento entre os poderes e dando ao Judiciário um papel de destaque como garantidor de direitos e controlador dos demais poderes. Não nos deteremos na questão do chamado protagonismo do Judiciário, nem nos seus efeitos sobre a política e as relações sociais. Basta assinalar que tais mudanças contribuíram para o surgimento de novos atores sociais na cena política, destacando-se aí os juízes e o Ministério Público.

Foi exatamente para designar esse novo papel do Judiciário e sua crescente importância para a consolidação de procedimentos mais democráticos, numa sociedade, que se cunhou a expressão "judicialização" das relações sociais, fenômeno complexo e contraditório, louvado por uns e visto com ressalvas por outros. Entendido como um processo que indica a capacidade do Judiciário de garantir direitos fundamentais aos cidadãos, ele ressalta igualmente que, ao lado da linguagem do direito, o Judiciário admite e postula a linguagem da Justiça, o que aponta para a dimensão política e cultural de suas decisões. Uma dimensão, vale esclarecer, que obviamente não envolve disputas eleitorais e partidárias, e sim o controle da legalidade do poder e a questão da legitimidade da lei. Tal processo, portanto, situa o Judiciário como

* Doutora em antropologia pela USP. Professora associada do IFCS/UFRJ e do Programa de Pós-Graduação em Sociologia e Antropologia da UFRJ, coordenadora do Arquivo de Memória Operária da UFRJ e pesquisadora do CNPq.

** Doutora em sociologia pela USP. Professora adjunta do IFCS/UFRJ, coordenadora do Arquivo de Memória Operária (Amorj) da UFRJ e pesquisadora do CNPq.

o garantidor fundamental, por exemplo, dos direitos sociais e culturais, além dos direitos do consumidor e dos direitos das crianças e adolescentes, entre outros novos direitos dessa concepção expandida de cidadania.

Sem dúvida, um fenômeno que atraiu a atenção da academia e que fez crescer o número de pesquisas e estudos sobre o Judiciário e a questão do acesso à justiça: os operadores do direito, suas instituições, os instrumentos jurídicos de que dispõem, os problemas que enfrentam, as perspectivas que traçam para a melhoria da justiça etc. No caso do Brasil, o grande marco, sempre assinalado, é a Constituição de 1988. Dessa forma, não é casual o aparecimento de uma série de publicações, pioneiras e importantes, justamente na década de 1990,[1] o que não significa ignorar a existência e a importância de trabalhos anteriores.

Nesse sentido, os resultados da pesquisa que vão ser aqui apresentados integram-se a um conjunto maior e desejam com ele dialogar, contribuindo para um melhor conhecimento do Judiciário no Brasil. A especificidade deste texto, em relação ao que vem sendo produzido no campo da sociologia, da ciência política e da história, é o fato de estar voltado para um ramo específico do Judiciário, para uma justiça especial: a Justiça do Trabalho.[2] O que observamos ao iniciar o projeto é que, embora já existissem bons estudos sobre o Judiciário no Brasil, nenhum deles havia se dedicado especificamente à Justiça do Trabalho. Mais ainda, embora tal justiça fosse com freqüência considerada estratégica, particularmente pela tradição que firmou na defesa dos direitos do trabalhador, donde o seu reconhecimento junto à população, nem a instituição nem seus magistrados haviam-se tornado objeto de pesquisa acadêmica. Daí o interesse em montar um projeto — "História do Direito e da Justiça do Trabalho no Brasil" — e estabelecer como um de seus objetivos a realização de um *survey* que nos aproximasse do perfil sociológico desses magistrados, bem como de suas percepções e avaliações sobre suas carreiras e sobre a própria Justiça do Trabalho.[3]

---

[1] Ver, por exemplo, Vianna et al. (1995); Sadek (1995 e 2006).

[2] A Associação Nacional dos Magistrados do Trabalho (Anamatra), criada em 1976, demandou um estudo, a saber: Arbache e Negri (2001).

[3] O projeto "História do Direito e da Justiça do Trabalho no Brasil" também visa constituir um acervo de depoimentos orais com magistrados da Justiça do Trabalho. Apoiado inicialmente pelo CNPq (Edital Universal) e pela Faperj (Projetos Temáticos), ele faz parte do Projeto Pronex Direitos e Cidadania, financiado pelo CNPq e pela Faperj entre 2004 e 2006, e sediado no Cpdoc/FGV. Em relação ao *survey*, contamos especialmente com a colaboração de Marcus Siani e dos bolsistas de Iniciação Científica Vanessa Matheus Cavalcante (Faperj) e Luisa Pereira e Daniel Iliescu (CNPq), a quem agradecemos.

Antes de comentar os resultados do *survey*, cabe fazer algumas poucas observações sobre a história da Justiça do Trabalho no Brasil e sobre o que a torna uma justiça especial, tendo em vista, tão-somente, situar o leitor "não iniciado".

A Justiça do Trabalho, no Brasil, é instituída pela Constituição de 1934, que teve curta duração, interrompida que foi pelo golpe do Estado Novo, em novembro de 1937. Mas os anos de governo constitucional, de 1934 a 1937, registraram um debate acirrado entre duas posições: uma postulando e outra combatendo a criação de uma Justiça do Trabalho, instituição que reconhecia sujeitos de direto coletivo e não apenas individuais. No caso, foram as posições liberais clássicas e individualistas que se opuseram a essa nova concepção de direito e justiça, e os defensores do intervencionismo do Estado (com destaque para Oliveira Vianna) que assumiram sua defesa e conduziram sua manutenção na Constituição de 1937.[4] Por conseguinte, a instituição da Justiça do Trabalho no Brasil não se fez sem resistências e percorreu um caminho acidentado. Em março de 1938 foi publicado um projeto de lei orgânica da Justiça do Trabalho, regulado em 1939 e regulamentado em 1940, e em 1º de maio de 1941 ela foi finalmente inaugurada em todo o país. Sete anos após sua inscrição num texto constitucional e na data comemorativa do Dia do Trabalho, essa nova instituição entrava em funcionamento para assegurar a aplicação das leis do trabalho, já existentes desde a Primeira República e que foram reunidas, em 1943, na Consolidação das Leis do Trabalho (CLT).

A Justiça do Trabalho começa a atuar com características próprias. Era uma justiça administrativa, isto é, estava subordinada ao Poder Executivo, tendo como última instância o ministro do Trabalho, Indústria e Comércio. Portanto, não integrava o Poder Judiciário, o que evidenciava sua "subordinação" e fundamentava um "afastamento" do Judiciário, difícil de apagar.[5] Só com a Constituição de 1946, evidenciando esforços da própria magistratu-

---

[4] Oliveira Vianna, consultor jurídico do Ministério do Trabalho, Indústria e Comércio de 1932 a 1940, foi o principal ideólogo e arquiteto do corporativismo no Brasil. Sua atuação em prol da criação da Justiça do Trabalho foi, igualmente, fundamental, porém menos conhecida. Durante o ano de 1935 ele escreveu artigos em defesa da instituição, debatendo com o famoso jurista paulista Waldemar Ferreira. Tais artigos foram reunidos no livro *Problemas de direito corporativo*, cuja primeira edição é de 1938.

[5] Sobre o que os próprios magistrados chamam de "cultura do desprestígio" da Justiça do Trabalho, ver Gomes (2006b).

ra do Trabalho, a Justiça do Trabalho se integra ao Poder Judiciário.[6] Além disso, era uma justiça especial, pela matéria de que tratava: dissídios individuais e coletivos entre "empregados e empregadores", na nomenclatura então consagrada. Vale dizer, ela se voltava fundamentalmente para o atendimento do cidadão comum, consagrando por isso uma dimensão intervencionista e protecionista do Estado em relação ao trabalhador, definido como "economicamente mais fraco". Exatamente devido a essa concepção, devia ser uma justiça de fácil acesso, donde as orientações de gratuidade dos custos, dispensa de advogados e oralidade e maior informalidade no julgamento dos processos.

Portanto, e diferentemente de outras justiças, orientava-se pelo princípio da conciliação entre as partes, o que a levou a incorporar, dos anos 1940 aos anos 1990, os chamados juízes classistas ou vogais, representantes de empregados e empregadores, vistos como facilitadores nos processos de conciliação.[7] Tal concepção de representação foi articulada a um projeto maior de Estado de tipo corporativo, experimentado nos anos 1930-40, tanto na América Latina como na Europa, existindo igualmente em órgãos da administração do Estado, como conselhos técnicos e autarquias, por exemplo. Porém, vale destacar que o Brasil não inventava tal tipo de representação ou de justiça, já existente em outros países, com variações, o que era conhecido e discutido nos meios jurídicos de então.

Com a Constituição de 1937, criou-se também o cargo de procurador-geral do Trabalho, bem como as procuradorias regionais do Trabalho, que deviam funcionar junto aos conselhos regionais, posteriormente tribunais regionais do Trabalho. Os procuradores — na tradição francesa, os "magistrados de pé" — tinham como tarefa assegurar o cumprimento da legislação do trabalho, representando "os fracos e hipossuficientes" e atuando, junto com os magistrados, para o fortalecimento da justiça social.[8] Pode-se verificar, então, a partir de sua própria concepção, por que os magistrados e procuradores

---

[6] No dia 9 de setembro, pouco antes da promulgação da Constituição de 1946, é editado o Decreto-Lei nº 9.797, que regulamenta a transferência da Justiça do Trabalho para o Poder Judiciário. Por meio dele, os conselhos regionais tornaram-se tribunais regionais, e o Conselho Nacional passou a ser o Tribunal Superior do Trabalho. Sobre a história da Justiça do Trabalho, ver Gomes (2006a).

[7] Os juízes classistas foram extintos pela Emenda Constitucional nº 24, de dezembro de 1999.

[8] Ver Moraes Filho (1979-2004).

da Justiça do Trabalho são reconhecidos — embora de formas e por motivos inteiramente diferentes, quer por estudiosos, quer pela população trabalhadora — como os "guardiões da justiça social".

Quando começou a atuar, em 1941, a Justiça do Trabalho dispunha de apenas oito regiões, ou seja, em apenas oito cidades-capitais do país havia tribunais de segunda instância e algumas juntas, como eram então chamadas as atuais varas do Trabalho. Fato que, se de um lado pode ser visto como um constrangimento a sua ação, de outro precisa ser considerado no contexto de um momento inaugural, pelo qual se experimentava, pela primeira vez, esse tipo de justiça. Ou seja, ainda que se reconheça sua pequena dimensão organizacional, é preciso avaliar sua importância em função do impacto simbólico que produziu. Nesse caso, vale ressaltar que a Justiça do Trabalho começou a atuar em nível nacional, sinalizando uma limitação jurídica efetiva do poder do empregador, o que, aliás, era muito divulgado pela propaganda governamental. Pode-se considerar que, mesmo com dimensões modestas (sobretudo pelos parâmetros atuais), sua repercussão no mundo do trabalho foi muito grande, tanto em termos diretos, pois atingia os trabalhadores das maiores cidades do país, quanto indiretos, pois se tornava conhecida e desejada pelos trabalhadores, inclusive os rurais, à época não atingidos pela legislação trabalhista.[9]

O que ocorreu, segundo as observações dos próprios magistrados do trabalho, foi uma lenta expansão dessa estrutura organizacional, cujo ritmo de crescimento foi travado, fundamentalmente, pelo desinteresse de vários governos, em particular durante o regime militar (1964-84). Dessa forma, a Justiça do Trabalho atravessaria quatro décadas resguardando sua atuação, mas sem conseguir aumentar substancialmente sua estrutura e seu poder de alcance. Só a partir dos anos 1980 ela ganharia o interior do país e passaria a alcançar os trabalhadores rurais, devido não só às transformações ocorridas na legislação,[10] mas também a seu crescimento organizacional, motivado por pressões da própria magistratura e de seu vigoroso associativismo, além de

---

[9] Já existem estudos que constatam a repercussão da política trabalhista de Vargas, nos anos 1930-40, entre os trabalhadores rurais, bem como seus esforços para demandar sua extensão ao campo durante a década de 1950. Ver, por exemplo, Dezemone (2004).

[10] Em 1971 é criado o Fundo de Assistência Rural (Funrural), que incorpora os trabalhadores rurais na previdência social, estabelecendo um tipo de instituição, administração e fonte de recursos para tanto.

outras condições políticas. Por isso a Justiça do Trabalho seria ao mesmo tempo uma justiça com tradição, com história, mas também uma justiça extremamente nova em sua real estruturação. Somando-se a isso o fato de que sempre foi uma justiça federal, por conseguinte menos pressionada pelas injunções políticas locais, chega-se a uma avaliação de possibilidades maiores, segundo os próprios magistrados do trabalho, de adotar procedimentos mais modernos e até mesmo de vanguarda, comparativamente a outras justiças. Dada à importância desses aspectos, vale a citação das reflexões do desembargador Maurício Delgado, em duas oportunidades:

> entre os anos 1930 e 1964 — mesmo nesta época, o Estado cuidou de não permitir a efetiva generalização desse ramo jurídico especializado, deixando-o cuidadosamente segregado a um pequeno segmento do mundo do trabalho. Esse isolamento do direito do trabalho acentuou-se a partir de 1964, tornando-se então indissimulável seu desprestígio no concerto das políticas públicas autoritárias.[11]

> Assim, a Justiça do Trabalho, embora seja antiga — sua estrutura é de 1941 —, só está presente em alguns poucos estados. (...) em todo o Sul do país, a Justiça do Trabalho só existia nas capitais. (...) Então isso não permitiu que houvesse uma ossificação da estrutura. (...) E quando houve a expansão dessa estrutura, nas décadas de 1980 e 1990, ela foi basicamente uma estrutura nova (...). Esse é um ponto importante. (...) Além disso, a Justiça do Trabalho sempre foi federalizada e, por isso, não havia pressão local tão forte como no caso da justiça comum. Sendo federalizada, ela, logo, logo, (...) incorporou o concurso público como parte de todo o seu funcionamento. E isso foi revolucionário.[12]

Foi somente a partir da década de 1980 e devido às determinações da nova Constituição, o que se confirma por dados do Tribunal Superior do Trabalho (TST), que a estrutura da Justiça do Trabalho se expandiu de forma

[11] Delgado, 2005:299.

[12] Apud Gomes, 2006b:67-68. Segundo o depoente, o que é reforçado por vários outros entrevistados, são pouquíssimos os cargos em que se usa o "recrutamento amplo" na Justiça do Trabalho, fato que tem impactos saneadores, sobretudo na conformação de uma ética no corpo de funcionários.

significativa, alcançando os municípios e cidades do interior do Brasil. Desde então, foram aumentando o número de regiões do Trabalho, que hoje são 24, cobrindo todos os estados da federação. Do mesmo modo, a partir da década de 1990, houve um grande aumento do número de varas (primeira instância), chegando-se a um total de 1.109 em 2006.[13] Esse aumento deve ser relacionado também à conformação do mercado de trabalho brasileiro, que entre as décadas de 1960 e 1970 viveu um momento de forte expansão das relações de trabalho capitalistas. Tal expansão esteve inicialmente vinculada à evolução do setor industrial, que entrou em declínio a partir dos anos 1980, sendo então superado pelo setor terciário, que passou a absorver mais trabalhadores. De toda forma, considerando-se o objetivo deste capítulo, importa destacar que a "nacionalização" da Justiça do Trabalho só se deu após ter ocorrido uma grande transferência de trabalhadores do campo para a cidade — primeiramente para o setor industrial e depois para o de serviços. Um deslocamento que começara nos anos 1950 e continuou nos anos 1990, quando a taxa de urbanização do país chegou a alcançar cerca de 80% da população. Mas, como diversos estudos assinalam, o ritmo do processo de urbanização foi mais intenso que o do desenvolvimento econômico, o que significou, especialmente desde os anos 1980, grandes dificuldades para incorporar trabalhadores ao mercado formal de emprego, produzindo-se crescentes taxas de desemprego e subemprego.[14]

Ou seja, a Justiça do Trabalho tornou-se mais presente na sociedade brasileira, do ponto de vista organizacional, justamente quando grande parte da mão-de-obra urbana e/ou rural encontrava-se trabalhando com pouca ou nenhuma proteção legal. Os anos 1980-90, como se sabe, foram marcados pela chamada reestruturação produtiva do trabalho, que se combinou com um movimento de desregulamentação das relações de trabalho e de ascensão, nacional e internacional, do discurso neoliberal. Uma conjuntura que atingiu diretamente a Justiça do Trabalho, cuja extinção chegou a ser proposta no Congresso, durante o governo de Fernando Henrique Cardoso. Ainda recorrendo à análise dos próprios magistrados, esse seria um caminho rápido e

---

[13] O aumento do número de varas foi autorizado pela Lei nº 8.432 de 1992 (ver Arbache e Negri, 2001:12). Vale esclarecer que, em 1993, a designação correta era junta, posteriormente transformada em vara pela Emenda Constitucional nº 24, de 1999. O número de varas em 2006 foi extraído do site <www.tst.gov.br> (acesso em: 16 maio 2006).

[14] Para essas considerações, tomamos por base, além de uma literatura sobre história econômica, Ribeiro e Scalon (2001).

fácil para se atacar e até extinguir toda a legislação trabalhista do país. Entretanto, não só tal proposta não foi vencedora, como a reação da magistratura do Trabalho, aliada a outros setores da sociedade civil, conduziu a um fortalecimento dessa justiça, materializado na Emenda Constitucional nº 45 de dezembro de 2004, que aumentou sua competência para julgar as "relações de trabalho" e não mais as "relações de emprego".[15]

Assim foi para melhor conhecer os magistrados dessa instituição — que teve seu poder recentemente expandido — que elaboramos o *survey* cujos resultados ora apresentamos.[16] Sua preparação envolveu alguns procedimentos prévios, entre os quais vale mencionar a aplicação de um pré-teste nos dias 16 e 17 de março de 2005, quando da realização, em São Paulo, do Simpósio Nacional sobre a Ampliação da Competência da Justiça do Trabalho, organizado pela Associação Nacional dos Magistrados do Trabalho (Anamatra).[17] Esse pré-teste assumiu a forma de pequenas entrevistas, orientadas por um questionário que visava avaliar a clareza e a adequação de nossas perguntas. Nos dois dias de trabalho, entrevistamos 20 magistrados, aleatoriamente, em função de suas disponibilidades de tempo e interesse para a conversa. A avaliação dos resultados do pré-teste foi muito positiva, pois nos orientou na reformulação de alguns questionamentos, levando-nos a excluir algumas perguntas e a introduzir outras.

De posse dessa avaliação e com o conjunto de perguntas selecionado e testado, passamos a construir, efetivamente, o questionário. Ainda com o objetivo de testar a adequação das perguntas, submetemos uma primeira versão do questionário a alguns interlocutores, que funcionaram como informantes privilegiados, deles obtendo algumas sugestões muito úteis.[18] Feitas tais preliminares, o questionário, com 95 questões e intitulado "Perfil da magistratura do Trabalho no Brasil", foi impresso e remetido pelo correio, com o apoio da

---

[15] Tal emenda trata da reforma do Judiciário; em tramitação desde 1992, foi votada em 8 de dezembro de 2004 e promulgada em 31 de dezembro do mesmo ano.

[16] Para a elaboração do *survey* contamos com o concurso de Carlos Antônio Ribeiro, que também supervisionou a tabulação dos dados e a elaboração dos gráficos e tabelas, e a quem agradecemos pela seriedade, companheirismo e disponibilidade para conversas e troca de idéias.

[17] Sem o apoio dessa associação e de seu então presidente, dr. Grijalbo Fernandes Coutinho, não teríamos conseguido alcançar nossos objetivos.

[18] Fica aqui o registro de nosso agradecimento principalmente ao desembargador Jorge Fernando Gonçalves da Fonte e ao juiz Ivan Alemão da Costa, ambos da 1ª Região Trabalhista (Rio de Janeiro).

Anamatra, a todos os seus associados, juízes de primeira (varas), segunda (tribunais regionais) e terceira (Tribunal Superior) instâncias, incluindo não só magistrados em atividade, como também aposentados, o que representou um total de 3 mil questionários.[19] Feita a postagem em junho de 2005, ficamos aguardando as respostas até o mês de outubro, o que deveria ser feito através de uma caixa postal destinada a esse fim.[20] Como bem sabem todos os que trabalham com *surveys*, não é fácil obter esse retorno, de modo que, posteriormente, oferecemos a possibilidade de responder ao questionário online, em sites de Amatras e da Anamatra. Após cerca de quatro meses, começamos a fase de tabulação dos dados, encerrando o recebimento com um número de 521 questionários, o que correspondeu a 17% do universo. Como a amostra obtida foi por adesão, não havendo como garantir a representatividade, uma das preocupações iniciais foi verificar se não havia vieses claros em relação a certas variáveis (idade, sexo e região), ante a população de magistrados pesquisada. Isso foi feito comparando-se a população de juízes ativos em 2004[21] com a amostra de juízes ativos que responderam ao questionário em 2005, e somente então eliminando-se os aposentados. Os resultados obtidos podem ser analisados a partir das tabelas 1 a 3.

Tabela 1
Comparação da população de juízes ativos em 2004
com a amostra de juízes ativos em 2005
(idade)

Idade	População		Amostra	
	Número	Percentual	Número	Percentual
21 a 30	236	9,0	29	5,7
31 a 40	985	37,5	167	32,4
41 a 50	875	33,3	164	31,8
51 a 60	398	15,1	87	17,2
61 a 70	135	5,1	67	13,3
Total	2.629	100	514	100

[19] O percentual de filiados à Anamatra é altíssimo: entre os juízes ativos, quase alcança os 100%.

[20] Antes e durante o período da remessa dos questionários, contamos com o apoio não apenas do referido presidente da Anamatra, como também de inúmeros presidentes de associações de magistrados do Trabalho regionais (Amatras).

[21] Esse era o dado que dispúnhamos naquele momento e que poderia fazer sentido para um teste da amostra resultante das respostas recebidas.

Como se pode verificar, tanto no universo de 2.629 magistrados como na amostra de 514 juízes ativos existe uma concentração de profissionais nas faixas de idade que vão de mais de 30 a 50 anos, o que abarca 70,8% do universo e 64,2% da amostra. O número de juízes de mais de 50 anos alcança 20,2% no universo e 30,5% na amostra. Já aqueles com menos de 30 anos, uma minoria, são 9% no universo e 5,7% na amostra. Por conseguinte, pode-se afirmar que, em relação à idade, nossa amostra não apresentou distorção. O mesmo procedimento foi repetido em relação ao sexo por instância de atuação, sem excluir os aposentados, como se vê a seguir.

Tabela 2
Comparação da população de juízes ativos em 2004 com a amostra de juízes em 2005
(instância por sexo)

Instância	População					
	Juízes		Juízas		Total	
	Número	Percentual	Número	Percentual	Número	Percentual
TST	16	1,1	1	0,6	17	0,6
TRT	269	19,0	174	14,3	443	16,9
VT	1.130	79,9	1.039	85,6	2.169	82,5
Total	1.415		1.214		2.629	100
Percentual	53,8		46,2		100,0	
Instância	**Amostra**					
	Juízes		Juízas		Total	
	Número	Percentual	Número	Percentual	Número	Percentual
TST	1	0,3	1	0,5	2	0,4
TRT	57	18,5	23	10,8	80	15,4
VT	250	81,2	189	88,7	439	84,3
Total	308		213		521	
Percentual	59,1		40,9		100,0	

Considerando-se que os ministros do Tribunal Superior do Trabalho correspondem a menos de 1% do universo, não chega a representar perda quantitativa o fato de não trabalharmos com essa instância, no que se refere ao teste de validade da amostra. Já em relação aos tribunais regionais podemos observar um bom equilíbrio entre o universo efetivo e a nossa amostra, uma vez que no universo os homens são 19% e as mulheres, 14,3%, e na nossa amostra de 80 desembargadores, as percentagens são, respectivamente, 18,5%

e 10,8%, havendo então um pouco menos de respostas de juízas. Em relação às varas do Trabalho, o percentual da população efetiva de juízes é de quase 80%, alcançando as mulheres um pouco mais, ou seja, 85,6%. Essa presença maior de juízas se repete na nossa amostra de 521 magistrados, já que os homens são 81,2% e as mulheres, 88,7%. Portanto, no que se refere à variável gênero e à sua distribuição por instâncias, a amostra também se revelou pertinente. Finalmente, na tabela 3, apresentamos a comparação entre a população de magistrados ativos em 2004 e a nossa amostra de juízes que responderam à questão em 2005, por região da federação em que nasceram.

Tabela 3
Região de nascimento dos magistrados

Rogião	População		Amostra	
	Número	Percentual	Número	Percentual
Norte	147	6	31	6
Nordeste	591	22	119	24
Centro-Oeste	130	5	19	4
Sudeste	1.250	48	229	45
Sul	493	19	107	21
Naturalizados	18	1	–	–
Total	2.629	100	505	100

Como se pode verificar, a maioria dos magistrados — da população e da amostra — nasceu na região Sudeste (mais de 40%), seguida das regiões Nordeste e Sul (cerca de 20%), havendo equivalência entre os percentuais gerais e os da amostra. No que se refere aos estados de origem no interior das regiões, pelos dados coletados verificamos que também não houve nenhuma discrepância entre a população de juízes e a de nossa amostra. Dessa forma, é possível dizer que os dados da amostra não diferem substancialmente da população investigada no que se refere a idade, sexo, instância de atuação, região e estado de nascimento.

Assim, embora se trate de uma amostra por adesão, ela se revela adequada às finalidades deste texto, que são: caracterizar o perfil sociológico dos magistrados do trabalho (primeira parte); como eles se posicionam perante o desenvolvimento de sua carreira (segunda parte); e como opinam sobre sua própria instituição e as perspectivas que se abrem em termos de reformas trabalhistas no país (terceira parte). Os resultados apresentados permitem, igualmente, uma reflexão que tenta dar conta da diversidade da magistratura do Trabalho por região, classe de idade e posição na carreira.

Quem são os juízes do Trabalho do Brasil

Para desenhar esse perfil, iremos trabalhar, fundamentalmente, com dois conjuntos de gráficos. O primeiro deles mostra algumas variáveis clássicas no traçado de um perfil sociológico: idade, gênero e cor, entre outras. Iniciando pela questão de gênero, a distribuição dos questionários recebidos corresponde a um total de 308 juízes (59,1%) e 213 juízas (40,9%).

Gráfico 1
Percentual de homens e mulheres na amostra

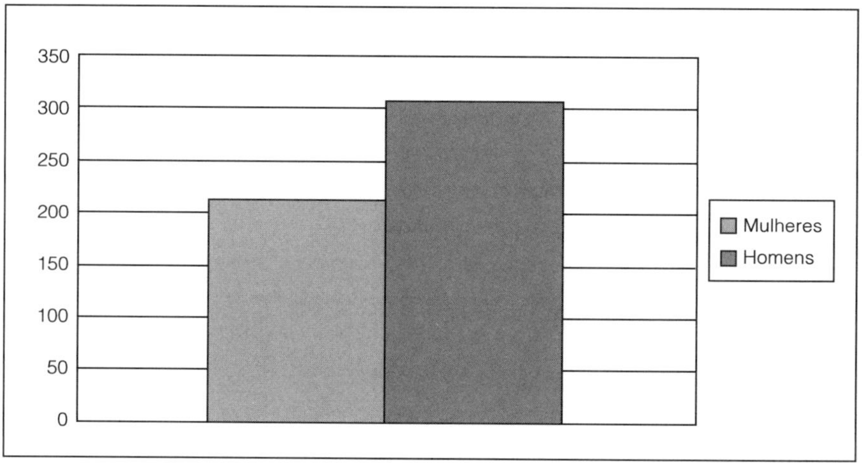

Porém, a despeito do maior número absoluto de homens, um exame da distribuição percentual das idades de juízes da amostra permite algumas outras observações. Como o gráfico 2 assinala, a idade média dos juízes da amostra é 47,7 anos, e a das juízas, um pouco menor, 44,7 anos. Ou seja, a idade média dos magistrados é 46,4 anos, mas a idade modal da amostra, isto é, aquela em que se concentrou o maior número de respondentes, é menor e, na verdade, muito próxima: 39 anos para as juízas e 40 anos para os juízes.

Ainda observando o mesmo gráfico, é possível verificar que as mulheres não só são um pouco mais jovens, como também ingressam, proporcionalmente, mais cedo na carreira. São elas que predominam na faixa etária de menos de 40 anos, estando em maior número na primeira instância (89% contra 81% de homens). E é exatamente nesse ponto do gráfico que o número de homens dá um salto, tornando a ser superado pelo número de mulheres logo a seguir, na faixa entre 41 e 47 anos. A partir daí, de forma consistente, o número de homens passa a crescer mais sistematicamente.

Gráfico 2

Distribuição percentual das idades de juízes: homens e mulheres

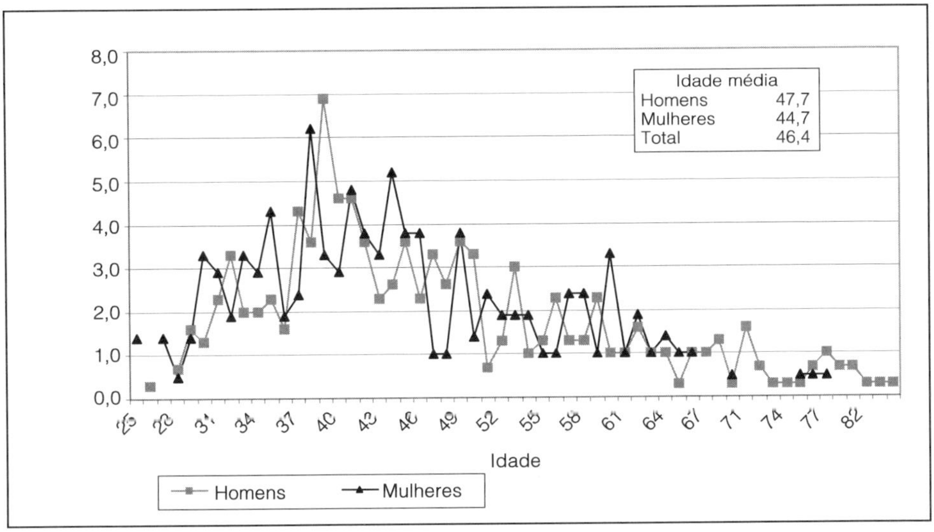

De toda forma, os juízes mais novos, tanto homens quanto mulheres, têm aproximadamente de 25 a 39 anos, havendo predominância feminina. Um indicador que reforça as tendências à juvenilização e à feminização da carreira de juiz, como estudos anteriores já evidenciaram. Outro aspecto a assinalar é que, à medida que nos aproximamos da faixa etária dos 60 anos, a presença de mulheres vai escasseando até se tornar quase nula a partir dos 70 anos — logo, entre os aposentados que responderam ao *survey*. Tal distribuição deixa claro que sua forte entrada na carreira data das duas últimas décadas, estando estreitamente vinculada ao próprio crescimento numérico da magistratura do Trabalho ocorrido nesse período.

É o que se pode observar no gráfico 3, construído com dados do TST e permitindo visualizar uma série histórica que vai de 1995 a 2003, reforçada por nossa amostra de 2005. Nota-se que as mulheres saltam de um número de cerca de 800 para quase 1.200 juízas, crescendo bem mais que o dos homens, que em 1985 são cerca de 1.200 e em 2003 ainda não perfazem um total de 1.400.

Essa tendência de crescimento do número de juízes se destaca ainda mais quando os dados da Justiça do Trabalho referentes a gênero são comparados com os obtidos por pesquisa encomendada em 2005 pela Associação dos Magistrados do Brasil sobre os juízes de todos os ramos do Judiciário, como se vê no gráfico 4. Como se pode observar, os dados para a Justiça em geral indicam uma presença proporcionalmente bem menor de mulheres entre seus quadros.

Gráfico 3
Justiça do Trabalho no Brasil: número de juízes por gênero

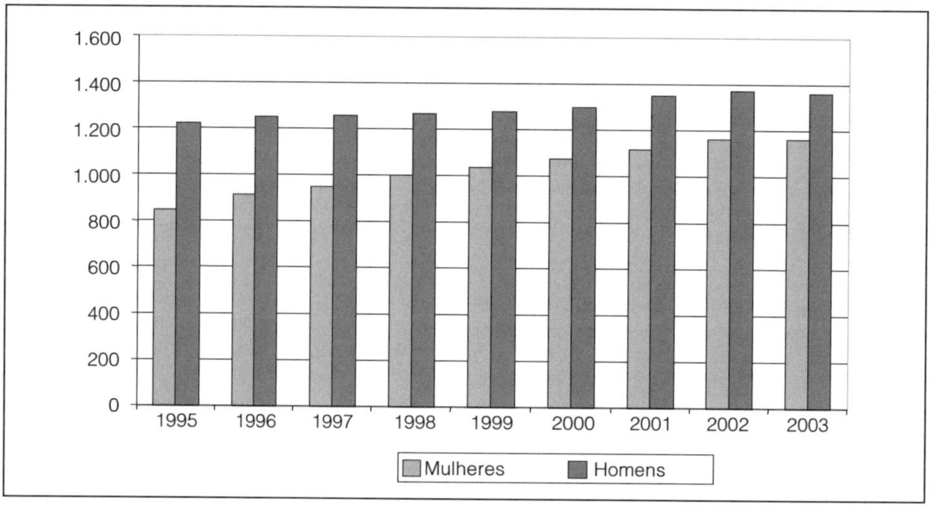

Fonte: Disponível em: <www.tst.gov.br>. Acesso em: 10 set. 2005.

Gráfico 4
Justiça no Brasil: número de juízes por gênero

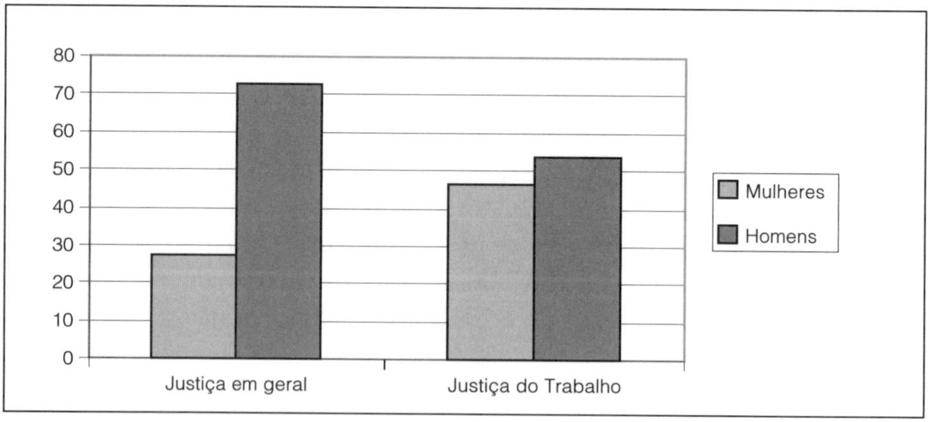

No que se refere ainda a esse primeiro conjunto de dados do perfil sociológico, dois gráficos mostram, respectivamente, o estado civil dos magistrados e sua distribuição por cor. O gráfico 5 revela que 73,6% dos magistrados são casados. Quanto ao tamanho de suas famílias, 41% deles têm dois filhos; 24,4%, apenas um filho; e 22%, três filhos. Somente 11% deles têm quatro ou mais filhos, e 1,6% não tem filhos.

Gráfico 5

Estado civil (%)

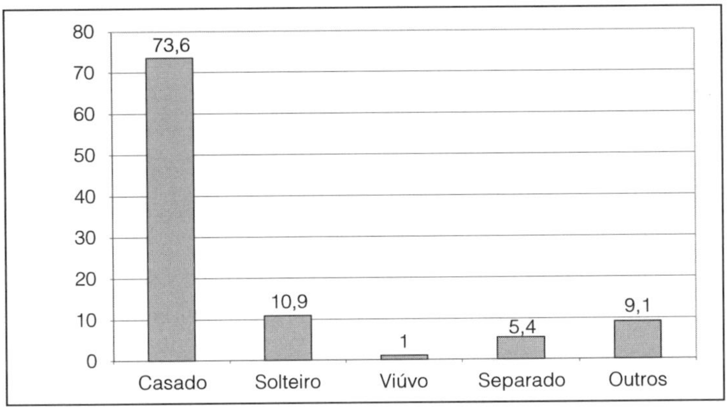

Já o gráfico 6 mostra que, se a barreira de gênero foi minimizada, isso não ocorreu em relação à cor.[22] Quase 90% dos magistrados do trabalho são de cor branca, segundo sua própria declaração; apenas cerca de 10,8% se declaram de cor parda, e 1,2%, de cor preta.

Gráfico 6

Distribuição percentual de cor ou raça dos juízes entrevistados

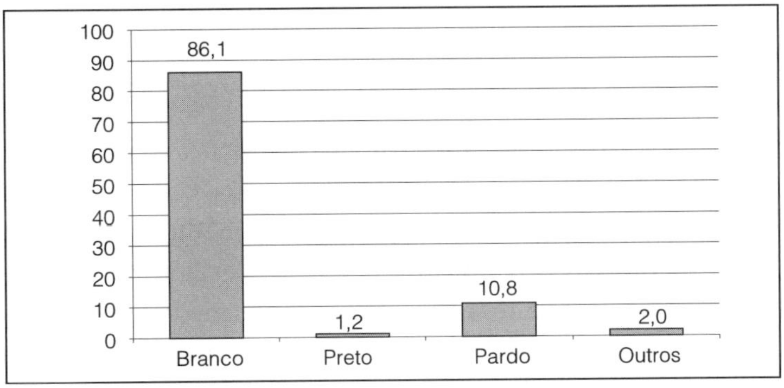

[22] A classificação do questionário seguiu a utilizada pelo IBGE e foi discutida anteriormente com os magistrados.

Uma questão sempre fundamental no traçado do perfil histórico-sociológico de uma categoria profissional é sua mobilidade social. Por essa razão, um segundo conjunto de gráficos trata desse tema, examinando-o em quatro dimensões: local de moradia e número de filhos das famílias dos magistrados; indicadores de escolaridade de seus pais e avós; classe de origem de ocupação do pai; classe de ocupação do cônjuge.

Primeiramente, o gráfico 7 indica onde — se em região urbana ou rural — o juiz viveu até os 14 anos de idade, em princípio em companhia de sua família. Vê-se que eles e elas têm origens urbanas: são 80,8% da amostra. Ou seja, os juízes atestam o amplo deslocamento realizado pela população brasileira, que vem se transferindo para as cidades desde os anos 1950, fenômeno que, nas três últimas décadas, reduziu os habitantes da zona rural a apenas cerca de 20% da população do país.

Gráfico 7
Área em que viveu até os 14 anos de idade

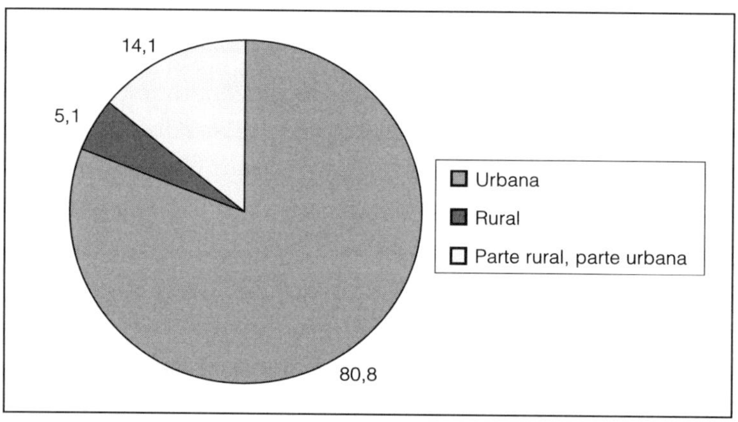

A caracterização da família de origem do juiz fica mais completa quando a ela se agrega a informação do número de irmãos. Como era de se esperar, aqueles pertencentes a famílias de origem rural têm, em média, mais irmãos (5,3) do que os de origem urbana (2,8). Já os que declararam ter vivido tanto no campo quanto na cidade têm um número intermediário de irmãos (4,4). Em média, portanto, o juiz do Trabalho vem de uma família que mora na cidade e tem três filhos. Vale lembrar que, nas regiões urbanas, o acesso a equipamentos escolares é mais fácil, sobretudo para uma família menos numerosa, como os dados evidenciam.

Ainda visando entender melhor a origem familiar dos magistrados do Trabalho, apresentamos uma tabela que permite observações sobre a questão da mobilidade social, considerando-se o indicador da escolaridade de pais e avôs.

Tabela 4

Mobilidade educacional dos pais em relação aos avôs dos juízes e mobilidade educacional dos juízes em relação a seus pais

Educação do avô	Educação do pai					
	1	2	3	4	5	Total de avôs
1 Nenhuma série completa	37	58	13	13	18	139
2 1ª a 4ª séries	4	66	20	21	46	157
3 5ª a 8ª séries		2	9	25	30	66
4 2º grau completo ou incompleto		9	1	18	45	73
5 Superior			2	4	57	63
Total de pais	41	135	45	81	196	498

Mobilidade	Do avô para o pai	Do pai para o juiz
Mobilidade ascendente	58%	61%
Mobilidade descendente	4%	0%
Mobilidade total	62%	61%
Imobilidade	38%	39%

Como a tabela indica de forma expressiva, é muito grande a mobilidade social ascendente entre avôs e pais de juízes, e entre pais e os próprios juízes: 58% no que se refere à mobilidade entre avôs e pais, e 61% no que se refere à mobilidade entre pais e os próprios juízes. Registra-se pouquíssima mobilidade descendente de avôs para pais, não havendo nenhuma de pais para juízes. Como se trata de uma amostra composta por juízes com média de 46 anos (logo, nascidos nos anos 1950-60), estamos falando de pais nascidos entre as décadas de 1920 e 1940 e, portanto, de avôs nascidos no início do século XX. Estamos lidando, no que se refere aos pais dos juízes, com uma geração que vivenciou os momentos iniciais do processo de industrialização do país e do deslocamento da população do campo para a cidade. Contudo, ela não pôde se beneficiar da expansão do sistema educacional, ocorrida principalmente a partir da década de 1970, sobretudo no que diz respeito ao ensino superior.

Isso se evidencia quando verificamos que 139 avôs (27,9%) e 41 pais (8,2%) dos 498 juízes que responderam a essa questão não possuem qualquer educação formal, ou seja, não chegaram a concluir as quatro primeiras séries do que é hoje o ensino fundamental (antes chamado de curso primário). Reforçando essa dificuldade de acesso à educação, a tabela mostra que 157 avôs (31,5%) e 135 pais (27,1%) de juízes conseguiram completar apenas a 4ª série, e que 66 avôs (13,2%) e 45 pais (9%) de juízes alcançaram a 8ª série, concluindo o hoje chamado ensino fundamental (antigo ginásio). Contudo, é importante assinalar que, até 1971, a educação compulsória no Brasil ia até a 4ª série, e não até a 8ª, como acontece hoje. De toda forma, o que os dados evidenciam é que 72,6% dos avôs e 44,3% dos pais dos juízes da amostra ou não conseguiram concluir o primeiro ciclo do ensino fundamental (terminar a 4ª série), ou conseguiram, no máximo, completar o ensino fundamental (chegar até a 4ª ou a 8ª série). Ou seja, a maioria absoluta de avôs de juízes e um alto índice de pais, uma vez que este ultrapassa 40% da amostra, possuem baixo ou mesmo praticamente nenhum grau de escolaridade.

Com o 2º grau completo ou incompleto temos somente 73 avôs (14,6%) e 81 pais (16,2%) de juízes; e com curso superior, apenas 63 avôs (12,6%), mas um número de pais que cresceu bastante, chegando a 196 (39,3% da amostra). De modo geral, pode-se dizer que a mobilidade entre avôs e pais é alta e não difere muito daquela verificada entre pais e magistrados. Tal resultado condiz com as análises que destacam o movimento de mobilidade social ascendente ocorrido no Brasil sobretudo a partir dos anos 1950, quando se acelera o processo de urbanização e industrialização.

Ainda ressaltando a mobilidade dos juízes em relação a seus pais, e considerando que somente 39,3% dos magistrados têm pais com curso superior, vale notar que cerca de 60% dos magistrados constituem a primeira geração da família a chegar à universidade. Cabe, nesse sentido, examinar mais detidamente a escolaridade dos pais e também das mães desses juízes.

Uma primeira constatação que salta aos olhos quando se observa o gráfico 8 é que 41,5% dos pais de juízes e 46,3% das mães não conseguiram concluir a 8ª série do ensino fundamental (quatro colunas da esquerda para a direita). E, entre esses, 8% dos pais e 6,8% das mães não têm qualquer tipo de instrução. Mas há também progenitores que ou concluíram o 2º grau (13,7% dos pais e 24,2% das mães) ou conseguiram entrar na universidade. Nesse último caso, concluíram-na 30,3% dos pais e 16,6% das mães, havendo um pequeno percentual com pós-graduação (4,4% e 1,4%, respectivamente).

Gráfico 8

Escolaridade do pai e da mãe dos juízes entrevistados (%)

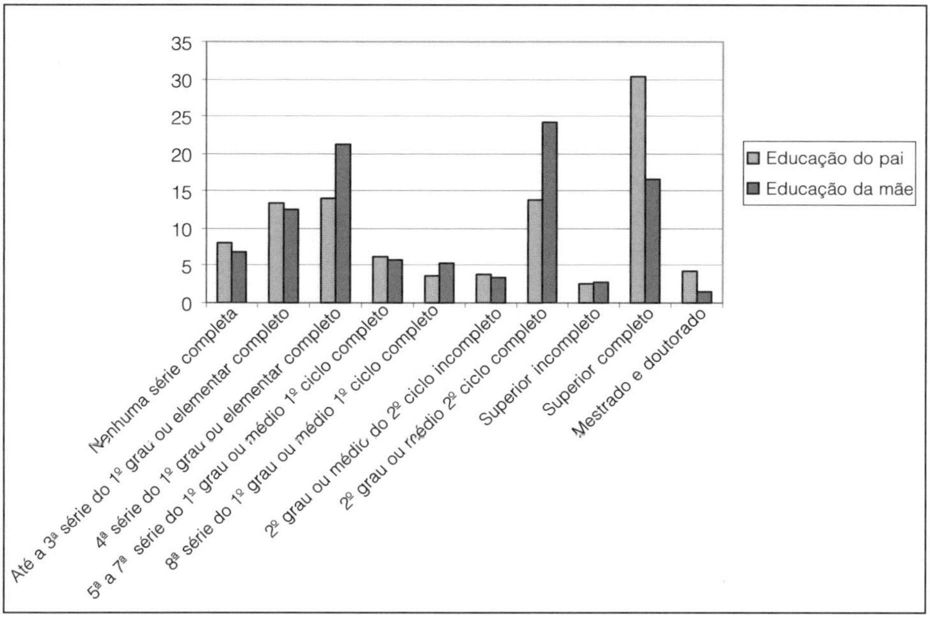

Cabe então atentar para o tipo de educação a que tiveram acesso os pais e as mães dos juízes. No que diz respeito ao estudo até o 2º grau, a educação das mães é igual ou mesmo superior à dos pais. Porém, quando se observa a coluna relativa ao curso superior, vê-se que, mesmo acumulando mais capital educacional, não são elas que vão às universidades. Nesse caso, os homens vão duas vezes mais à universidade do que as mulheres, constituindo-se nas referências desse nível de ensino para os filhos de ambos os sexos.

Explorando mais a fundo essa questão do nível educacional de pais e mães dos juízes, construímos dois gráficos em que a escolaridade está correlacionada com coortes de idade dos juízes. Nosso objetivo foi verificar, ao longo do período que vai do início ao fim do século XX, como se distribuía esse grau de escolarização. Ou seja, quem eram os juízes — se os mais velhos ou os mais novos — cujos progenitores tiveram mais acesso à educação, especialmente a de nível superior. Esta, como vimos, alcança pouco mais de 30% dos pais e menos de 20% das mães. O resultado é o que se apresenta nos gráficos 9 e 10.

Gráfico 9
Educação do pai por coorte de idade do juiz

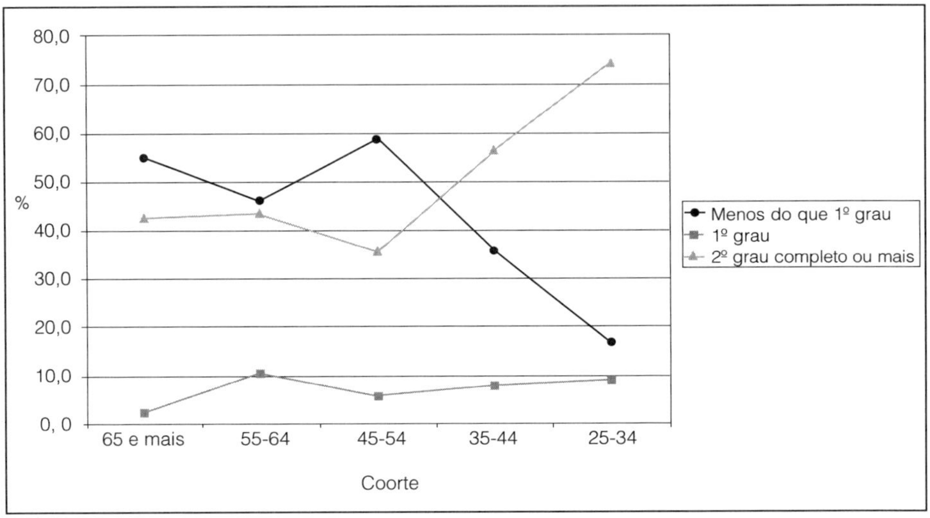

Gráfico 10
Educação da mãe por coorte de idade do juiz

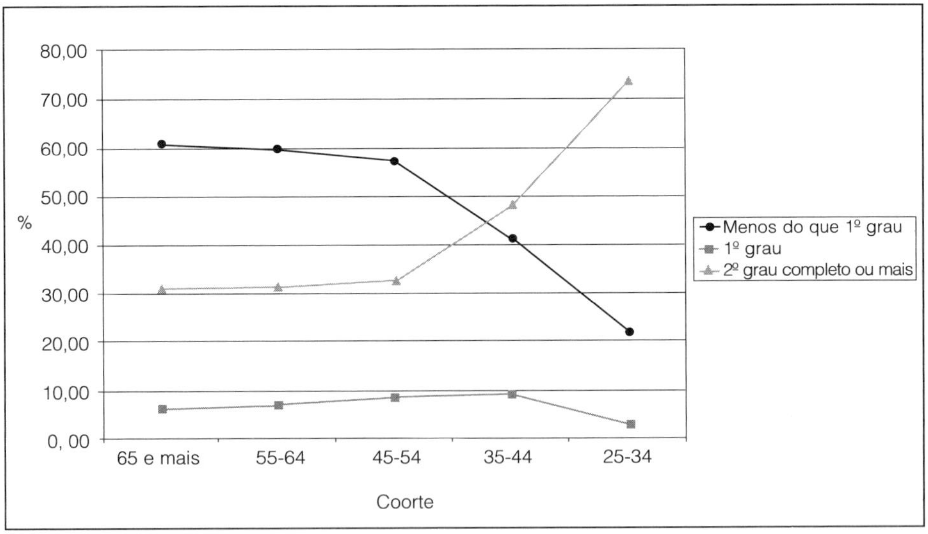

De forma absolutamente simétrica, o que se constata quer para os pais, quer para as mães é o seguinte: quanto mais jovens os juízes, maior o grau de escolaridade de seus pais e mães, decrescendo sensivelmente o número daqueles oriundos de famílias com pouca ou nenhuma instrução. Fica evidente que, quanto mais nos aproximamos das faixas etárias de mais de 50 e 60 anos, maior o equilíbrio entre os nascidos em famílias com pouca ou muita escolaridade, em especial quando se focaliza o pai e não a mãe do juiz. Assim, são os juízes com 40 anos ou mais que pertencem a famílias nas quais os pais e sobretudo as mães têm menos que o 1º grau de instrução — quadro que começa a se alterar radicalmente a partir de então, ou seja, são justamente os juízes nascidos a partir de meados dos anos 1960, e que estão fazendo seus estudos superiores a partir da década de 1980, que têm pais mais instruídos. Isso mostra que a carreira está sendo seguida cada vez mais por pessoas cuja extração familiar, do ponto de vista da escolaridade, é de elite, sendo hoje muito mais difícil do que já foi no passado o acesso daqueles provenientes de famílias com pequeno capital cultural.

Dessa forma, é fundamental examinar com atenção a trajetória educacional dos próprios magistrados do trabalho. No gráfico 11 vemos que, durante o 1º grau, mais de 50% dos juízes estudaram em escola pública, embora não seja pequeno o número dos que freqüentaram escola particular, isto é, cujas famílias tiveram que pagar por esse tipo de ensino. No 2º grau, porém, essa relação se altera: quase 60% das famílias dos juízes tiveram que investir em sua formação pagando escola particular, enquanto pouco mais de 40% deles continuaram na escola pública.

Gráfico 11
Tipo de escola: 1º, 2º e 3º graus (%)

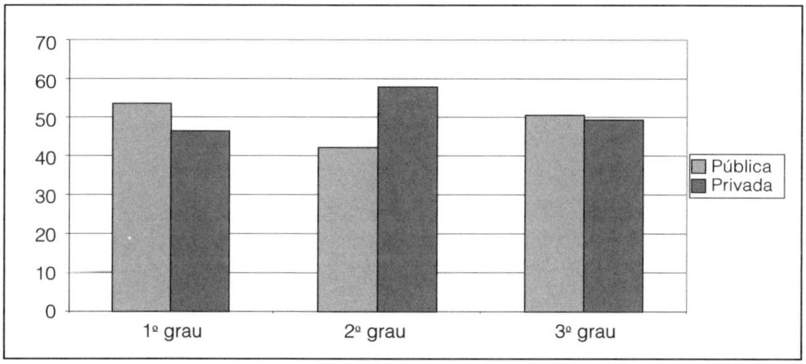

No que diz respeito ao ensino de 3º grau, chama a atenção o fato de o número de juízes que cursaram universidade pública (51,4%) ser praticamente o mesmo dos que cursaram o ensino privado (48,6%). Isso merece algumas considerações. Como mostra a literatura referente ao tema, em 1964 o número de vagas no ensino superior público (federal, estadual e municipal) representava 60% do total existente no país, sendo diagnosticada uma demanda muitíssimo maior do que a capacidade de absorção desse sistema de ensino. Essa demanda começou a ser atendida justamente durante o regime militar, nos anos 1970 — mas isso muito mais pelas facilidades oferecidas para a criação de uma rede de ensino privado do que pela expansão da rede pública. Nesse sentido, o avanço do ensino público — seja considerando o aumento de unidades escolares, seja considerando o aumento de vagas e a instalação de cursos noturnos (que facilitam o acesso de jovens que trabalham) — foi muito menos significativo do que o crescimento da rede de ensino privado.

Dessa forma, a partir da década de 1970 e sobretudo durante a década de 1990, pode-se afirmar que o grande aumento do número de vagas no ensino de 3º grau se deu através da rede privada, que criou inúmeras faculdades, centros universitários e também universidades em vários estados do país. Tanto que, em 1994, a rede privada de 3º grau passou a absorver 58% das matrículas, contra 42% da rede pública, invertendo a situação vigente em 1964. Em 1999, por exemplo, essa proporção já era de 65% contra 35%, e em 2000 o número de universidades privadas chegou a ultrapassar o total de universidades públicas.[23] Importa também notar que foram as instituições de ensino privado que se expandiram pelo interior do país, estando presentes em inúmeras cidades de portes grande e médio, embora geralmente como faculdades ou centros universitários, e não como universidades. Acrescentando-se a isso o fato de um dos cursos mais oferecidos pela rede particular de 3º grau ser o de direito (ao lado de administração, contabilidade e formação de professores), tem-se um bom quadro da situação após 1980, o que certamente influiu nos dados que ora examinamos.

É importante agregar a essas informações os dados que indicam que 72% dos magistrados estudaram em faculdades de direito na capital do estado onde moravam, enquanto só 28% estudaram no interior. Além disso, é interessante a informação sobre o turno em que o juiz cursou sua faculdade, se diurno ou noturno. O que se verifica é um percentual bem equilibrado: 51,9% estudaram à noite, e 48,1%, durante o dia. Entretanto, esses dados, por si mesmos, não autorizam nenhuma conclusão mais consistente quanto à realização de alguma atividade remunerada pelo juiz antes de sua formatura. Por isso

[23] Essas informações foram retiradas de Peixoto (2006); Schwartzman (2006); Cunha (2004); e Martins (2002).

eles foram interrogados sobre suas rotinas de vida durante o tempo de faculdade. O resultado foi que 81,2% declararam trabalhar ou fazer estágios durante o curso, sendo poucos (18,8%) os que não tinham qualquer ocupação. Além disso, 40,8% informaram que já trabalhavam enquanto cursavam o 2º grau, enquanto 59,2% não o faziam. Este último dado pode apontar para os casos de famílias com menos recursos financeiros, em especial se considerarmos a necessidade de pagar uma faculdade particular. Para esclarecer quem são os juízes que fizeram faculdade pública ou privada, montamos um gráfico explorando, mais uma vez, uma distribuição por coorte de idade dos juízes.

Gráfico 12
Tipo de universidade em que estudou direito por coorte de idade

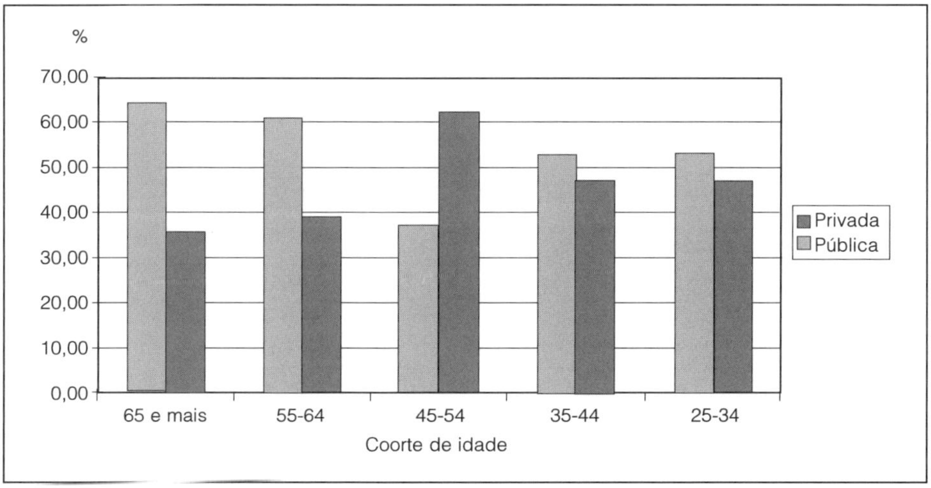

De maneira geral, não há muita surpresa. Os magistrados com mais de 55 anos cursaram faculdade pública, em grande parte porque a oferta de particulares era pouca ou nenhuma, ao que se acrescentam fatores como local de moradia no país e rendimentos da família. Os juízes que têm entre 25 e 44 anos distribuem-se de forma equilibrada (como visto no gráfico 12) entre a faculdade particular e a pública, havendo, contudo, certa vantagem para esta última, talvez devido à qualidade do ensino, aliada à gratuidade. Mas é interessante assinalar a coorte de idade dos 45 a 54 anos, na qual a faculdade privada dá um enorme salto em relação à pública (62,8% contra 32,2%). Estamos falando das décadas de 1970 e 1980, quando os nascidos nos anos 1950-60 cursavam o 3º grau, ou seja, uma época em que a expansão desse tipo de ensino ganhava força, especialmente diante da grande demanda reprimida. Época que também se aproxima do ponto onde se cruzam os gráficos de escolaridade de pais e mães por coorte de idade dos juízes, começando aí a se inverter a tendência da origem familiar do juiz: de famílias com menos para famílias com mais escolaridade.

Outro dado fundamental para se tratar da questão da mobilidade social, além do acesso à educação, é o tipo de ocupação dos pais dos magistrados. A tabela 5 apresenta a distribuição dos juízes da amostra em cinco grupos ocupacionais. O grupo 1, constituído por profissionais e administradores, é considerado aquele que reúne a elite das ocupações. Como estamos tratando de magistrados, procuramos selecionar no interior desse grupo aqueles cujos pais fossem ou juízes ou advogados, vale dizer, aqueles cujas origens familiares tivessem algum passado ligado à carreira jurídica. Observa-se que 34,1% de magistrados têm essa classe de ocupação de origem dos pais, e 11,5% deles vêm de famílias com algum capital sociocultural nessa área.

Tabela 5
Mobilidade social intergeracional dos juízes do trabalho

Classe de origem (ocupação do pai)	%		Nº
1a – Juiz	6,0		26
1b – Advogado	5,5	34,1	24
1 – Profissionais e administradores	22,6		98
2 – Trabalhadores não-manuais de rotina, escritório	24,4	34,8	106
3 – Proprietários e comerciantes, pequenos negócios	10,4		45
4 –Trabalhadores manuais	21,2	31,1	92
5 – Trabalhadores e pequenos proprietários rurais	9,9		43
Total	100,0		434

As classes 2 (trabalhadores não-manuais) e 3 (proprietários, comerciantes e donos de pequenos negócios) estão reunidas num grupo intermediário de ocupações e, como se vê, apresentam a maior percentagem dos magistrados: 34,8%. Já as classes 4 (trabalhadores manuais) e 5 (trabalhadores e pequenos proprietários rurais) podem ser definidas como de origem social baixa, correspondendo a famílias socioeconomicamente pobres. Nesse grupo encontramos 31,1% dos magistrados, índice bastante alto, especialmente considerando a distribuição geral encontrada.

Tal distribuição chama a atenção por algumas razões. Em primeiro lugar, pelo equilíbrio entre os três grupos ocupacionais (alto, médio e baixo), pois cada um deles reúne entre 31% e 35% dos magistrados. Nesse sentido, salta aos olhos o percentual encontrado no grupo de ocupações considerado de classes baixas, o que potencializa o movimento de ascensão social ocorrido e a permeabilidade da carreira. Em segundo lugar, e ainda nessa chave, cabe ressaltar que, se 11,5% dos juízes têm famílias com inserção na área jurídica, quase 10% são filhos de pequenos proprietários ou trabalhadores rurais, ou seja, vêm de famílias de origem rural com poucos recursos. Em terceiro lugar, note-se que 45,6% dos juízes têm pais que são ou trabalhadores não-manuais ou trabalhadores manuais, isto é, têm ocupações de nível médio ou baixo, o que também reforça o movimento de mobilidade ascendente que vem sendo constatado.

Dessa forma, considerando que os magistrados ocupam uma posição de elite, pode-se dizer que as classes de origem ocupacional dos pais dos juízes do trabalho apontam para uma alta permeabilidade social da profissão, conclusão que é corroborada pelos dados relativos à educação dos pais, como já se viu.

Assim como foi importante distribuir a escolaridade dos pais por coorte de idade dos juízes, o mesmo foi feito para a classe de ocupação.

Gráfico 13
Ocupação do pai por coorte de idade do juiz

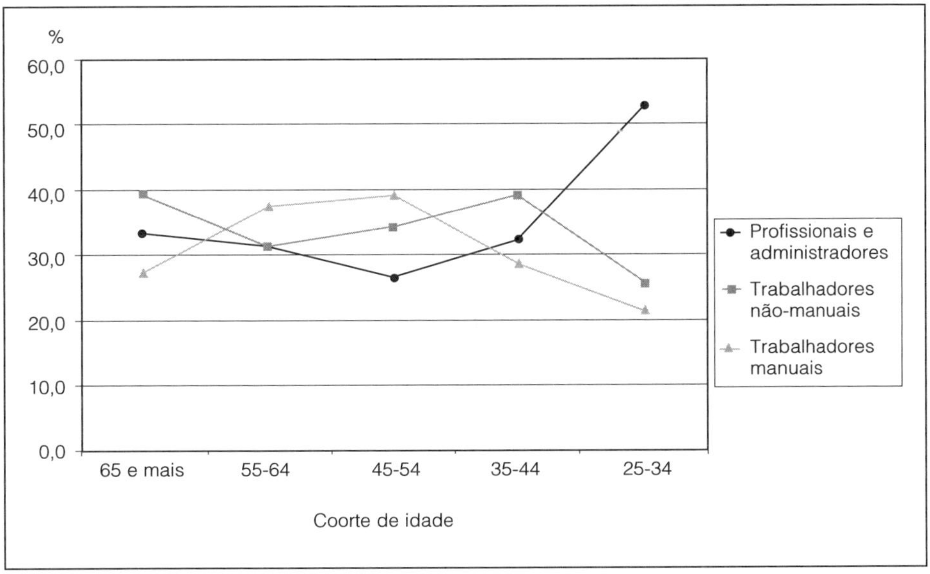

Os resultados reforçam o que a distribuição da escolaridade já apontara: os juízes com menos de 44 anos são aqueles cuja classe de ocupação do pai é mais alta. Assim, o que se verifica é que, até a faixa de idade entre 45 e 54 anos, eram muitos, na verdade eram maioria, os pais cujas ocupações são definidas como de trabalhadores manuais e não-manuais. Assim, na coorte de idade entre 45 e 54 anos existem 39,2% de pais trabalhadores manuais e 34,2% de não-manuais, contra apenas 26,5% de pais profissionais e administradores. Na coorte de idade entre 44 e 35 anos encontramos 39% de pais trabalhadores não-manuais e 28,6% de manuais, contra 32,3% de pais profissionais e administradores. Já entre os magistrados de menos de 34 anos existem 52,9% de pais profissionais e administradores, embora ainda seja muito significativa a percentagem de pais trabalhadores manuais (21,4%) e não-manuais (25,7%). Um resultado que, aliado ao da escolaridade dos pais, aponta uma tendência clara de uma população de magistrados mais jovens oriundos de famílias cujos pais têm mais escolaridade e mais alta classe ocupacional.

Ainda no tocante à variável de classe ocupacional, investigamos os padrões de casamentos dos magistrados, particularmente porque a absoluta maioria deles é casada, tendo entre um e três filhos, como se viu. Assim, a tabela 6 só inclui os juízes casados.

Tabela 6

Ocupação dos cônjuges de juízes e juízas

Ocupação	Sexo do juiz		Total
	Homem	Mulher	
Casos sem informação sobre a ocupação do cônjuge	10	11	21
Casos de cônjuge com ocupação mal definida	108	11	119
1a – Juiz	19	11	30
1b – Advogado	41	29	70
1 – Profissionais e administradores de nível alto	22	28	50
2 – Profissionais e administradores de nível baixo	6	7	13
3a – Trabalhadores não-manuais de rotina, nível alto	34	11	45
3b – Trabalhadores não-manuais de rotina, nível baixo	3	2	5
4a – "Pequenos" proprietários com empregados	7	7	14
4b – "Pequenos" proprietários sem empregados	3	1	4
4c – Empregadores rurais		2	2
5 – Técnicos e supervisores do trabalho manual	4	1	5
6 – Trabalhadores manuais qualificados		1	1
Total	257	122	379

Tabela 7
Ocupação dos cônjuges dos juízes

Ocupação		%	Classe
1a – Juiz	12,6		
1b – Advogado	29,3	68,2	Elite
1 – Profissionais e administradores de nível alto	20,9		
2 – Profissionais e administradores de nível baixo	5,4		
3a – Trabalhadores não-manuais de rotina, nível alto	18,8		
3b –Trabalhadores não-manuais de rotina, nível baixo	2,1		
4a – “Pequenos” proprietários, com empregados	5,9		
4b – “Pequenos” proprietários, sem empregados	1,7	31,8	Intermediária
4c – Empregadores rurais	0,8		
5 – Técnicos e supervisores do trabalho manual	2,1		
6 – Trabalhadores manuais qualificados	0,4		
Total	100,0		

Nota: A tabela exclui os casos sem informação ou com ocupação mal definida.

Pelos dados referentes a 379 magistrados, vemos que 68,2% deles (homens ou mulheres) casam-se com pessoas pertencentes à primeira classe de ocupação, ou seja, profissionais e administradores de alto nível, e quase 50% com advogados ou outros juízes. Os 31,8% restantes distribuem-se pelas demais classes ocupacionais. Aí, diferentemente do que ocorre com a classe ocupacional de nascimento (considerando-se a ocupação do pai), muito poucos magistrados têm cônjuges oriundos das classes 5 e 6 (apenas 2,5%), as mais baixas na hierarquia construída.

Os magistrados do Trabalho e sua carreira

A carreira — sua estruturação, os critérios de promoção, as regras de acesso aos tribunais superiores — não é uma questão tranqüila entre os magistrados do Trabalho. Pelo contrário, esse é um tema delicado que tem mobilizado e dividido os magistrados das três instâncias. Nesta seção faremos uma caracterização do perfil sociológico dos integrantes dos tribunais regionais e a seguir veremos como juízes de instâncias diferentes se posicionam em relação às normas da carreira e a certos temas ligados à reforma do Judiciário. Tratando-se de uma carreira altamente hierarquizada e ritualizada, com pouquíssimos níveis intermediários desde o ingresso até o ápice, é importante verificar até que ponto a posição ocupada pelo juiz — isto é, o lugar de onde ele está falando — influi em suas opiniões e posicionamentos.

Os tribunais regionais do Trabalho julgam recursos ordinários contra decisões de varas do Trabalho e ações originárias ou dissídios coletivos de categorias de sua área de jurisdição, bem como ações rescisórias de decisões suas ou de varas. Existem atualmente 24 tribunais regionais no Brasil, e o número de desembargadores de cada um deles varia em função do volume de processos examinados. O Tribunal Superior do Trabalho, com sede em Brasília e jurisdição em todo o território nacional, compõe-se atualmente de 21 ministros vitalícios — segundo a Emenda Constitucional nº 45, aprovada em dezembro de 2004, eles deverão chegar a 27, que era o número do colegiado até a extinção dos juízes classistas em 1999. O TST julga recursos ordinários e agravos de instrumento contra decisões de TRTs e dissídios coletivos de categorias organizadas em nível nacional. Os ministros são escolhidos

> dentre os brasileiros com mais de 35 anos e menos de 65, nomeados pelo presidente da República após aprovação pela maioria absoluta do Senado, sendo:
> I — um quinto dentre advogados com mais de 10 anos de exercício de função ou de efetivo exercício profissional e membros do Ministério Público do Trabalho, com mais de 10 anos de efetivo exercício;
> II — os demais dentre juízes dos tribunais regionais do Trabalho, oriundos da magistratura da carreira, indicados pelo próprio Tribunal Superior.[24]

Como já vimos, a Justiça do Trabalho exercia funções administrativas, integrando o Ministério do Trabalho, Indústria e Comércio até 1946, quando passou a integrar o Poder Judiciário; nessa ocasião, reestruturaram-se todos os seus cargos e instâncias. Assim, a carreira de juiz do Trabalho passava a seguir o modelo da carreira da magistratura em geral, sendo composta de três níveis: juiz presidente de vara, juiz do Tribunal Regional do Trabalho (desembargador) e ministro do Tribunal Superior do Trabalho. No entanto, como lembra Roberto Fragale (2006), foi longo o caminho até que os juízes do Trabalho construíssem uma identidade institucional e fossem aceitos como integrantes do Poder Judiciário. Também demorou décadas até que a equiparação dos vencimentos garantisse aos juízes do Trabalho os mesmos direitos e prerrogativas dos demais membros do Judiciário. É o que o trecho a seguir destaca, comparando a Justiça do Trabalho com a Justiça Federal:

---

[24] Art. 111 da Constituição Federal.

> Lento, grave e severo: assim é o primeiro movimento, no qual ela era uma filha bastarda que só passara a integrar a família judiciária em 1946. A outra, por sua vez, remontava ao século XIX. Extinta em 1937, a outra recuperara a sua organicidade, por completo, ao ver sua primeira instância ser restaurada em 1965, após ter sido sua segunda instância recriada ao movimento expansionista da família judiciária de 1946. Mas, no fundo, ainda que reconhecidas como irmãs, era como se fossem primas distantes. Era como se não falassem entre si; com remunerações apartadas por um fosso quase intransponível: por um lado, um juiz federal de primeira instância ganhava o mesmo (ou mais) que um juiz trabalhista de segunda instância; e, por outro lado, o Tribunal Federal de Recursos garantia, aos seus ministros, vencimentos superiores aos dos ministros do Tribunal Superior do Trabalho. Outra prima distante, a Justiça Militar, assegurava aos seus integrantes os melhores vencimentos. Enfim, a Justiça do Trabalho era a mais desprezada e relegada do sistema federal de justiça.[25]

Nas palavras do juiz Luiz Philippe Vieira de Mello, o primeiro concurso público para juiz foi feito em 1959,

> com toda a cautela, com a presença de advogados. Chegou-se a uma seleção magnífica: alguns chegaram a ministros. Foi uma seleção muito bem feita, com candidatos de expressão, que honraram a magistratura e também o magistério. (...) Esse concurso foi um marco, porque representou uma expectativa e um resultado muito bom perante a sociedade. A justiça comum também viu que a Justiça do Trabalho tinha uma grande seriedade na sua atuação.[26]

Como no caso dos demais juízes, o processo de profissionalização do magistrado do trabalho orientou-se por valores como autonomia e independência, de modo que o controle da carreira — isto é, as condições de entrada e o estabelecimento de normas de ascensão de um patamar para outro — ficou a cargo da própria corporação, segundo normas estabelecidas internamente.[27]

---

[25] Fragale, 2006.

[26] Apud Fragale, 2006.

[27] Ver Morel e Pessanha, 2006.

Devido à rígida hierarquia interna e à imprecisão dos critérios de ascensão, a trajetória profissional do juiz do Trabalho é altamente dependente da avaliação de seus pares e superiores.

Regulamentadas pela Lei Complementar da Magistratura, de 14 de março de 1979, e pela Constituição de 1988, as promoções obedecem alternadamente aos critérios de antiguidade e merecimento. Para os tribunais, os magistrados são nomeados pelo presidente da República, que escolhe a partir de uma lista tríplice, elaborada pelos próprios tribunais. A estes cabe formar a lista com três nomes, considerando os critérios de segurança e presteza no exercício jurisdicional, além da freqüência a cursos de reconhecido aperfeiçoamento profissional. O primeiro posto na carreira é o de juiz substituto, no qual o magistrado passa por um estágio probatório de dois anos, antes de alcançar a vitaliciedade. O segundo posto é o de juiz titular de vara. Com o propósito de tornar mais objetivo o critério de merecimento, a Constituição de 1988 determinou que, nesse caso, os candidatos devem integrar a primeira quinta parte da lista de antiguidade.[28] Os juízes de primeiro grau podem ser convocados a exercer temporariamente funções nos tribunais regionais, o que é visto como sinal de reconhecimento e de possível promoção.[29]

A Emenda Constitucional nº 45 de 2004 criou o Conselho Superior da Justiça do Trabalho, que, funcionando junto ao TST, tem como uma de suas atribuições a supervisão administrativa, orçamentária, financeira e patrimonial de toda a justiça trabalhista de primeiro e segundo graus. Instalado em 15 de junho de 2005 e presidido pelo presidente do TST, o CSJT é integrado por 11 membros. O presidente da Associação Nacional da Magistratura do Trabalho (Anamatra), sobre a qual nos deteremos adiante, tem assento e voz no conselho.[30]

Em toda profissão, a socialização de novos contingentes é uma etapa crucial para a reprodução de seus quadros, envolvendo ensinamentos técnicos e a transmissão de todo um etos e formas de conduta capazes de integrar

---

[28] Atualmente, discute-se no Congresso a "segunda reforma do Judiciário" (PEC 358/2005), que trata da promoção por merecimento, bem como do quinto constitucional.

[29] O mesmo se dá entre os juízes de segundo grau, que podem ser "convocados" para o TST.

[30] Segundo o presidente da Anamatra em 2006, José Nilton Pandelot, a associação "tem pautado suas manifestações pela valorização do CSJT, que deve exercer o controle da legalidade dos atos administrativos dos tribunais e assumir o papel de formulador e executor de políticas estratégicas da Justiça do Trabalho" (disponível em: <http://anamatra.org.br>; acesso em: 28 maio 2006.

os recém-chegados, fazendo-os se sentirem parte da corporação. A questão do recrutamento e formação dos magistrados tem sido motivo de preocupação e debates intensos entre grande parte dos magistrados. A exemplo de outras corporações, como a militar e a eclesiástica, o processo de socialização e transmissão de uma cultura organizacional aos novos juízes tem-se dado através da interação e do estreito contato entre eles.

Existem atualmente no país 22 escolas de magistratura do Trabalho com formatos variados, dirigidas por tribunais, associações regionais de magistrados do trabalho (Amatras) ou fundações, com orientações diversificadas. A criação, em junho de 2006, pelo Tribunal Superior do Trabalho, da Escola de Formação e Aperfeiçoamento de Magistrados do Trabalho (Enamat), trouxe uma modificação importante, indicando que o processo de formação de novos juízes está doravante submetido a maior centralização e controle por parte do TST.[31] De fato, temos observado que a maneira de organização e funcionamento da escola — seus fundamentos pedagógicos, linhas de orientação e estrutura mais ou menos centralizada, o papel do TST etc. — tem sido motivo de debate entre os magistrados do trabalho, mas não nos deteremos aqui sobre isso.

Nas entrevistas realizadas com magistrados do trabalho de diversos estados do país, ouvimos relatos expressivos sobre os primeiros tempos de atividade como juiz (ou juíza) substituto. Quase todos revelam o peso da responsabilidade e o sentimento de solidão no momento de formular a sentença. Além disso, falam também das dificuldades dos primeiros tempos, pois em geral os juízes substitutos têm jurisdição em todas as varas do estado, o que os obriga a realizar constantes deslocamentos. Freqüentemente, entrevistados que estavam nos tribunais faziam uma reflexão comparando sua experiência de juiz de primeiro grau com a de segundo, como se vê no seguinte depoimento:

> Eu tinha que decidir, tinha aquela responsabilidade, o que me pesava muito. Então esse peso me causava sofrimento. (...) havia as questões simples,

---

[31] A Enamat é órgão autônomo do TST, seguindo modelos de escolas nacionais similares, como o Instituto Rio Branco e a Escola Superior do Ministério Público da União. Os concursos públicos passam a ser semestrais, e os aprovados ingressam no curso de formação inicial, centralizado em Brasília, com duração máxima de um semestre. O primeiro curso funcionou em outubro, para 72 juízes substitutos. As escolas regionais continuam funcionando, mas devem ter seus cursos reconhecidos pela Enamat.

> mas tu sempre sabes que por trás daquilo há expectativas de pessoas. Aquilo é algo vivo, não é papel, embora esteja representado em papel. Principalmente quando se faz uma audiência (...). Foi um período muito rico e foi um período de muito sofrimento também. Acho que hoje posso explicar melhor esse sentimento, porque estou no tribunal. (...) é uma visão muito minha, muito particular, porque há os que preferem o julgamento isolado. Mas eu me sinto melhor no julgamento coletivo. Acho que, no julgamento coletivo, há uma chance muito menor de errar. Não estou dizendo que não haja chance, mas ela é muito menor. Então isso dá maior segurança de um julgamento justo, enquanto o juiz singular faz um julgamento solitário.[32]

Em geral, a comparação é feita opondo a decisão solitária do juiz de primeiro grau à decisão coletiva dos tribunais. Mas o interessante é que, se há magistrados que preferem o coletivo, há também aqueles que preferem a "solidão", que na verdade tem uma outra face, como se pode observar no depoimento do desembargador que lamenta o trabalho "de gabinete" do tribunal, ou seja, a perda de certa liberdade e do contato direto com as pessoas, um lado mais "vivo" do direito:

> No dia em que fui promovido para o TRT (...), fui lá na vara e fiquei triste. Parece brincadeira, mas é verdade; fiquei triste em um canto. Porque a experiência no tribunal é muito diferente. Você não vê pessoas, lida com processos. Você não vê os colegas, não tem contato com colegas. O juiz do tribunal tem um trabalho pesado. E é normal que seja assim. Na vara eu fazia o que eu queria... Fantástico, fantástico! No tribunal você não pode fazer isso; tem que decidir coletivamente, o que é muito importante. (...) É um aprendizado, um momento novo. E nesse decidir coletivo, tem-se que ter humildade: não, a minha posição não é a melhor.[33]

Antes de passarmos à análise das respostas ao nosso *survey*, convém apresentar uma caracterização da população que estamos focalizando: os magistrados que se encontravam atuando nos tribunais regionais. Em 2004, eles eram ao todo 443, dos quais 269 (60,9%) homens e 174 (37,5%) mulheres.[34]

---

[32] Depoimento concedido em 2004 ao Cpdoc/FGV e ao Amorj/UFRJ pela desembargadora do TST da 4ª Região Maria Helena Mallmann.

[33] Depoimento concedido em 2005 ao Cpdoc/FGV e ao Amorj/UFRJ pelo desembargador do TRT da 8ª Região Francisco Sérgio Silva Rocha.

[34] Disponível em: <www.tst.gov.br>. Acesso em: 12 nov. 2006.

O gráfico 14 mostra a distribuição por sexo e por Tribunal Regional dessa população, observando-se, de imediato, que essa distribuição varia muito. Assim, por exemplo, se em São Paulo e Santa Catarina temos mais mulheres do que homens, em várias regiões há pouca presença feminina nos tribunais, como em Alagoas e no Ceará.

Gráfico 14

TRTs: distribuição de juízes e juízas (%)

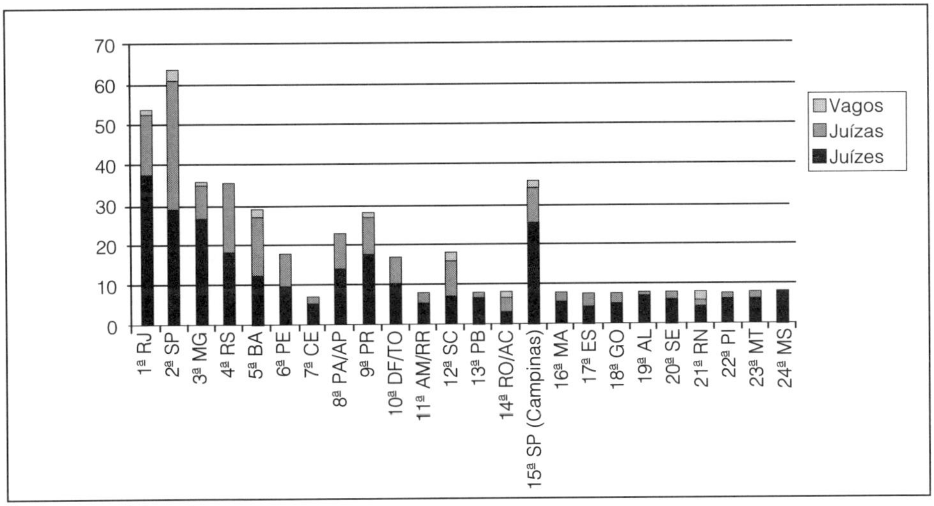

Fonte: <www.tst.gov.br>.

Gráfico 15

TRTs: distribuição de juízes por faixa etária

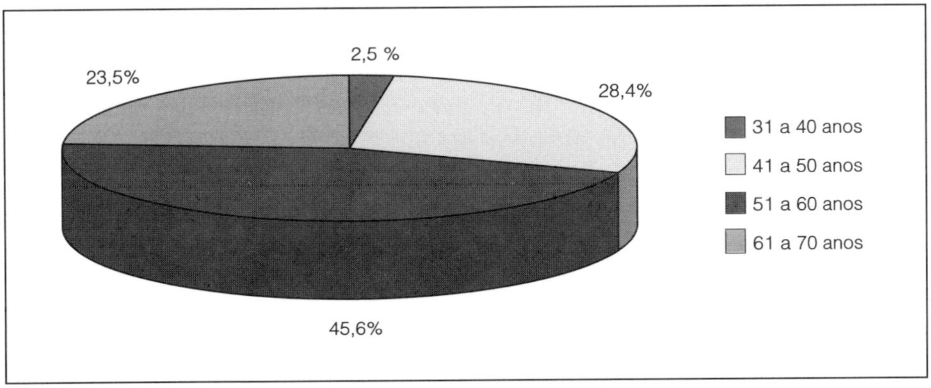

Fonte: <www.tst.gov.br>.

Excluindo-se um pequeníssimo número de juízes que chegam ao TRT com menos de 40 anos, a maioria tem entre 51 e 70 anos. Convém lembrar que para a grande maioria esse é o ponto terminal da carreira, pois somente uns poucos alcançam o TST.

A juvenilização crescente, já por nós assinalada, e a inexperiência dos recém-chegados têm sido motivo de preocupação para os juízes. Em nosso questionário, indagados sobre os requisitos que consideram indispensáveis para a inscrição em concurso, os juízes do Trabalho se posicionaram como se vê no gráfico 16.

Gráfico 16
TRTs: requisitos indispensáveis para inscrição em concurso

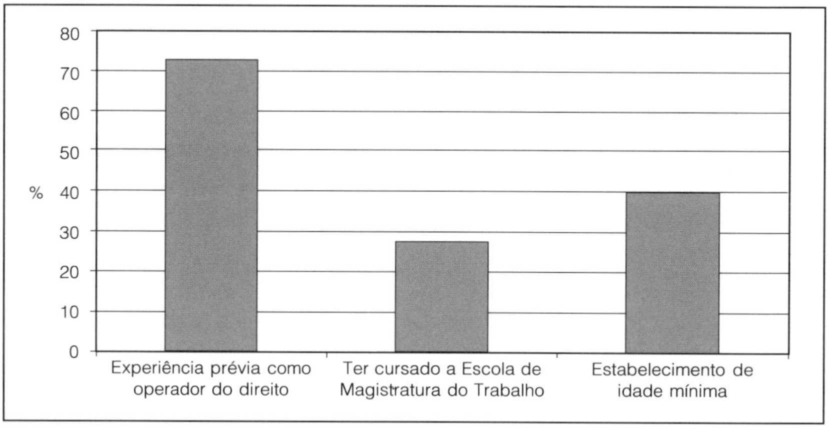

Como mostra o gráfico 16, a experiência prévia como operador de direito tem mais de 70% de aprovação dos juízes. De fato, até 2005, valia a interpretação de que os estágios anteriores à formatura poderiam contar como experiência. Em 2006, porém, a Resolução nº 11 do Conselho Nacional de Justiça regulamentou a noção de "atividade jurídica" e estabeleceu que são necessários três anos de experiência como operador de direito após a obtenção do grau de bacharel. Cerca de 40% dos respondentes consideraram necessário o estabelecimento de idade mínima para ingresso na carreira, e quase 30% defenderam que a passagem pela Escola Nacional de Magistratura do Trabalho fosse obrigatória.[35]

[35] Vale lembrar que a Escola Nacional de Magistratura do Trabalho ainda não existia na época do *survey*, mas sua criação já vinha sendo cogitada há mais de uma década.

Neste ponto podemos passar à análise dos dados de nossa amostra de juízes dos TRTs, examinando o seu perfil sociológico e seu posicionamento em relação à carreira e a certos temas ligados à Emenda Constitucional nº 45. Trataremos também apenas dos desembargadores atuantes nos TRTs à época da realização do *survey*.

Quanto à faixa etária, a média de idade de nossa amostra foi de 53,8 anos, havendo apenas um magistrado de 39 anos — portanto, dentro dos parâmetros do universo que comentamos anteriormente. A distribuição por sexo também está bem próxima daquela referente ao conjunto de desembargadores dos TRTs: 69,1% de homens e 30,9% de mulheres. A proporção de mulheres na segunda instância provavelmente aumentará com a crescente participação feminina na carreira, como já foi dito na primeira parte deste capítulo. Vimos também que, se a distribuição por sexo vem passando por mudanças importantes, a questão da cor ainda é um ponto de estrangulamento: 86,8% dos juízes de nossa amostra de desembargadores declararam-se brancos, contra 13,2% de pardos. Não tivemos nenhum desembargador negro e, vale ressaltar, as estatísticas do TST não contemplam esse tipo de dado.[36]

Em relação à origem social dos desembargadores de nossa amostra, podemos dizer, como atesta o gráfico 17, que é bastante diversificada.

Gráfico 17
Classe de origem dos desembargadores: ocupação do pai (%)

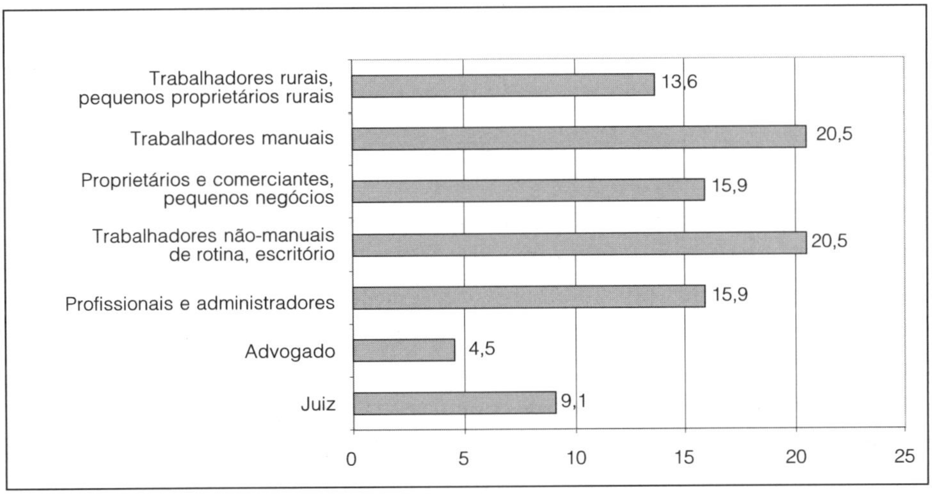

[36] O TST, topo da carreira, tem entre seus 21 membros duas mulheres e um negro.

Nota-se que apenas 13,6% têm pais com profissão jurídica, mas, se agregarmos todas as ocupações de nível 1, veremos que uma proporção expressiva de desembargadores (29,5%) veio desses estratos, que podemos chamar de "elite". As classes 2 e 3, que representam níveis intermediários, concentram a maior proporção de pais de desembargadores (36,4%). As classes 4 e 5, os níveis mais baixos, concentram uma proporção semelhante: 34,1%. Considerando-se que estamos lidando com os que conseguiram galgar o penúltimo patamar da carreira, representando um grupo bastante privilegiado, tudo indica que não se trata de um estrato fechado, mas, ao contrário, aberto para um amplo espectro social.

Em relação à escolaridade dos pais dos desembargadores, encontramos a seguinte distribuição:

Gráfico 18

TRTs: distribuição de juízes por escolaridade do pai (%)

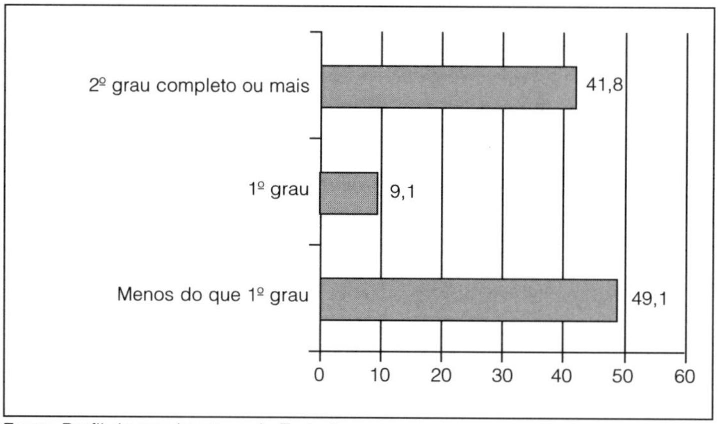

Fonte: Perfil da magistratura do Trabalho.

Este gráfico é bastante surpreendente: cerca da metade dos pais dos juízes do TRT tem menos que o 1º grau. É verdade que, na geração dos pais desses juízes (na faixa dos 70-80 anos), a relação entre o número de anos de estudo e a posição no mercado de trabalho não era tão direta. Desprovidos de outros recursos, os juízes de nossa amostra provavelmente encontraram na obtenção de títulos escolares e nos concursos públicos os meios mais eficientes de melhoria de sua posição social. De fato, como já comentado, a elite brasileira não se tem mostrado impermeável a oriundos de outros estratos sociais. Dos anos 1960 até os dias de hoje a sociedade brasileira mudou muito rapidamente. Surgiram novas ocupações e, com isso, ampliaram-se as possibilidades de ascensão de pessoas das camadas mais baixas. Cabe lembrar, no entanto, que os juízes que chegaram a essa posição, mesmo com pais de baixíssima escolaridade, tiveram que vencer muitas barreiras.

Os juízes alocados nos TRTs são em sua maioria casados (86,2%), e, segundo o gráfico 19, notamos que há menos endogamia entre os juízes de segundo grau do que poderíamos esperar. Em geral, as mulheres da amostra não são casadas com juízes, mas casam preferencialmente com homens de posição elevada. No caso dos juízes, é alta a proporção de homens casados com mulheres "do lar".

Gráfico 19

TRTs: distribuição de juízes por ocupação do cônjuge

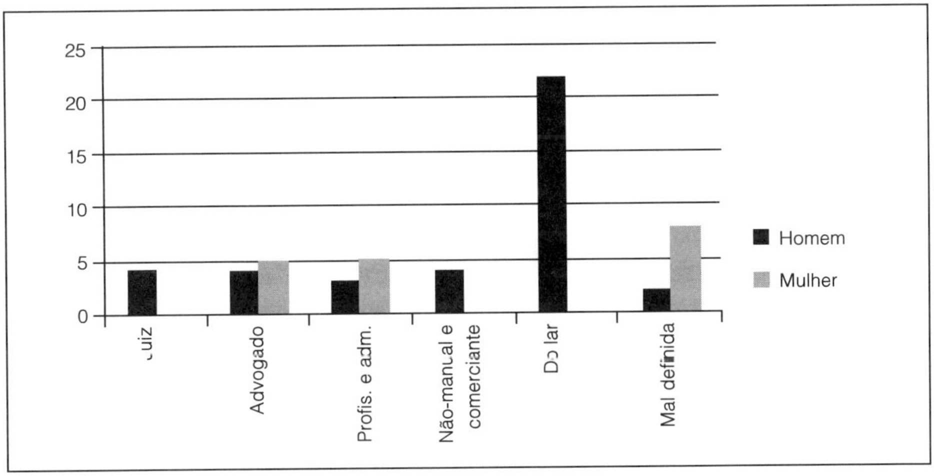

Fonte: Perfil da magistratura do Trabalho.

Quanto à duração das carreiras dos juízes de nossa amostra, observamos que eles levaram em média sete anos entre o fim da faculdade e a posição de juiz substituto. O gráfico 20 mostra que, se a maioria levou de 13 a 20 anos para passar do posto de juiz substituto ao de desembargador do TRT, existem algumas disparidades, pois esse intervalo pode variar de menos de 10 anos até mais de 20. Resta ainda investigar os fatores que condicionariam os diferentes ritmos das trajetórias profissionais dos juízes.

Como já comentamos, por força da rígida hierarquia interna e dos critérios de ascensão não claramente definidos, a trajetória profissional do juiz do Trabalho é altamente dependente da avaliação de seus pares. Submetidos a uma severa disciplina pelos órgãos superiores, os juízes devem manter certo nível de produtividade e evitar atrasar as sentenças ou tê-las revogadas pelos tribunais superiores. Para o juiz de primeiro grau é importante saber usar as oportunidades a seu favor, estando atento às vagas que aparecem e às listas de antiguidade, pois ele atua num conjunto de regras pouco claras, que deixam margem para algum arbítrio. Os muitos anos em que o juiz permanece estacionado no primeiro grau são freqüentemente uma fonte de tensão e conflito, como observa o ministro Vantuil Abdala:

> Na carreira da magistratura trabalhista existe apenas a promoção de grau: a de juiz substituto para juiz titular de vara e deste para o Tribunal Regional do Trabalho. Mas que carreira é essa em que só há duas promoções?! E, pior, na realidade uma só promoção, pois a grande maioria dos juízes não tem oportunidade de ascender à segunda instância.[37]

Gráfico 20

Tempo de carreira entre o ingresso e a promoção para o TRT

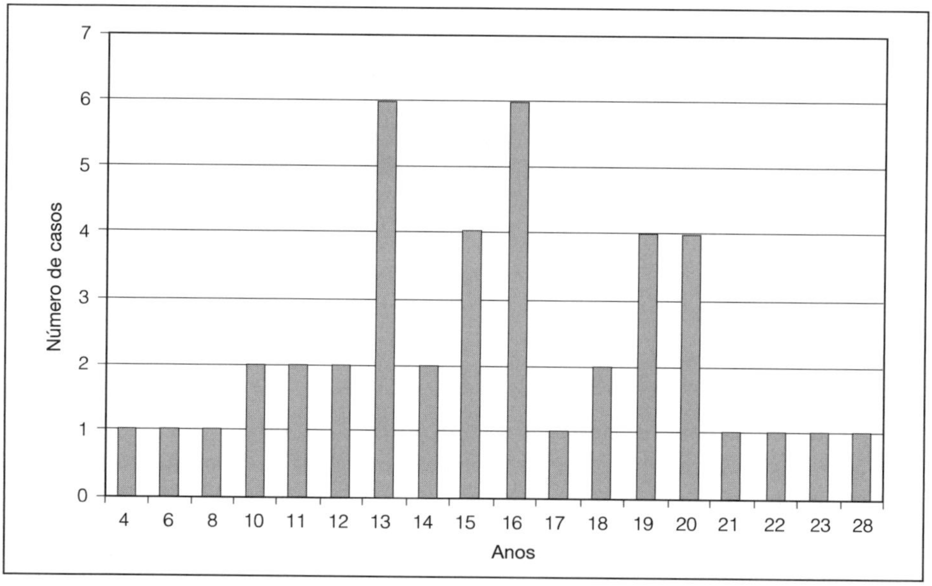

Em nosso questionário, indagamos a opinião dos desembargadores sobre os critérios e regras que presidem a promoção na carreira: de juiz substituto para juiz titular, de juiz titular para o TRT e deste para a posição de ministro do TST. Pedimos também que se posicionassem sobre os critérios para a escolha de dirigentes dos TRTs. Em relação aos critérios de promoção para juiz titular, observamos a seguinte distribuição:

---

[37] Disponível em: <www.anamatra.org.br/publ/periodicos>. Acesso em: 28 jul. 2005.

Gráfico 21
Juízes do TRT: critérios para promoção para juiz titular

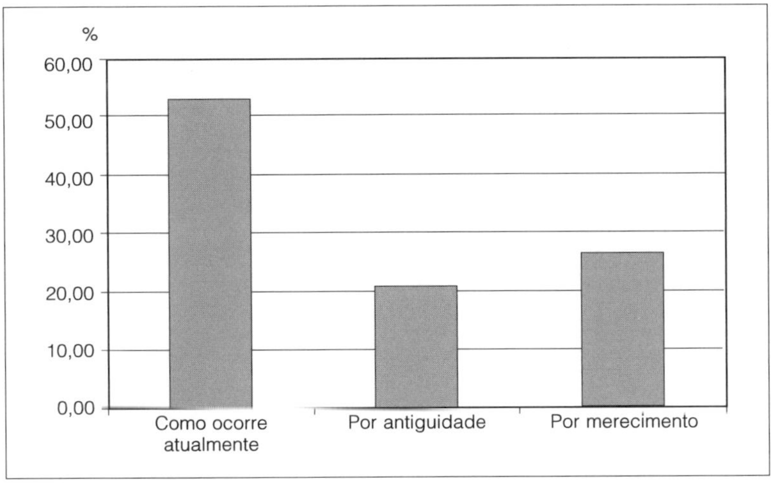

Vê-se que a maioria dos desembargadores defende as regras atuais, isto é, a manutenção dos critérios de antiguidade e merecimento, enquanto os demais se dividem entre os critérios de merecimento (25%) e o de antiguidade (20%).

Em relação à escolha dos dirigentes dos TRTs, observamos no gráfico 22 que a maioria prefere manter as regras atuais, enquanto cerca de 30% dos desembargadores defende a escolha por eleição.

Gráfico 22
TRTs: escolha de dirigentes

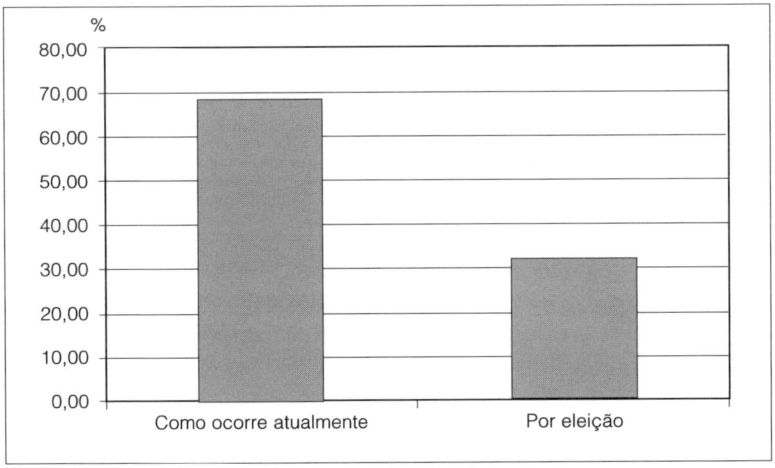

O gráfico 23 mostra que, em relação aos critérios de promoção para o TST, as opiniões divergem:

Gráfico 23

Juízes dos TRTs: critérios para promoção para o TST

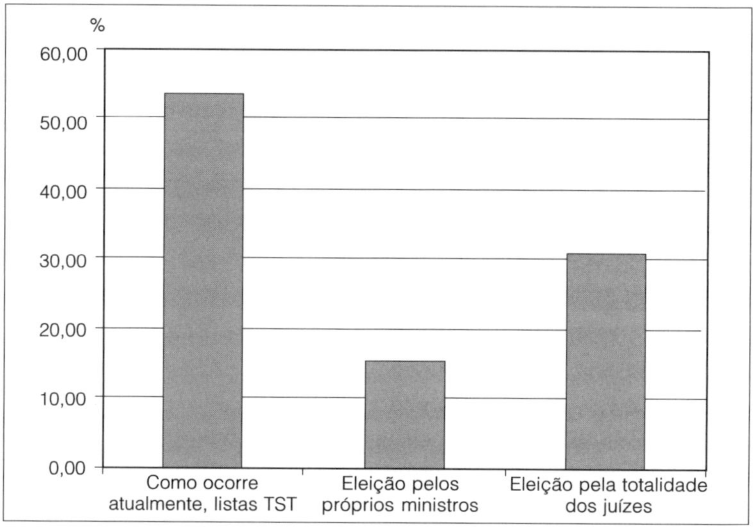

Assim, se a maioria prefere os critérios atuais, a idéia da eleição, quer pelos próprios ministros, quer pela totalidade dos juízes, recebeu 15% e 30% das preferências, respectivamente.

Quando desagregamos os dados para poder comparar as respostas por instância, fica evidente que as regras que presidem tanto a promoção na carreira quanto a escolha dos dirigentes dos tribunais são questões polêmicas que dividem as opiniões dos juízes.

O gráfico 24, com a distribuição das respostas sobre as regras de promoção a juiz titular, evidencia que o posto do juiz (de vara ou de tribunal) é um fator que influencia fortemente sua avaliação a esse respeito.

Como se vê, a maioria dos magistrados dos tribunais concorda que os critérios atuais são bons, isto é, tendem a defender a manutenção do *status quo*, enquanto os juízes de primeiro grau se dividem entre a manutenção dos critérios atuais e a preferência pelo critério de "antiguidade". Nas entrevistas realizadas, o argumento mais forte a favor desse critério foi o seu caráter objetivo, ao contrário do que ocorre quando o critério é o "merecimento", dando margem a avaliações subjetivas.[38]

[38] Em junho de 2006, a Anamatra enviou ao Conselho Nacional de Justiça um extenso requerimento solicitando um ato normativo desse conselho para detalhamento dos critérios de

Gráfico 24

Opinião sobre promoção para juiz titular, por instância

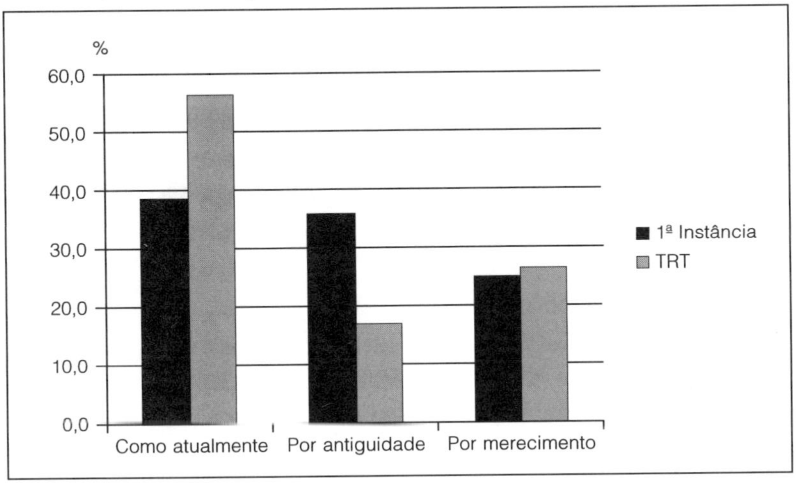

O gráfico 25 mostra que há também divergências no que diz respeito às regras de promoção ao TRT.

Gráfico 25

Opinião sobre promoção para o TRT, por instância

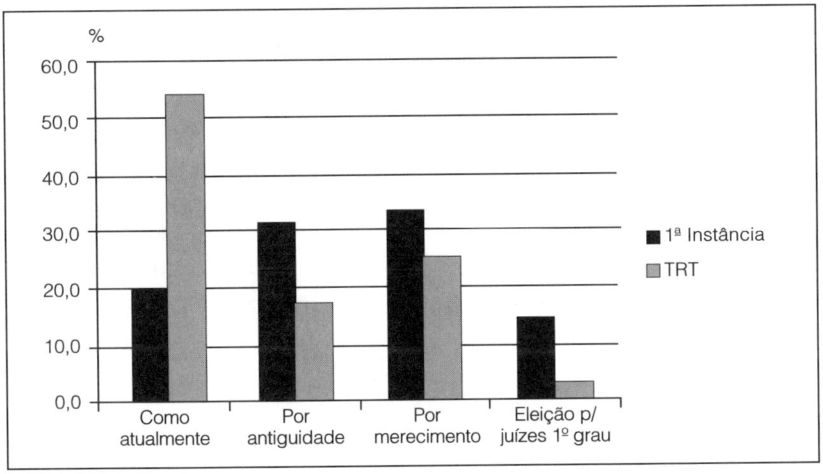

promoção por merecimento nos tribunais. Em sessão ordinária a 18 de dezembro de 2006, o CNJ não aprovou o documento, alegando que a Resolução nº 6 do mesmo conselho já disciplina a promoção por merecimento. Disponível em: <www.anamatra.org.br>. Acesso em: 30 jan. 2007.

Vê-se que mais de 50% dos magistrados dos TRTs defendem a manutenção da estrutura da carreira, enquanto apenas 20% dos juízes de primeiro grau concordam que tudo permaneça como está. Em relação aos critérios de promoção, os de primeiro grau aparecem divididos na preferência entre os critérios de antiguidade e de merecimento, sendo o tema da eleição defendido por cerca de 15% desses juízes.

Os gráficos 26 e 27 revelam mais claramente a cisão entre os juízes de primeiro e segundo graus.

Gráfico 26

Opinião sobre promoção para o TST, por instância

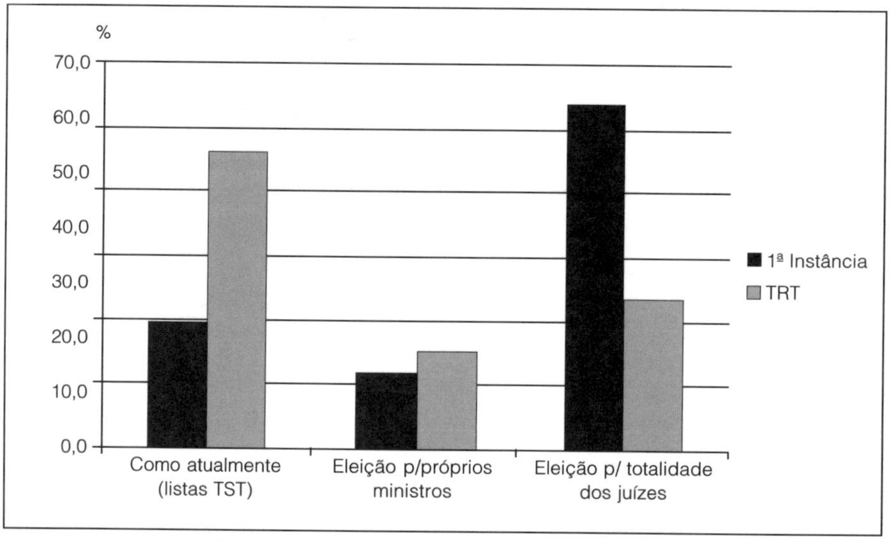

Quanto aos critérios de promoção para o TST, nível máximo da carreira, observamos que as posições são bem divergentes: entre os juízes de primeiro grau predomina a aspiração por eleições com ampla participação (mais de 60% dos respondentes). Com outra perspectiva, mais da metade dos desembargadores defende a manutenção das regras atuais, enquanto cerca de 26% querem eleições, mas somente com a participação dos ministros. Apenas uma proporção reduzida (cerca de 15%) defende eleições amplas.

O gráfico 27 ilustra a distribuição das opiniões dos juízes de primeira e segunda instâncias em relação à escolha dos dirigentes dos TRTs.

A partir desses dados, podemos dizer que a opinião dos juízes sobre sua própria carreira é mais ou menos conservadora segundo a instância a que pertencem: cerca de 80% dos de primeira instância defendem a eleição, enquanto 60% dos desembargadores preferem as regras atuais. Não chega a ser surpreendente que os que alcançaram os níveis mais elevados tenham se manifestado a favor da manutenção das regras que, afinal, permitiram sua promoção. Anne Boigeol (1989), estudiosa da magistratura francesa, observou que dois fatores explicam certa predisposição ao "conformismo": a existência de uma organização altamente hierarquizada e a ausência de regras explícitas para a promoção na carreira.

Gráfico 27
Opinião sobre a escolha dos dirigentes do TRT, por instância

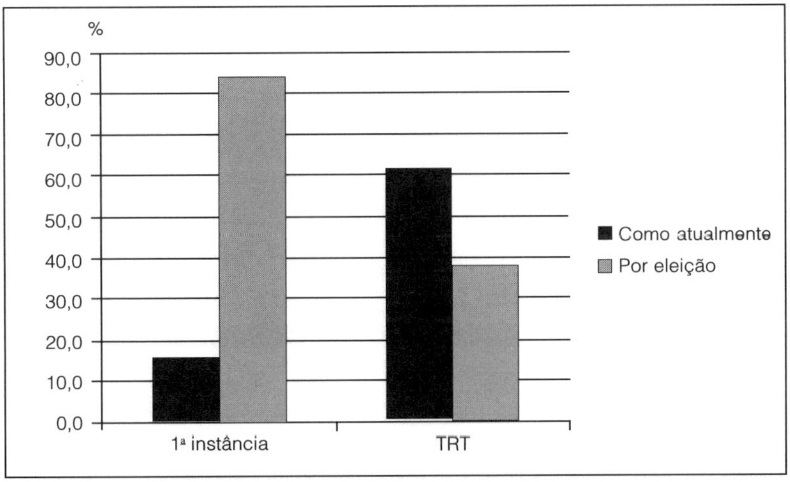

No entanto, como que anunciando possíveis mudanças no horizonte, o gráfico 27 mostra que mais de 30% dos desembargadores de nossa amostra desmentem esse "conformismo" e apóiam a eleição. De fato, a questão da democratização da carreira é um tema que mobiliza e inflama os magistrados do trabalho, sobretudo os de primeiro grau. Aliás, no último congresso da categoria, realizado em maio de 2006, a plenária aprovou a "Carta de Maceió", que defende, entre outros pontos, o que se segue:

> Os juízes do trabalho de todo o país, reunidos no 13º Congresso Nacional dos Magistrados da Justiça do Trabalho (Conamat), em Maceió-AL, em sessão plenária:

pugnam pela necessidade de democratização plena do Poder Judiciário, seja através de eleições diretas para a composição dos órgãos administrativos dos tribunais, com participação dos juízes de primeiro grau, seja pela participação das associações de magistrados no processo de seleção e formação dos magistrados.[39]

Um ponto importante ora em discussão[40] é o limite de idade que selaria a carreira de juiz. O gráfico 28 ilustra a posição dos juízes a esse respeito.

Gráfico 28

Opinião sobre aposentadoria aos 70 anos, por instância

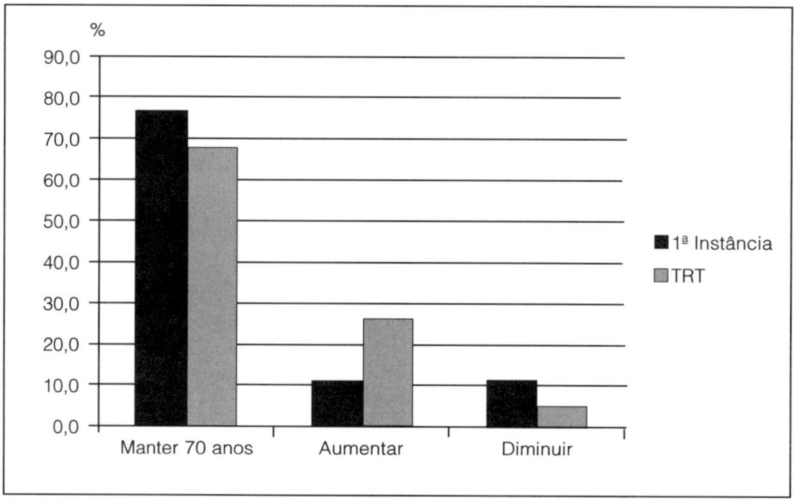

Como se pode ver, a posição dos magistrados é relativamente consensual: a maioria, independentemente da idade ou da instância, defende que o limite permaneça em 70 anos, mas 26% dos desembargadores gostariam que ele aumentasse. Numa carreira com tão poucos níveis e patamares intermediários, ampliar a idade máxima significaria diminuir ainda mais as possibilidades de progressão e de renovação nos quadros dos tribunais superiores.

Já vimos que a Emenda Constitucional nº 45 trouxe inovações extremamente importantes para o Poder Judiciário como um todo, mas especialmente

---

[39] Disponível em: <www.anamatra.org.br>. Acesso em: 2 jun. 2006.

[40] Emenda Constitucional nº 457/05, ainda em tramitação no Congresso. A Anamatra tem-se posicionado contra a mudança.

para a Justiça do Trabalho. Por um lado, a reforma ampliou a sua competência para cobrir não só as ações referentes às relações de emprego formal, mas também aquelas decorrentes de qualquer relação definida como de trabalho; por outro, estabeleceu o critério de necessária concordância das duas partes do conflito trabalhista para a instauração de dissídios coletivos junto à Justiça do Trabalho.[41] Isso dá margem a críticas a respeito da inconstitucionalidade de uma exigência que poderia inibir o amplo acesso à Justiça, restringindo também o decorrente exercício do chamado poder normativo, isto é, a prerrogativa constitucionalmente conferida aos tribunais trabalhistas de estabelecerem normas e condições de trabalho.

Nosso questionário também continha uma parte opinativa, em que pedíamos aos juízes que se posicionassem sobre a Justiça do Trabalho bem como sobre algumas das mudanças recentemente introduzidas pela Emenda Constitucional nº 45. Em relação ao poder normativo, por exemplo, o gráfico 29 mostra que os juízes dos TRTs não têm uma posição consensual: ainda que mais da metade deles seja a favor, uma proporção considerável (mais de 40%) é contra. Levando-se em conta que são os juízes dos tribunais que julgam os conflitos coletivos de trabalho e, portanto, exercem de fato o poder normativo, essa divisão é bastante significativa.

Gráfico 29
Juízes dos TRTs:
opinião sobre poder normativo da Justiça do Trabalho (%)

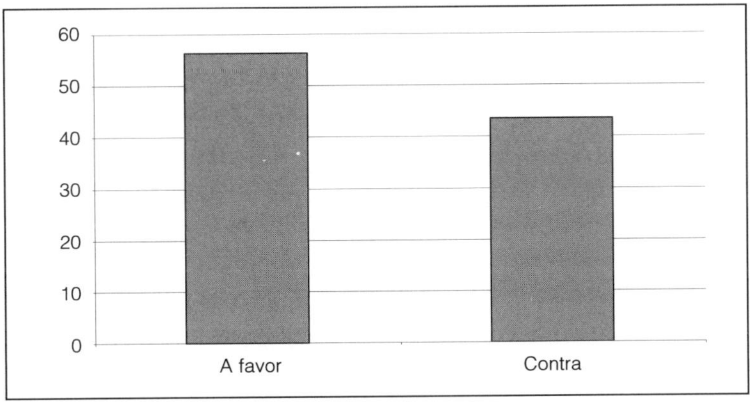

[41] Emenda Constitucional nº 45, § 2º, art. 114.

Se desagregarmos as respostas e agruparmos os desembargadores em dois grandes grupos regionais, veremos que eles têm posições diferentes.

Gráfico 30

Juízes dos TRTs:

opinião sobre poder normativo da Justiça do Trabalho, segundo a região

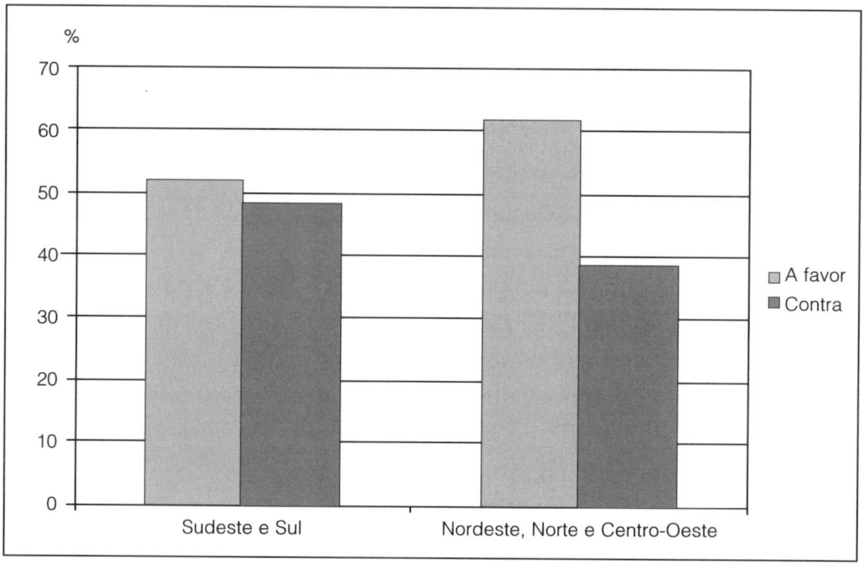

Nota-se que se os desembargadores do Sul e o do Sudeste estão praticamente divididos entre as duas posições, sendo nas demais regiões que aparece o maior número de respostas favoráveis (pouco mais de 60%).

Em relação à ampliação da competência da Justiça do Trabalho, as diferenças regionais são também relevantes, como se vê no gráfico 31.

A maioria dos desembargadores se manifesta favoravelmente à ampliação da competência (mais de 50% no Sudeste e no Sul, e mais de 70% no Norte, Nordeste e Centro-Oeste), mas muitos desaprovam ou pelo menos fazem críticas a essa mudança: mais de 40% nas regiões Sul e Sudeste e menos de 30% nas demais regiões. Vale lembrar, no entanto, que os juízes de primeiro grau são os mais afetados pela medida, pois cabe a eles tratar dos conflitos individuais e, portanto, eventualmente acolher as demandas dos novos segmentos que poderão recorrer à Justiça do Trabalho.

Indagados sobre as modificações introduzidas pela Emenda Constitucional nº 45 para o ajuizamento de dissídios coletivos, os desembargadores se dividiram, como mostra o gráfico 32.

Gráfico 31

Juízes dos TRTs:

opinião sobre ampliação da competência da Justiça do Trabalho, segundo a região

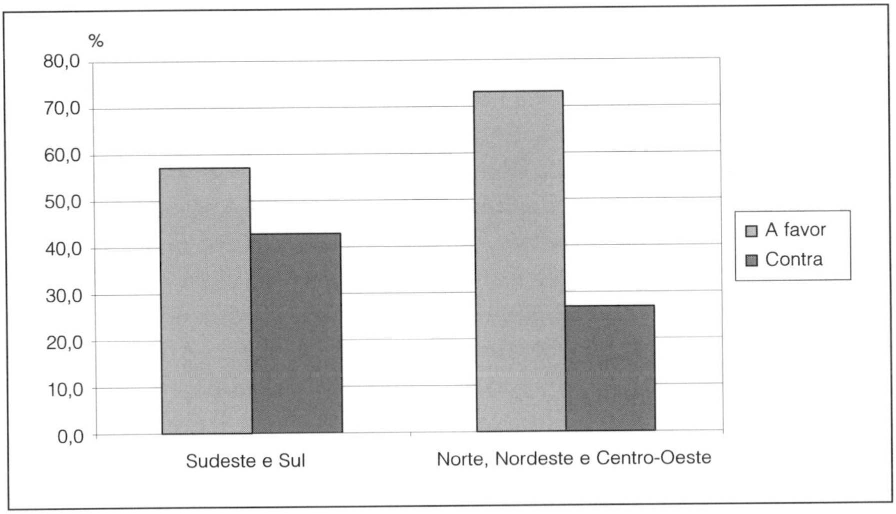

Gráfico 32

Juízes dos TRTs: opinião sobre a Emenda nº 45 e os dissídios coletivos

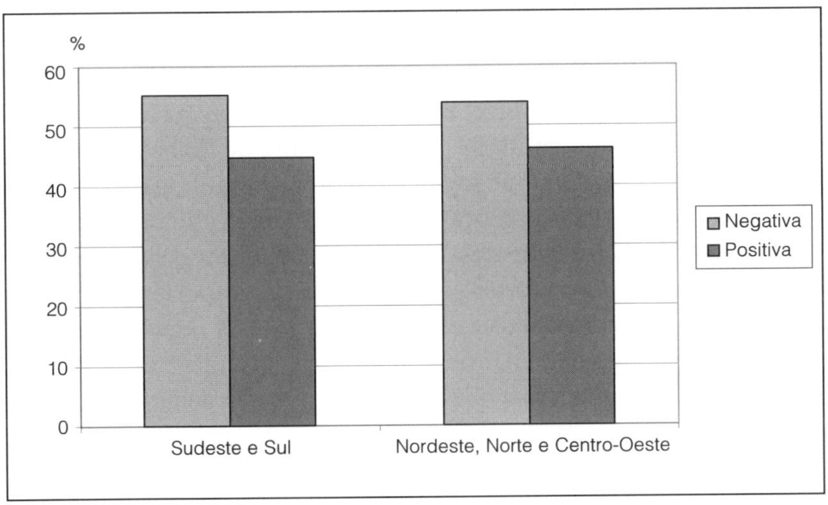

Vê-se que, em todas as regiões, mais da metade dos juízes dos TRTs considerou negativas as condições impostas aos dissídios, porém mais de 40% estão de acordo com elas. Levando-se em conta que pouco mais de 10% afirmaram não ver aí nenhuma inconstitucionalidade, o que de certo modo significa que não estão em desacordo com elas, este parece ser também um ponto bastante controverso.

As respostas ao *survey* comprovaram o alto grau de associativismo dos juízes do Trabalho: mais de 98% deles são filiados à Anamatra, índice certamente invejável para a maioria das associações de classe e sindicatos, mesmo considerando-se que tal filiação é hoje quase uma prática cultural obrigatória.

A idéia de criar uma associação própria dos juízes do Trabalho começou a ser discutida no início da década de 1960, quando surgiram as associações estaduais do Rio Grande do Sul e do Rio de Janeiro. A associação nacional da categoria foi, como já dissemos, criada em 1976, a partir da articulação de entidades estaduais já existentes, e sua primeira diretoria eleita em 1978.[42] De lá para cá, a Anamatra ganhou legitimidade, tanto interna quanto externamente, na relação com outras associações de profissionais do direito. Além disso, é hoje reconhecida como porta-voz importante do coletivo de juízes do Trabalho na relação com o TST e o Conselho Nacional da Justiça do Trabalho, bem como com os demais poderes. Sediada em Brasília, desenvolveu uma rede estruturada nacionalmente, compreendendo as 24 Amatras regionais, e mantém diálogo permanente com associações semelhantes, especialmente com a Associação Nacional dos Procuradores do Trabalho (ANPT). Em 2000, alterou-se o seu estatuto para convertê-la numa entidade nacional de classe, o que lhe permite ajuizar ações diretas de inconstitucionalidade e assim contestar decisões dos tribunais superiores. Em 2004, o Conselho de Representantes da Anamatra optou por sua desvinculação da Associação dos Magistrados Brasileiros (AMB). Tal decisão, que não foi unânime,[43] visava reforçar o movimento de diferenciação e afirmação de uma identidade própria de "juiz do Trabalho".

A Anamatra e as Amatras regionais têm importante papel na socialização dos novos juízes e na construção da identidade coletiva da categoria. Em muitos estados, a visita à sede das Amatras pelos recém-concursados, acompanhada do convite para que a ela se associem, é um importante rito de iniciação na profissão. Os congressos anuais[44] e as reuniões regionais contribuem para a mobilização do coletivo, quer em torno de questões técnicas da profissão, quer em torno de questões políticas mais gerais de interesse da corporação.

---

[42] Ver Fragale, 2006.

[43] Das 24 Amatras, sete decidiram permanecer ligadas à AMB.

[44] Os Conamats começam a ser organizados a partir de 1990; até fins daquela década tinham periodicidade anual, mas a partir de 2000 tornaram-se bianuais (ver Fragale, 2006).

Pode-se afirmar que, a despeito da heterogeneidade marcante da categoria em termos de origem social, a Anamatra vem contribuindo para consolidar um *ethos* e uma linguagem comuns partilhados pelos juízes do Trabalho.

O gráfico 33 demonstra o elevado grau de participação associativa dos juízes dos tribunais.

Gráfico 33
TRTs: ocupação de cargos em diretoria de associação de classe (%)

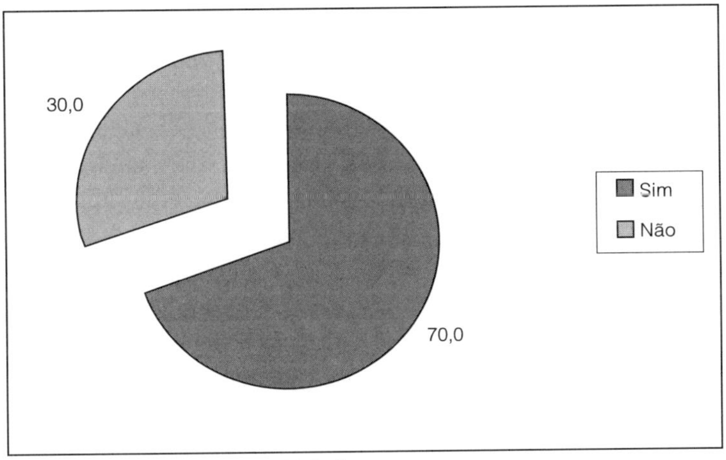

Fonte: Perfil da magistratura do Trabalho.

A alta proporção de desembargadores que ocuparam cargo em diretoria de associações de classe (Anamatra ou Amatra) é de certo modo surpreendente. Poderíamos supor que aqueles que ascenderam na carreira tivessem uma trajetória à margem da associação ou mesmo que o fato de um juiz se destacar por suas atividades na entidade de classe viesse a prejudicá-lo em suas pretensões de promoção numa carreira tão rigidamente hierarquizada como a de juiz do Trabalho. No entanto, ao que parece, as duas "carreiras" não são contraditórias, muito menos antagônicas: a visibilidade e a capacidade de liderança conquistadas por um juiz em atividades ligadas à associação lhe permitem acumular certo capital político[45] e ganhar reconhecimento público, o que pode gerar "dividendos" na carreira oficial.

[45] O conceito de capital político foi desenvolvido por Bourdieu (1986).

É curioso que, a despeito das críticas não raro veementes das associações dos juízes do Trabalho à estrutura da carreira e aos tribunais superiores, ministros do TST compareçam às solenidades de abertura dos congressos de classe e participem de mesas-redondas, e que em alguns casos as sedes das Amatras estejam instaladas nos prédios dos TRTs.[46]

Os juízes do Trabalho nas regiões do país

A idéia de explorar uma possível diferenciação de fundo regional em termos do perfil sociológico, das apreciações e das percepções dos magistrados do trabalho alcançados por nosso *survey* surgiu durante a realização de entrevistas com juízes e juízas de diversas regiões do país.[47] Foi também suscitada pela observação direta de apresentações e debates por ocasião de alguns congressos e seminários realizados pela categoria.[48] De fato, no caso das entrevistas, eram freqüentes as menções — muitas vezes generalizadoras — à postura dos colegas da própria região, em comparação com os de outras, ora identificando proximidades, ora distanciamentos. O acompanhamento das discussões e apresentações de teses, em comissões ou reuniões plenárias de alguns magistrados em seus principais encontros de 2004 a 2006, evidenciou igualmente a disputa entre posições assumidas por grupos de juízes de alguns estados e/ou regiões.

Porém, antes de analisar os resultados do *survey* por esse ângulo, é importante assinalar como estão distribuídos geograficamente os juízes que responderam ao questionário. Assim, o gráfico 34 apresenta o volume de respostas segundo as 24 regiões do trabalho existentes no Brasil, praticamente todas correspondendo a um estado da Federação, salvo poucas exceções. O estado de São Paulo, por exemplo, é o único que possui duas regiões: a 2ª, com sede

---

[46] Por exemplo, o fato de que o ministro Ronaldo José Lopes Leal, presidente do TST em 2006, tenha sido também fundador e primeiro presidente da Anamatra demonstra que a estrutura da associação e a dos tribunais se comunicam e que o capital "acumulado" numa esfera pode se transferir para a outra.

[47] As entrevistas no âmbito do projeto "História dos direitos e da Justiça do Trabalho no Brasil" foram realizadas com juízes de São Paulo, Rio de Janeiro, Minas Gerais, Pernambuco, Bahia, Rio Grande do Norte, Rio Grande do Sul, Pará, Maranhão e Brasília-DF em 2004, 2005 e 2006, totalizando cerca de 70 horas de gravação.

[48] No caso, os congressos nacionais de magistrados da Justiça do Trabalho — Conamats de 2004 (Campos de Jordão) e 2006 (Maceió), e o Seminário sobre a Ampliação da Competência da Justiça do Trabalho, realizado em 2005 (São Paulo-SP).

na capital, e a 15ª, com sede em Campinas. Os casos em que os tribunais regionais cobrem mais de um estado da federação são: o TRT da 8ª Região (Pará e Amapá), o da 10ª Região (Distrito Federal e Tocantins), o da 11ª Região (Amazonas e Roraima) e o da 14ª Região (Acre e Rondônia).

Gráfico 34

Juízes por região

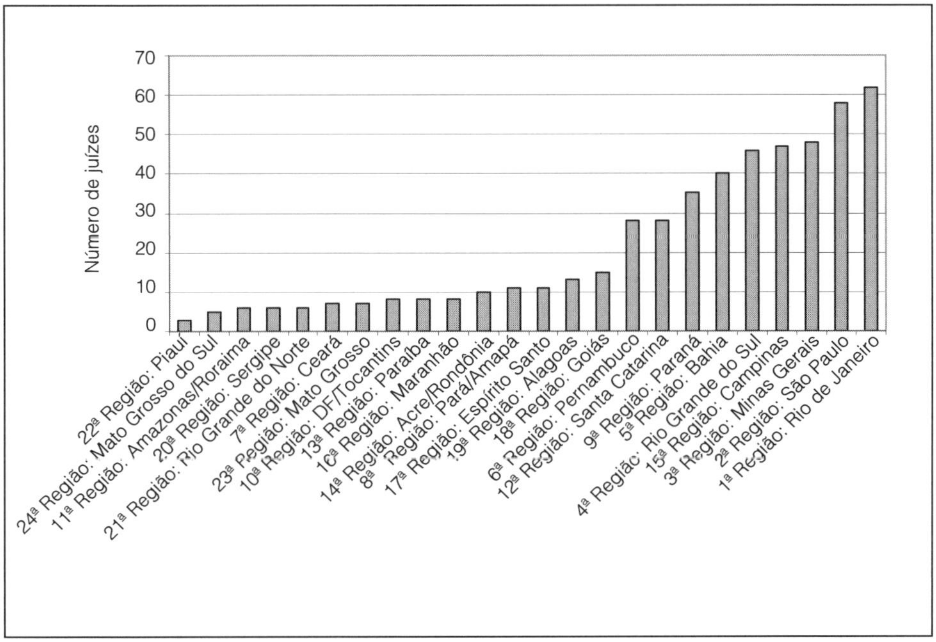

Pode-se ver que houve maior número de respostas de juízes atuantes no estado do Rio de Janeiro (36,9%). Em seguida vem o estado de São Paulo, que, incluindo as regiões de Campinas (27,6% de respostas) e São Paulo (20,7%), alcançou a média de 24,5% de juízes que responderam ao *survey*. No caso de Minas Gerais foram 20,5% os respondentes. No que diz respeito aos estados do Rio Grande do Sul, Paraná e Santa Catarina, no eixo Sul-Sudeste, e Bahia e Pernambuco, no Nordeste, o número de respostas também foi significativo, se considerarmos o total de magistrados em cada uma dessas regiões do trabalho. Há, contudo, uma queda na quantidade de respostas nas demais regiões, ainda que, em algumas delas, não seja grande o número absoluto de juízes.

No tratamento das respostas, agregamos os dados do *survey* primeiramente por três grandes regiões do país (Norte/Centro-Oeste, Sudeste/Sul e Nordeste) e encontramos, de fato, algumas diferenças regionais marcantes.

Paralelamente, o interesse em testar a pertinência de nossas hipóteses explicativas preliminares levou-nos, no caso da região Sudeste/Sul, a trabalhar algumas vezes com os dados referentes a três estados cuja caracterização foi considerada também adequada para esse fim: Rio de Janeiro (1ª região trabalhista), Rio Grande do Sul (4ª) e São Paulo, agregando as regiões trabalhistas de São Paulo (2ª) e Campinas (15ª).

Refletir sobre as possíveis causas dessa diversidade regional é tarefa por demais ambiciosa dentro dos limites deste texto. No entanto, como sugerem os dados apresentados a seguir, pelo menos dois eixos explicativos podem ser explorados pela pesquisa. O primeiro deles remete sem dúvida à questão do desenvolvimento desigual entre as regiões brasileiras. O gráfico 35 mostra como, durante o século XX, a par da relativa estabilidade populacional das regiões Sudeste e Sul e do crescimento demográfico das regiões Norte e Centro-Oeste, a região Nordeste sofreu uma perda significativa de população, tendência que ainda não se alterou nos anos recentes. O quadro é bastante revelador dos movimentos de expansão ou estagnação econômica e social das diferentes regiões do país e nos obriga a atentar para os seus prováveis efeitos. Assim, a diversificação social observada nos anos mais recentes para o conjunto dos magistrados do trabalho, com uma relativa abertura a juízes mais jovens, mulheres e oriundos de novos segmentos sociais, tem diferentes inflexões quando analisada regionalmente. Esse enfoque mostra a importância de se levar em consideração os processos sociais locais mais ou menos dinâmicos.

Gráfico 35

Brasil: população relativa, por grandes regiões, 1900-2000

(%)

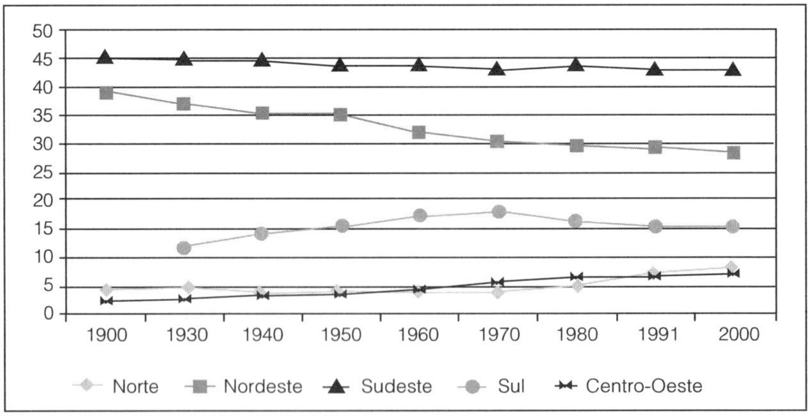

Fonte: *Anuário Estatístico do Brasil 1996*. Rio de Janeiro, 1997.

O segundo eixo explicativo remete à particularidade da formação histórica e do que poderíamos chamar de uma cultura cívica,[49] envolvendo, no nível local, a qualidade das demandas dos movimentos sociais, o alcance das articulações entre eles e deles com o Estado, o caráter da tradição jurídica, entre outros aspectos. Tudo isso certamente interfere na variedade de opiniões dos juízes a respeito, por exemplo, do desenvolvimento da carreira e da relação entre suas instâncias; do papel da Justiça do Trabalho; do grau desejado de intervenção do Estado nas relações trabalhistas; da liberdade e autonomia sindicais etc.[50] Entretanto, para além de uma possível simplificação opondo tais posições — em termos de conservadorismo *versus* não-conservadorismo, por exemplo —, é fundamental levar em conta quão complexas podem ser as motivações dos magistrados. Posicionar-se a favor da manutenção das tradicionais prerrogativas da Justiça do Trabalho, por exemplo, pode revelar tanto o apego às vantagens do poder institucional e individual quanto a dificuldade de absorver — porque ameaçadoras ao *status quo* — mesmo as mais leves mudanças no modelo trabalhista vigente. Por outro lado, pode indicar o empenho em proteger a instituição dos avanços neoliberais no sentido da desregulamentação e da flexibilização das relações de trabalho, tentando salvaguardar o controle público sobre os direitos sociais.

Os dados apresentados a seguir traçam o perfil sociológico dos magistrados de nossa amostra segundo regiões. O gráfico 36 mostra a presença proporcionalmente maior de juízas na região Sudeste/Sul do país (44%), seguida pelo Nordeste (40%). No Norte/Centro-Oeste, porém, os homens ainda estão em franca maioria, e as juízas são apenas 27% do total.

---

[49] A noção de "cultura cívica", como cunhada por Putnam (1996), refere-se a valores compartilhados por um grupo de cidadãos, uma "comunidade", em que prevalecem relações horizontais de confiança baseadas na igualdade política e na preocupação com as questões de interesse geral.

[50] A desembargadora gaúcha aposentada Magda Biavaschi, diretora do Memorial da Justiça do Trabalho do TRT do Rio Grande do Sul, fala, por exemplo, da "tradição histórica do Rio Grande do Sul, onde o positivismo teve muita força, não só com Júlio de Castilhos, mas depois, com GetúlioVargas e Lindolfo Collor. A estrutura da Justiça do Trabalho no estado tem raízes muito sólidas. Isso se espraiou pelo Brasil e marcou a nossa diferença. Os juízes do Rio Grande do Sul foram vanguarda, mesmo sob a ditadura. Ninguém estava preocupado em perder o seu emprego. Podíamos ser processados pela Lei de Segurança Nacional, mas isso era outra coisa" (depoimento concedido em 2004 ao Cpdoc/FGV e ao Amorj/UFRJ).

Gráfico 36
Sexo dos juízes por grandes regiões

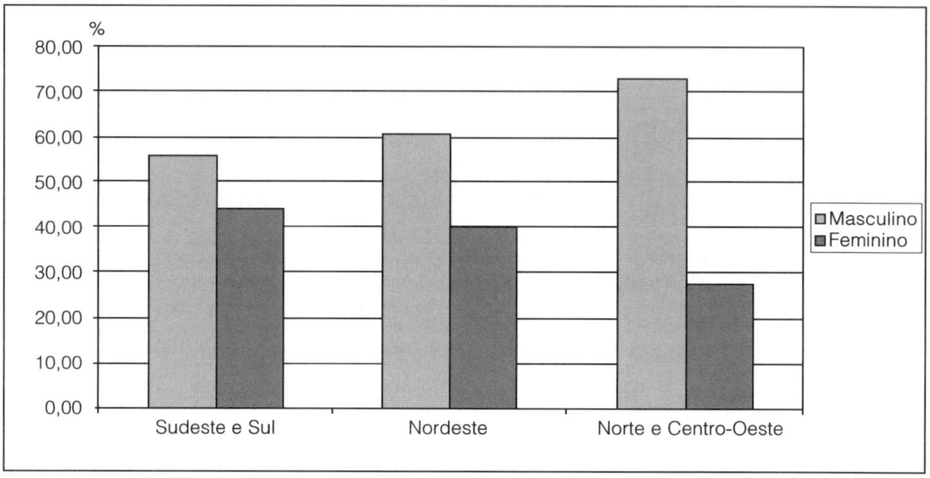

No que diz respeito à cor dos magistrados, fator que se tem revelado socialmente recorrente para as condições de desigualdade em nosso país, a região Sudeste/Sul apresenta índices altíssimos de juízes brancos (92%), enquanto o Nordeste e o Norte/Centro-Oeste registram em torno de 21% e 25%, respectivamente, de magistrados que se definem como não-brancos, caracterizando uma variação que precisa ser assinalada.

Gráfico 37
Cor dos juízes, por grandes regiões

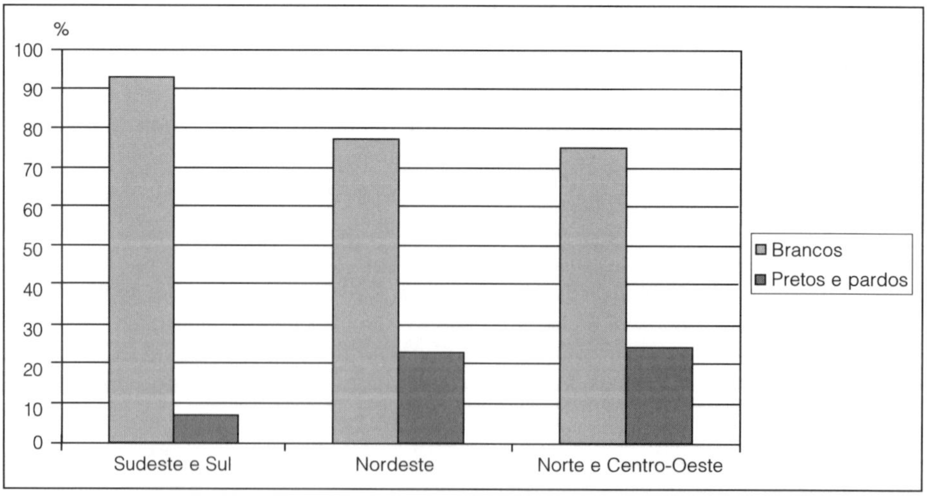

Quanto ao estado civil, a grande freqüência é de juízes casados, como se pode observar no gráfico 38, elaborado em números absolutos com as respostas válidas ao questionário. Em termos percentuais, pode-se considerar que mais de 70% dos juízes estão nessa condição.

Gráfico 38
Estado civil dos juízes, por regiões

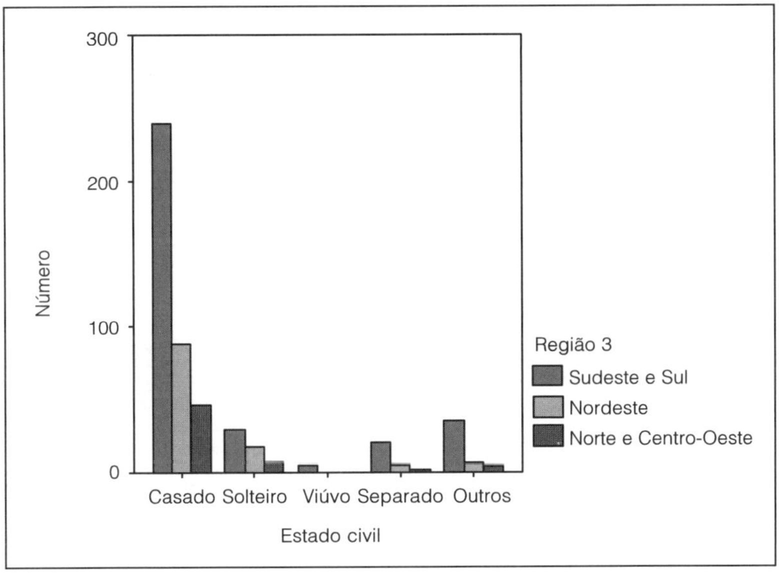

Quando passamos à análise de alguns dados referentes à mobilidade social dos magistrados, as distinções por regiões — e já agora também por estados do Sudeste/Sul — se acentuam. A região Nordeste é a que apresenta o maior índice de pais de juízes com educação acima do 2º grau (mais de 60%), e o menor com educação abaixo do 1º grau (cerca de 32%). Já nas regiões Sudeste/Sul e Norte/Centro-Oeste, o número de pais com educação abaixo do 1º grau supera levemente o de pais com educação acima do 2º grau (46% contra 44%, no primeiro caso, e 50% contra 45%, no segundo).

Cumpre destacar, entre os estados da região Sudeste/Sul, a exceção representada pela situação dos juízes do Rio de Janeiro, em sua maioria filhos de pais com educação acima do 2º grau (60%).

Quanto à educação das mães dos juízes, o Nordeste mais uma vez se destaca pela predominância de mães com educação acima do 2º grau (55%) e o menor número delas com educação abaixo do 1º grau (38%). A região tem também o maior índice de mães com 1º grau completo entre as regiões. No Sudeste/Sul, as mães com menos que o 1º grau (48%) superam levemente as que têm mais que o 2º grau (46%), mas no Norte/Centro-Oeste essa diferença se acentua: mais de 60% contra apenas 30%, respectivamente.

Gráfico 39
Educação do pai por região em que atua o juiz

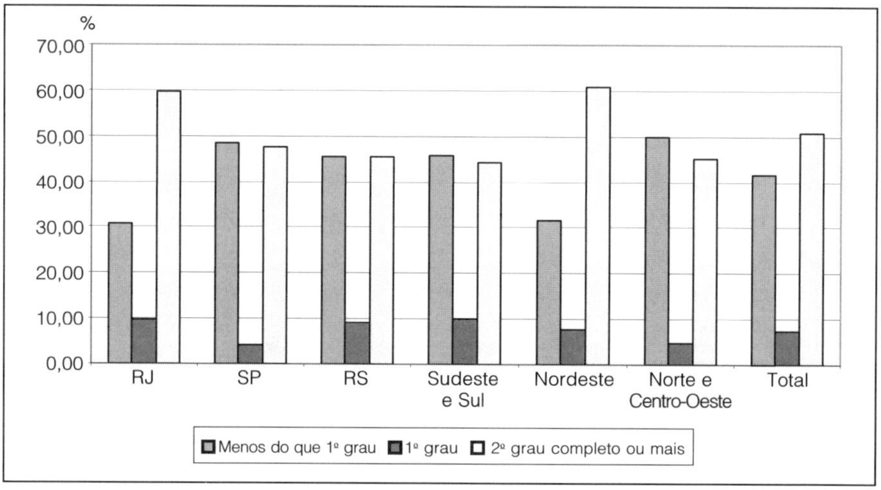

Gráfico 40
Educação da mãe por região em que atua o juiz

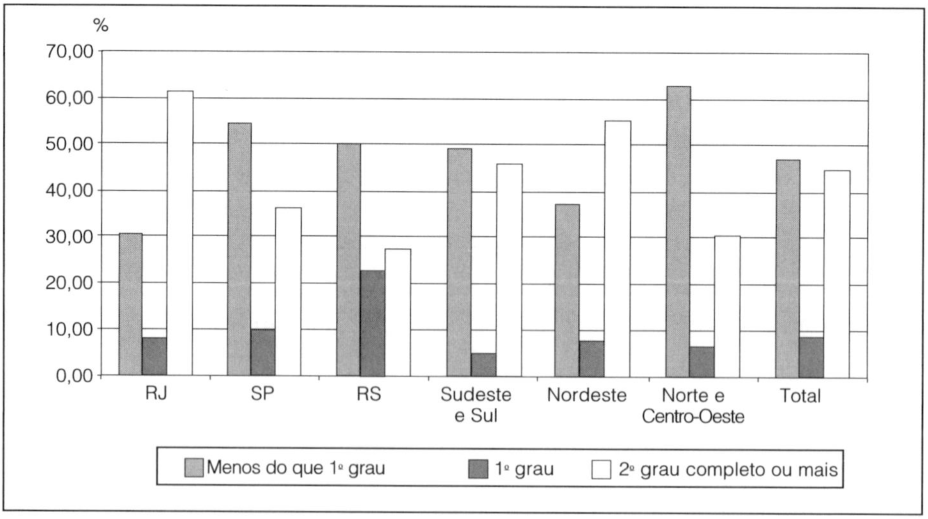

Entre os estados analisados do Sudeste/Sul, destaque-se igualmente o alto índice de mães com mais que o 2º grau no Rio de Janeiro, que apresenta também a mais baixa freqüência de mães com menos que o 1º grau entre os três estados, bem como em relação às médias nacional e regionais. O Rio Grande do Sul, por sua vez, registra a mais alta taxa de mães com o 1º grau completo e a menor com mais que o 2º grau de todo o conjunto aqui observado.

Tomando-se a ocupação dos pais dos juízes como outro indicador de mobilidade social, pode-se notar também que o grau de mobilidade ascendente dos magistrados em relação a seus pais é muito maior no Sudeste/Sul e no Norte/Centro-Oeste do que no Nordeste.

Gráfico 41
Ocupação dos pais por grandes regiões

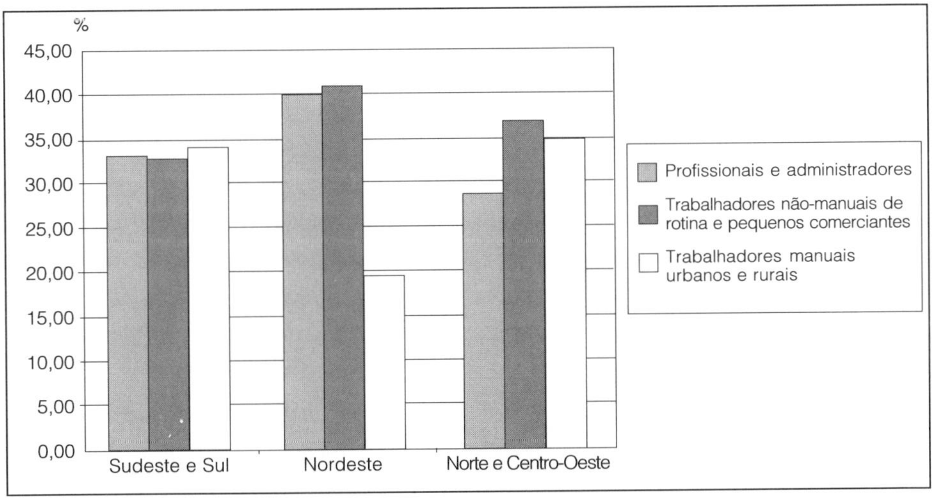

Assim, observa-se que os juízes do Nordeste são principalmente filhos de trabalhadores não-manuais, comerciantes e pequenos proprietários (41%) ou de administradores e profissionais (cerca de 40% do total, sendo 15% da área do direito). Os pais que são trabalhadores manuais (12%) ou rurais (7,5%) representam apenas cerca de 19,5% do total regional.

Na região Sudeste/Sul, a distribuição da ocupação dos pais é mais equilibrada: 33% dos pais são profissionais e executivos, 33% são trabalhadores não-manuais, comerciantes e proprietários, e 34% distribuem-se entre trabalhadores manuais (25%, o maior índice entre as regiões) e rurais (9%). No Norte/Centro-Oeste há apenas 29% de pais profissionais e administradores, contra 37% de trabalhadores não-manuais, comerciantes e proprietários, e 34%

divididos entre trabalhadores rurais (18%) e manuais (16%). Isso sugere um movimento de maior mobilidade ascendente e uma abertura para a constituição de uma nova elite profissional nas duas últimas regiões.

Analisando a tabela que retrata a ocupação dos cônjuges dos juízes e juízas — possivelmente um indicador do movimento de consolidação de seu *status* social atribuído ou conquistado — , nota-se claramente uma tendência a certa endogamia profissional.

Tabela 8

Juízes e juízas do Trabalho: ocupação dos cônjuges por grandes regiões (%)

Sexo		Região 3 Sudeste e Sul	Nordeste	Norte Centro-Oeste	Total
Masculino CEGP5	1a – Juiz	9,6	4,8	5,4	7,8
	1b – Advogado	21,0	4,8	16,2	16,4
	1 – Profissionais	11,5	11,3	10,8	11,3
	2 – Trab. mão-manuais	16,6	12,9	13,5	15,2
	3 – Prop. pequenos	1,9	6,5	5,4	3,5
	4 – Trab. manuais	1,9	1,6	2,7	2,0
	Do lar, fora merc. trab.	37,6	58,1	45,9	43,8
Total		100,0	100,0	100,0	100,0
Feminino CEGP5	1a – Juiz	11,4	11,1	15,4	11,7
	1b – Advogado	25,0	25,9	15,4	24,2
	1 - Profissionais	33,0	29,6	23,1	31,3
	2 – Trab. não-manuais	11,4	3,7	23,1	10,9
	3 – Prop. pequenos	6,8	11,1		7,0
	4 – Trab. manuais	3,4			2,3
	5 – Trab. rurais	3,4			2,3
	Do lar, fora merc. trab.	5,7	18,5	23,1	10,2
Total		100,0	100,0	100,0	100,0

No Sudeste/Sul, cerca de 31% dos juízes são casados com juízas ou advogadas, índice que chega a apenas 22% no Norte/Centro-Oeste e a menos de 10% no Nordeste. Nesta última região aparece o mais alto índice de esposas fora do mercado de trabalho, ou "do lar" (58%), refletindo a posição relativa da força de trabalho feminina local.

Já entre as juízas a endogamia é freqüentemente maior: mais de 36% nas regiões Sudeste/Sul e Nordeste, e 31% no Norte/Centro-Oeste têm maridos juízes ou advogados. Casadas preferencialmente com homens da área jurídica, mas também com outros profissionais igualmente qualificados (no total, 69% no Sudeste/Sul, 67% no Nordeste e 54% no Norte/Centro-Oeste), as juízas se diferenciam regionalmente quanto às demais condições de matrimônio. No Nordeste e no Norte/Centro-Oeste, nenhuma delas é casada com trabalhadores manuais ou rurais (enquanto no Sudeste/Sul 6,8% o são), mas o índice de maridos fora do mercado de trabalho é bem maior naquelas duas regiões (18% e 23%, respectivamente) do que no Sudeste/Sul (5,7%).

Os dados sobre a parte opinativa do questionário, analisados também por regiões, estão organizados em três grandes blocos. O primeiro cobre as avaliações dos juízes sobre o papel da Justiça do Trabalho e as possibilidades de aprimorar o seu funcionamento; o segundo trata de temas referentes ao desenvolvimento de sua carreira; e o terceiro inclui opiniões sobre a reforma do Judiciário e sobre as mudanças propostas pelo projeto de reforma sindical do Fórum Nacional do Trabalho.

No caso do primeiro bloco de dados, é freqüente a concordância entre os juízes, certamente refletindo a força de um *ethos* profissional que a formação e principalmente a socialização profissional ajudam a consolidar.

No que se refere às avaliações dos juízes sobre o papel da Justiça do Trabalho e sobre o que consideram necessário para aprimorar o seu funcionamento administrativo e garantir a agilização das causas e maior efetividade dos processos trabalhistas, tende a haver consenso quanto à maioria das questões levantadas.

Assim, em relação ao papel social desempenhado pela Justiça do Trabalho, a maioria deles (52%) atribui máxima importância à sua função de garantir o equilíbrio das relações entre capital e trabalho.

Gráfico 42

Papel da Justiça do Trabalho por grau de importância

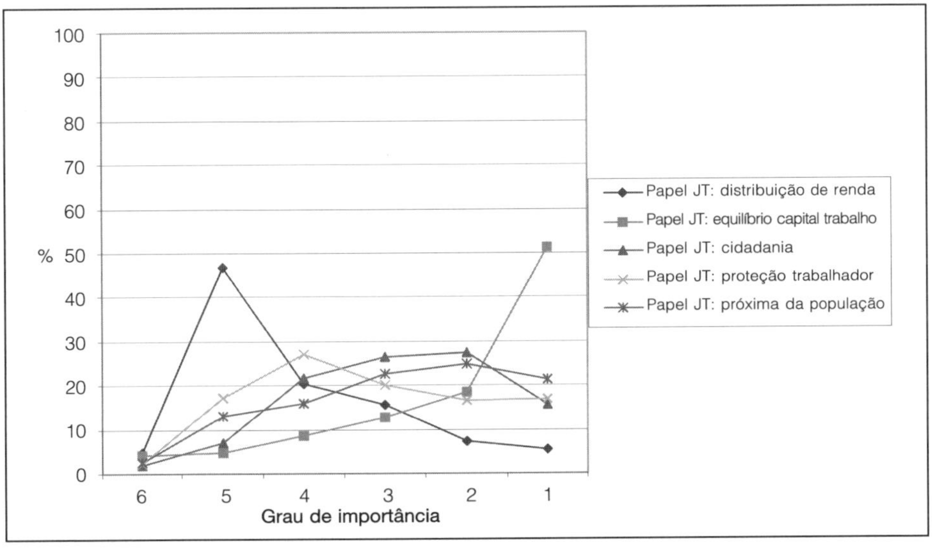

No caso das medidas processuais recentemente introduzidas para promover a agilização das causas e a efetividade do processo trabalhista, percebe-se uma forte convergência de opiniões.[51] De fato, mais de 70% dos magistrados ouvidos apontam a chamada penhora online[52] como a mais importante medida recentemente introduzida.

Gráfico 43

Grau de importância das medidas processuais recentemente introduzidas para a agilização das causas e efetividade do processo trabalhista

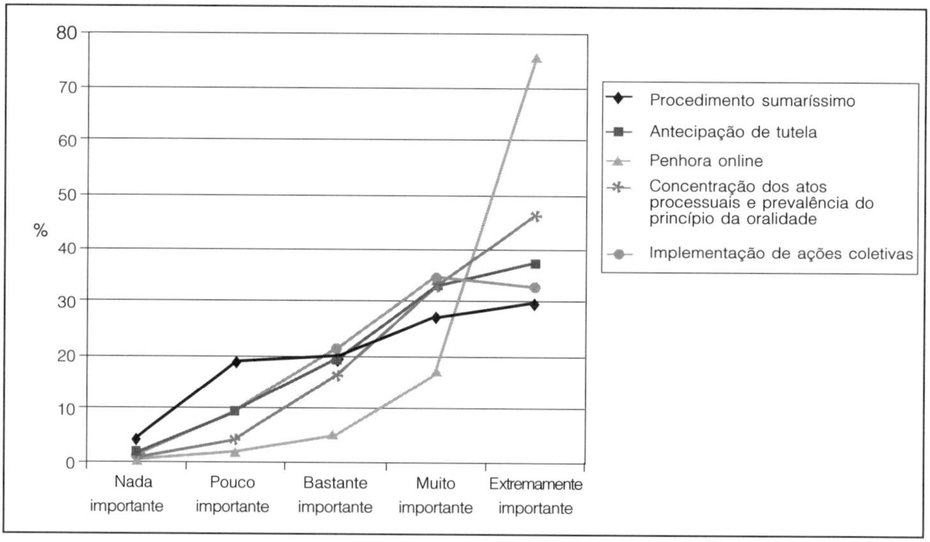

Desdobrando-se esses dados por regiões, vemos que em todas elas a medida foi considerada extremamente importante, alcançando níveis acima de

[51] Todos os juízes ouvidos, nas diversas circunstâncias, avaliam que é na fase de execução da sentença, ou seja, quando ela deve se efetivar concretamente que reside o "nó" da eficácia dos processos da Justiça do Trabalho.

[52] A penhora online permite, em parceria com o Banco Central, o bloqueio imediato pelo juiz dos recursos bancários da parte executada, para assegurar o cumprimento da sentença e o rápido pagamento dos valores devidos. Outras medidas bastante votadas se referem à concentração de atos processuais e à oralidade; à antecipação de tutela (que corresponde à liminar da Justiça comum) para antecipar-se a efeito e dar urgência; à implementação de ações coletivas, ou seja, ações civis públicas do Ministério Público do Trabalho nas varas. Além disso, há o procedimento sumaríssimo, para agilização de causas que envolvam recursos financeiros abaixo de 40 salários mínimos.

70% das respostas — como, por exemplo, no Nordeste. Entre os estados analisados, destaca-se o Rio Grande do Sul, onde esse índice chega a mais de 80%.

Gráfico 44

Grau de importância da medida processual "penhora online" para a agilização das causas e efetividade do processo trabalhista

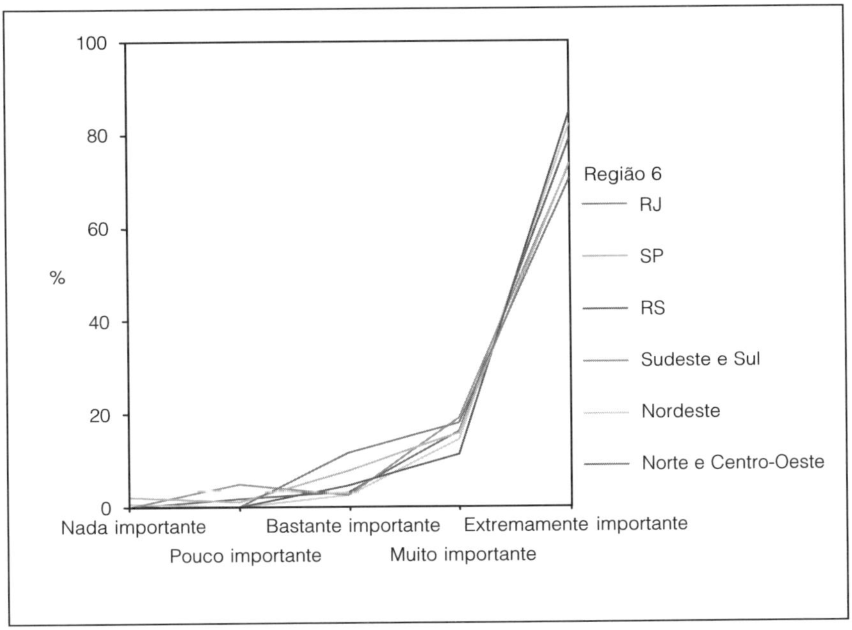

Quanto a outros procedimentos que os juízes gostariam de ver implementados para melhorar o desempenho da Justiça do Trabalho em termos processuais, o gráfico 45 mostra novamente a convergência de opiniões.

Como se pode observar, a preocupação em limitar os graus de recursos aos tribunais superiores mobiliza 80% dos juízes, assim como a necessidade de maior rapidez na execução das sentenças (73% das respostas) e a adoção da súmula impeditiva de recursos (mais de 50% das respostas). Este último conjunto de respostas se contrapõe à opção pela súmula vinculante, indicada por apenas 11% dos juízes ouvidos.[53]

[53] A finalidade das súmulas é a indicação de casos em que não cabem recursos para os tribunais superiores em virtude da recorrência de decisões no mesmo sentido, garantindo assim processos mais rápidos. Desde 1960 já existem súmulas, do STF e do TST, mas há projetos para aperfeiçoá-

Gráfico 45
Outros procedimentos que deveriam ser implementados para aprimorar a Justiça do Trabalho em termos processuais

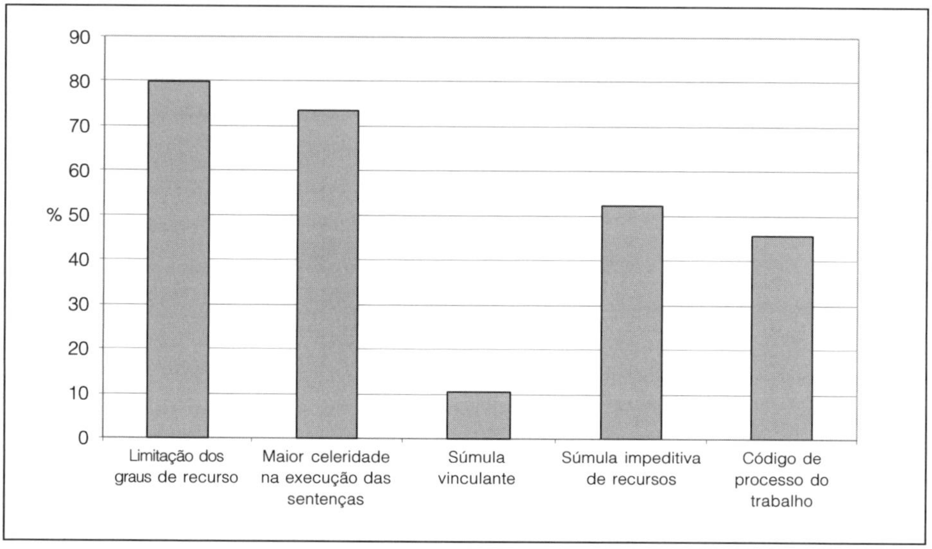

Quanto ao segundo bloco de opiniões dos juízes, sobre o desenvolvimento de sua carreira, os dados tratados inicialmente referem-se aos critérios utilizados tanto para as possíveis promoções de um cargo a outro quanto para a escolha dos dirigentes de seus tribunais superiores, no caso os tribunais regionais (TRTs).

Perguntados se gostariam de manter os critérios de movimentação na carreira definidos por lei e ora vigentes — alternando entre uma promoção por merecimento e outra por antiguidade — ou se prefeririam ver adotados novos critérios, os juízes manifestaram por vezes opiniões diversas, tanto por regiões quanto pelos estados por nós selecionados.

No que se refere à primeira promoção possível da carreira, de juiz substituto para juiz titular de uma vara trabalhista, os que atuam no Norte/Centro-Oeste e no Nordeste optaram, preferencialmente, pelo critério de antiguidade (respectivamente 44% e 38% por região). Já os juízes do Sudeste/Sul preferem que se mantenha a promoção nos moldes em que ocorre atualmente (46%).

---

las e introduzi-las desde a primeira instância, quando o juiz já impediria os recursos. A grande diferença é que a súmula vinculante, reunindo decisões dos tribunais, deve ser necessariamente seguida pelos juízes, o mesmo não ocorrendo com a súmula impeditiva de recursos.

Gráfico 46

Opinião sobre promoção para juiz titular por região de atuação

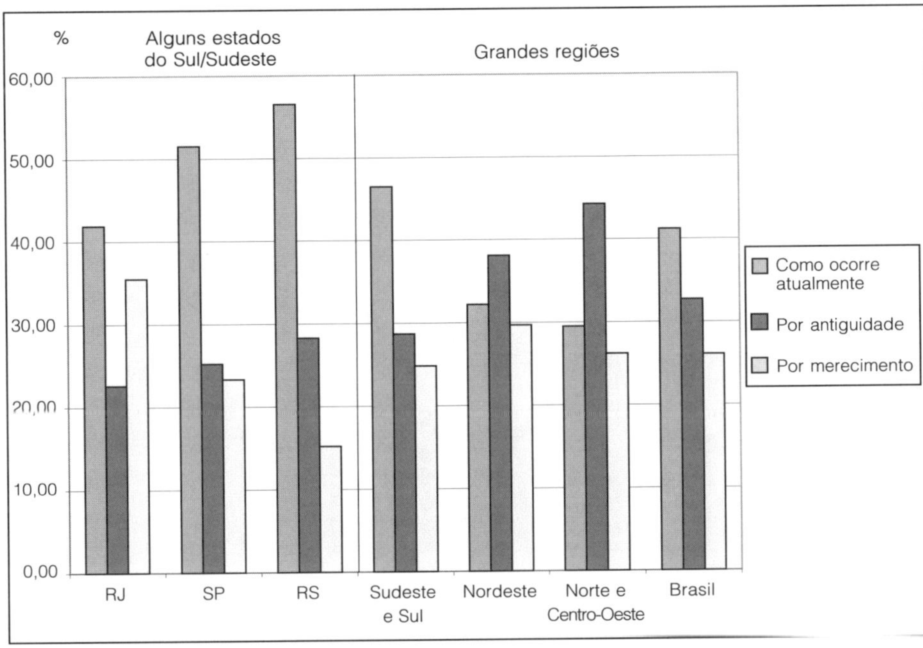

Entre os estados selecionados do Sudeste/Sul, a preservação dos critérios atuais também é a primeira escolha (no Rio Grande do Sul chega a 57%), mas ressalte-se que o Rio de Janeiro indica o critério de merecimento como segunda opção (35%).

No caso da promoção para os tribunais regionais do Trabalho, os juízes do Norte/Centro-Oeste (36%) e do Nordeste (34%) preferem o critério de antiguidade e, secundariamente, o de merecimento (33% e 28%, respectivamente). No Sudeste/Sul, entretanto, os juízes optam preferencialmente pela promoção por merecimento (34%),[54] contra 26% pelo critério de antiguidade e 27% pelo sistema atual de alternância. Vale também destacar que, embora como opção menos votada, a eleição pelo conjunto de juízes de primeiro grau dos juízes a serem promovidos para os TRTs já conta com quase 15% das preferências no Norte/Centro-Oeste e no Nordeste, e com 12,5% no Sudeste/Sul.

[54] Nas entrevistas os juízes destacaram, porém, que a promoção por merecimento deveria se dar com base em critérios objetivos que envolvessem a avaliação do desempenho do juiz, a educação pós-graduada, os cursos realizados etc.

Gráfico 47

Opinião sobre promoção para o TRT por região de atuação

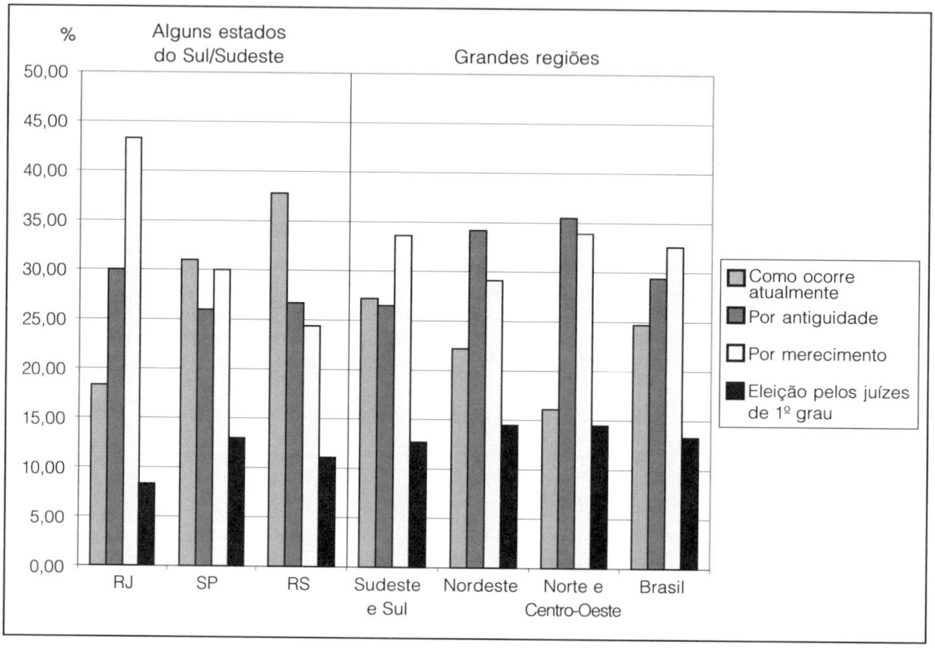

Entre os estados do Sudeste/Sul, Rio Grande do Sul (37,5%) e São Paulo (31%) dão preferência à manutenção do sistema atual, enquanto o Rio de Janeiro opta primeiro pelo critério de merecimento (43%) e depois pelo de antiguidade (30%). São Paulo, por sua vez, é o estado mais sensível ao critério de eleição (12,5%), e o Rio de Janeiro, o menos (8%), ficando bem abaixo das médias regional e nacional.

Já quanto à indicação dos ministros do TST, os juízes de todas as regiões optam expressivamente pelo critério de eleição pela totalidade dos juízes (62% no Nordeste, 61% no Norte/Centro-Oeste e 58%, no Sudeste/Sul). A segunda opção, no Sudeste/Sul (pouco mais de 30%) e no Nordeste (25%), é pela preservação do sistema atual, enquanto no Norte/Centro-Oeste (20%) é pela eleição pelos próprios ministros.

Nos estados destacados, a preferência pela eleição por todos os juízes é também a opção mais indicada: 63% no Rio de Janeiro, 55% em São Paulo e 45% no Rio Grande do Sul. Este último é também, dos três estados, o que mais defende o sistema atual (38%).

Gráfico 48

Opinião sobre promoção para o TST por região de atuação

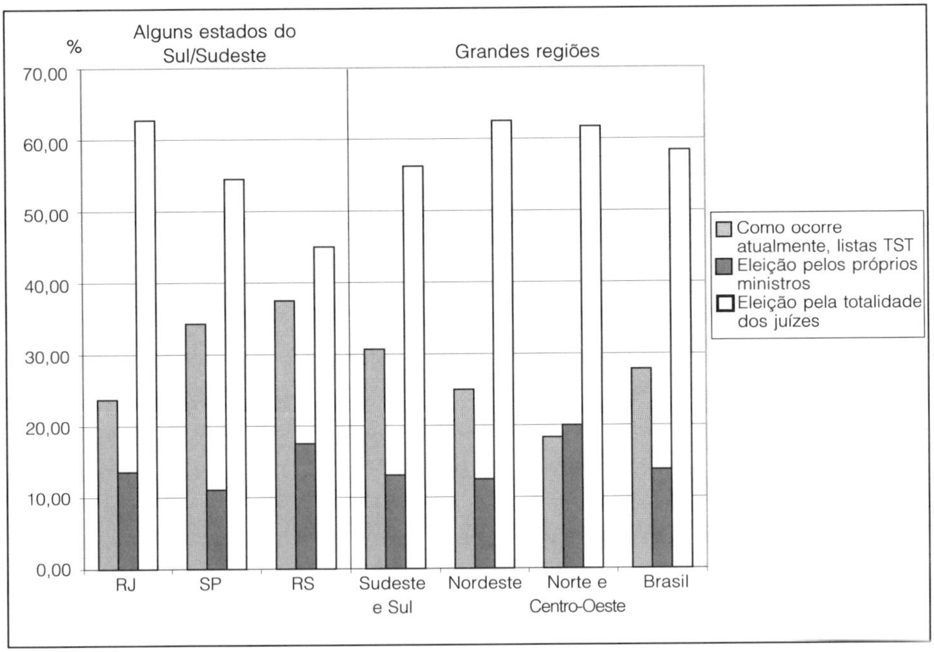

Ao se manifestarem sobre os critérios de escolha dos dirigentes dos tribunais regionais, os juízes em geral optam igualmente pela eleição dos dirigentes.[55] Note-se porém que, entre os juízes do Nordeste, 30% mantêm-se a favor do sistema atual de escolha.

Vale também destacar que a região Nordeste apresenta o mais alto índice, comparativamente, de juízes que desejam a manutenção do sistema atual de escolha de dirigentes dos tribunais locais (30%). Já entre os juízes da região Norte/Centro-Oeste e do estado de São Paulo registra-se a maior preferência pela mudança do sistema (62% e 61%, respectivamente), índices que superam a média nacional.

O terceiro bloco de questões a ser analisado em termos regionais refere-se às opiniões dos magistrados sobre alguns aspectos da reforma do Judiciário e da proposta de reforma sindical.

---

[55] Como já registrado anteriormente, no 13º Congresso Nacional dos Magistrados da Justiça do Trabalho — Conamat (2006), os juízes se manifestaram abertamente nesse sentido nas comissões e na assembléia geral de encerramento do encontro.

Gráfico 49

Opinião sobre escolha de dirigentes do TRT por região de atuação

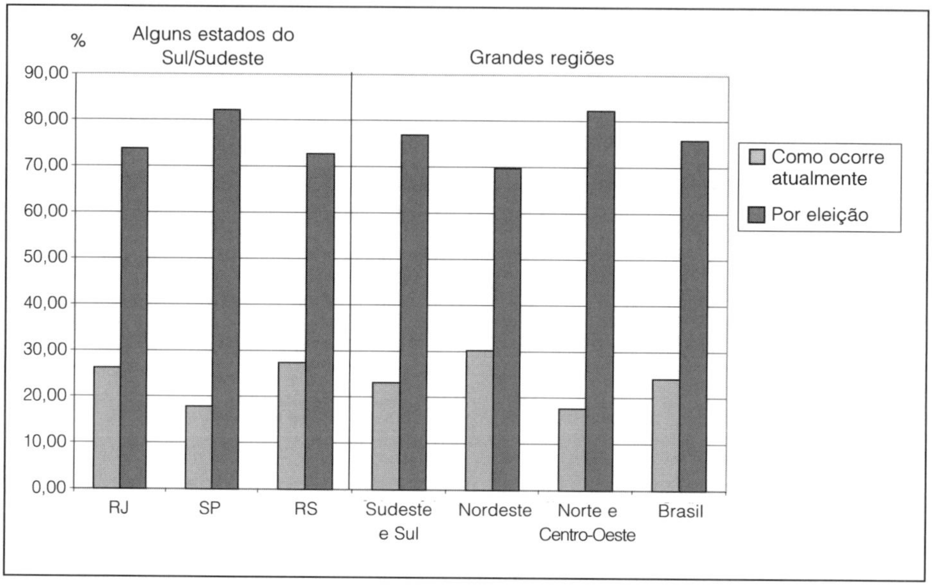

Como já vimos anteriormente, a chamada reforma do Judiciário trouxe mudanças importantes para a Justiça do Trabalho, principalmente em termos da ampliação de sua competência e da redefinição de seu papel em relação aos dissídios coletivos, bem como no que tange ao exercício de seu poder normativo.

Os juízes foram inicialmente convidados a se manifestarem sobre a reforma do Judiciário optando entre uma perspectiva absolutamente positiva, por fortalecer a Justiça do Trabalho, e outra negativa, por descaracterizá-la. Afora isso, podiam também assumir uma posição favorável à reforma, porém com ressalvas.

Para simplificar a análise, agregamos inicialmente essas alternativas em apenas três opções: "positiva", "positiva com ressalvas" e "negativa", como se vê no gráfico 50. Assim, os juízes do Sudeste/Sul foram os que mostraram uma atitude mais relutante ou cautelosa em relação à reforma, apresentando os maiores índices de apreciação "negativa" (8%) ou "positiva com ressalvas" (cerca de 58%), e o menor de apreciação "positiva" (35%). Já no Nordeste e no Norte/Centro-Oeste predominam as respostas que avaliam a reforma como "positiva", especialmente na primeira dessas regiões (quase 60%).

Gráfico 50

Opinião dos juízes do Trabalho sobre a reforma do Judiciário/Emenda nº 45, por região

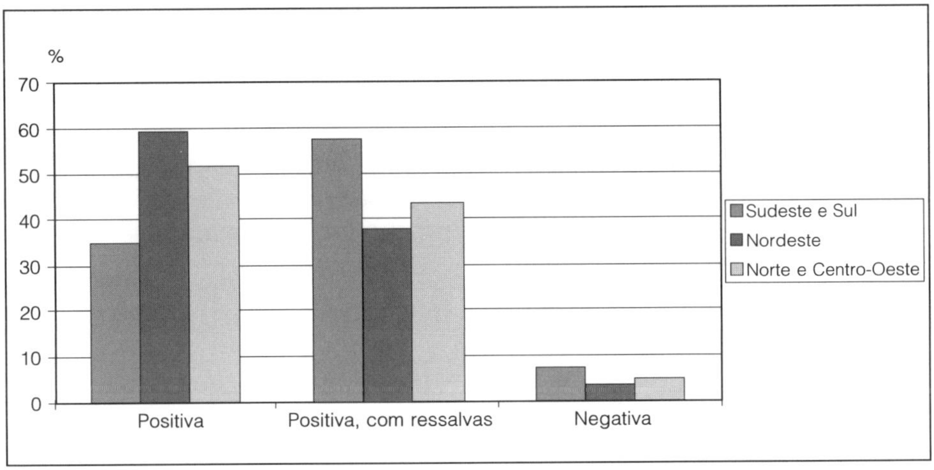

Porém, quando se mencionam as razões das ressalvas, percebemos certa diversidade de respostas. Entre os estados da região Sudeste/Sul, cabe destacar a visão "negativa" dos juízes do Rio Grande do Sul (mais de 20% do total da região), e a avaliação "positiva com ressalvas" dos juízes do Rio de Janeiro e de São Paulo. No primeiro caso, principalmente "porque não houve o necessário esclarecimento" (18% das respostas na região) e no segundo, devido sobretudo à "sobrecarga de trabalho" (28%) que a reforma acarretaria.

Quando perguntados especificamente sobre a ampliação da competência da Justiça do Trabalho, os juízes se manifestaram, no conjunto, favoravelmente (cerca de 75% no Norte/Centro-Oeste, 74% no Nordeste e 64% no Sudeste/Sul). Desdobrados os dados por estados, porém, merece destaque o caso do Rio de Janeiro, onde há muito mais juízes favoráveis a essa transformação (80%).

No tocante ao item que trata das exigências para a instauração de dissídios coletivos junto à Justiça do Trabalho, as opiniões mais uma vez se dividem, tanto por regiões como entre estados do Sudeste/Sul.

Enquanto os juízes do Nordeste e do Norte/Centro-Oeste vêem a questão dos dissídios de forma mais negativa (65% e 59%, respectivamente), no Sudeste/Sul as opiniões estão um pouco mais equilibradas: 54% dos juízes criticam a medida e 47% lhe são favoráveis. Entre os estados selecionados desta última região, ainda que em todos eles prevaleçam as opiniões desfavoráveis, o destaque vai para o Rio Grande do Sul (com 62% de opiniões desfavoráveis à mudança). O estado sulista é também o que se revela menos tolerante (6%) diante da opção de resposta sobre a possível inconstitucionalidade do item da Emenda nº 45 que trata dos requisitos para a instauração dos dissídios.

Gráfico 51

Opinião sobre ampliação da competência da Justiça do Trabalho por região de atuação

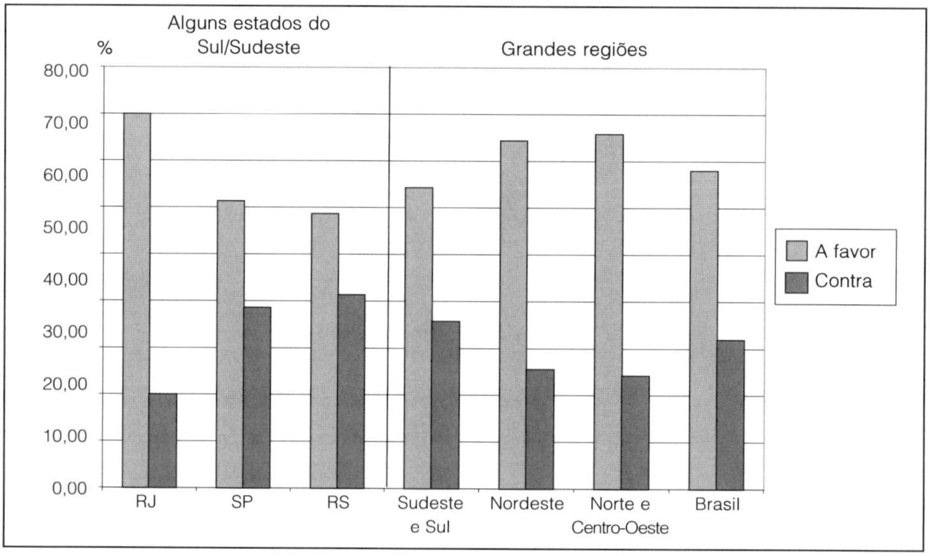

Ainda nessa mesma ordem de preocupações, a manutenção do poder normativo da Justiça do Trabalho tende a reunificar as opiniões dos juízes das três grandes regiões. O ex-presidente da Anamatra, o juiz Grijalbo Coutinho, resume bem essas preocupações:

> Eu tenho seríssimas dúvidas, porque (...) não existindo o poder normativo, os conflitos não deixarão de existir, os conflitos coletivos persistirão, e as greves. E quem irá apreciar esses conflitos? (...) Será que as partes vão, sem a intervenção do Estado, conseguir realmente encontrar um bom termo? Desde que haja uma lei de greve sem restrições, desde que haja uma série de normas que possam proteger o empregado (...) porque se for continuar com a lei de greve que temos aí atualmente, se continuar com vários empecilhos de organização coletiva, a falta do poder normativo pode, muitas

vezes, propiciar que esses conflitos passem a ser resolvidos nas delegacias de polícia.[56]

Gráfico 52

Opinião sobre a Emenda nº 45 (dissídios coletivos) por região de atuação

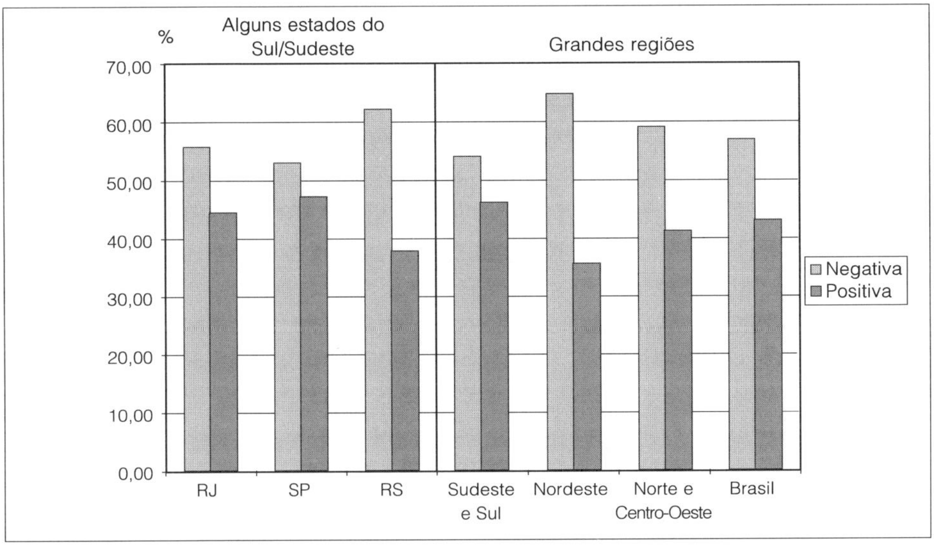

Gráfico 53

Opinião sobre o poder normativo da Justiça do Trabalho por região de atuação

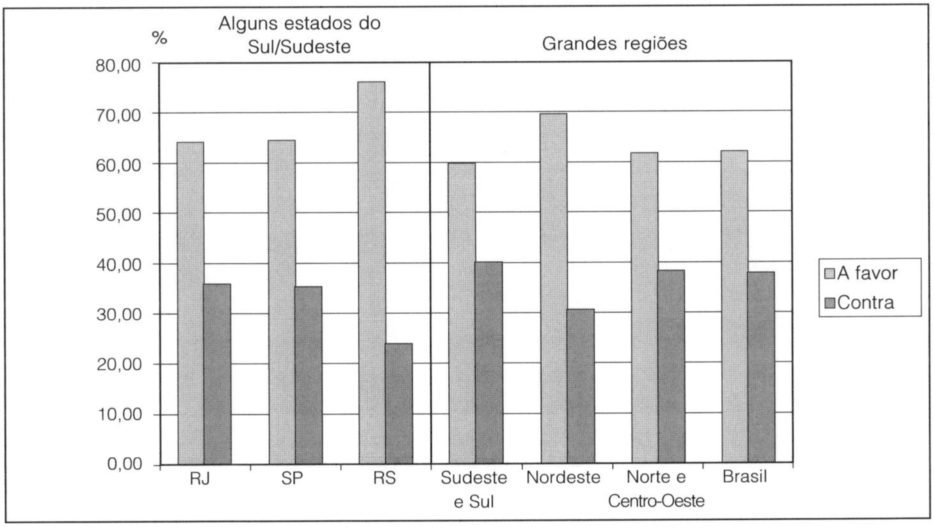

[56] Depoimento concedido em 2004 ao Amorj/UFRJ e ao Cpdoc/FGV.

As opiniões favoráveis ao poder normativo prevalecem na região Nordeste (quase 70% das respostas), no Norte/Centro-Oeste (cerca de 62%) e no Sudeste/Sul (60%).

Note-se que, entre os estados selecionados, os juízes do Rio Grande do Sul são os maiores defensores do poder normativo (cerca de 76%). Em São Paulo e no Rio de Janeiro, os índices de respostas a favor da prerrogativa foram semelhantes (cerca de 65%), também superando a média da região e do país.

A proposta de reforma sindical apresentada pelo Fórum Nacional do Trabalho foi concluída em março de 2004, encontrando-se agora no Congresso Nacional para apreciação. O documento compreende quatro partes: uma sobre a criação do Conselho Nacional de Relações de Trabalho, outra sobre a organização sindical, uma terceira sobre a negociação coletiva e a última sobre a composição de conflitos, incluindo as greves. Para efeito de análise, destacamos aqui dois temas sensíveis enquanto prováveis indicadores da maior ou menor autonomia do movimento sindical em relação à tutela do Estado.

Perguntados sobre a propriedade da cobrança do imposto sindical, os juízes das três grandes regiões opinaram fortemente contra a prerrogativa (mais de 80% das respostas).

Gráfico 54

Opinião sobre o imposto sindical por região de atuação

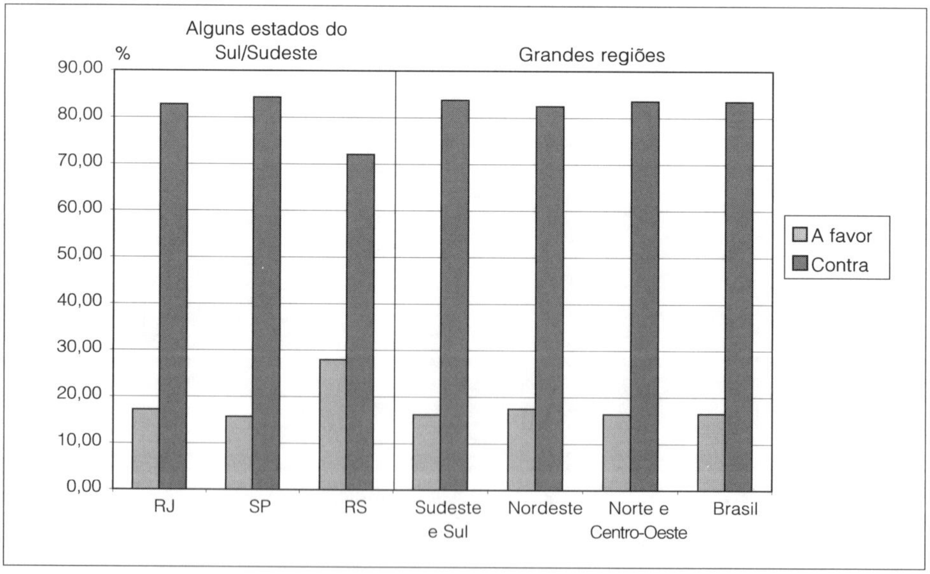

Porém, é interessante destacar que, entre os estados do Sudeste/Sul, o Rio Grande do Sul apresenta o maior índice de respostas favoráveis à permanência do imposto (cerca de 28%), bem acima da média observada nas regiões e no país.

Quanto à pluralidade sindical, os juízes de todas as regiões a defendem, se bem que, no Nordeste, o índice dos que lhe são contrários chega a quase 30%. Entre as regiões, o Sudeste/Sul é a mais favorável (mais de 89% das respostas) à mudança do atual sistema de unicidade para a pluralidade sindical.

Gráfico 55

Opinião sobre a pluralidade sindical por região de atuação

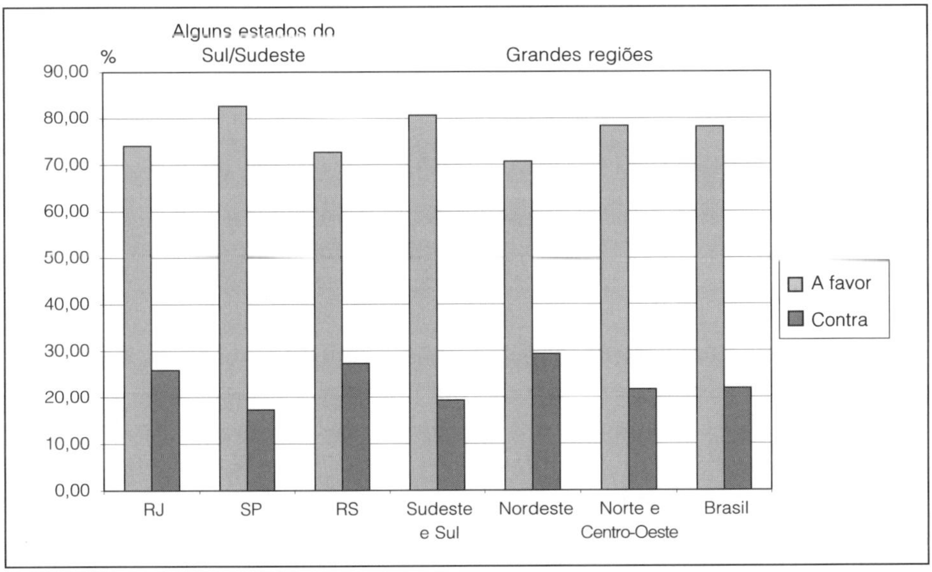

Entre os estados, o Rio Grande do Sul apresenta, coerentemente, a maior freqüência de respostas desfavoráveis à pluralidade (28%), seguido pelo Rio de Janeiro (26%). Os juízes de São Paulo, entretanto, defendem a pluralidade em mais de 80% dos casos, superando as médias regional e nacional.

Ao final do questionário, apresentamos aos juízes uma questão visando colher suas opiniões sobre os desafios impostos à Justiça do Trabalho diante do estímulo formalizado à negociação coletiva entre os agentes do capital e do trabalho, e sobre o debate com vistas à reforma trabalhista. Perguntados sobre a possível prevalência dos resultados da negociação coletiva (o "negociado") sobre o estabelecido na legislação trabalhista (o "legislado"), os juízes novamente revelaram uma forte convergência de posições.

Gráfico 56

Opinião sobre a prevalência do negociado sobre o legislado por região de atuação

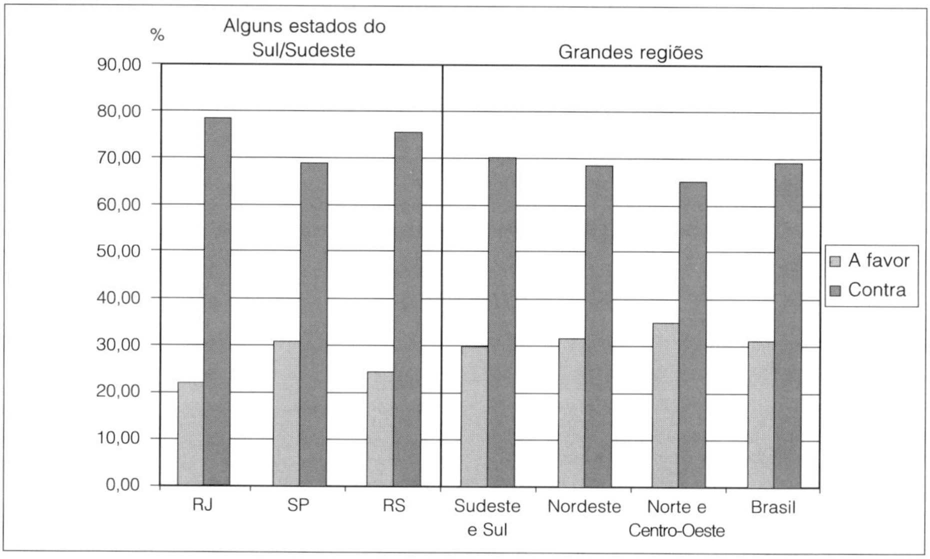

Em todas as regiões os magistrados se manifestaram contra a tentativa de diminuir o poder da lei e dos direitos trabalhistas instituídos, diante de acordos acertados entre patrões e empregados. No Sudeste/Sul foram 70% as respostas nesse sentido, no Nordeste, 68%, e no Norte/Centro-Oeste, 65%. Nos três estados analisados, manifestaram-se também contra a prevalência do "negociado" quase 80% dos juízes no Rio de Janeiro, 75% no Rio Grande do Sul e 68% em São Paulo. Se, como vimos anteriormente, muitos juízes são favoráveis a maior liberdade e autonomia sindicais, defendendo a pluralidade e criticando o imposto sindical, o quadro retratado no gráfico 56 não deixa margem a dúvidas: para a maioria dos magistrados do trabalho, a lei deve prevalecer. E à Justiça — e aos juízes — cabe defendê-la.

Talvez nada, nem ninguém isoladamente, exprima melhor isso do que o que se lê no item 6 da "Carta de Maceió",[57] divulgada no encerramento do grande congresso nacional da categoria em 2006, na qual os magistrados do trabalho

[57] Disponível em: <www.anamatra.org.br>. Acesso em: 28 jan. 2007.

Reafirmam seu repúdio a quaisquer alterações legislativas que resultem na precarização de direitos dos trabalhadores, aumentem a concentração de renda no país ou agravem o quadro de miséria a que se encontra submetido o povo brasileiro, bem como realçam o papel da Justiça do Trabalho, reforçada, por sua competência ampliada, como agente de transformação social.

Considerações finais

Os resultados e reflexões aqui apresentados derivam basicamente da análise dos dados de nosso *survey*. Este permitiu não só caracterizar o perfil sociológico e o desenvolvimento da carreira dos juízes do trabalho, como também apresentar o quadro de suas opiniões sobre temas que afetam a execução da justiça e a efetivação dos direitos trabalhistas no Brasil. Embora estejamos longe de esgotar as possibilidades abertas pelo extenso banco de dados produzido pela pesquisa, destacaremos aqui algumas observações que consideramos especialmente relevantes.

Pode-se afirmar que à Justiça do Trabalho estão chegando pessoas cada vez mais jovens, em grande parte mulheres, de origens sociais heterogêneas, e, fundamentalmente, não mais apenas os integrantes de uma elite, seja socioeconômica, seja sociocultural. Constata-se, assim, que na Justiça do Trabalho não ocorreu um fechamento social da elite que ocupava tais posições. Entretanto, tal fato não chega a autorizar a conclusão de que haja uma tendência maior à democratização da profissão, pois os magistrados cujas famílias já possuíam capital acumulado (econômico, político, social ou cultural) têm muito mais possibilidades de alcançar a magistratura que os demais. Ou seja, os dados indicam muito mais uma abertura da carreira a pessoas com origens sociais e perfis familiares distintos, ao longo do período examinado, do que a existência de maiores dificuldades à reprodução de uma elite. Esta continua mantendo os postos que costumava controlar e, ao que tudo indica, pode estar fortalecendo suas chances, ainda que continue existindo permeabilidade no acesso a essa carreira.

Contudo, como pudemos observar, esse ponto deve ser relativizado também em outros aspectos. Primeiramente, em termos regionais: no Nordeste, por exemplo, os juízes têm predominantemente uma origem familiar que associa níveis mais altos de instrução — de pais e mães — a tipos de ocupação mais elevados dos pais. Isso revela a existência de certa barreira à incorporação de novos segmentos sociais, o que se explica, em boa parte, por motivos que envolvem o desenvolvimento desigual entre as regiões do país e os seus efeitos sobre o dinamismo e a renovação social.

Em segundo lugar devemos considerar a tendência observada quando do cruzamento dos dados sobre escolaridade e grau de ocupação dos pais dos magistrados por coorte de idade. Porquanto verificamos que, quanto mais jovens os juízes da amostra, mais elevados os níveis de escolaridade e classe ocupacional de seus pais, sobretudo em comparação com os magistrados que em 2005 tinham mais de 50 anos de idade. Dessa forma, o que os dados apontam é que duas ou três décadas atrás era menos difícil alguém oriundo de famílias com pequeno capital econômico e cultural ascender à magistratura do Trabalho.

Quanto à origem social dos desembargadores dos TRTs, que seriam a "elite dessa elite", vimos que é amplamente diversificada, o que parece confirmar a hipótese de que, no caso dos juízes de idade mais avançada, era maior a permeabilidade da carreira aos estratos menos favorecidos. Embora exista um espaço de tempo médio entre o início da carreira e o ingresso no TRT — calculado em torno de 15 anos —, verificamos que há ritmos bastante diferenciados nessa trajetória. Dessa forma, somente futuras análises poderiam apontar com maior precisão os fatores intervenientes que explicariam tais variações.

Se a constatação da permeabilidade das elites brasileiras nas últimas décadas vem-se tornando um ponto de consenso na literatura que trata do fenômeno da mobilidade social, o perfil sociológico dos magistrados da Justiça do Trabalho corrobora esse fato apenas em parte. Se tal permeabilidade funciona para as variáveis de idade, sexo e até origem social familiar, isso não impede que a variável cor continue sendo um obstáculo quase intransponível para a ascensão social, como indiscutivelmente o atesta o pequeníssimo número de magistrados negros.

Rompida a barreira ao ingresso na carreira, merece destaque uma observação referente ao processo de formação desses juízes. Em toda profissão, a socialização de novos contingentes é uma etapa crucial para a reprodução de seus quadros. Isso implica não só a transmissão de ensinamentos técnicos e de ordem prática, mas também o aprendizado de todo um etos e formas de conduta capazes de integrar os recém-chegados e fazê-los sentirem-se parte da corporação. No caso dos juízes do Trabalho, vimos que, não sendo obrigatório cursar uma escola de magistratura, o processo de socialização profissional ocorre quando eles já estão em atividade, ou seja, em contato estreito com seus pares, com outros operadores do direito e com funcionários técnico-administrativos da Justiça do Trabalho.

A profissionalização, revestida de valores como autonomia e independência, fez com que o controle da carreira — condições de acesso, normas de ascensão de um patamar a outro — ficasse a cargo da própria corporação, segundo princípios internos de legitimação. Assim, por força da rígida hierarquia interna e de critérios de ascensão ainda não claramente definidos, a trajetória profissional do juiz do Trabalho tornou-se altamente dependente da avaliação de seus pares e superiores. Por sua falta de clareza, esse conjunto de normas dá margem a descontentamentos, constituindo-se em solo fértil para o surgimento de tensões e reivindicações por parte dos mais jovens. Tais tensões, entretanto, não impedem a constituição de uma forte cultura organizacional marcada por um *ethos* que articula diferentes gerações. O associativismo da categoria, vale ressaltar, tem contribuído em muito para consolidar uma identidade coletiva, disseminando valores e linguagem comuns partilhados pelos juízes do Trabalho.

Eis por que, a despeito da heterogeneidade interna já apontada, há convergência de opiniões entre os magistrados no tocante a alguns temas importantes, como, por exemplo, a preocupação com a função social da Justiça do Trabalho e seu aprimoramento através de medidas processuais que ampliem o acesso à justiça e agilizem a execução das sentenças. No entanto, quando os dados são desagregados por região e também por posição na carreira, constatamos que não há uniformidade nas respostas referentes a certos pontos polêmicos.

No caso das regiões, notamos que os juízes divergem tanto no tocante a algumas novidades trazidas pela reforma do Judiciário, como a ampliação da competência e as novas regras para a instauração do dissídio coletivo, quanto a vários tópicos da reforma sindical. No entanto, em relação às perspectivas de uma reforma trabalhista, nossos dados permitem adiantar que os juízes do trabalho se posicionam, majoritariamente, pela prevalência dos direitos definidos pela legislação trabalhista sobre os resultados da negociação coletiva. Esse é um ponto forte de união, com base num passado reconhecido por todos, em torno do futuro a ser construído. Na verdade, os juízes parecem oscilar entre a necessidade generalizada de defender sua instituição — e o direito do trabalho que lhe dá substância —, e valores que, a partir de uma cultura local tipificada, qualificam o modelo trabalhista vigente, tentando assim controlar seu processo de transformação. Por isso, ora acentuam o poder de articulação dos interesses públicos — ou mesmo privados — pelo Estado, ora valorizam a lógica da competição social, ora tentam conciliar as duas posições.

Mas a estrutura da carreira constitui uma questão de dissenso. Regionalmente, os juízes estão divididos entre os que são favoráveis ou contrários à manutenção do sistema de alternância entre os critérios de antiguidade e merecimento para promoção de um estágio a outro da carreira; por outro lado, em todas as regiões e estados analisados eles defendem a eleição pelo conjunto da magistratura como a melhor forma de escolha dos dirigentes dos tribunais. Observamos também que a situação na carreira, isto é, o lugar de onde fala o juiz, influencia fortemente suas opiniões. Nesse sentido, apontamos o conservadorismo dos TRTs, entendido como defesa da manutenção das regras vigentes, ainda que nas respostas dos desembargadores apareçam sinais de discordância em relação à promoção para o TST e também à escolha dos dirigentes dos próprios tribunais regionais.

À guisa de finalização, pode-se dizer que, embora afastado o perigo maior — a ameaça de extinção da Justiça do Trabalho —, essa categoria de juiz vive uma fase de ebulição e transição, marcada pela redefinição tanto de seu perfil social quanto de sua atuação institucional. Bastante diversificada socialmente, movimentando-se num cenário de consolidação e disputa democráticas e de crescente judicialização da sociedade, a categoria vem enfrentando internamente reivindicações por parte dos mais jovens, que reclamam maior transparência e participação nos processos decisórios. Paralelamente, as mudanças observadas no mundo do trabalho têm trazido desafios que as reformas em curso enfrentam apenas parcialmente. Assim, se por um lado a reforma do Judiciário ampliou a capacidade de atuação da Justiça do Trabalho, por outro as reformas sindical e trabalhista certamente virão também redefini-la. Isso porque deverão interferir no papel a ser desempenhado pelos atores envolvidos no conflito trabalhista, bem como nas regras e limites das disputas, formalizados pela legislação. Tais desafios, no entanto, não parecem assustar os magistrados do trabalho das várias instâncias. Valendo-se da força de sua identidade coletiva, de sua história e de seu associativismo, eles já souberam mostrar flexibilidade e criatividade diante das transformações em curso, reinventando uma instituição comprometida com a defesa dos direitos sociais do trabalho no Brasil.

Referências bibliográficas

ARBACHE, Jorge Saba; NEGRI, João Alberto de. *Um olhar sobre o judiciário trabalhista:* radiografia da Justiça do Trabalho na última década. Brasília, DF: Anamatra, 2001.

BOIGEOL, Anne. La formation des magistrats — de l'aprentissage sur le tas à l'école professionelle. *Actes de la Recherche en Sciences Sociales*, Paris, Maison des Sciences de l'Homme, n. 76/77, p. 49-64, mars 1989.

BOURDIEU, Pierre. A representação política — elementos para uma teoria do campo político. In: BOURDIEU, Pierre. *O poder simbólico*. Lisboa: Difel, 1986.

CUNHA, Luiz Antônio. Desenvolvimento desigual e combinado no ensino superior: Estado e mercado. *Economia e Sociedade*, Campinas, v. 25, n. 88, out. 2004. Disponível em: <www.scielo.br>. Acesso em: 10 nov. 2006.

DELGADO, Maurício Godinho. As duas faces da nova competência da Justiça do Trabalho. In: COUTINHO, Grijalbo Fernandes; FAVA, Marcos Neves (Orgs.). *Nova competência da Justiça do Trabalho*. LTR/Anamatra, 2005.

DEZEMONE, Marcus. *Memória camponesa:* conflitos e identidades em terras de café. Dissertação (Mestrado) — UFF, Niterói, 2004.

FRAGALE, Roberto. *Três décadas de Anamatra:* trabalho, justiça e cidadania como traços de uma identidade coletiva (ainda e sempre) em construção. 2006. Disponível em: <www.amatra1.com.br/material/Anamatra_30.pdf>. Acesso em: 21 nov. 2006.

GOMES, Angela de Castro. *O Tribunal Regional do Trabalho da 1ª Região e a Justiça do Trabalho no Brasil*. Rio de Janeiro: TRT, 2006a.

______. Retrato falado: a Justiça do Trabalho na visão de seus magistrados. *Estudos Históricos*, Rio de Janeiro, n. 37, p. 55-80, jan./jun. 2006b.

MARTINS, Carlos Benedito. A formação de um sistema de ensino superior de massa. *Revista Brasileira de Ciências Sociais*, São Paulo, v. 17, n. 48, fev. 2002. Disponível em: <www.scielo.br>. Acesso em: 10 nov. 2006.

MORAES FILHO, Evaristo de. Magistrados de pé: entrevista com Evaristo de Moraes Filho. *Revista da ANPT*, edição comemorativa do Jubileu de Prata da Associação Nacional dos Procuradores do Trabalho, 1979-2004, p. 10-11.

MOREL, Regina L. Moraes; PESSANHA, Elina G. Da Fonte. Magistrados do trabalho no Brasil: entre a tradição e a mudança. *Estudos Históricos*, Rio de Janeiro, Cpdoc/FGV, n. 31, jan./jun. 2006.

PEIXOTO, Madalena Guasco. A reforma do ensino superior privado. *Princípios*, n. 73, 2006. Disponível em: <www.vermelho.org.br>. Acesso em: 10 nov. 2006.

PUTNAM, Robert. *Comunidade e democracia:* a experiência da Itália moderna. Rio de Janeiro: FGV, 1996.

RIBEIRO, Carlos Antônio; SCALON, Maria Celi. Mobilidade de classe em perspectiva comparada. *Dados*, Rio de Janeiro, v. 44, n. 1, 2001.

SADEK, Maria Tereza. *Uma introdução ao estudo da Justiça.* Rio de Janeiro: Sumaré, 1995.

______. *Magistrados:* uma imagem em movimento. Rio de Janeiro: FGV, 2006.

SCHWARTZMAN, Simon. *Notas sobre a qualidade e expansão do ensino superior.* 2006. Disponível em: <www.schwartzman.org.br>. Acesso em: 10 nov. 2006.

VIANNA, Luiz Werneck et al. *Corpo e alma da magistratura.* Rio de Janeiro: Revan, 1995.

CAPÍTULO 2

O Ministério Público do estado do Rio de Janeiro: atuação e relação com a imprensa*

*Alzira Alves de Abreu***

O Ministério Público no Brasil pode ser entendido como uma das agências de *accountability* horizontal, tal como definidas por O'Donnell: "agências estatais que têm o direito e o poder legal e que estão de fato dispostas e capacitadas para realizar ações, que vão desde a supervisão de rotina a sanções legais até o *impeachment* contra ações ou emissões de outros agentes ou agências do Estado que possam ser qualificadas como delituosas".[1] Para que esse tipo de *accountability* seja efetivo, O'Donnell considera que "deve haver agências estatais autorizadas e dispostas a supervisionar, controlar, retificar e/ ou punir ações ilícitas de autoridades localizadas em outras agências estatais".[2]

Mas o Ministério Público atua ao lado de outras agências e outros atores que lhe dão suporte ou partilham do exercício de controle não-eleitoral da ação governamental. Aqui estamos interessados em observar como o Ministério Público e a mídia atuam com o objetivo de controlar e influenciar as decisões governamentais.

Podemos também examinar a ação do Ministério Público e da mídia como mecanismos para fiscalizar o poder dos representantes eleitos pelo povo, tal como nos é apresentado por Pierre Rosanvallon (2006). O autor explora o tema da confiança dos cidadãos em seus dirigentes e instituições políticas, e apresenta explicações para se compreender o estado atual das democracias.

---

* Uma primeira versão deste texto foi apresentada no XXIX Encontro Anual da Anpocs, realizado de 25 a 29 de outubro de 2005 em Caxambu.

** Doutora em sociologia pela Universidade Paris V-Sorbonne. Pesquisadora do Cpdoc/FGV.

1 O'Donnell, 1998:40.

2 Ibid., p. 42.

Mostra que, hoje, a desconfiança nos regimes democráticos é o grande problema político do nosso tempo. Essa desconfiança tem duas dimensões: uma estrutural e outra política. A dimensão estrutural está relacionada ao declínio da idéia de progresso e à presença de uma percepção de "sociedade de risco", o que leva a uma grande incerteza quanto ao futuro e à perda de confiança nos dirigentes. A dimensão política se manifesta através da vigilância que os cidadãos exercem sobre os poderes constituídos. É mais fácil vigiar do que obrigar os poderes a promoverem reformas para que prestem melhores serviços ao interesse geral. Surgem então mecanismos que Rosanvallon chama de "contrademocracia", que não significa o contrário da democracia, e sim uma forma de democracia de poderes indiretos disseminados no corpo social para fazer face à democracia de legitimidade eleitoral. A vigilância seria uma das modalidades que o autor identifica como um contrapoder. A intervenção da mídia, ao lado das associações, dos sindicatos, das manifestações, das greves etc., tem um "papel essencial de alerta e de protestos, principalmente nos períodos de crise ou de conflitos".[3] A mídia pode não influenciar diretamente as pessoas, mas tem papel decisivo para determinar os temas em torno dos quais se cristalizam os debates na sociedade. A vigilância contribui para modelar o campo de políticas públicas e estabelecer a ordem de prioridades da ação governamental.[4] Nessa perspectiva, o Ministério Público seria hoje um dos instrumentos de vigilância do poder público, um defensor do patrimônio público e controlador das autoridades políticas.

Outra questão que deve ser colocada diz respeito ao seu funcionamento e atuação. Cabe averiguar em que medida o Ministério Público vem cumprindo as expectativas geradas na Constituição de 1988 e identificar as dificuldades na implementação de mecanismos institucionais de participação e responsabilidade pública que impedem a instituição de exercer plenamente as suas funções. Este é aqui o nosso propósito, limitando a análise ao estado do Rio de Janeiro e observando o seu comportamento diante das atribuições que lhe foram dadas na ação civil pública.

Por outro lado, examinar o papel social que os promotores e procuradores de Justiça e os jornalistas se atribuem na sua prática profissional pode nos ajudar a lançar luz sobre sua contribuição para a construção e/ou ampliação da cidadania.

---

[3] Rosanvallon, 2006:45.

[4] Ibid., p. 46.

Para analisar a atuação do Ministério Público do Rio de Janeiro, fizemos entrevistas com os procuradores-gerais de Justiça que atuaram a partir da fusão do antigo estado do Rio de Janeiro com o estado da Guanabara, ocorrida em 1975. Ouvimos também promotores que na atualidade se destacam no debate sobre os meios de alargar a aplicação de leis relevantes para a ampliação da cidadania.

As entrevistas nos deram informações sobre a visão que eles têm do funcionamento e atuação do Ministério Público e da Justiça no Brasil, bem como das dificuldades que encontram para implementar as atribuições constitucionais da instituição. As relações com a mídia aparecem nos depoimentos como necessárias e como uma forma de prestação de contas à sociedade.

Conquistas e expectativas

Para entendermos a atuação do Ministério Público do estado do Rio de Janeiro, devemos voltar aos anos 1970, mais precisamente ao governo Geisel. Quando assumiu a presidência da República, em janeiro de 1974, o general Ernesto Geisel encaminhou ao Congresso Nacional um projeto de lei referente à fusão do antigo estado do Rio de Janeiro com o estado da Guanabara. O projeto foi aprovado em julho seguinte e, em setembro, Floriano Peixoto Faria Lima foi indicado governador do novo estado e encarregado de promover a união das duas unidades federativas. Nesse momento, teve início a fusão dos ministérios públicos carioca e fluminense. Para prepará-la, um grupo de trabalho com representantes das duas instituições foi criado em dezembro de 1974, sob a presidência do procurador Raphael Cirigliano Filho.

A Constituição do novo estado, promulgada em 23 de julho de 1975, deu ao Ministério Público estadual competência para fiscalizar a aplicação da lei e atribuiu à Procuradoria Geral de Justiça funções administrativas. O novo procurador-geral de Justiça seria nomeado pelo governador do estado, e o cargo inicial da carreira seria provido por concurso público.

A atuação do grupo de trabalho que organizou o Ministério Público do estado do Rio de Janeiro muito ajudou na elaboração da Constituição Federal de 1988, na parte referente ao Ministério Público. As questões levantadas em 1975 sobre o modelo institucional a ser adotado no Rio de Janeiro contribuíram para o debate que se travou em nível nacional em 1987/88 sobre o papel do Ministério Público num regime democrático.

Não foram poucas as dificuldades para integrar os ministérios públicos do antigo estado do Rio e da Guanabara, que tinham estruturas e carreiras diferentes. Na Guanabara, por exemplo, os salários eram mais altos do que no estado do Rio. Na Guanabara não existia nenhum município, enquanto o estado do Rio de Janeiro tinha vários municípios e obrigava os iniciantes na carreira a trabalhar no interior. Várias tentativas foram feitas para solucionar as desigualdades, e a falta de resposta aos pedidos encaminhados ao governador Chagas Freitas (1979-83) acabou por levar a uma vigília institucional dos promotores e procuradores. Como não podiam fazer greve, ficaram 24 horas sem sair do Ministério Público. Embora sendo procurador aposentado, Chagas Freitas, em função de divergências políticas com os líderes da Associação do Ministério Público do Estado do Rio de Janeiro (Amperj), não atendeu às reivindicações dos antigos colegas. Estes, em contrapartida, pediram a sua expulsão da Amperj.

O procurador Antônio Carlos Biscaia[5] vê a mobilização contra Chagas Freitas como um dado importante para a construção de uma consciência política dos promotores e procuradores de Justiça do estado do Rio de Janeiro. Eles perceberam, naquele momento, que, embora integrantes da elite do estado, eram servidores públicos e tinham que lutar por melhores condições de trabalho, por melhores salários e pelo fortalecimento da instituição.

Durante a campanha eleitoral de 1982 para a primeira eleição direta para governador desde 1965, os procuradores se mobilizaram e trabalharam junto aos candidatos para que estes assumissem alguns compromissos com o Ministério Público. Uma das reivindicações era que fosse dado à "classe" o direito de indicar três nomes a serem enviados ao governador para a escolha e nomeação do procurador-geral de Justiça. Pediam, ainda, melhores condições de trabalho. Logo após a vitória de Leonel Brizola, a Amperj promoveu uma eleição interna e enviou os três nomes para o governador, que cumpriu o que havia prometido durante a campanha e nomeou o mais votado, Nicanor Fisher. Essa bandeira de luta do Rio de Janeiro seria depois levada para a Constituinte e acabaria sendo incorporada à Constituição de 1988.

Todo o período de transição para a democracia foi uma fase de grandes transformações para o Ministério Público. A Lei Complementar nº 40, de 14 de dezembro de 1981, definiu o Ministério Público como instituição permanente e essencial à função jurisdicional do Estado e dispôs sobre sua organização nos estados da federação. Atribuiu-lhe como princípios institucionais a unidade, a indivisibilidade e a autonomia funcional, e garantiu-lhe também

---

[5] Entrevista concedida à autora (Rio de Janeiro, 15-5-2006).

autonomia administrativa e financeira, decorrente de dotação orçamentária. Acrescentou à sua estrutura o Colégio de Procuradores e estabeleceu que os promotores passariam a ser designados promotores de Justiça. Até então, havia uma discussão em torno da designação: ora falava-se em promotores públicos, ora em promotores de Justiça.

A atuação do Ministério Público tinha duas vertentes: uma criminal, em que o promotor era um persecutor, o agente que acusava e produzia provas, e a vertente civil, com função semelhante à da magistratura, em que ele era o fiscal da lei, trabalhando junto ao juiz. Aí se encontrava o promotor de família, de órfãos, de sucessões, de registro civil, de falência etc.

Em julho de 1985, o Ministério Público conquistou novas atribuições. A Lei nº 7.347 de Ação Civil Pública, então promulgada, lhe deu responsabilidade em toda ação civil pública em defesa dos chamados direitos coletivos ou interesse de todos, especialmente do meio ambiente, do consumidor e dos bens e direitos de valor artístico histórico, turístico e paisagístico; é a promotoria da chamada tutela coletiva, órgão mais voltado para a área social.

A Constituição de 1988 confirmou todas as conquistas que o Ministério Público vinha obtendo e ampliou a sua importância, atribuindo-lhe não só a defesa da ordem jurídica, como também a do regime democrático. Deu-lhe as atribuições de promoção da ação civil pública (art. 127) para a proteção da sociedade no que se refere aos "interesses difusos, coletivos e individuais indisponíveis e homogêneos".[6] Esses interesses englobam desde o direito a escola, saúde, moradia e transporte, passando pela defesa do consumidor, a infância, a juventude, o idoso e a moralidade administrativa, até o patrimônio público. Pelo art. 129 da Constituição, o Ministério Público tem as funções de promover privativamente a ação penal na forma da lei. O Ministério Público tornou-se uma instituição com poderes para controlar os desvios do poder público e das atividades privadas. Deixou de ser vinculado ao Poder Executivo, não mais desempenhando as funções de defensor dos interesses da União, e adquiriu independência administrativa em relação aos outros poderes. Tem autonomia para recrutar seus membros, vitaliciedade, inamovibilidade e irredutibilidade de seus vencimentos.

---

[6] Os direitos difusos são aqueles que pertencem a cada indivíduo e a todos ao mesmo tempo; são indisponíveis, ou seja, o indivíduo não pode deles dispor, e indivisíveis, porque não há fruição exclusiva por um único indivíduo (ver Maciel, 2001).

Ao Ministério Público foi conferida a função de "defensor do povo" ou *ombudsman*, de acordo com o art. 129, inciso II da Constituição. Por esse artigo, a instituição tem que "zelar pelo efetivo respeito dos poderes públicos e dos serviços de relevância pública aos direitos assegurados nesta Constituição, promovendo as medidas necessárias a sua garantia". Como lembra o procurador de Justiça Carlos Roberto Jatahy (2007:31), a função de *ombudsman* tem sua origem na Constituição sueca de 1809, que criou a figura do "comissário de Justiça" com a função de supervisionar a observância dos atos normativos pelos juízes e servidores públicos.

A lei de ação civil pública e o inquérito civil foram estruturados pelo Ministério Público de forma a garantir sua aplicação e sua ação em curto período de tempo. A instituição detém instrumentos que lhe possibilitam investigações no âmbito do inquérito civil, através da promoção direta de diligências, como requisição de perícia, notificação e intimação de testemunhas, requisição de informações e documentos, acompanhamento de atos investigatórios junto não só junto à polícia, mas também a organismos administrativos em geral etc. A população tem reconhecido o papel positivo de sua atuação, e é crescente o número de ações civis públicas propostas na área de meio ambiente, cidadania, consumidor, infância e juventude. É verdade que as manifestações em processos judiciais no direito de família apresentam os mais altos índices, em comparação com os dados dos últimos anos referentes a cidadania, consumidor e meio ambiente.

Para controlar e fiscalizar as políticas públicas, para exigir a prestação de um serviço que atenda bem a toda a comunidade, a ação do Ministério Público nem sempre corresponde às atribuições que lhe foram dadas pela Constituição. Examinar algumas questões que estão limitando a redução da impunidade no Brasil, em especial no Rio de Janeiro, no tocante ao controle das licitações feitas pelo governo, à lisura nos concursos públicos do Estado, ao cumprimento das obrigações nas áreas de saúde, educação e transporte, ao respeito às minorias raciais, à defesa do meio ambiente, enfim, em tudo o que se refira a defender o cidadão, pode nos ajudar a entender melhor o papel que o Ministério Público vem desempenhando como instituição responsável pela aplicação das leis e como instrumento para a construção da cidadania.[7]

---

[7] Os procuradores e promotores de Justiça do Rio de Janeiro estão distribuídos entre: procuradorias de Justiça com ocupação individual por procurador de Justiça e atuação junto às câmaras cíveis e criminais do Tribunal de Justiça; e promotorias de Justiça ocupadas por um

A escolha do procurador-geral de Justiça

As entrevistas que realizamos com os promotores e procuradores de Justiça do estado do Rio de Janeiro apontam alguns fatores que limitam sua ação. Um primeiro aspecto a ser examinado é o critério de escolha do chefe da instituição. O chefe do Ministério Público Federal, o procurador-geral da República, é escolhido pelo presidente da República entre os procuradores de carreira, com aprovação do Senado. Os procuradores-gerais de Justiça, que exercem papel correspondente nos estados, são escolhidos pelos governadores a partir de uma lista tríplice votada pelos promotores e procuradores de cada estado. No Rio de Janeiro, exige-se que os membros candidatos tenham pelo menos dois anos na carreira. A votação é plurinominal, ou seja, cada eleitor pode votar em até três nomes, e é a partir dessa eleição plurinominal que se organiza a lista tríplice. Todos os procuradores-gerais têm mandato fixo, não podendo ser destituídos por questões políticas. Até a Constituição de 1988, cabia ao governador a livre escolha do procurador-geral de Justiça, a qual podia recair sobre pessoas de fora da carreira. Mas a forma atual de escolha também pode limitar a autonomia e levar os procuradores a buscar apoios políticos e compromissos com os governadores.

O critério atual tem suscitado debates e críticas. Em nossa pesquisa, ficou claro que a maioria dos entrevistados considera que a escolha deve recair sobre o mais votado da lista apresentada pela Associação do Ministério Público do Estado do Rio de Janeiro (Amperj). Segundo o procurador Carlos Roberto Jatahy,[8] o sistema atual deveria ser alterado, mantendo-se a lista tríplice, mas adotando-se uma eleição uninominal — cada votante poderia votar em um candidato apenas. Além disso, o escolhido deveria ser submetido a uma sabatina pela Assembléia Legislativa estadual, sem ingerência do governador. Já Antônio Carlos Biscaia considera que, se o governador escolhe

promotor de Justiça com atribuição em grande parte dos órgãos vinculada a um determinado juízo. Entre as promotorias destacamos a do Consumidor; a de Cidadania, que lida com o poder público, investigando atos de improbidade administrativa do governador, deputados etc., e direitos fundamentais como saúde, educação, segurança, trabalho, lazer e proteção à maternidade e à infância; e a do Meio Ambiente. Pela lei estadual que fixou o número de membros do Ministério Público do Rio de Janeiro, são 174 procuradores de Justiça, 585 promotores de Justiça e 99 promotores de Justiça substitutos.

[8] Entrevista concedida à autora (Rio de Janeiro, 7-4-2006).

e nomeia o procurador-geral de Justiça, mas não pode demiti-lo porque ele tem um mandato, "aquele que assume o cargo tem absoluta independência".

Na lista tríplice apresentada pela Amperj para a escolha do procurador-geral de Justiça no biênio 2003-05, Antônio Vicente da Costa Júnior foi o terceiro colocado. Sua nomeação — com o apoio de seu antecessor, o procurador José Muiños Piñeiro Filho (1999-2003) — pela governadora Rosinha Matheus criou uma forte reação entre os membros do Ministério Público, por ser considerada uma escolha externa ao Ministério Público. Antônio Vicente vinha atuando junto a órgãos do governo do estado e era visto como distante dos problemas da instituição.

Ao falar sobre essa reação, José Muiños Piñeiro Filho[9] considera que o Ministério Público, "se não tiver cautela, se não souber barrar a politicagem interna — porque agora a disputa é pelo poder —, pode ser destruído". Afirma, ainda, que "toda política é importante, é necessária, nós somos agentes políticos no bom sentido, mas as disputas pelo poder internamente estão levando e podem levar o Ministério Público a se fragmentar, a se destruir. A disputa hoje é levada para os jornais. (...) O Ministério Público internamente está trabalhando como partido, e são vários partidos. Isso porque o procurador-geral é o poder. Há eleição? Então vamos disputar. E, em eleição, a ética muitas vezes vai para o espaço. Os limites, as preocupações institucionais ficam em segundo plano".

Ao analisar o processo de escolha, Marfan Vieira Martins,[10] eleito procurador-geral em 2005 e opositor de Muiños, diz que esse processo induz à barganha política, "embora, do ponto de vista da democracia interna, ele seja bom, porque há esse afunilamento — a classe impinge três nomes ao governador, e ele não pode sair disso. Mas às vezes, na prática, esse processo acaba sendo pior do que a escolha livre. Não que eu esteja defendendo a escolha livre. Mas, na prática, ele acaba sendo pior, porque o governador, normalmente, quando escolhe, faz a escolha de uma pessoa que seja da sua relação, que normalmente fale de igual para igual com ele, e é muitas vezes um conhecido seu". Ao ser indicado para compor a lista tríplice, Marfan, então presidente da Amperj,[11] foi o mais votado. Mas não era o candidato preferido do

---

[9] Entrevista concedida ao Cpdoc/FGV (Rio de Janeiro, 14-5-2003).

[10] Entrevista concedida à autora (Rio de Janeiro, 23-3-2006).

[11] Foi presidente da Amperj durante quatro mandatos (1998-2000, 2000-02, 2002-04 e 2004-06) e presidente da Associação Nacional dos Membros do Ministério Público (Conamp) em 2003.

governo. A governadora, segundo ele, tinha medo de ter um dirigente classista à frente do Ministério Público. Por outro lado, Marfan diz que o fato de atuar na associação de classe interfere na escolha dos candidatos que vão integrar a lista tríplice. A escolha pode ser influenciada por valores corporativos. O candidato se apresenta como defensor dos interesses da corporação, prometendo melhorias na situação funcional dos integrantes do Ministério Público, melhoria salarial etc., e isso pode estar em dissonância com o interesse social.

Na verdade, o critério de escolha do procurador-geral de Justiça permite um controle externo do Ministério Público. Os procuradores hoje são poderosos, mas não têm legitimidade eleitoral, não foram submetidos ao voto popular, e o fato de alcançarem cargo através de concurso lhes dá maior legitimidade profissional. Se houvesse uma eleição direta, sem passar pela escolha do governador, o Ministério Público teria o contorno constitucional de um verdadeiro quarto poder, e a conseqüência que daí poderia advir seria uma excessiva politização — essa é a opinião do procurador Antônio Carlos Biscaia.

Para a procuradora Gláucia Maria da Costa Santana,[12] a interferência do governador na escolha do procurador-geral de Justiça "é maléfica, pela natureza da nossa atribuição. Como órgão de fiscalização dos poderes constituídos, eu entendo que o Ministério Público tem que ficar distante dos poderes que ele irá fiscalizar". A seu ver o desejável seria que a sociedade tivesse meios de escolher, em paralelo com os integrantes do Ministério Público, e não deixar nas mãos do gestor público.

A eleição direta sem interferência do Poder Executivo é hoje uma das reivindicações da classe, e isso aparece claramente na pesquisa sobre o perfil dos ministérios públicos estaduais do país.[13] Para 81% da classe a eleição deve ser direta. Essa opção difere se levarmos em consideração a opinião dos promotores e dos procuradores. Entre os primeiros, 83,7% concordam inteiramente com a eleição direta, índice que cai para 65,8% entre os procuradores. Em 2005, 73% dos procuradores-gerais (ou seja, na maioria dos estados da federação) foram escolhidos pelos governadores entre os que estavam em primeiro lugar na lista tríplice. Eles agora querem oficializar o que já acontece na prática.

A mobilização em torno desse tema e também da autonomia do Ministério Público levou à formação de dois grupos no Rio de Janeiro com orienta-

[12] Entrevista concedida à autora (Rio de Janeiro, 28-9-2006).

[13] Ver Ministério da Justiça. Secretaria da Reforma do Judiciário, 2006.

ções políticas divergentes. Pode-se buscar a sua origem na fase de redemocratização, marcada por grandes conflitos, quando então o desejo de maior autonomia e democratização das promotorias e dos promotores encontrava a oposição dos defensores da maior centralização da autoridade nas mãos do procurador-geral de Justiça. O Grupo Reunião, movimento político criado dentro desse contexto, era favorável ao estabelecimento de critérios para promoções e remoções que até então sofriam influência e interferência políticas. Por esses critérios, o merecimento teria maior peso do que a antiguidade. O grupo também reivindicava maior democratização da instituição, devendo todas as decisões ser tomadas pelo colegiado, sem uma liderança estabelecida, sem chefe. O Grupo Reunião chegou ao poder com a escolha de José Muiños Piñeiro, em 1999, para o cargo de procurador-geral de Justiça.

A independência em questão

Outra questão que vem mobilizando os integrantes do Ministério Público do Rio de Janeiro, e que interfere em sua atuação, está ligada à gestão administrativa da instituição e às condições de seu funcionamento. O intuito do procurador-geral de Justiça de reestruturar a carreira, ampliar o número de promotores, dar-lhes aumento de salários e melhores condições físicas de trabalho, inclusive salas individuais equipadas com computadores, depende do apoio do governador, que precisa incluir essas demandas no orçamento do estado e em seguida obter a aprovação da Assembléia Legislativa, que vota o orçamento. O procurador-geral de Justiça tem, portanto, que conseguir recursos financeiros e obter a aprovação de projetos na assembléia para regulamentar o funcionamento do Ministério Público. Ele exerce funções administrativas que o obrigam a negociar politicamente com o governador e com os deputados estaduais. Essas negociações nem sempre são vistas de forma positiva. Há sempre o receio de uma excessiva proximidade do poder, o que poderia levar à submissão do procurador-geral de Justiça aos interesses dos chefes do Executivo e do Legislativo.

Ao analisar a independência do Ministério Público em relação aos poderes Executivo e Legislativo, o procurador Antônio Carlos Biscaia lembra que, apesar das dificuldades enfrentadas no primeiro governo Brizola como procurador-geral de Justiça, voltou a ocupar o cargo no segundo governo (1991), quando foi o mais votado para compor a lista tríplice, com 83% dos votos. Brizola o nomeara, mas não lhe dava autonomia administrativa nem financeira. Biscaia procurou inicialmente o diálogo com o governador; depois, como o problema não se resolvia, entrou na Justiça com um mandado de segurança contra Brizola, o qual lhe foi concedido. A autonomia para agir desse modo tinha sido conquistada pela Constituição de 1988, mas não estava assegurada. O relato de Biscaia pretende mostrar que é possível ter autonomia e independência em relação ao Poder Executivo.

Até 2000/01 todas as funções de tutela coletiva estavam concentradas nas mãos do procurador-geral de Justiça. Cabia a ele delegar o poder a um membro do Ministério Público, podendo também retirar a delegação quando quisesse. Foram então criados os cargos (33 só na capital do estado do Rio) de tutela coletiva, fora as do interior. Isso permitiu ampliar a atuação do órgão e dar-lhe maior autonomia, segundo o promotor Rodrigo Terra.[14] Os promotores já não sofrem interferência política do procurador-geral de Justiça, passaram a ter independência funcional e são inamovíveis.

O procurador Muiños relatou-nos as iniciativas importantes para a melhoria do funcionamento do Ministério Público do Rio de Janeiro tomadas durante a sua gestão (1999-2003). Quando assumiu o cargo, o Ministério Público não tinha um corpo de peritos; hoje tem médicos legistas, engenheiros ambientais e florestais, biólogos, químicos, técnicos para todas as áreas. Muiños criou novos cargos e obteve a aprovação da Assembléia Legislativa. A instituição tinha apenas um imóvel, onde se concentravam todos os trabalhos; quando ele deixou o cargo, o Ministério Público dispunha de mais de 40 imóveis, próprios, alugados ou cedidos. O número de funcionários para atender a todos os serviços prestados aumentou de 300 para 1.008. Se antes a instituição tinha apenas dois veículos à sua disposição, em 2003, quando ele passou o cargo a seu sucessor, havia uma frota de mais de 50 veículos. Todas essas aquisições propiciaram maior agilidade à atuação de promotores e procuradores. Elas significaram a estruturação e a construção de um novo perfil institucional, já que se tratava de uma instituição recente, em fase de amadurecimento. Entretanto, essas conquistas se transformaram em pontos de conflito com integrantes do Ministério Público, que acusaram a administração de Muiños de ser complacente ou mesmo conivente com o Poder Executivo e de não cumprir os compromissos com a sociedade.

A crise que eclodiu ao final da administração de Muiños estava ligada, de um lado, à escolha de Antônio Vicente da Costa Júnior para seu sucessor, mesmo tendo sido o menos votado pela categoria na lista tríplice; de outro

---

[14] Entrevista concedida à autora (Rio de Janeiro, 24-1-2006).

lado, a crise se agravou com a descoberta de que "o caso da Light" havia sido arquivado no ano 2000 pelo subprocurador-geral Élio Fischberg, sob o argumento de falta de provas. O caso da Light ocorreu em 1999, quando foi denunciada a extorsão no valor de US$ 3 milhões contra a empresa por fiscais de renda.[15] Em 1999 foram criados a Inspetoria de Contribuintes de Grande Porte e, ainda no governo de Garotinho, o Programa de Reestruturação de Empresas Fluminenses, ambos com o objetivo de aumentar a arrecadação e estimular o desenvolvimento do estado. Cabia à inspetoria fiscalizar as 400 maiores empresas do Rio, responsáveis por 75% da arrecadação de ICMS do estado. O subsecretário de Administração Tributária era Rodrigo Silveirinha, o principal acusado de comandar a extorsão de empresas.

Fischberg, diante da acusação de que teria beneficiado os fiscais de renda, entrou com uma representação no Colégio de Procuradores do Ministério Público do Rio de Janeiro contra o presidente da Amperj, Marfan Vieira. Relacionou a denúncia à insatisfação de alguns membros do Ministério Público com a escolha e nomeação do novo procurador-geral de Justiça, Antônio Vicente. Na posse de Antônio Vicente, José Muiños Piñeiro Filho, que deixava o cargo, declarou que não havia provas de que os fiscais tivessem praticado atos de corrupção. O que teria sido apurado é que a empresa Light estava sonegando impostos.

Logo após assumir o cargo, Antônio Vicente reabriu o caso, pedindo o desarquivamento do inquérito com base em "fatos, e não versões". Explicou que resolveu reabrir a investigação por causa do "idôneo noticiário" da imprensa.[16] Apareceram denúncias de envolvimento de fiscais estaduais com a remessa ilegal de US$ 33,4 milhões para a Suíça. A Assembléia Legislativa do Rio de Janeiro abriu uma CPI para investigar o caso dos fiscais. Ao final da CPI, 26 pessoas foram indiciadas e oito, presas. A CPI ouviu o subprocurador-geral de Justiça Élio Fischberg, que justificou o arquivamento do inquérito em 2000 com base em parecer do então assessor especial para assuntos de investigação penal, José Muiños Piñeiro Filho, depois eleito procurador-geral de Justiça. Fischberg afirmou que, à época, não havia indícios suficientes para a

---

[15] A Light denunciou que um grupo de fiscais pedia dinheiro para não cobrar impostos, mas a empresa tinha sido multada por sonegação. Em 1999, o lobista Romeu Sufan e fiscais de renda foram filmados negociando vantagens em troca de redução de multas da Light relativas ao ICMS (ver *Jornal da Alerj*, 5 a 11 maio de 2003).

[16] Ver *Jornal do Brasil*, Rio de Janeiro, 14 jan. 2003.

abertura de inquérito para investigar os fiscais do estado, e que a Light informara não ter pago nenhuma quantia ao intermediário Romeu Sufan.

A fiscalização dos atos de abuso de poder e da defesa dos direitos coletivos, assim como a prestação de contas do trabalho realizado pelo Ministério Público do Rio de Janeiro são motivos de debates entre seus membros. O que a atuação do Ministério Público parece indicar é que se trata de uma instituição altamente burocratizada e com baixos índices de eficiência. A maneira como são feitos o controle da administração pública e a defesa da moralidade e probidade administrativa no estado tem suscitado muitas críticas dentro do próprio Ministério Público. Sem dúvida há promotores e procuradores que buscam cumprir as atribuições que lhes foram dadas pela Constituição. Mas, de acordo com os depoimentos que colhemos, há uma tendência a um comportamento burocratizado.

No ano de 2005, a imprensa noticiou a ação de improbidade administrativa aberta pelos promotores da Tutela Coletiva do Ministério Público contra a procuradora Maria Ignez Pimentel. A ação foi baseada em denúncia feita pela procuradora Celma Alves, que em 2000 era promotora e estava à frente da Comissão Especial criada pelo ex-governador Anthony Garotinho para investigar desvios de conduta de policiais. A Corregedoria da Procuradoria Geral de Justiça fez uma auditoria em 475 inquéritos sobre policiais civis e descobriu que a maioria deles estava parada — não na polícia, como se imaginava, mas no próprio Ministério Público. Do total de inquéritos analisados, 389 não tiveram qualquer movimentação de 1995 a 1999. Pelo Código do Processo Penal, o promotor tem 15 dias para oferecer a denúncia ou pedir diligências. Foi então aberta uma ação de improbidade administrativa contra a procuradora Maria Ignez. Essa decisão provocou críticas dentro da instituição, pois os promotores do Rio de Janeiro estão proibidos de investigar promotores. A promotora acusada se defendeu através de seu advogado, alegando que fora vítima da grande sobrecarga de inquéritos, já que ela respondia por todos os procedimentos de delegacias especializadas. Afirmou, ainda, que teria pedido ajuda, o que estaria documentado, mas que não obteve respostas às suas solicitações.[17]

Ao questionarmos os integrantes do Ministério Público sobre o que precisa ser modificado na instituição para garantir a autonomia diante dos outros poderes, alguns responderam que tudo depende do comportamento e do

[17] Ver *O Globo*, Rio de Janeiro, 3 jul. 2005. p. 19.

caráter individual daqueles que atuam no órgão, ou seja, traduziram uma visão voluntarista. O procurador Antônio Carlos Biscaia, ao analisar a atuação e o funcionamento do Ministério Público nos dias de hoje, afirma que o "mais importante é o membro do Ministério Público, é o ser humano, a mulher e o homem promotor de Justiça". E levanta a questão: "será que eles estão efetivamente imbuídos do seu papel?".

A compreensão de que o Ministério Público é um órgão fundamental para a distribuição de justiça e a consolidação da democracia tem incentivado a criação de instrumentos capazes de identificar o perfil de seus integrantes e estabelecer diagnósticos sobre a sua atuação, com o intuito de introduzir mudanças na estrutura e funcionamento da instituição e assim fortalecê-la. Em 2006, o Ministério da Justiça, através da Secretaria de Reforma do Judiciário, apresentou o *Diagnóstico: Ministério Público dos estados*, trabalho que teve a participação do Conselho Nacional de Procuradores-Gerais do Ministério Público do Brasil (CNPG) e da Associação Nacional dos Membros do Ministério Público (Conamp). A pesquisa foi coordenada por Maria Tereza Sadek, da Universidade de São Paulo. Para traçar o perfil dos promotores e dos procuradores de todos os estados da federação e fazer um diagnóstico do órgão, foram enviados questionários a todos os seus integrantes. O total de respostas foi de 27,5%; entre as unidades da federação, o índice mais baixo de respostas foi do Rio de Janeiro (13,5%), e o maior, de Santa Catarina (46,1%).

No mesmo ano de 2006, o Ministério Público do Rio de Janeiro elaborou um projeto de reengenharia institucional baseado em ampla pesquisa no estado, junto a todos os seus integrantes. As observações sobre o que pode e deve ser alterado no funcionamento do Ministério Público resultaram numa proposta de mudanças profundas na sua estrutura institucional, com a criação e transformação de órgãos, além de uma revisão conceitual de suas atribuições.

Projeto de reengenharia do Ministério Público do Rio de Janeiro

O novo perfil do Ministério Público não foi acompanhado por uma atualização de sua estrutura administrativa e organizacional, e tampouco houve uma adequação de seus membros às novas atribuições do órgão. Arantes (1999) mostra que ainda não foram regulamentadas pelo Legislativo as ações coletivas em defesa de direitos sociais como saúde, educação, segurança, trabalho, lazer e proteção à maternidade e à infância, o que obriga os promotores a invocar diretamente a Constituição.

As dificuldades do Ministério Público do Rio de Janeiro para responder às novas exigências da Constituição de 1988 estão agora sendo discutidas dentro do órgão. O procurador-geral do Ministério Público do Rio de Janeiro, Marfan Vieira Martins, logo após a sua eleição em 2005, criou uma comissão de reengenharia institucional encarregada de analisar os problemas existentes no funcionamento da instituição e propor medidas capazes de torná-la mais eficiente. A comissão foi coordenada pela procuradora de Justiça Heloísa Maria Daltro Leite e integrada pelos procuradores de Justiça Luís Roberto Saraiva Salgado, Talma Prado Castello Branco Júnior, Marcelo Daltro Leite e o promotor de Justiça Valério Teixeira do Nascimento.

De acordo com Heloísa Daltro Leite,[18] a estrutura administrativa do Ministério Público, antes de 1988, era de um órgão parecerista, ou seja, um ministério público que recebia um processo, elaborava o seu parecer e o devolvia ao Judiciário. Isso mudou em 1988, quando ele adquiriu funções que dele exigem providências e iniciativas, principalmente na área cível e na área dos difusos. Ele passou a ser o advogado da sociedade. Entretanto, os procuradores inicialmente não se aperceberam dessas transformações e, como diz Heloísa, "continuaram a trabalhar atrás da mesa", ou seja, continuaram pareceristas. Mas a nova geração, que chegou após 1988, começou a reivindicar uma atuação de acordo com o novo Ministério Público. Falta, no entanto, mudar sua estrutura administrativa e organizacional.

Para a elaboração da proposta de reengenharia eles visitaram os ministérios públicos do Rio Grande do Sul, Santa Catarina, Paraná, São Paulo, Minas Gerais, Goiás e Distrito Federal, com o objetivo de observar as medidas adotadas nesses estados visando um novo modelo institucional. Um questionário foi encaminhado aos membros da classe do Rio de Janeiro para que dessem a sua opinião sobre o que deveria ser feito para a elaboração de um novo modelo de atuação capaz de tornar a instituição eficiente e com bom resultado social. A comissão obteve resposta de 32% dos integrantes da classe. É importante ressaltar que 83% dos que responderam ao questionário consideram que o Ministério Público não está "adequadamente estruturado e preparado para enfrentar os desafios e as demandas existentes na área criminal. Na área civil o percentual alcançou 73%, e na tutela coletiva civil, 42% entendem ser apenas razoável a atuação do *parquet* fluminense".

---

[18] Entrevista concedida à autora (Rio de Janeiro, 11-9-2006).

As respostas obtidas através dos questionários apontaram a "necessidade de maior e melhor estrutura administrativa, com disponibilidade de assessores graduados em direito, peritos, em especial contadores e assistentes sociais, servidores administrativos e estagiários de direito e investigadores, bem como de banco de dados e acesso a sistema de informações". A integração entre as procuradorias e as promotorias de Justiça foi considerada pelos entrevistados como de grande importância. Para o sucesso da integração entre os órgãos de execução, os integrantes da classe sugerem "a busca da efetiva união dos atores ministeriais". Os entrevistados apontaram a necessidade de "atuação do Ministério Público como órgão agente na defesa de todos os interesses sociais e individuais indisponíveis, visando à correção da realidade social, a fim de que esta se amolde à ordem jurídica estabelecida, garantindo de modo efetivo a consecução dos direitos fundamentais". Para a concretização dessa atuação, 51% dos entrevistados indicam como solução a reengenharia institucional para transformar os órgãos de execução com limitada relevância social em órgãos de tutela coletiva. Para 40% dos entrevistados, o trabalho de reestruturação dos órgãos de execução deve permitir o aumento do número de órgãos com sobrecarga de demanda e a redução dos de menor demanda.

Após a análise das respostas ao questionário enviado aos membros do Ministério Público, a comissão dividiu o projeto de reengenharia em dois temas: "reengenharia das atribuições" e "revisão conceitual das atribuições". O primeiro "visa atender aos apelos quanto à criação de instrumento capaz de integrar os atuais órgãos de execução do Ministério Público, redimensionando-os". A proposta é criar um "gabinete de atuação integrada", órgão de execução pluripessoal, composto por procuradoria de Justiça e promotoria de Justiça, com atribuição extrajudicial e judicial nas esferas penal e não-penal.[19] No segundo tema o objetivo é dar "maior ênfase à atuação do Ministério Público em cada uma das matérias que lhe são afetas". Entre as propostas apresentadas incluem-se a "priorização da atividade ministerial como órgão agente; aprimoramento da estrutura administrativa e institucional; integração entre os órgãos de execução do Ministério Público; mais justa e eqüitativa distribuição do volume de trabalho despendido pelos integrantes do *parquet*, todas visando ao mais amplo cumprimento do mandato constitucional outorgado e à consecução de efetivo resultado social".

---

[19] Ver Ministério Público do estado do Rio de Janeiro, 2006.

Algumas questões sobre a atuação da mídia

As ações do Ministério Público têm ganhado grande destaque na imprensa, sendo os promotores apresentados como defensores da Justiça, da população e dos excluídos. A "midiatização" da Justiça, ao dar maior visibilidade a alguns procuradores e juízes, deu-lhes também a possibilidade de serem eleitos para a Câmara dos Deputados, como foi o caso de Antônio Carlos Biscaia e de Denise Frossard (eleitos para a legislatura de 2003-07). A grande exposição na mídia durante os processos da "chacina da Candelária" e de "Vigário Geral" muito ajudou Muiños a chegar a procurador-geral de Justiça do Rio de Janeiro (1999). Mas a relação entre imprensa e procuradores nem sempre ocorre de forma harmoniosa, e são freqüentes os conflitos.

A mídia, ao dar publicidade positiva à atuação dos procuradores, evidentemente os beneficia. Os procuradores buscam estabelecer boas relações com os jornalistas, mas isso não impede que notícias desfavoráveis possam atingi-los. É preciso lembrar que existem problemas relacionados ao grau de autonomia política e financeira dos veículos de comunicação diante dos poderes Executivo, Legislativo e Judiciário. Também não é possível ignorar as preferências políticas e ideológicas dos jornalistas. Em alguns casos eles acompanham as disputas entre pares no Ministério Público e se posicionam diante delas.

Os jornalistas percebem o Ministério Público como uma instituição vital para a imprensa poder cobrir determinados acontecimentos ou abrir caminho para investigações que não seriam realizadas sem o auxílio de procuradores ou promotores. O jornalista Marcos Sá Corrêa[20] vê as novas funções do Ministério Público como fundamentais, principalmente na área de meio ambiente, e apresenta alguns exemplos para mostrar o seu papel positivo. Mas, de acordo com esse jornalista, a imprensa não dá a devida cobertura aos problemas do meio ambiente.

Até recentemente, os meios de comunicação se ocupavam quase exclusivamente das ações penais e eventualmente de outras áreas jurídicas, como a civil e a comercial. Hoje os jornais privilegiam as notícias sobre temas político-financeiros que envolvam personalidades da vida pública. A imprensa trabalha para que os casos tenham desfechos rápidos e os culpados sejam identificados, ou seja, trabalha com a lógica do espetáculo, que exige uma

---

[20] Entrevista concedida à autora (Rio de Janeiro, 4-1-2006).

trama, com personagens desempenhando os papéis do bem e do mal. Não há dúvida de que os acontecimentos são tratados de acordo com a orientação do veículo e do público a que este se destina. Os crimes, os assaltos e os conflitos que ocorrem cotidianamente só têm destaque quando despertam fortes emoções na população, quando apresentam grande intensidade dramática. A imprensa dá grande destaque quando o acontecimento envolve um grande número de mortes, mas os casos individuais de pessoas pobres não têm espaço no noticiário. Após a "chacina da Candelária", o jornal *O Globo* (28 jul. 1993) apresentou as estatísticas da Secretaria de Polícia Civil: em junho de 1993 foram assassinados 53 menores; no primeiro semestre de 1992, 175 menores; e no segundo semestre, 298 menores; 66,8% dos crimes aconteceram na capital. Mas esses crimes ocorreram isoladamente e não tiveram repercussão na imprensa.

O jornalismo de investigação encontrou no Judiciário um grande aliado e, na medida em que se especializou nas denúncias dos desvios ético-administrativos das elites políticas e administrativas, obteve grande repercussão nas camadas médias da sociedade. O sucesso da imprensa nas denúncias de corrupção pode levar a um maior controle democrático sobre as instituições políticas. Mas as críticas de políticos e administradores nos momentos de grandes derrapagens da informação propiciaram também algumas tentativas de controle da imprensa.

Para alguns integrantes do Ministério Público, a divulgação do trabalho deles pela mídia ajuda a tornar a instituição conhecida da sociedade. A população vê o Ministério Público como uma instituição confiável. Pesquisa de opinião realizada em 2004 pelo Ibope[21] em 145 municípios do país mostra que 58% dos entrevistados têm uma imagem positiva do Ministério Público. Nessa mesma pesquisa, acima do Ministério Público aparecem a Igreja Católica, com 74%, as Forças Armadas, com 73%, e a imprensa, com 72%.

Nos depoimentos que colhemos, aparecem com clareza as opiniões favoráveis à prestação de contas à sociedade através da mídia e também a noção de que o excesso de exposição é prejudicial ao trabalho dos promotores e procuradores. Para os integrantes do Ministério Público, a comunicação com a sociedade é uma obrigação: é através dela que eles podem prestar contas de suas atividades aos cidadãos. O Ministério Público Federal criou uma assessoria de comunicação social para informar o público a respeito de sua atua-

---

[21] Disponível em: <www.smmp.pt/doc/estudo_brasil.pdf >. Acesso em: 7 jan. 2007.

ção, atender às solicitações dos jornalistas e a ouvir as demandas da sociedade. No Rio de Janeiro, a Ouvidoria do Ministério Público, criada pelo procurador-geral Marfan Vieira, pôs à disposição do público a linha telefônica 127 para receber denúncias de desrespeito a direitos do consumidor, agressões ao meio ambiente e ao patrimônio público, e maus-tratos a criança, idosos e deficientes, bem como informações sobre organizações criminosas, entre outras violações. Em 2005, segundo a base de dados do Sistema de Ouvidoria, 56,78% do atendimento eletrônico (internet, telefone e sede) do Ministério Público do Rio de Janeiro foram referentes a cidadania, consumidor e meio ambiente, totalizando 3.465 atendimentos.

Outra dificuldade no relacionamento entre a mídia e o Ministério Público é a divulgação de acusações não apuradas pela Justiça. O procurador Maurício Assayag observa que o jornalista, ao tomar conhecimento de um fato que é notícia, imediatamente o divulga. Ele não tem compromisso com a verdade ou a mentira daquela notícia. Se ele tomou conhecimento da notícia, ela existe, e ele irá divulgá-la. Muitas vezes a acusação por ele divulgada não foi ainda apurada, é mera suspeita. De acordo com o capítulo 1, art. 5º da Constituição de 1988, que trata "Dos direitos e Deveres Individuais e Coletivos", "ninguém será considerado culpado até o trânsito em julgado de sentença penal condenatória". Os jornalistas consideram essa limitação prejudicial à população, por impedir a divulgação de desvios de conduta de políticos ou servidores públicos. No caso de eleições, só após alguns anos o eleitor tomaria conhecimento de atos praticados pelo seu candidato.

Por que então membros do Ministério Público passam informações para os jornalistas sobre casos que ainda estão sendo investigados? O procurador Muiños, ao falar da relação entre procuradores e mídia, dá algumas explicações para essa atitude. Ele acentua o fato de que a imprensa percebe o Ministério Público como uma fonte de informações para a produção de matérias não só sobre crimes passionais, mas também sobre improbidade administrativa. A seu ver, a imprensa prejulga, quando o inquérito civil acaba de ser instaurado. Muiños reconhece que o Ministério Público chegou a muitos resultados positivos e deu respostas rápidas a determinados processos devido ao apoio da imprensa. Entretanto, vê com grande cautela a relação com a imprensa e chama a atenção para a vaidade que a exposição na mídia desperta no promotor ou procurador: "às vezes eles extrapolam, querendo aparecer mais que o próprio caso". Mas a mídia também ajuda a colher informações que muitas vezes não seriam obtidas pelos canais legais. A mídia consegue informações mais rapidamente, não depende da burocracia a que está submetido o Ministério Público. De acordo com Muiños, "o promotor ou o procurador tem que saber se relacionar com a imprensa, não se deixar envolver ou ser manipulado por ela".

Na mesma linha de argumentação vai o procurador Marfan Vieira. Ele vê a relação com a mídia como uma parceria que, se "for bem conduzida, se for bem trabalhada, se as pessoas souberem, com equilíbrio, sem vedetismo, conduzir, é extremamente produtiva, é extremamente boa para o sucesso da investigação, para esse trabalho de defesa social que o Ministério Público desenvolve. Agora, na prática, nós temos distorções, temos problemas".

Os excessos cometidos por alguns membros do Ministério Público levaram a Câmara dos Deputados a apresentar um projeto de lei impedindo a magistratura e o Ministério Público de darem divulgação "a fatos ou informações de que tenham ciência em razão do cargo e que violem o sigilo legal, a intimidade, a vida privada, a imagem e a honra das pessoas". Trata-se da chamada "lei da mordaça". Para o ex-procurador-geral de Justiça Carlos Antônio Navega,[22] "o fato de cinco ou seis membros do Ministério Público terem tomado atitudes erradas não justifica amordaçar uma instituição. O mal que a censura pode provocar será maior do que o que foi feito por cinco ou seis colegas".

A mídia serve também para prevenir possíveis atentados contra a integridade física ou a vida de promotores e procuradores. No interior do país, o promotor é uma figura de destaque. Como diz a procuradora Heloísa Daltro Leite, "a partir do momento em que você, como promotor, apura crime de prefeito, apura a atuação de vereador e mexe com os grandes poderes econômicos locais, você está muito sujeito a sofrer uma ameaça, uma lesão. E a mídia ajuda muito nessas horas porque, ao dar publicidade, ela protege. Então ela é útil". A experiência do procurador Jatahy corrobora essa afirmação. Ele admite um relacionamento institucional com os meios de comunicação como forma de prestar contas à sociedade do trabalho realizado pelo Ministério Público, embora seja contrário à exposição pessoal dos procuradores na mídia, já que, a seu ver, isso leva à autopromoção. Mas chama a atenção para a importância do apoio dessa mídia nas situações em que o promotor corre risco de vida, por estar atuando em determinados processos, como ocorreu durante a apreensão de documentos na casa do bicheiro Castor de Andrade, no bairro carioca de Bangu. Nesse caso a "mídia foi muito importante para que nós saíssemos vi-

---

[22] Entrevista concedida ao Cpdoc/FGV (Rio de Janeiro, 19-9-2002).

vos de Bangu". A presença de jornalistas e da televisão, ao tornar público o fato, impediu reações que poderiam ter resultado em agressão física, visando ocultar aquele material.[23]

Os defensores da sociedade: Ministério Público e mídia

Os integrantes do Ministério Público se atribuem como missão institucional a defesa de todos os interesses sociais, estando assim investidos das funções de promotores e garantidores da cidadania. Nas entrevistas que realizamos no Rio de Janeiro, aparece freqüentemente o discurso de que a escolha da carreira no Ministério Público foi feita com o intuito de servir à sociedade, defender o poder público, ser útil, trabalhar pela inclusão social, pela defesa da cidadania. O Ministério Público seria, para muitos, um meio de transformar a sociedade. Na pesquisa *Diagnóstico: Ministério Público dos estados*,[24] essa percepção aparece nas respostas de seus integrantes, que apontam a necessidade de a instituição "priorizar sua atuação como agente promovendo inclusão e transformação social e abandonando atividades tradicionais. O Ministério Público deve ser o braço da inclusão do cidadão, atender mais ao público e buscar seu esforço distante do Poder Judiciário, sobremaneira moroso e lucrativo".

Os jornalistas, por outro lado, assistiram nas últimas décadas a uma reestruturação de suas estratégias e posições em face das mudanças políticas, econômicas e tecnológicas, as quais tiveram repercussões no sistema cultural. Até os anos 1970, muitos jornalistas tinham um envolvimento político e ideológico claro, agiam em função de determinados valores e utopias, o que não ocorre mais. Hoje a profissão teria perdido o seu caráter romântico e ideológico porque, no dizer de um dos jornalistas que ouvimos, com o fim da bipolaridade esquerda-direita, capitalismo-socialismo, com o fim das utopias, com a visão pragmática de mercado e a predominância do sistema neoliberal e suas conseqüências, mudou a maneira de o jornalista lidar com os fatos e

---

[23] Em 30 de março de 1994, 10 promotores, com uma escolta policial, invadiram a chamada "fortaleza" do bicheiro Castor de Andrade em Bangu, quando então foram apreendidos os livros de contabilidade do bicheiro de 1979 até aquela data. Pela documentação apreendida, mais de 100 personalidades do Rio de Janeiro, entre políticos, policiais, delegados de polícia, artistas e jornalistas, haviam recebido propina do bicheiro.

[24] Ver Ministério da Justiça, 2006.

praticar cotidianamente a atividade jornalística. Os jornalistas adotaram novas orientações no desempenho de suas atividades. Agora eles se atribuem o dever de servir aos interesses concretos dos cidadãos e de responder às preocupações dos leitores ou da audiência referentes a emprego, habitação, educação, segurança, qualidade de vida etc. O jornalismo de "utilidade pública" procura abrir espaço para as reclamações e reivindicações da população quanto aos serviços essenciais. Esse tipo de jornalismo também se manifesta na mídia assumindo o papel de fiscalizador do poder público. A mídia, nesse caso, está voltada para a denúncia de corrupção ou de ilícitos envolvendo personalidades da vida pública. Os jornalistas que detêm atualmente posições estratégicas nas redações se mobilizam em torno da defesa dos excluídos, dos pobres, dos não-cidadãos.

Finalizando, podemos afirmar que, mesmo enfrentando sérias dificuldades para responder positivamente às funções que lhe foram atribuídas pela Constituição de 1988, o Ministério Público do Rio de Janeiro é responsável pelo maior número de ações em defesa dos interesses coletivos, em comparação com as propostas vindas das organizações sociais. As procuradorias de direitos coletivos e difusos estão se transformando em espaço de interlocução da sociedade com o Estado e convertendo o Ministério Público em mediador entre a esfera político-representativa e as demandas da sociedade. Entre os anos de 1996 e 2001, o Ministério Público do Rio de Janeiro foi autor de 42,7% das ações civis públicas.[25] Por outro lado, a mídia desempenha o papel pedagógico de informar o público sobre seus direitos e de estimular a reivindicação de justiça e inclusão social.[26]

Referências bibliográficas

ABREU, Alzira Alves de. Mídia e Ministério Público: relações convergentes e conflituosas. In: ENCONTRO ANUAL DA ANPOCS, 27. *Anais*... Caxambu, 2005. (GT 11: Mídia, política e opinião pública).

ARANTES, Rogério Bastos. Direito e política: o Ministério Público e a defesa dos direitos coletivos. *Revista Brasileira de Ciências Sociais*, v. 14, n. 39, p. 83-102, fev. 1999.

[25] Ver Vianna, 2002:432-482.

[26] Ver Lima e Guazina, 2004.

_____. *Ministério Público e política no Brasil*. São Paulo: Edusc/Sumaré/Fapesp, 2002. (Série Justiça).

CASTILHO, Ella Weicko V. de; SADEK, Maria Tereza. *O Ministério Público Federal e a administração da Justiça no Brasil*. São Paulo: Sumaré, 1998.

CHAIA, Vera; CHAIA, Miguel (Orgs.). *Mídia e política*. Estudos de pós-graduação em ciências sociais. São Paulo: PUC-SP, 2000.

CHARON, Jean-Marie; FURET, Claude. *Un secret si bien violé* — la loi, le juge et le journaliste. Paris: Seuil, 2000.

HERINGER, Rosana; BUZANELLO, José Carlos; MOTA, Adriana Valle. *Voltar a morrer*. Rio de Janeiro: Unicef/Vice-Governadoria do Estado do Rio de Janeiro — consultoria jurídica: Escritório de Advocacia Amodeo & Nogueira, 1994.

JATAHY, Carlos Roberto de C. *O Ministério Público e o estado democrático de direito:* perspectivas constitucionais de atuação institucional. Rio de Janeiro: Lumen Juris, 2007.

KERCHE, Fábio. O Ministério Público e a Constituinte de 1987/88. In: SADEK, Maria Tereza (Org.). *O sistema de justiça*. São Paulo: Idesp/Sumaré, 1999.

LIMA, Venício A. de; GUAZINA, Liziane. Responsabilidade social em tempos de crise: novo oficialismo do *Jornal Nacional*? In: ENCONTRO ANUAL DA ANPOCS, 28. *Anais*... Caxambu, out. 2004.

LOPES, Júlio Aurélio Vianna. *Democracia e cidadania:* o novo Ministério Público brasileiro. Rio de Janeiro: Lumen Juris, 2000.

MACIEL, Débora Alves. Conflito social, meio ambiente e sistema de justiça. *Plural, Sociologia* — USP, n. 8, p. 5-27, 2º sem. 2001.

MAZZILLI, Hugo Nigro. *O Ministério Público na Constituição de 1988*. Rio de Janeiro: Saraiva, 1989.

MINISTÉRIO DA JUSTIÇA. Secretaria da Reforma do Judiciário. *Diagnóstico:* Ministério Público dos estados. Brasília, DF: 2006.

MINISTÉRIO PÚBLICO DO ESTADO DO RIO DE JANEIRO. *Projeto de reengenharia*. Rio de Janeiro: MP-RJ, 2006. Disponível em: CD-ROM.

O'DONNELL, Guillermo. *Accountability* horizontal e novas poliarquias. *Lua Nova — Revista de Cultura Política*, nº 44, 1998.

SADEK, Maria Tereza (Org.). *Justiça e cidadania no Brasil*. São Paulo: Sumaré/Idesp, 2000.

_____. (Org.). *Acesso à Justiça*. São Paulo: Fundação Konrad Adenauer, 2001.

SOARES, Rosângela Dayse Nery. *A chacina da Candelária e a mídia:* discursos sobre o extermínio de crianças e adolescentes na cidade do Rio de Janeiro. Rio de Janeiro: Escola de Serviço Social/UFRJ, 2002.

VIANNA, Luiz Werneck (Org.). *A democracia e os três poderes no Brasil*. Belo Horizonte: UFMG; Rio de Janeiro: Faperj, 2002.

CAPÍTULO 3

Cidadania, investigação criminal e controle externo da polícia: a atuação do Ministério Público do estado do Rio de Janeiro

*Christiane Jalles de Paula**

> O Ministério Público deve chegar ao povo, da forma mais ampla possível, para que saiba este o que a instituição pode fazer, o que deve fazer, o que está fazendo, o que não está fazendo mas deveria fazer, quais seus instrumentos de trabalho, quais suas garantias, quais suas principais falhas e qualidades, bem como suas mais prementes necessidades e reivindicações.[1]

O Ministério Público é hoje uma das instituições mais identificadas com a consolidação do processo democrático brasileiro e a promoção da cidadania. A Constituição de 1988 destinou-lhe a função primordial de defesa do estado democrático de direito e da sociedade brasileira. Tal proposição está expressa no seu art. 127, na passagem que define que o Ministério Público é a "instituição permanente, essencial à função jurisdicional do Estado, incumbindo-lhe a defesa da ordem jurídica, do regime democrático e dos interesses sociais e individuais indisponíveis".

Vianna e Burgos (2005:777) assinalam que a importância da Carta Magna de 1988 no constitucionalismo brasileiro foi ter "erradicado dos seus fundamentos e de suas instituições as inspirações e as práticas autoritárias", com especial destaque para as novas atribuições do Ministério Público. Com efeito, os constituintes de 1987/88, ao instituírem o Ministério Público responsável pela fiscalização da efetividade das leis,[2] reorganizaram o sistema de freios

---

* Doutora em ciência política pelo Instituto Universitário de Pesquisas do Rio de Janeiro (Iuperj). Pesquisadora do Cpdoc/FGV.

[1] Mazzilli, 1989.

[2] Ver Lopes, 2000:32.

e contrapesos da República e, como concluem Vianna e Burgos, reafirmaram a tradição brasileira do "direito e suas instituições" como depositários ético-pedagógicos da cidadania.

O Ministério Público[3] foi fundado nos princípios da unidade, da indivisibilidade e da independência funcional. Essas conquistas o colocaram em simetria com o Poder Judiciário[4] e também o separaram do Poder Executivo. No que tange às suas funções, a Constituição de 1988 incorporou anseios da classe e ampliou consideravelmente as atribuições ministeriais. Se antes da Carta cabia ao Ministério Público a função de parecerista, agora tais atribuições passam a compreender:

- a titularidade exclusiva da ação penal pública;[5]
- a titularidade exclusiva do inquérito civil e, compartilhada com associações, da ação civil pública (criada em 1985);
- a titularidade compartilhada da representação necessária para eventuais intervenções em estado e de estado em município;
- o controle externo da polícia criminal, incluindo requisição de diligências investigatórias e realização e instauração do inquérito policial — estas sujeitas a lei complementar.

A instituição também alcançou autonomia administrativa, e a adaptação da estrutura administrativo-burocrática às novas regras ficou a cargo de cada Ministério Público.

A par dessas mudanças, vários estudos chamam a atenção para a extraordinária expansão da atuação do Ministério Público na esfera dos direitos difusos e coletivos, em função da regulamentação do instrumento jurídico da

---

[3] Divide-se em Ministério Público Federal, Ministério Público Estadual, Ministério Público do Trabalho e Ministério Público Militar.

[4] Há na literatura um intenso debate a respeito de o Ministério Público pós-1988 ser ou não um quarto poder (ver Mazzilli, 1989; Kerche, 1999; Arantes, 2002).

[5] Cabe esclarecer que a ação penal pública, em contraposição à ação penal privada, é a que visa à punição dos crimes em geral. As exceções são os crimes de injúria, calúnia e sedução, que são crimes de ação penal privada. A lei reconhece que o interesse do indivíduo é preponderante. Por exemplo, os ofendidos numa difamação podem não se interessar em mover um processo judicial, que pode piorar a situação. Nesses casos, o Ministério Público não tem a titularidade da ação. Já nos crimes em geral, como roubo, furto, estelionato e crimes contra a vida, o Ministério Público é o titular da ação penal.

ação civil pública, sob o controle da instituição ministerial.[6] *Pari passu*, na esfera criminal observa-se que as atribuições constitucionais resultaram em inúmeros conflitos, uma vez que criaram e/ou reestruturaram regras e procedimentos que englobam todo sistema de justiça: Ministério Público, polícia e Judiciário.[7]

Um dos pontos mais polêmicos é o que discorre sobre o poder investigatório do Ministério Público. Dezoito anos após a promulgação da Constituição de 1988, a questão ainda não foi regulamentada. Em 26 de novembro de 2006, o *Jornal do Brasil* publicou uma reportagem sobre o projeto de emenda constitucional, do senador Pedro Simon (RS), de ampliação do poder investigatório do Ministério Público. A matéria explicita os conflitos suscitados pelas mudanças constitucionais no sistema de justiça. Dez anos após ter sucumbido ante o *lobby* de policiais e delegados, o projeto de ampliação e mudança no sistema de justiça aguarda a definição do relator da matéria, o senador e ex-delegado da Polícia Federal Romeu Tuma.

O poder investigatório do Ministério Público resultou na produção de extensa bibliografia no meio jurídico brasileiro. Não tenho a pretensão de esgotar o debate, mas somente ilustrar os antagonistas. O cerne da disputa é a construção/desconstrução da legitimidade da ação do Ministério Público na arena investigatória. Ela está assim configurada: de um lado, os membros do *parquet*, partidários da ampliação do poder de investigação, argumentam que a mudança trará maior acesso à justiça para a população, pois os inquéritos serão mais bem feitos e logo haverá mais punição. Já os adversários do poder investigatório do Ministério Público — policiais e a Ordem dos Advogados do Brasil (OAB) — apontam o despreparo da instituição na condução de uma investigação e o fato de a autoria da denúncia ser do Ministério Público, o que resultaria em falta de isenção para buscar a "real verdade" na fase investigatória e, portanto, produziria distorções.[8] Outros argumentos, como a perda de *status* de delegados e a falta de estrutura, entre outros, também são usados a favor ou contra a ampliação do poder investigatório do Ministério Público.

---

[6] Ver Kerche, 1999; Arantes, 2002; Vianna e Burgos, 2005.

[7] Até a Constituição de 1988, o Ministério Público compartilhava com juízes e delegados de polícia da iniciativa de propor ação penal pública, conforme estipulava o Código de Processo Penal de 1941.

[8] Ver Streck e Feldens, 2006.

Outro ponto refere-se ao controle externo da polícia pelo Ministério Público. A Constituição determina que o Ministério Público exerça o controle da polícia criminal, mas os constituintes não regulamentaram como isso se daria, deixando a questão para legislação complementar.[9] Em 2003, com a criação da Secretaria de Reforma do Judiciário, o debate sobre a implantação do controle externo da polícia pelo Ministério Público tornou-se mais intenso. O alvo da disputa foi a interpretação sobre a condução do inquérito policial. De um lado, delegados de polícia defenderam que o que a Constituição instituiu foi o controle administrativo dos inquéritos pelo Ministério Público, mas não o controle do inquérito policial nas mãos do Ministério Público.[10]

As atribuições da exclusividade da ação penal pública, do poder investigatório do Ministério Público e do controle externo da polícia apontam para a necessidade de transformações no sistema de justiça brasileiro, tendo em vista o seu cumprimento. Essas disputas também suscitam questionamentos quanto à prestação de contas do Ministério Público à sociedade brasileira.

O Ministério Público é aqui compreendido como uma das agências de *accountability* horizontal. Ou seja, como definido por O'Donnell (1998:40), é "a existência de agências estatais que têm o direito e o poder legal e que estão de fato dispostas e capacitadas para realizar ações que vão desde a supervisão de rotinas a sanções legais ou até o *impeachment* contra ações ou emissões de outros agentes ou agências do Estado que possam ser qualificadas como delituosas".

O objetivo é entender como atua a instituição ministerial brasileira no cenário de "fragilidade da *accountability* horizontal" que acomete os países de democracias tardias, como sugeriu O'Donnell (1998:30). Para isso foi escolhido o Ministério Público do estado do Rio de Janeiro (MP-RJ), o primeiro estado a implantar medidas burocráticas e funcionais de acordo com a Constituição de 1988 na área criminal. Por outro lado, é inegável a pressão exercida sob o MP-RJ na esfera criminal, uma vez que a violência constituiu problema social, e sociológico, no Rio de Janeiro.[11]

---

[9] Em 1993 foram publicadas as legislações complementares: a Lei Complementar nº 75 dispôs sobre o Ministério Público Federal, o do Trabalho e o Militar (União), e dedicou um capítulo ao tema do controle externo; por sua vez, a Lei Orgânica Nacional do Ministério Público dos Estados (Lei nº 8.625/93) não legislou diretamente sobre a questão, deixando a decisão por conta de cada lei orgânica estadual.

[10] Ver Arantes e Cunha, 2003:108.

[11] Para um resumo da produção bibliográfica sobre criminalidade no Brasil, ver Adorno (1993).

A hipótese é que a história institucional aponte os dilemas e as soluções que auxiliem o debate atual sobre a atuação do Ministério Público na esfera penal e o acesso à Justiça. Para isto, restringi a abordagem a dois estudos de caso: o combate ao jogo do bicho e a "chacina da Candelária". Ambos tiveram seus resultados diretamente ligados à reestruturação administrativa do MP-RJ e nos fornecerão os cenários cooperativos e/ou não-cooperativos produzidos pelas mudanças institucionais. Para a reconstrução dos dois casos foram utilizados levantamentos das coberturas nos jornais *O Globo*, *Jornal do Brasil* e *O Dia*, e realizadas entrevistas com promotores e procuradores envolvidos nas apurações, bem como com as chefias do MP-RJ entre 1988 e 2005.

As centrais de inquérito

Em 1991, o Tribunal de Justiça do estado do Rio de Janeiro (TJ-RJ) foi o primeiro no país a interpretar que algumas de suas atribuições anteriores à Carta de 1988 tinham sido transferidas ao Ministério Público. O corregedor-geral publicou ato normativo retirando dos juizados a competência de receber as peças policiais e determinou que os inquéritos, a partir de então, deveriam seguir diretamente para o MP-RJ.[12] Objetivamente, o provimento administrativo reconhecia que o controle da atividade policial não era mais uma das suas atribuições constitucionais.

> Antes era assim: o delegado pedia prazo, o juiz concedia. Isso, quando eu entrei para a promotoria, acontecia com freqüência: o delegado mandava para o juiz e pedia mais prazo, o juiz dava 90 dias, voltava o inquérito para o delegado, que o remetia ao juiz e pedia mais 90 dias, e o MP nem tinha conhecimento do inquérito, ficava no vai e vem entre autoridade policial e judiciário (...). Um belo dia, o delegado relatava, aí mandava para o juiz, o juiz mandava para o MP naquele momento (...). Aí veio a Constituição de 1988 (...). Isso deixou de ser atividade do juiz.[13]

Ao mesmo tempo, o MP-RJ se viu às voltas com a seguinte questão: que fazer com os milhares de inquéritos policiais que passariam a tramitar dire-

---

[12] Provimento nº 255/91 da Corregedoria Geral da Justiça do Rio de Janeiro.

[13] Depoimento de Antônio Carlos Biscaia. Disponível em: <http://jus2.uol.com.br/doutrina/texto.asp?id=5995>. Acesso em: 31 maio 2006.

tamente entre essa instituição e a Polícia Civil? Onde alocá-los? Como cumprir o preceito constitucional do controle externo da atividade policial?

Pressionado pelo TJ, o então procurador-geral de Justiça Antônio Carlos Biscaia viu-se obrigado a tomar uma atitude. Por meio de resoluções, Biscaia reestruturou a área criminal do Ministério Público. Organizou-a em promotorias de investigação penal (PIPs) e centrais de inquérito.[14] As PIPs ficaram responsáveis pelo inquérito policial, inclusive o ato de propor a ação penal pública, e eram organizadas com base na área de circunscrição das delegacias e em razão da matéria do delito.

As centrais de inquérito, por seu turno, consistiam em conjuntos de promotorias encarregadas de

> a) receber os autos encaminhados pelas delegacias de polícia, bem como outras peças de informação que lhes fossem remetidas; b) tombar os feitos e confeccionar as fichas de controle e andamento; c) encaminhar os feitos à Promotoria de Investigação Penal com atribuição para neles funcionar; d) elaborar mapas de distribuição dos feitos, para fins informativos e estatísticos; e) devolver os autos à delegacia de origem, quando houver determinação de baixa; f) remeter os feitos ao juízo competente, quando houver sido oferecida denúncia, pedido de arquivamento ou qualquer outra medida que deva ser conhecida e apreciada pelo Poder Judiciário; g) manter o controle completo do andamento dos inquéritos e processos, em especial quanto à observância dos prazos legais; e h) fornecer respaldo administrativo necessário à realização de diligências complementares a inquéritos policiais e peças informativas pelas promotorias de investigação penal.[15]

Conforme mostrou Romeo (2002), na prática essa gama de atribuições das centrais de inquérito tanto significou o controle externo da atividade policial quanto ampliou o poder investigatório dos promotores do Ministério Público do estado do Rio de Janeiro, resultando em ações bem-sucedidas, como, por exemplo, no desmantelamento da máfia da Previdência Social, nas chacinas de Vigário Geral e da Candelária, e no combate ao jogo do bicho. Privi-

---

[14] Resolução nº 447/91 (que substituiu a de nº 438/91) da Procuradoria Geral de Justiça do estado do Rio de Janeiro.

[15] Disponível em: <www.mp.rs.gov.br/criminal/doutrina/id40.htm>. Acesso em: 31 maio 2006.

legiarei dois casos exemplares de atuação das centrais de inquérito: o combate ao jogo do bicho e a chacina da Candelária.

O combate ao jogo do bicho

O jogo do bicho integra o imaginário da sociedade brasileira. A prática ilícita tem sua exploração prevista no Código de Processo Penal, mas isso não impede nem a sua existência nem as relações entre os banqueiros do bicho e os poderes econômicos, políticos e sociais. No Rio de Janeiro, os donos das bancas do bicho dominam o carnaval carioca e grande parte das escolas de samba, o que lhes rende prestígio social e econômico. Além disso, a própria organização empresarial do jogo do bicho é importante reduto eleitoral.[16]

A investigação sobre o jogo do bicho teve início em 1985.[17] Nesse ano, a Rede Globo veiculou no *Jornal Nacional* uma reportagem denunciando a livre atuação do jogo do bicho no Rio de Janeiro e a incompetência do governo de Leonel Brizola (1983-87) no combate à contravenção. A repercussão da matéria levou o então procurador-geral Antônio Carlos Biscaia a determinar a instauração de inquérito contra os banqueiros do jogo do bicho, o qual ficou a cargo do promotor Rafael Cesário. Antônio Carlos Biscaia declarou que a ação "provocou desagrado em setores do governo", o que levou, ainda em 1985, à sua destituição do cargo.[18] De acordo com Biscaia, a investigação contra o jogo do bicho foi um dos motivos de sua saída. A investigação contra o jogo do bicho não teve maiores desdobramentos, tendo Cesário desistido das investigações e declarado:

> para mim não dá mais. Toda a atual cúpula do bicho só chegou a ser grande banqueiro depois de matar e mandar matar, mandar seqüestrar, promover guerras com outros banqueiros, corromper autoridades. Se eles serão considerados honestos comerciantes, e todo passado criminoso será esquecido, de nada adiantará a minha permanência na instrução desses inquéritos.[19]

---

[16] Ver Chinelli e Silva, 1991:2-3.

[17] Anos antes, em 1978, foi feita uma investigação sobre o jogo do bicho no Rio de Janeiro. Uma comissão de delegados e um representante do MPE-RJ produziu um relatório que, encaminhado ao extinto Serviço Nacional de Informação (SNI), acabou desaparecendo (ver *Jornal do Brasil*, Rio de Janeiro, 21 maio 1993).

[18] Foi com a Constituição de 1988 que o cargo de procurador-geral era um mandato de dois anos, com possível recondução por mais dois anos.

[19] Ver *Jornal do Brasil*, Rio de Janeiro, 23 maio 1993.

Em 1991, Leonel Brizola assumiu novamente o cargo de governador. Biscaia, que fora o primeiro colocado na lista tríplice,[20] voltou ao cargo de procurador-geral — agora, de acordo com a Constituição de 1988, com mandato de dois anos. Uma de suas primeiras medidas foi retomar a investigação sobre o jogo do bicho: "quando eu voltei, em 1991, eu perguntei: cadê o inquérito do bicho? Estava lá, paralisado. Quer dizer, 85, 86, 87, 88, 89, 90: seis anos. Não fizeram nada. Eu digo: a polícia não fez nada, então nós vamos fazer".[21]

A primeira providência foi concentrar a investigação no MP-RJ. A preparação da denúncia da cúpula do jogo do bicho por formação de quadrilha e tráfico de armas e drogas ficou a cargo do promotor Luís Carlos Caffaro, e a estratégia escolhida foi a não-utilização da via tradicional de investigação (polícia), pois esta resultava em constante vazamento de informações de integrantes da polícia para os chefes do jogo do bicho. Como afirma Denise Frossard, que presidiu o julgamento, a produção de provas foi "integralmente instruída pelo MP".[22]

Assim, a relação estabelecida foi entre o MP-RJ e o Judiciário fluminense. A produção de provas foi feita em juízo. Outro aspecto do trabalho em conjunto do MP-RJ e do Judiciário foi a decisão de abandonar a denúncia de tráfico de drogas e armas e concentrar-se na formação de quadrilha, principalmente após a descoberta de que a cúpula do bicho era sócia de um andar da rua da Assembléia, sede da Liga Independente das Escolas de Samba (Liesa). O resultado desse entrosamento foi o acolhimento da denúncia e a condenação, em 1993, pelo Tribunal de Justiça fluminense, dos 14 maiores banqueiros do bicho do estado do Rio de Janeiro a seis anos de reclusão por formação de quadrilha e bando armado.[23]

---

[20] O MP-RJ foi o pioneiro na lista tríplice. Em 1982, quando da primeira eleição direta para governador após o golpe militar de 1964, os promotores e procuradores do Rio de Janeiro se mobilizaram e conquistaram a lista tríplice. Depois, a Constituição de 1988 regulamentou a escolha da chefia do Ministério Público. No caso dos ministérios públicos estaduais, o procurador-geral é eleito pelos membros do *parquet*. Eles formam uma lista tríplice que é entregue ao governador do estado, responsável pela escolha de um dos três nomes da lista.

[21] Entrevista concedida ao Cpdoc/FGV (Rio de Janeiro, 15-5-2006).

[22] Entrevista concedida ao Cpdoc/FGV (Rio de Janeiro, 21-8-2005). Biscaia declarou ao *Jornal do Brasil* (25 maio 1993) que "nesse inquérito a polícia não fez rigorosamente nada, nada".

[23] Ao final do julgamento e condenação, Biscaia declarou aos jornais: "o Judiciário e o Ministério Público do Rio deram exemplo para o país" (ver *Jornal do Brasil*, Rio de Janeiro, 30 maio 1993).

No ano seguinte, o combate ao jogo do bicho ganhou novos contornos com a apreensão dos livros de contabilidade, caso que ficou conhecido como o estouro da fortaleza de Castor de Andrade. Através da denúncia de um dos contadores de Castor de Andrade, o MP-RJ realizou uma diligência e encontrou listas de pagamentos feitos pelos banqueiros do jogo do bicho a autoridades policiais, judiciárias, políticas e da sociedade civil. Novamente, a estratégia do MP-RJ foi investigar e deflagrar a operação sem a colaboração da polícia. Foi instituída uma comissão de sete promotores, sob o comando de Antônio José Campos Moreira, chefe-de-gabinete do procurador-geral Antônio Carlos Biscaia. Este diz como foi feita a operação:

> Depois da condenação (...) uma pessoa procurou a Denise [Frossard] dizendo que queria fazer uma denúncia sobre as fortalezas do jogo do bicho, onde tinham listas de corrupção. Ela disse que não era com ela (...) mandou a pessoa falar comigo. Aí, os promotores tomaram o depoimento, ele indicou locais onde estaria toda essa documentação. E nós montamos uma operação. Não confiando na polícia, evidentemente, o que é que eu fiz? Fomos a uma juíza. (...) À noite, ela deu um mandado de busca. Ela também não tinha confiança em que batessem o mandado lá no cartório, para não vazar (...) então ela autorizou que os mandados fossem feitos no Ministério Público, e levamos para ela assinar. E aí eu pedi ao coronel Cerqueira (...) uma equipe, de estrita confiança, para uma missão. Não disse qual era. Eles fizeram a diligência. Os endereços existiam direitinho e tal. Eu digo: bom, amanhã vamos desencadear uma operação para estourar esses endereços.[24]

No dia seguinte, 30 de março de 1994, o MP-RJ realizou as buscas e apreendeu farta documentação do jogo do bicho. O vazamento da lista para a imprensa mostrou à sociedade fluminense e brasileira o alcance do jogo do bicho na vida do estado. Juízes, policiais civis e militares (inclusive o então secretário de Polícia Civil Jorge Mário Gomes), políticos (o vice-governador do estado Nilo Batista, entre outros), artistas, membro do Ministério Público, e nomes da sociedade civil (como Betinho) constavam na lista de pagamento do bicho. A divulgação da lista na imprensa suscitou críticas ao procedimento do MP-RJ. As relações com as outras instituições ficaram tensas, a tal ponto que o Conselho Nacional de Procuradores-Gerais de Justiça realizou uma reu-

---

[24] Ver nota 21.

nião em apoio às ações do MP-RJ e à condução exercida por Antônio Carlos Biscaia.[25]

Acusações, processos e ameaças marcaram o período de investigação. Perigos com o Judiciário e com o Executivo estadual. No primeiro caso, havia a possibilidade de recusa do tribunal a aceitar a denúncia do MP-RJ de processar seus pares. Por outro lado, o governador Leonel Brizola, em discurso pronunciado no dia 13 de abril de 1994, acusou Biscaia de irresponsável por "ter divulgado as listas sem uma investigação prévia para verificar de fato se as pessoas estavam envolvidas em corrupção".[26]

Como declarou Biscaia, "o resultado desse processo aí foi muito ruim. Não foram condenados. Pouquíssimos condenados. E aí, alguém vai para o meu lugar, como procurador-geral, e diz: acabou a era do bicho. Isso é coisa do Biscaia".[27]

A chacina da Candelária

Na madrugada do dia 23 de julho de 1993, a praça da Candelária — centro financeiro do estado — e o Aterro do Flamengo foram cenários da ação de um grupo de homens encapuzados que dispararam contra um grupo de crianças e adolescentes que dormiam nos arredores da praça. Foram mortos oito adolescentes, e dois sofreram ferimentos graves. Os autores do crime, segundo os jornais, seriam policiais militares que se teriam vingado pelo fato de alguns dos meninos terem, na véspera, apedrejado uma viatura policial. O crime tornou-se conhecido como "chacina da Candelária".

Imediatamente a suspeita recaiu sobre a participação de policiais militares, o que levou o então chefe da Polícia Civil, coronel Brum, a chamar para si a responsabilidade pela investigação. No âmbito do MP-RJ as investigações ficaram com a 1ª Central de Inquéritos, tendo sido acompanhadas também pelos promotores do 2º Tribunal do Júri.

A base para a construção do inquérito policial foram o reconhecimento dos sobreviventes, especialmente Wagner dos Santos, e o questionamento dos álibis dos acusados, tachados de "pouco convincentes".[28] De acordo com o pro-

---

[25] Ver *O Globo,* Rio de Janeiro, 14 abr. 1994.

[26] Idem.

[27] Ver nota 21.

[28] Ver *Jornal do Brasil,* Rio de Janeiro, 23 ago. 1993.

motor Maurício Assayag[29] "houve um trabalho em conjunto: Polícia Civil, Polícia Militar e Ministério Público", e "entendeu-se, pela primeira vez no estado do Rio de Janeiro, de se fazer uma produção antecipada de prova", com as oitivas das testemunhas e dos sobreviventes, a apresentação das provas técnicas e o reconhecimento, todos feitos em juízo, antes da abertura do processo.

Inicialmente, foram indiciados o tenente Marcelo Cortes, o soldado Cláudio dos Santos, o ex-policial militar Marcos Vinícius Emanuel e o serralheiro Jurandir Gomes de França. A denúncia foi assinada pelos promotores José Muiños Piñeiro Filho, Maurício Assayag, Mendelson Pereira e Carlos Roberto Jatahy e, conforme este último afirmou à imprensa, apresentada à Justiça em prazo recorde, pois as testemunhas apontaram com segurança os acusados. Embora, à época, os advogados do tenente Cortes já acusassem o MP-RJ de celeridade na montagem da denúncia e ilegalidade jurídica ao produzir antecipadamente provas.[30]

Muiños Piñeiro apontou como uma das causas dessa agilidade a "pressão da imprensa". Abreu (2005:18-19) chama a atenção para a lógica de atuação da mídia com promotores/procuradores:

> Os jornalistas fazem pressão sobre os procuradores para obterem informações sobre os processos em investigação, informações que muitas vezes não podem ser reveladas, já que comprometeriam o andamento do processo, principalmente na fase de pesquisa de indícios materiais ou em casos de presunção de inocência. Alguns jornalistas colaboram com os procuradores quando estes pedem para guardar segredo sobre determinados aspectos da investigação, mas outros preferem criticar o trabalho dos procuradores e aproveitam a ocasião para mostrar as deficiências do Ministério Público.

---

[29] Entrevista concedida ao Cpdoc/FGV (Rio de Janeiro, 2-12-2005).

[30] O Código de Processo Penal estabelece que, do momento em que um crime é cometido até a sentença julgada, duas fases são observadas. A primeira é a denúncia, cujo princípio é inquisitorial, isto é, cabe à autoridade policial recolher as provas que permitirão ao Ministério Público sustentar a acusação contra o suspeito. Nessa primeira fase, os acusados não têm direito ao contraditório. Portanto, caso as provas ocasionem dúvidas, o promotor deve aplicar a premissa da defesa da sociedade, ou seja, a denúncia é levada ao tribunal. Já na fase seguinte, o processo judicial, o contraditório constitui peça importante e, caso haja dúvida, o promotor deve pedir a absolvição do denunciado. Nessa fase, a premissa é a da defesa do indivíduo, o que, para a defesa dos acusados, não estava sendo cumprido pelo MP-RJ.

O resultado do trabalho do MP-RJ foi a condenação dos indiciados. Três anos depois, contudo, uma reviravolta marcou o caso da chacina da Candelária: o policial Nélson Cunha confessou sua participação nos assassinatos e acusou Marco Aurélio Alcântara, Arlindo Lisboa Afonso Júnior, Maurício da Conceição (já falecido) e, entre os que se encontravam presos, o soldado Marcus Vinícius de serem os culpados pelas mortes.

A descoberta de que alguns dos indiciados eram inocentes teve como justificativa erros de reconhecimento que tanto Assayag como Muiños declararam ao Cpdoc/FGV terem sido "naturais". Além do que, assinalou Assayag, "não se podia exigir deles, [das] vítimas, que eles também fossem absolutamente sinceros (...) na correção do reconhecimento".[31] Houve, contudo, pelo menos dois casos flagrantes em que as testemunhas indicaram figurantes (um operador de vídeo da TV Manchete e um motorista da revista *Veja*),[32] o que deveria suscitar questionamentos. Mesmo assim, o reconhecimento foi usado e mostrou-se decisivo no desfecho do julgamento.

Em 1996, o tenente Marcelo Cortes, o soldado Cláudio dos Santos e o serralheiro Jurandir Gomes de França foram absolvidos em novo julgamento. O caso da chacina da Candelária foi encerrado em 1998.

Obstáculos externos e impasses internos

A atuação do MP-RJ nos casos do jogo do bicho e da Candelária ressalta a inovação institucional que representaram as centrais de inquérito, mas também chama a atenção para os obstáculos internos e externos ocasionados por essa mudança administrativa.

No que diz respeito aos impasses internos, tanto os resultados como os insucessos das centrais de inquérito lançam luz sobre os problemas de cooperação e conflito centrados na estrutura administrativa e organizacional do MP-RJ. O atual procurador-geral Marfan Vieira assinala a importância da interação intrainstituição, no caso, entre os promotores das centrais e os promotores das PIPs:

> A criação da central, a concepção da central com todos esses efeitos que não foram previstos: de não haver investigação, de surgirem denúncias — e agora a gente pode usar aquela expressão — temerárias, porque não ma-

---

[31] Ver nota 29.

[32] Ver *O Dia*, Rio de Janeiro, 1 e 2 abr. 1996.

duras ainda, isso gerou, além de tudo, um conflito entre as centrais e as promotorias criminais. (...) E isso tudo gerou, quer dizer, essas conseqüências, que não estavam no plano, quando fizeram o plano de vôo esqueceram que ia ter essa nuvem, isso tudo atrapalhou muito. Então, o modelo da central, hoje, é um modelo desgastado. É uma pletora enorme de inquéritos policiais que ficam nesse trânsito de vai e vem, sem nenhuma conseqüência prática, assoberbando enormemente tanto a polícia quanto o Ministério Público, e, aí, todo mundo cruza os braços diante daquilo e fica... Eu vejo os promotores da central, que eram bem pouco tempo atrás promotores operosos e tudo o mais, vejo essa turma, até na maneira de... a primeira central funciona aqui, quer dizer, eu vejo, até na maneira deles caminharem pela rua, uma certa apatia. (...) Então, acho que esse modelo é um modelo que precisa ser revisto.[33]

Os dados referentes aos inquéritos policiais da 1ª Central de Inquéritos e os indicadores de criminalidade do Instituto de Segurança Pública do Estado do Rio de Janeiro confirmam a situação da instituição da ação penal pública. Os dados são referentes ao mês de janeiro de 2006 e somente à cidade do Rio de Janeiro:[34]

Modalidade criminosa	% inquéritos em andamento (MP-RJ)	% registros de ocorrência (ISPRJ)
Crimes dolosos contra a vida	21,7	1,3
Crimes contra o patrimônio	28	46
Demais crimes	50,3	52,7

Novamente, Marfan Vieira esclarece a situação da área criminal no estado fluminense:

O quadro, hoje, é um quadro desolador. Pelo menos no Rio de Janeiro. É uma polícia que só investiga no varejo, ela não investiga no atacado. Quer dizer, a polícia não só não investiga, como ela seleciona o que quer investigar, o que ela quer que vire inquérito. Então, essa é a realidade. O inquérito não é obrigatoriamente instaurado de plano, existem aqueles procedimentos preliminares, que a cada hora têm um nome: sindicância e não sei o que mais, procedimento preparatório ou lá o que seja, e a falta de controle é

[33] Entrevista concedida ao Cpdoc/FGV (Rio de Janeiro, 23-3-2006).

[34] Ver Ministério Público do estado do Rio de Janeiro, 2006.

> absoluta. O Ministério Público, no país inteiro, isso não é só no Rio de Janeiro, ele não cumpre o comando constitucional que confere a ele o controle externo da atividade policial; por reação da polícia, porque a polícia impede o exercício desse controle, e o Ministério Público também não consegue se impor como organismo constitucionalmente competente para exercer esse controle.[35]

O quadro "desolador" não se restringe à esfera criminal do MP-RJ, mas estende-se à área cível e também à tutela coletiva. Essa é a conclusão a que chegam tanto Marfan Vieira como os procuradores de Justiça Carlos Roberto Jatahy[36] e Heloísa Daltro Leite.[37] A falta de mecanismos internos de aferição de resultados impossibilita qualquer cobrança da chefia administrativa da instituição. Tanto assim que Marfan Vieira declarou: "se você me perguntar quantos inquéritos civis há nas promotorias, eu não sei, porque nós não temos esse controle".

Com relação à área criminal, Marfan Vieira expôs com clareza a ineficiência das centrais de inquérito:

> Nós criamos as centrais de inquérito na época do Biscaia e passamos a fazer o trânsito direto entre a delegacia e a promotoria; mas só para os inquéritos, porque os flagrantes, eles são imediatamente distribuídos nas varas criminais. (...) Quando nós fomos checar os números daqui, esses números daqui eram infinitamente inferiores aos números de lá, de denúncias oferecidas. O que confirmava aquele cruzamento, de que as denúncias oferecidas em razão de inquéritos policiais representavam qualquer coisa em torno de 5%, 6% do número de denúncias oferecidas em razão de auto de prisão em flagrante. (...) Pedi à Fundação Getulio Vargas, que estava aqui, para fazer uma equação, verificar, em relação ao acervo de inquéritos, qual era o número de denúncias, dos inquéritos que estavam aqui nas varas criminais. (...) *1% dos inquéritos que tramitam se transforma em ações penais.*[38]

---

[35] Ver nota 33.

[36] Entrevista concedida ao Cpdoc/FGV (Rio de Janeiro, 7-4-2006).

[37] Entrevista concedida ao Cpdoc/FGV (Rio de Janeiro, 11-9-2006).

[38] Ver nota 33 (grifo meu).

Os obstáculos internos à atuação do MP-RJ tornaram-se objetos de reflexão institucional em março de 2005, quando o então procurador-geral Marfan Vieira designou informalmente um grupo de estudo para conceber um projeto de reengenharia institucional. Em 27 de janeiro de 2006, a comissão de reengenharia foi oficializada no *Diário Oficial*, sendo presidida pelo subprocurador-geral de Justiça de Planejamento e Modernização Organizacional Cláudio Soares Lopes, coordenada pela procuradora de Justiça Heloísa Maria Daltro Leite, integrada pelos procuradores de Justiça Luís Roberto Saraiva Salgado, Marcelo Daltro Leite e Talma Prado Castello Branco Júnior e, ainda, pelo promotor de Justiça Valério Teixeira do Nascimento, e assessorada pelos promotores de Justiça Kátia Regina Ferreira Lobo Andrade Maciel e Marcos Antônio Maselli de Pinheiro Gouvêa.

A comissão elaborou um novo desenho para o modelo de gestão e organização, ressaltando a necessidade de melhorar a estrutura administrativa (peritos, estagiários etc.) e reestruturar as atribuições. A proposta da reengenharia das atribuições consiste na criação de "órgão de execução pluripessoal, composto por Procuradoria de Justiça e Promotoria de Justiça, com atribuição extrajudicial e judicial nas esferas penal e não-penal, em qualquer grau de jurisdição, nos limites territoriais preestabelecidos, denominado Gabinete de Atuação Integrada";[39] e, também, de grupos de atuação plena (Grap), formados em cada gabinete para tratar de matérias de destaque.

No âmbito criminal a proposta é desvincular a atuação penal das delegacias de polícia. Assim, no caso de crimes dolosos contra a vida, propõe-se a transferência da atribuição de apuração para uma seção especializada, uma Geai, que também atuaria junto aos tribunais do Júri, enquanto a investigação dos demais crimes ficaria para outras promotorias de Justiça: uma para atuação nos inquéritos relativos aos crimes contra o patrimônio e outra para os demais crimes. Em todos os casos, a fiscalização passaria a ser de atribuição do Gabinete Especializado de Atuação Integrada de Defesa dos Direitos Humanos e Controle Externo de Atividade Policial (Geai-DHCEAP).

Indubitavelmente, o programa de reengenharia, como ressaltou Heloísa Daltro Leite em seu depoimento, é dependente da vontade política da Pro-

---

[39] Ministério Público do estado do Rio de Janeiro, 2006:26. Os gabinetes de atuação integrada poderão ser regionais (Grai), no caso do interior do estado e de promotorias de Justiça que atuam nos foros regionais da capital, ou especializados (Geai), instituídos na capital do estado, de acordo com matéria ou tema.

curadoria Geral para sua implementação. A constatação de que o MP-RJ não presta contas nem dá conhecimento à comunidade de como realiza o exercício das suas funções constitucionais é um problema oriundo do desajuste entre as novas funções constitucionais e uma estrutura administrativa arcaica. Todavia, os interesses consolidados na instituição se transformarão em forças reativas à nova organização burocrática.

É importante ressaltar que esse problema não é exclusividade da instituição fluminense. Maria Teresa Sadek (2006), em ampla pesquisa para traçar um diagnóstico dos ministérios públicos estaduais, também não conseguiu dados sobre as ações finalísticas da instituição ministerial nos outros estados brasileiros por falta de mecanismos de aferição de resultados. Isso provavelmente porque há um descompasso entre a organização administrativa do Ministério Público e as novas funções que lhe foram atribuídas na Constituição de 1988.

Por outro lado, o Ministério Público também sofre os constrangimentos de outras agências de *accountability*. No caso do MP-RJ, as centrais de inquérito propiciaram maior exposição pública das ações ministeriais, a direção da investigação pelo MP-RJ e o controle externo da polícia. Essas variáveis resultaram em antagonismo entre o MP-RJ e outras instituições do sistema de justiça, principalmente a Polícia Civil. É importante frisar, contudo, que o debate acerca do poder investigatório do Ministério Público não está restrito a instituição fluminense, mas constitui hoje uma das matérias mais polêmicas à espera de uma decisão do Supremo Tribunal Federal.[40]

A primeira oposição, contudo, foi dos advogados de defesa dos banqueiros do jogo do bicho, que questionaram a legitimidade do MP-RJ como agente ativo na instrução da denúncia.[41] As reações também tiveram origem na Polícia Civil, que catalisou a oposição às ações investigativas da instituição ministerial. Segundo Antônio Carlos Biscaia,

> O enfrentamento [com a Polícia Civil] foi grande. Não querem mandar o inquérito para o promotor. Não querem. Querem mandar para o juiz, mas

---

[40] No STF existem atualmente duas ações diretas de inconstitucionalidade (ADin) questionando a legitimidade investigativa do Ministério Público: uma proposta pela Ordem dos Advogados do Brasil e outra pela Associação dos Delegados de Polícia do Brasil, ambas de 2006 e até agora ainda sem julgamento.

[41] Ver Santana, 2002.

não querem mandar para o promotor. Mas inquérito não é processo. Inquérito é uma investigação. Quem vai dizer se aquela investigação vai dar processo ou não é o promotor. Ele tem que ser o destinatário.[42]

A disputa entre o MP-RJ e a Polícia Civil também envolveu o Judiciário fluminense. Em 1997, o Tribunal de Justiça divulgou que as centrais de inquérito tinham mais de 150 mil inquéritos policiais, muitos dos quais com andamento procedimental debilitado, quase que integralmente paralisado. Ainda nesse ano, a Corregedoria Geral da Justiça, em conjunto com a Secretaria de Segurança Pública, baixou atos normativos retornando à decisão de 1991.[43] Assim, foi conferida aos juízes a responsabilidade pelo inquérito policial, o que significou a volta ao esquema Polícia Civil-Judiciário-Ministério Público.

Sérgio Demoro, procurador do MP-RJ, sustenta que os atos puseram termo à experiência das centrais de inquérito, pois desmantelaram o sistema de distribuição de inquéritos e peças informativas que elas tinham em seu favor. Além disso, em nada contribuíram para o aperfeiçoamento do mecanismo procedimental dos inquéritos policiais e demais peças de informação. Por outro lado, agravaram as mazelas da investigação penal e ocasionaram um desequilíbrio no princípio de freios e contrapesos do sistema de justiça do estado, ao restaurarem a interposição de juízes entre o agente da investigação (a Polícia Judiciária) e seu quase exclusivo destinatário (o Ministério Público).[44]

Outra iniciativa que trouxe conseqüências para o MP-RJ partiu do Executivo estadual. Em 1999, o governo de Anthony Garotinho criou o programa Delegacia Legal, cujas premissas eram a modernização das delegacias (por exemplo, reforma física, informatização); a diminuição de inquéritos policiais nas delegacias; e o fim das carceragens, entre outras medidas. Pelas diretrizes

---

[42] Ver nota 21.

[43] "A partir de 1º de dezembro de 1997, pelo Ato Executivo Conjunto de nº 01/97, firmado pelo sr. desembargador corregedor-geral da Justiça do estado do Rio de Janeiro e pelo sr. secretário de Estado de Segurança Pública do mesmo estado, ficou determinada a remessa, pela autoridade policial, do inquérito policial ao juiz competente, quando findo o prazo da sua permanência, concluído ou não, na repartição policial de origem. O mencionado Ato Executivo Conjunto ganhou complementação, no âmbito específico do Poder Judiciário, através dos Provimentos 54/97 e 55/97, do então corregedor-geral da Justiça" (disponível em: <www.femperj.org.br/artigos/artigos_a_distribuicao_do_inquerito.php>. Acesso em: 25 fev. 2007).

[44] Ver o artigo disponível em: <www.mp.go.gov.br/caoexterno/articles.php?id=6&PHPSESSID=ff0d96453874e547ce0070387682be5b>. Acesso em: jun 2006.

do programa, ficou decidido que os inquéritos policiais da antiga delegacia existente naquele espaço ou área não seriam incorporados às delegacias legais, ficando estas desobrigadas de dar continuidade às denúncias feitas anteriormente naquela delegacia. Para cuidar desses inquéritos policiais foram criadas as delegacias de acervos cartorários.[45] Embora o programa tenha gerado conseqüências positivas e melhorias, um dos resultados deletérios foi o abandono das delegacias de acervos cartorários, o que resultou em mais de 100 mil inquéritos policiais recolhidos a tais delegacias sem qualquer investigação.[46]

Em 2005, o então presidente do TJ-RJ disse ao então procurador-geral Marfan Vieira que o Judiciário fluminense estava extinguindo varas criminais porque o número de processos criminais novos era infinitamente inferior ao número de decisões terminativas de processos criminais. Esse quadro revela o paradoxo do sistema de Justiça fluminense e uma distorção da realidade: num estado com taxas altas de criminalidade, varas criminais eram transformadas em varas cíveis por falta de inquéritos transformados em ações penais. A tentativa de acelerar a conclusão desses inquéritos foi empreendida pelo MP-RJ e a Secretaria de Segurança Pública com a criação do Centro Integrado de Apuração Criminal (Ciac), convênio assinado em março de 2006.[47]

Considerações finais

Um dos traços característicos da sociedade moderna é a responsabilidade do Estado pela preservação da vida e propriedade dos indivíduos que estão sob a sua jurisdição. Como afirma Weber, o Estado é o monopólio legítimo da coação física, que lhe permite punir os indivíduos que causaram dano à sociedade. Todavia, a violência do Estado precisa estar sujeita a controles, sejam eles normas e/ou procedimentos que fornecem as bases do "estado de direito", cuja expressão é a Constituição. No caso brasileiro, a Constituição de 1988 reforçou o papel do Ministério Público como instituição fundamental

---

[45] Em 2006 havia 16 dessas delegacias.

[46] O depoimento do delegado de uma Delegacia de Acervo Cartorário (Deac) mostra a degenerescência do sistema: "a Deac é um cemitério de inquéritos. Se numa unidade com quatro ou cinco delegados não é possível tocar todos os inquéritos, imagine aqui. São cerca de 15 mil investigações" (*O Dia*, Rio de Janeiro, 4 nov. 2006).

[47] A diferença era que a PIP daria andamento aos processos das delegacias legais, enquanto o Centro ficaria encarregado dos inquéritos "velhos".

tanto para o acesso à justiça quanto para o sistema de freios e contrapesos da República.

Embora a Carta de 1988 tenha efetivamente ampliado o acesso à cidadania — especialmente em suas referências aos direitos sociais —, os elementos civis ainda se mostram deficientes. Marshall (1967: 57-114), em seu modelo sobre o desenvolvimento da cidadania, chama a atenção para os direitos necessários às liberdades civil, social e política. Os direitos civis são aqueles associados à livre manifestação (liberdade de ir e vir, de expressão e religiosa), à propriedade e à justiça. Sua deficiência pode resultar dos entraves burocráticos, pela própria lei ou falta de estrutura institucional para responder às demandas e propiciar justiça à população.

Ainda assim, a percepção da população da importância do Ministério Público foi aferida em pesquisa realizada pelo Ibope Opinião em 2004.[48] Para 58% dos entrevistados o Ministério Público tem uma imagem positiva — o que lhe assegurou o quarto lugar entre as mais bem colocadas instituições analisadas[49] —, enquanto 20% afirmaram ter dele uma imagem negativa. As outras instituições do sistema de justiça — advogados, polícia e Judiciário — alcançaram, respectivamente, o sexto (56% positivo), o sétimo (51% positivo) e o oitavo lugares (48% positivo). Todavia, a população mal sabe o que faz o Ministério Público, tendo 43% declarado que conhecem a instituição somente de ouvir falar, enquanto apenas 6% disseram conhecê-la bem. Esses números deixam evidente que o Ministério Público é reconhecido pela população brasileira, embora haja um descompasso entre a imagem dele e o conhecimento da população a respeito de suas funções.

Nessa mesma pesquisa, os entrevistados foram estimulados a declarar duas áreas prioritárias para atuação do MP, e a mais citada, com 39%, foi o "combate ao crime em geral". Também lhes foi perguntado se a atuação do Ministério Público deveria ser ampliada, e 62% disseram que sim. A identidade criminal do Ministério Público embasa o índice positivo da ampliação de seu poder investigatório, e 68% declararam que ele deveria investigar todos os crimes.

Mas o Ministério Público não está imune à desconfiança da população com o sistema de justiça brasileiro. Na mesma pesquisa, enquanto para 44% dos entrevistados a atuação do Ministério Público era boa ou ótima, 41% a

---

[48] Disponível em: <www.smmp.pt/doc/estudo_brasil.pdf>. Acesso em: jan. 2007.

[49] Atrás da Igreja Católica (74%), das Forças Armadas (73%) e da imprensa (72%).

consideraram apenas regular. Esses resultados indicam que, mesmo aprovando a instituição ministerial, a população está insatisfeita com os mecanismos de prestação de contas do Ministério Público.

O Ministério Público tem sua atuação extremamente dependente do voluntarismo de seus membros.[50] De um lado, por causa da prerrogativa da independência funcional, que originou uma instituição sem princípio hierárquico de mando/obediência; por outro lado, a "vontade" também depende da efetiva independência da instituição diante de outros poderes, e mensurar o grau de independência de uma instituição é uma dificuldade. Isso, contudo, indica a necessidade de o Ministério Público tornar-se um aparelho burocrático condizente com as atribuições da Constituição de 1988. O caso do MP-RJ assinala, atualmente, a fragilidade burocrática da instituição e a excessiva dependência do "voluntarismo".

No tocante aos impasses externos, Castilho e Sadek (1998) observam que as resistências da polícia à investigação criminal e ao controle externo do Ministério Público dão margem à hipótese de que a polícia judiciária tem selecionado, a partir de critérios exclusivos, as infrações criminais a serem investigadas, sem ser molestada pelo Poder Judiciário.

Em suma, a experiência do MP fluminense aponta para a necessidade de um funcionamento orgânico do sistema de justiça *vis-à-vis* controles internos e externos, cuja resultante se expresse na prestação de contas dos feitos da instituição ministerial. Mesmo na produção acadêmica há poucas análises sobre o sistema de justiça, e investigam-se as suas instituições como se fossem entidades autônomas e independentes, embora constituam um todo.[51] Nos dois casos aqui tratados, a cooperação — ora com a justiça (combate ao jogo do bicho), ora com a polícia (chacina da Candelária) — foi fundamental para o maior acesso à justiça.

Referências bibliográficas

ABREU, Alzira Alves de. Mídia e Ministério Público: relações convergentes e conflituosas. In: ENCONTRO ANUAL DA ANPOCS, 27. *Anais*... Caxambu, 2005. (GT 11: Mídia, política e opinião pública).

---

[50] Ver Sadek, 2000; Arantes, 2002.

[51] Para uma discussão detalhada dessa questão, ver o artigo de Cláudio Beato Filho. Disponível em: <www.fundaj.gov.br/docs/eg/semi6.rtf>. Acesso em: fev. 2007.

ADORNO, Sérgio. A criminalidade urbana violenta no Brasil: um recorte temático. *Boletim Informativo e Bibliográfico da Anpocs*, Rio de Janeiro, n. 35, 1993.

ARANTES, Rogério Bastos. *Ministério Público e política no Brasil*. São Paulo: Edusc/ Sumaré/Fapesp, 2002.

_______; CUNHA, Luciana Gross Siqueira. Polícia Civil e segurança pública: problemas de funcionamento e perspectivas de reforma. In: SADEK, Maria Teresa (Org.). *Delegados de polícia*. São Paulo: Sumaré, 2003.

AXT, Gunter. *História associativa e institucional do Ministério Público do Rio Grande Sul (1941-2001)*. Porto Alegre: Procuradoria Geral de Justiça/Memorial, 2003.

BEATO FILHO, Cláudio. *Políticas públicas de segurança:* eqüidade, eficiência e *accountability*. Disponível em: <www.fundaj.gov.br/docs/eg/semi6.rtf >. Acesso em: 7 jan. 2007.

BRASIL. *Constituição da República Federativa do Brasil*. Brasília, DF: Gráfica do Senado, 1988.

CASTILHO, Ella Weicko V. de; SADEK, Maria Tereza. *O Ministério Público federal e a administração da justiça no Brasil*. São Paulo: Sumaré, 1998.

CHINELLI, Filipina; SILVA, Luiz Antônio Machado da. *O vazio da ordem:* relações políticas e organizacionais entre as escolas de samba e o jogo do bicho. Rio de Janeiro: Instituto de Filosofia e Ciências Sociais/UFRJ, 1991.

HERINGER, Rosana; BUZANELLO, José Carlos; MOTA, Adriana Valle. *Voltar a morrer*. Rio de Janeiro: Unicef/Vice-Governadoria do Estado do Rio de Janeiro — consultoria jurídica, Escritório de Advocacia Amodeo & Nogueira, 1994.

JATAHY, Carlos Roberto (Org.). *Ministério Público:* legislação institucional. 2. ed. Rio de Janeiro: Roma Victor, 2005.

_______. *O Ministério Público e o estado democrático de direito:* perspectivas constitucionais de atuação institucional. Rio de Janeiro: Lumen Juris, 2007.

JUNQUEIRA, Eliane Botelho. Acesso à justiça: um olhar retrospectivo. *Revista Estudos Históricos*, Rio de Janeiro, n. 18, 1996.

KERCHE, Fábio. O Ministério Público e a Constituinte de 1987/88. In: SADEK, Maria Tereza (Org.). *O sistema de justiça*. São Paulo: Idesp/Sumaré, 1999.

LOPES, Júlio Aurélio Vianna. *Democracia e cidadania:* o novo Ministério Público brasileiro. Rio de Janeiro: Lumen Juris, 2000.

MARSHALL, T. H. *Cidadania, classe social e* status. Rio de Janeiro: Zahar, 1967.

MAZZILLI, Hugo Nigro. *O Ministério Público na Constituição de 1988*. Rio de Janeiro: Saraiva, 1989.

MINISTÉRIO DA JUSTIÇA. SECRETARIA DA REFORMA DO JUDICIÁRIO. *Diagnóstico:* Ministério Público dos estados. Brasília, DF: 2006.

MINISTÉRIO PÚBLICO DO ESTADO DO RIO DE JANEIRO. *Projeto de reengenharia*. Rio de Janeiro: MP-RJ, 2006. Disponível em: CD-ROM.

O'DONNELL, Guillermo. *Accountability* horizontal e novas poliarquias. *Lua Nova. Revista de Cultura e Política*, São Paulo, n. 44, p. 27-54, 1998.

ROMEO, Christiane Itabaiana Martins. *De acusador a fiscal da lei:* o Ministério Público em busca de nova identidade — as centrais de inquérito no Rio de Janeiro. Tese (Doutorado em Ciência Política) — Iuperj, Rio de Janeiro, 2002.

SADEK, Maria Tereza (Org.) *Justiça e cidadania no Brasil*. São Paulo: Sumaré/Idesp, 2000.

_______ (Org.). *Acesso à justiça*. São Paulo: Fundação Konrad Adenauer, 2001.

SANTANA, Gláucia. *O Ministério Público e a ampliação do acesso à justiça:* a vertente da investigação criminal. Dissertação (Mestrado em Direito) — Universidade Estácio de Sá, Rio de Janeiro, 2002.

STRECK, Lenio Luiz; FELDENS, Luciano. *Crime e Constituição:* a legitimidade da função investigatória do Ministério Público. 3. ed. Rio de Janeiro: Forense, 2006.

VIANNA, Luiz Werneck (Org.). *A democracia e os três poderes no Brasil*. Belo Horizonte: UFMG; Rio de Janeiro: Faperj, 2002.

_______; BURGOS, Marcelo. Entre princípios e regras: cinco estudos de caso da ação civil pública. *Dados. Revista de Ciências Sociais*, Rio de Janeiro, v. 48, n. 4, p. 777-843, 2005.

CAPÍTULO 4

Accountability e controle externo no Brasil e Argentina*

*Charles Pessanha***

La société a le droit de demander compte à tout agent public de son administration.
(Déclaration des droits de l'homme et du citoyen du 26 août 1789).

A Revolução dos Cravos em Portugal, em 1974, constituiu o marco do processo de mudança conhecido como terceira onda de democratização. A partir dos anos 1980 e 1990, vários países da América do Sul e da Europa oriental, principalmente, "transitaram" de regimes autoritários para regimes democráticos. As mudanças institucionais refletiram-se na constitucionalização de novas instituições de convívio social e político, destacando-se os direitos e garantias individuais definidores da cidadania, e as regras de produção, distribuição, limitação e controle do poder. Uma das conseqüências desse *revival* constitucional foi sua reinclusão na agenda de pesquisa das ciências sociais contemporâneas.

A falta de tradição constitucional na maioria dessas sociedades, entretanto, vem provocando problemas típicos da implantação constitucional, como descompasso entre constituição legal e constituição real; mudanças constitucionais efetivadas por atores sem o respectivo respaldo do poder constituinte; desobediência à letra constitucional; e, sobretudo, ameaça ou rompimento de pactos constitucionais.

Um traço comum à maioria das análises sobre o desempenho institucional dos países do continente sul-americano é a proeminência do Executivo

* Este texto faz parte do projeto de pesquisa "Direitos e cidadania", nucleado no Cpdoc/FGV e coordenado por Angela Maria de Castro Gomes. Agradeço a participação de Carolina Pereira Brandão e Ragniell de Mendonça e Bertolini, bolsistas de Iniciação Científica que, como colaboradores do Laboratório de Estudos Governamentais do DCP-IFCS-UFRJ, participaram da elaboração e atualização dos bancos de dados da pesquisa.

** Doutor em ciência política pela USP. Professor de ciência política da UFRJ.

em relação ao Legislativo e ao Judiciário e, principalmente, sobre os demais órgãos de controle. O debate sobre essas questões vem suscitando um repertório de estudos sobre as instituições sul-americanas, com ênfase nas relações Executivo-Legislativo. Na parte relativa ao Poder Legislativo, entretanto, os estudos têm-se concentrado mais nas "atividades legislativas", isto é, ligadas à produção legal, do que nas atividades de controle e fiscalização do Executivo.[1] Tomando o funcionamento das instituições como o melhor indicador da consolidação do processo democrático, este capítulo pretende concentrar-se na análise das novas instituições de controle externo no Brasil e na Argentina, de acordo com o desdobramento a seguir: na primeira parte, discutirei algumas idéias sobre o conceito de *accountability*, que, embora forjado recentemente, deriva das mais fortes tradições da teoria política; em seguida, pretendo analisar as mudanças institucionais referentes a controle externo introduzidas nas novas ordens constitucionais no Brasil, no final dos anos 1980, e na Argentina, no início da década de 1990; e, finalmente, avaliar o desempenho dessas novas instituições.

Accountability: os diferentes significados e alcances do conceito

A idéia de estabelecer controles e limites ao poder soberano é pedra angular do moderno estado democrático. Para Locke (1960:413), o soberano é o supremo executor da lei, mas quando a viola "perde o direito à obediência". Montesquieu (1951:396-407) constrói um sofisticado mecanismo de *checks and balances*, na tradição da concepção de constituição mista, em que o rei, a Câmara Alta e a Câmara Baixa, representando distintos setores sociais, estabelecem controles recíprocos. São os federalistas americanos, entretanto, os verdadeiros inovadores do moderno sistema de controles ao estabelecerem os mecanismos horizontais e verticais posteriormente incorporados na Constituição americana, responsável, segundo Finer (1999:1501), por "seis invenções na arte de governar": a deliberada formulação de um novo desenho institucional por meio de uma convenção popular; a constituição escrita; a inclusão no corpo constitucional de uma declaração de direitos; a garantia da lei, via *judicial review* sobre os estados-membros e, posteriormente, sobre a União; a divisão

[1] Os trabalhos de Pessanha (1997), O'Donnell (1998), Anastasia (1999), Specker (2000), Figueiredo (2004) e Lemos (2006) constituem exemplos de estudos sobre as atividades de controle e fiscalização do Executivo, bem como das principais instituições responsáveis.

horizontal de poderes e a divisão vertical de poderes entre a União e os estados federados.

A aplicação desses princípios originou alguns mecanismos (*devices*), pela primeira vez em uma ordem estritamente republicana, como o bicameralismo, pelo qual as duas câmaras legislativas se controlam mutuamente; o veto presidencial, instrumento que permite ao Executivo o controle das propostas do Legislativo; e a apreciação do veto que faculta às câmaras legislativas a apreciação do veto presidencial. Interpretando o *leit motiv* das instituições americanas, Dahl (1989:14) estabelece uma relação direta entre ausência de controle e tirania ao afirmar que, "na ausência de controles externos, qualquer dado indivíduo ou grupo de indivíduos tiranizará os demais".

A concepção de controle externo motivou todo o constitucionalismo liberal dos séculos XIX e XX enfatizado por Loewenstein (1982:29, 39-40), para quem "limitar o poder político significa limitar os detentores do poder". As instituições de controle podem funcionar no interior de um órgão estatal, "controle interno ou intra-orgânico", ou entre diferentes detentores de poder, "controle externo ou interorgânico", portanto, "exercido pelo órgão estranho ao ato praticado", como define Meireles (1986:569), originariamente entendido como de caráter político e com o objetivo de "comprovar a probidade dos atos da administração; a regularidade dos gastos públicos, do emprego de bens, valores e dinheiros públicos; e a fiel execução do orçamento".

As idéias inauguradas pelo constitucionalismo moderno e, posteriormente, contidas na *Déclaration des droits de l'homme et du citoyen*, de 1789, conforme a epígrafe deste texto, tornaram-se, portanto, o traço fundamental das modernas democracias representativas: o controle dos governantes pelos governados. Todos aqueles que exercem cargos ou funções públicas devem estar ao alcance do controle popular.

A ciência política contemporânea vem desenvolvendo os estudos de controle externo sob a forma de *accountability*, que implica manter indivíduos e instituições responsáveis por seu desempenho, ou seja, alguns atores têm o direito, por vezes o dever, de controlar o desempenho de outros atores segundo um conjunto de padrões preestabelecidos. Desse modo, é possível verificar se a atuação em questão está sendo operada dentro dos padrões e, caso contrário, impor sanções ou determinar responsabilidades. Esses atores, controlados ou controladores, podem ser determinados por indivíduos ou instituições. No mesmo sentido, a European Court of Auditors estabelece que o conceito de *accountability* implica a existência de pelo menos dois atores: a pessoa *A*, prestando contas, e a pessoa *B*, a quem as contas são prestadas.

Grant e Keohane (2005) distinguem *accountability* dos diferentes mecanismos que constituem o sistema de *checks and balances*, como o poder de veto instituído pela Convenção da Filadélfia. Estes se referem aos recursos destinados à "prevenção de ações que possam vir a ser consideradas como delituosas", enquanto aquele funciona após o fato, "expondo as ações para serem averiguadas, julgando-as e sancionando-as", como o poder de *impeachment*.[2]

O conceito de *accountability*, entretanto, está longe de ser consensual. De acordo com o General Accounting Office (GAO),[3] "*accountability* é um conceito importante, porém enganoso, cujo sentido e características diferem de acordo com o contexto"[4] e, por isso mesmo, seus limites e conteúdos são pouco precisos. Behn (2001) sugere que *accountability* está, na maioria das vezes, associada à idéia de controle financeiro, pois "os controles financeiros estão entre as poucas ferramentas (*tools*) do controle legislativo sobre a administração (...) o que conduziu à noção de que ela é um virtual 'sinônimo para todo o conceito'". Por isso mesmo, seu significado "estabeleceu um referencial para outros sistemas que cobram a responsabilidade individual ou coletiva".[5]

Power (1999:49-50) procura ir além da acepção estritamente financeira ao discorrer sobre três outras possíveis operacionalizações do conceito de *accountability*. Além da conformidade fiscal (*fiscal regularity*), no sentido da responsabilidade pela gestão propriamente jurídico-administrativa dos insumos, o autor refere-se à regra dos três *Es*: *economia*, enquanto a responsabilidade de assegurar as melhores condições possíveis sob as quais os recursos são obtidos; *eficiência*, enquanto a responsabilidade de assegurar a utilização máxima dos recursos para poder atingir um determinado nível de resultado ou serviço; e *efetividade*, enquanto a responsabilidade de assegurar que os resultados estejam de acordo com "as metas originais, definidas nos programas".

---

[2] Grant e Keohane, ao analisarem *accountability* e abusos na política mundial, estabeleceram sete modalidades de mecanismos de *accountability*, baseados em diferentes tipos de controle: hierarquia, supervisão, fiscalização, legal, mercado, os próprios pares e a reputação pública, com os respectivos fiscalizadores e fiscalizados, os custos a que estes estão sujeitos e os exemplos de cada caso.

[3] O GAO, o equivalente norte-americano do nosso Tribunal de Contas, desde 2004 passou a denominar-se Government Accountability Office, obviamente mantendo a mesma sigla.

[4] Behn, 2001:3.

[5] Ibid., p. 7.

Mainwaring agrega outra dimensão ao conceito ao realçar a dimensão da responsabilidade pública do representante perante os representados. Para ele, *accountability* normalmente está relacionada à "responsividade e responsabilidade de funcionários públicos".[6] A *accountability* democrática refere-se a atores públicos, eleitos e não-eleitos; os primeiros são controlados pelos eleitores, e os outros por agências governamentais. O'Donnell (1998:30 e 40) classifica e qualifica *accountability* em dois níveis: horizontal e vertical. Esta última se refere às ações realizadas — individualmente ou por algum tipo de ação organizada, com relação àqueles que ocupam posições em instituições do Estado, eleitos ou não; a primeira "refere-se à existência de agências estatais que têm o direito e o poder legal (e que estão de fato dispostas e capacitadas) para a realização de ações, que vão desde a supervisão de rotina a sanções legais ou até o *impeachment* contra ações ou omissões de outros agentes ou órgãos do Estado que possam ser qualificadas como delituosas".

Analisando a definição de O'Donnell, Kenney (2003:57) distingue quatro aspectos na definição de *accountability* horizontal, a saber: seu objeto são os agentes públicos; seus temas estão também sempre relacionados a agentes públicos; seus significados incluem omissão, sanções e impedimentos; seu alcance é limitado a ações e omissões qualificadas como ilegais.

A eficiência da *accountability* horizontal, portanto, será influenciada pelo seu desenho institucional, como o demonstram os aspectos já apontados, mas, principalmente, o último deles. Kenney argumenta que a capacidade de sanção é essencial para o conceito de *accountability*. Para ele a inexistência de sanções é uma forma diminuída de *accountability*, pois sem elas não há obrigações. O'Donnell concorda que a capacidade de *enforcement* é fundamental para o sucesso das instituições de *accountability*. As sanções inerentes à *accountability* horizontal "incluem a capacidade de remover uma pessoa de seu ofício e aplicar as penalidades civis e criminais".[7] Sua capacidade de *enforcement*, ou seja, suas atribuições, competências, alcances legais maiores ou menores e capacidade punitiva vão definir o grau de autonomia e efetividade do seu desempenho, como veremos mais adiante.

Embora o controle democrático mais efetivo, em última análise, seja o verificado por ocasião das eleições — quando o eleitor tem a oportunidade de avaliar a delegação concedida ao governante —, a natureza dinâmica da administração pública demanda um processo de controle permanente, cotidia-

[6] Mainwaring e Welna, 2003:7.

[7] O'Donnell, 2003.

no, cujo alcance, como foi dito anteriormente, deve ser estendido aos funcionários ou agentes responsáveis por atividades públicas e pelo seu caráter não-partidário. A modalidade horizontal preenche esses requisitos por ser proativa: dispõe de uma instituição cujo desiderato é a fiscalização e controle; contínua: atua de forma permanente; preventiva: previne e pune ações ilegais; e imparcial: utiliza critérios legais não-partidários.

O Poder Legislativo constitui-se, historicamente, na instituição típica de *accountability* horizontal, pois, além da elaboração de leis e representação de interesses, a fiscalização financeira e orçamentária, acrescida modernamente do controle do desempenho, integra o conjunto de suas atividades. A ineficácia e a inexperiência do Parlamento na fiscalização dos gastos públicos, entretanto, aliada à desejável imparcialidade desse tipo de atividade, justificaram a criação de instituições superiores de controle específicas destinadas ao controle da administração pública. Essas instituições assumiram historicamente dois desenhos institucionais distintos — o tribunal de contas e a auditoria geral — e se constituem nas mais importantes instituições de *accountability* não-eleitoral.

O tribunal de contas é uma instituição característica da democracia continental européia. Os tribunais são órgãos de natureza colegial e geralmente independentes, ou gozam de relativa autonomia em relação ao governo e à administração pública; em alguns casos, como na Alemanha, não estão ligados a qualquer dos três poderes; em outros, como na França, assistem ao Parlamento e ao governo no controle e execução das leis de finanças; ou são órgãos *dependentes* ou auxiliares do Legislativo, como na Espanha e no Brasil.

A Inglaterra e os países que receberam sua influência cultural e política adotaram o sistema de auditoria geral. Os exemplos mais conhecidos dessa modalidade são o National Audit Office (NAO), inglês; e o General Accounting Office (GAO), norte-americano, que, como vimos anteriormente, passou a denominar-se Government Accountability Office, sendo chefiado por um *general controller* para um mandato de 15 anos não-renovável e referendado pelo Senado. O GAO

> é o primeiro filtro de investigação do Congresso. A agência envia ao Congresso anualmente mais de mil relatórios, abordando maneiras de eliminar gastos e fraudes em programas governamentais e promover melhorias no desempenho dos mesmos. Seus estudos levam, freqüentemente, à introdução de mudanças na legislação, a audiências públicas ou, ainda, a mudan-

ças administrativas para corte de gastos. O GAO trabalha apenas para o Congresso.[8]

O'Donnell (1998:49) considera essas instituições como típicas de *accountability* horizontal e sugere que elas incorporem os partidos de oposição "que tenham alcançado um nível razoável de apoio eleitoral",[9] e que sejam "altamente profissionalizadas" e dotadas de recursos "suficientes e independentes" da cooptação do Executivo.

A European Organisation of Supreme Audit Institutions (Eurosai), órgão que congrega os tribunais de contas e auditorias na Europa, estabeleceu recentemente um conjunto de critérios definidores para um desenho institucional ideal para as instituições superiores de controles (ISC). São eles: posição constitucional definida; independência; estrutura definida; independência financeira orçamentária; garantias e imunidades legais; autonomia para definir métodos e programas de trabalho; pessoal especializado e recrutado universalmente; acesso irrestrito a informações; relatórios sem restrições; e acompanhamento das recomendações.[10]

Nas últimas décadas, as ISCs vêm recebendo fortalecimento significativo. Em 1975 foi criado o Tribunal de Contas da Comunidade Européia — com a justificativa de que, num sistema democrático, todos os cidadãos têm o direito de saber como são utilizados os dinheiros públicos—, mantido no atual projeto de constituição como instituição "que efetua a fiscalização das contas".[11] De acordo com Torres (1993), algumas constituições modernas (Itália, 1947; Alemanha, 1949; Espanha, 1978) trouxeram "inúmeros aperfeiçoamentos no campo do controle de contas", enquanto as legislações da Suécia, Inglaterra, Suíça, EUA e Canadá receberam "modificações substanciais" na década de 1980 com a mesma finalidade. Da mesma forma, as novas democracias brasileira e argentina também introduziram, nas respectivas ordens institucionais, mecanismos de controle dotados de desenhos institucionais atualizados.

---

[8] Oleszek, 1996:310.

[9] Ele chega a propor que a direção da instituição seja de responsabilidade da oposição.

[10] Ver Eurosai, 1998.

[11] Comunidades Européias, 2003:38-39.

O controle externo no Brasil e na Argentina

Brasil e Argentina reforçaram o controle e a fiscalização sobre o Poder Executivo a partir dos respectivos processos de redemocratização. As mudanças consistiram na concessão de novas atribuições ao controle externo do Poder Legislativo e na reformulação do desenho institucional de suas instituições auxiliares, o Tribunal de Contas da União e a Auditoría General de la Nación. Nesta seção, pretendo elaborar um breve histórico da natureza desse tipo de controle nas duas sociedades e realçar os principais pontos introduzidos pelas novas institucionalidades.

O controle externo no Brasil

No Brasil, a Constituição imperial de 1824 limitou-se a atribuir ao Poder Legislativo "fixar anualmente as despesas públicas, e repartir a contribuição direta".[12] Com o advento da República, a Constituição de 1891 instituiu o Tribunal de Contas como órgão auxiliar do Poder Legislativo. Seu desenho institucional variou ao longo do período republicano de acordo com o papel exercido pelo Poder Legislativo. Fraco na Constituição de 1891, ampliou sua competência em 1934, foi anulado pela Carta de 1937 e reabilitado em 1946, no bojo da ampliação do processo democrático que se seguiu ao fim da II Guerra Mundial. O golpe de 1964 e o regime autoritário que se estendeu por mais de duas décadas promoveram retrocessos marcados pela Constituição de 1967 e a Emenda nº 1, de 1969. Com a queda do regime autoritário, o Poder Legislativo e, conseqüentemente, o tribunal tiveram novas atribuições.

As Constituições de 1934 e 1946 são responsáveis pelo aperfeiçoamento do controle externo do Congresso e pela feição moderna adquirida no tribunal. Introduziram o registro prévio, *ex ante*; os ministros — nomeados de forma vitalícia pelo presidente da República, após a aprovação do Senado federal — foram equiparados em vencimentos e vantagens aos ministros do Tribunal Federal de Recursos, o segundo órgão em importância na hierarquia do Poder Judiciário; as contas anuais do presidente da República, julgadas pelo Congresso Nacional, passaram a depender do parecer prévio do tribunal.

As Constituições de 1967 e 1969 extinguiram o registro prévio (*ex ante*), embora tenham mantido grande parte do desenho institucional anterior. Durante a maior parte do regime autoritário, entretanto, coexistiram com a or-

---

[12] Art. 15, X, apud Campanhole, 2000:793.

dem constitucional os atos institucionais que, emitidos pelo Poder Executivo, "ouvido o Conselho de Segurança Nacional", suspendiam todas as garantias ao exercício da função judiciária (vitaliciedade, inamovibilidade e irredutibilidade de vencimentos) de que eram detentores os ministros do Tribunal de Contas, entre outros. Nesse período foram realizadas modificações de caráter constitucional e infraconstitucional responsáveis pelo que denominei, em outra oportunidade, "fuga ao controle", que se caracterizou pela eliminação do controle de boa parte dos detentores de recursos públicos.[13] O caso mais importante foi a legislação contida nos dois textos constitucionais a respeito dos contratos, principal instrumento de compra do setor público ao setor privado. Além de extinguir o registro prévio, inverteu o controle sobre os contratos ao introduzir na sua fiscalização o dispositivo de decurso de prazo, tão utilizado para a aprovação de leis e decretos-leis. De acordo com o texto constitucional, na eventualidade da ilegalidade de qualquer despesa, caberia ao tribunal estabelecer prazo para que o órgão competente adotasse as medidas de cumprimento da lei e, configurado o não-atendimento, "sustar a execução do ato, exceto em relação aos contratos". Nesse caso, o tribunal solicitaria ao Legislativo as medidas necessárias "ao resguardo dos objetivos legais", e, no caso de não deliberação do Congresso Nacional, no prazo de 30 dias, a impugnação seria considerada insubsistente, "regular"; ou seja, o errado ficaria certo por decurso de prazo! Evidentemente, numa época em que o partido oficial era hegemônico e o Executivo possuía a faculdade de "cassar o mandato" de qualquer parlamentar com base nos chamados atos institucionais, era fácil evitar a apuração de irregularidades forçando o decurso de prazo.[14]

A partir de 1988, o controle externo exercido pelo Poder Legislativo, com auxílio do tribunal, é ampliado de forma considerável pela Constituição Federal, cujo art. 70 dispõe que

> a fiscalização contábil, financeira, orçamentária, operacional e patrimonial da União e das entidades da administração direta e indireta, quanto à legalidade, legitimidade, economicidade, aplicação das subvenções e renúncia de receitas, será exercida pelo Congresso Nacional, mediante controle externo, e pelo sistema de controle interno de cada Poder.

---

[13] Ver Pessanha, 1997.

[14] Ver Campanhole e Campanhole, 2000:383-384 (esp. arts. 71-74).

Os textos anteriores restringiam-se à fiscalização financeira e orçamentária. Um aspecto interessante é a inclusão do critério de economicidade, que, em outras palavras, representa a regra dos três *Es* anteriormente mencionada. Trata-se de uma importante prerrogativa atribuída ao controle externo, que doravante não se limitará ao controle formal, mas à chamada auditoria de desempenho ou, como querem outros, auditoria de resultados. O texto define com clareza o alcance dos fiscalizados ao prescrever que "prestará contas qualquer pessoa física ou entidade pública que utilize, arrecade, guarde, gerencie ou administre dinheiros, bens e valores públicos".[15]

O Tribunal de Contas da União é contemplado com um elenco de competências que efetivamente reforçam seu papel. Entre as suas mais importantes atribuições destaca-se a obrigação de "apreciar as contas prestadas anualmente pelo presidente da República, mediante parecer prévio que deverá ser elaborado em 60 dias a contar de seu recebimento",[16] e definitivamente apreciadas pelo Congresso Nacional, a quem compete efetivamente julgar "as contas prestadas pelo presidente da República e apreciar os relatórios sobre a execução dos planos de governo",[17] podendo aceitá-las ou não. Neste último caso, "haverá crime de responsabilidade, podendo mesmo ocorrer *impeachment*". Ao definir as obrigações do Poder Executivo, o texto constitucional reforça a obrigatoriedade do controle ao prescrever ao presidente "prestar, anualmente, ao Congresso Nacional, dentro de 60 dias, após a abertura da sessão legislativa, as contas referentes ao exercício anterior,[18] reafirmando a responsabilidade presidencial.[19]

O texto dispõe, ainda, de um elenco de atribuições listadas no art. 71, podendo-se destacar, entre as mais importantes, o julgamento de todos os

---

[15] Art. 70, parágrafo único.

[16] Art. 71, I.

[17] Art. 49, IX.

[18] Art. 84, XXIV.

[19] Posteriormente, a Lei Complementar nº 101/2000 — Lei de Responsabilidade Fiscal (LRF) — determinou que "as contas prestadas pelos chefes do Poder Executivo incluirão, além das suas próprias, as dos presidentes dos órgãos dos poderes Legislativo e Judiciário e do chefe do Ministério Público, referidos no art. 20, as quais receberão parecer prévio, separadamente, do respectivo Tribunal de Contas. Os tribunais de contas emitirão parecer prévio conclusivo sobre as contas no prazo de 60 dias do recebimento, se outro não estiver estabelecido nas constituições estaduais ou nas leis orgânicas municipais" (art. 56). O conjunto de contas constitui as Contas do Governo da República.

administradores e demais responsáveis por dinheiros, bens e valores públicos da administração direta e indireta, evitando margens de isenções de controle; e a aplicação aos responsáveis, em caso de ilegalidade de despesa ou irregularidade de contas, das sanções previstas em lei, que estabelecerá multa proporcional ao dano causado ao erário.

A legislação infraconstitucional reproduz com clareza as novas atribuições, evitando, como no passado, institutos dúbios que permitiam a fuga ao controle. A Lei nº 8.443, de 16 de julho de 1992, Lei Orgânica do Tribunal de Contas, ratificou e detalhou os preceitos constitucionais. A Lei Complementar nº 101, de 4 de maio de 2000, a chamada Lei de Responsabilidade Fiscal (LRF), estabeleceu novos controles sobre as contas das administrações federal, estaduais e municipais[20] e ampliou a ação do tribunal ao determinar sua participação na fiscalização dos gastos dos três poderes, órgãos de cooperação governamental, cabendo aos tribunais regionais[21] o mesmo papel em relação aos governos estaduais e municipais. Além da LRF, outros diplomas legais "impõem [ao tribunal] o dever de examinar, nas contas anuais, o desempenho do governo, sob diversos aspectos".[22]

Com relação aos contratos, observa-se uma recuperação do espaço de atuação do tribunal, anteriormente subtraído pelo regime autoritário, mesmo não retornando inteiramente com o registro *ex ante*. Em caso de irregularidade, o ato de sustação deverá ser adotado diretamente pelo Congresso Nacional, que solicitará, de imediato, ao Poder Executivo as medidas cabíveis; e "a parte que se considerar prejudicada poderá interpor recurso, sem efeito suspensivo, ao Congresso Nacional". Na hipótese de o Congresso Nacio-

---

[20] A LRF estabeleceu controle rígido sobre as despesas com pessoal, "em cada período de apuração e em cada ente da Federação", fixando percentuais máximos para essa modalidade de gastos: "I — União 50%; II — estados 60%; municípios 60%" (Brasil, 2002:26).

[21] As normas estabelecidas para o TCU "aplicam-se, no que couber, à organização, composição e fiscalização dos tribunais de contas dos estados e do distrito federal, bem como dos tribunais e conselhos de contas dos municípios" (art. 75). Sobre os tribunais regionais, ver Arantes et al. (2005:57-83) e Melo et al. (2006).

[22] Zymler, 2005:9. Ver, entre outras, a Lei nº 8.313/1991, que determina ao tribunal acompanhar a avaliação da aplicação dos recursos da renúncia de receita nos projetos culturais. A Lei nº 9.394, de 20 de dezembro de 1996, obriga os órgãos fiscalizadores a examinarem o cumprimento dos dispositivos constitucionais que obrigam percentual mínimo em educação. A Lei nº 10.707, Lei de Diretrizes Orçamentárias para 2004, por exemplo, determinou ao TCU "a obrigatoriedade de avaliar e classificar os programas do governo em satisfatórios ou insatisfatórios".

nal não se pronunciar sobre o recurso dentro de 90 dias, "o tribunal decidirá a respeito".[23]

A nova Constituição produziu também mudança radical no recrutamento do corpo deliberativo do tribunal. O Poder Executivo perde, pela primeira vez desde 1891, o monopólio do recrutamento dos ministros, ficando o Legislativo responsável pela indicação de dois terços da composição do TCU. O texto constitucional determina que, dos nove ministros, todos vitalícios, seis devem ser indicados pelo Congresso Nacional, cabendo ao presidente da República nomear os outros três, depois de aprovados pelo Senado Federal. Destes, entretanto, apenas um seria de livre escolha presidencial, pois os outros dois devem ser necessariamente escolhidos entre funcionários de carreira do TCU, concursados, auditores e procuradores, a partir de lista tríplice elaborada pelo tribunal, obedecendo, alternadamente, aos critérios de merecimento e antiguidade. Determina, ainda, a equiparação dos ministros em vencimentos e vantagens aos ministros do Superior Tribunal de Justiça, órgão situado logo abaixo do Supremo Tribunal Federal.[24]

A Constituição de 1988 promoveu, portanto, um significativo avanço das atividades legislativas de fiscalização e controle, pela ampliação de sua competência, dos critérios a serem observados na fiscalização e da influência do Poder Legislativo no recrutamento dos ministros do tribunal, reduzindo simetricamente a influência do Poder Executivo, principal alvo da fiscalização, e sobretudo pelo fortalecimento do Tribunal de Contas, órgão auxiliar, mas não subordinado como sustenta Silva (1992).

O controle externo na Argentina

A Constituição argentina de 1853 instituiu o Poder Legislativo como órgão responsável pelo controle externo ao dispor sua competência para "fixar anualmente o orçamento de gastos da administração da nação e aprovar ou recusar a conta de inversão".[25] Com isso o texto constitucional colocava-se entre

---

[23] Art. 71, XI, § 1º.

[24] O texto constitucional (art. 73) determina os seguintes requisitos: "I — mais de 35 e menos de 65 anos de idade; II — idoneidade moral e reputação ilibada; III — notórios conhecimentos jurídicos, contábeis, econômicos e financeiros ou de administração pública; IV — mais de 10 anos de exercício de função ou de efetiva atividade profissional que exija os conhecimentos mencionados no inciso anterior".

[25] Ekmekdjian, 1988:92.

os mais avançados da época — quando, de certa maneira, inaugurava-se mundialmente um controle mais efetivo dos parlamentos sobre os governos, mesmo nas democracias mais avançadas.

Entre os vários aperfeiçoamentos introduzidos ao longo do século seguinte, cabe destacar o Decreto-Lei nº 23.354, de 31 de dezembro de 1956, ou *Ley de Contabilidad*,[26] que instituiu, pela primeira vez na história do país, o Tribunal de Cuentas de la Nación, cujas funções eram sintetizadas em dois ramos principais — controle e jurisdicional —, compreendendo, no primeiro aspecto, o controle legal (legalidade e observação legal) e técnico (controles econômicos e contábeis), enquanto os controles jurisdicionais envolviam o juízo de contas e o juízo de responsabilidades.

Seu corpo deliberativo era formado de cinco vogais, sendo um deles seu presidente,[27] devendo possuir o "título de contador público expedido por universidade nacional, ter mais de 30 anos de idade e cinco de antiguidade no título, pelo menos" (art. 78). A nomeação dos membros do corpo deliberativo era de competência do Poder Executivo, por sugestão do ministro da Fazenda, e com o "acordo do Senado".[28] Sua remoção obedecia ao mesmo procedimento para os membros do Senado, inexistindo, portanto, a garantia de vitaliciedade. O desempenho do cargo era incompatível com o exercício de qualquer outra "atividade remunerada", excetuando-se a docência, e sua remuneração era equiparada à dos vogais das câmaras nacionais de apelação, as cortes situadas abaixo da Suprema Corte de Justiça.

O tribunal dispunha de autonomia organizacional. Seu quadro administrativo incluía dois secretários, um corpo de contadores fiscais, além do pessoal auxiliar fixado pela lei orçamentária (*Ley de Presupuesto*). Os cargos de "contador fiscal geral" e "contador fiscal" exigiam título de contador público conferido por "universidade nacional" ou, na sua falta, 10 anos de atuação consecutiva no Tribunal de Contas ou na Contadoria Geral.

Cabia ao tribunal, entre outras, a competência de ditar seu próprio regimento interno, nomear seu próprio pessoal, fixar normas para prestação de

---

[26] Ver Argentina, 1990.

[27] A presidência era exercida mediante o princípio de rotatividade, anualmente em razão da antiguidade no cargo ou de idade (art. 78).

[28] Tal acordo seria suprimido pela Lei nº 20.677, relativa ao *Proceso de Reorganización Nacional* perpetrado pela Junta Militar, retirando importante instrumento de controle do Poder Legislativo e, simetricamente, fortalecendo o Poder Executivo (ver Colman, 1990).

contas e considerar as *contas de inversión* (art. 83). A legislação estabelece, ainda, a decisão do tribunal como requisito para promoção de ações judiciais para apurar responsabilidade (art. 86).

A competência do Legislativo em relação ao controle externo, a estrutura organizacional do tribunal e as suas atribuições contemplavam institutos comparáveis aos existentes nas sociedades de desenvolvimento democrático avançado, mas seu desempenho efetivo foi alvo de severas críticas. Uma das mais fortes razões dessas críticas foi a falta de regularidade na apreciação das contas. Na realidade, nunca houve obrigatoriedade de prestação de contas e, além disso, a partir de 1947 vigorou a cláusula de decurso de prazo que determinava a aprovação tácita, automática, das contas não apreciadas, decorridos "cinco períodos de sessões ordinárias" de sua apresentação.[29] A criação do tribunal por legislação ordinária e a omissão constitucional à sua existência facilitaram sua extinção pelo governo Menem.[30]

As modificações introduzidas no processo de elaboração, controle e fiscalização orçamentária na Argentina após a queda do regime autoritário antecederam a reforma constitucional de 1994. A promulgação da Lei nº 24.156, de 26 de outubro de 1992, também conhecida como Lei de Administração Financeira (LAF), criou um conjunto de normas e instituições reguladoras da administração financeira e dos sistemas de controle do setor público nacional. Trata-se do conjunto formado por "sistemas, órgãos, normas e procedimentos administrativos que tornam possível a obtenção dos recursos públicos e sua aplicação para o cumprimento dos objetivos do Estado".[31] Define os controles interno e externo do setor público e um "regime de responsabilidade que (...) se assenta na "obrigação dos funcionários de prestar contas de sua gestão".[32] Para tanto são criados dois órgãos, responsáveis, respectivamente, pelos controles aludidos: a Sindicatura General de la Nación, no âmbito do Poder Execu-

---

[29] Apesar da pouca observância do tribunal e do Legislativo na apreciação e julgamento das contas do Poder Executivo, há registro de rejeição das contas, à época do regime militar, dos períodos de 1966 a 1972, decidida em 1986; e de 1976 a 1983, decidida em 1990. Baccaro (2005:418-419) justifica a medida *"por tratar-se de gobiernos de facto que al apartarse del sistema republicano de división de poderes hacían que la decisión presupuestaria y la ejecución de los gastos estuvieran atribuídos al mismo poder"*. Obviamente, essa decisão teve apenas efeito simbólico.

[30] Ver Parlermo e Novaro, 1996:404.

[31] Argentina, 2003:243 (art. 2º).

[32] Ibid.

tivo e responsável pelo controle interno, e a Auditoría General de la Nación, encarregada do controle externo, como órgão auxiliar do Poder Legislativo.

A prestação de contas ganha destaque na nova legislação, que determina sua apresentação anualmente ao Congresso Nacional "antes de 30 de junho do ano seguinte ao que corresponda o documento" e estabelece os conteúdos mínimos das *cuentas de inversión* encabeçados por informações sobre "o estado da execução do orçamento da administração nacional", na data de encerramento do exercício.[33] A diversidade do controle, entretanto, é determinada pela obrigatoriedade da inserção de "comentários sobre: a) o grau de cumprimento dos objetivos e metas previstos no orçamento; b) o cumprimento dos custos e dos indicadores de eficiência da produção pública; e c) a gestão financeira do setor público nacional"[34] (art. 95:266).

Na parte dedicada ao controle externo, o artigo principal cria a Auditoría General de la Nación com a missão de "ente de controle externo do setor público nacional, dependente do Congresso Nacional", dotado de "personalidade jurídica própria, independência funcional" e, para assegurar seus fins, "independência financeira".[35] Além da "dependência" da auditoria ao Congresso Nacional, a nova legislação estabelece que "sua estrutura orgânica, suas normas básicas internas, a distribuição de funções e suas regras básicas de funcionamento serão estabelecidas por resoluções conjuntas das comisiones Parlamentaria Mixta Revisora de Cuentas y de Presupuesto y Hacienda de ambas as Casas do Congresso da nação, pela primeira vez". As modificações posteriores, entretanto, "serão propostas pela própria auditoria às referidas comissões e aprovadas por estas".[36]

A competência da AGN é ampla, cabendo-lhe, principalmente, "o controle externo posterior da gestão orçamentária, econômica, financeira, patrimonial e legal, assim como pareceres financeiros da administração cen-

---

[33]A lei também determina: "b) demonstrativos dos movimentos e situação do Tesouro da administração central; c) o estado atualizado da dívida pública interna, externa, direta e indireta; d) os estados contábil-financeiros da administração central; e) um informe que apresente a gestão financeira consolidada do setor público durante o exercício e mostre os respectivos resultados operativos, econômicos e financeiros". Ver Argentina, 2003:271, art. 95.

[34] Argentina, 2003:266 (art. 95). A LAF, entretanto, não explicita a participação da AGN na apreciação das "*cuentas de inversion*".

[35] Argentina, 2003:271 (título VII).

[36] Ibid.

tral, organismos centralizados, empresas e sociedades do Estado, órgãos reguladores de serviços públicos, municipalidade de Buenos Aires"[37], além dos entes privados adjudicatários de processos de privatização.

A legislação cria um corpo deliberativo de sete auditores-gerais que devem ser portadores de "título universitário na área de ciências econômicas ou direito, comprovada especialização em administração financeira e controle, para um mandato de oito anos, renováveis. Seis auditores-gerais serão designados por resoluções das câmaras do Congresso Nacional: "três pela Câmara de Senadores e três pela Câmara de Deputados". O sétimo auditor-geral, designado de forma conjunta pelos presidentes das duas casas legislativas, "será o presidente do órgão".[38]

Posteriormente, a reforma constitucional de 1994 confirmou a titularidade da fiscalização ao Poder Legislativo, dispondo que "o controle externo do setor público nacional em seus aspectos patrimoniais, econômicos, financeiros e operativos será uma atribuição própria do Poder Legislativo"; e ratificou a importância da auditoria para o controle externo ao estabelecer que "o exame e a opinião do Poder Legislativo sobre o desempenho e situação geral da administração pública estarão sustentados nos pareceres da Auditoría General de la Nación", que é definida como "organismo de assistência técnica do Congresso, com autonomia funcional". A Constituição preceitua uma futura regulamentação de sua criação e funcionamento, por meio de lei, "que deverá ser aprovada por maioria absoluta dos membros de cada Câmara",[39] ainda não efetuada.[40]

Com relação às atribuições, o texto estabelece de forma clara que a AGN "terá a seu cargo o controle da legalidade, gestão e auditoria de toda a atividade da administração pública centralizada e descentralizada, seja qual for sua modalidade de organização", e, além disso, deixa a porta aberta para a inclusão de novas atribuições ao acrescentar: "as demais funções que a lei venha a outorgar posteriormente".[41]

---

[37] Argentina, 2003 (art. 117).

[38] Ibid. (art. 122).

[39] Argentina, 1995 (art. 85).

[40] De acordo com Arzuaga (1999:229), *"el Constituyente del 94 ha dotado a la AGN de 'autonomia funcional', remitiendo su integración a lo que disponga la ley"*, que até dezembro de 2006 não foi aprovada.

[41] Argentina, 1995 (art. 85).

Outro aspecto importante e inovador acrescentado pelo texto constitucional diz respeito ao preenchimento do cargo de presidente da auditoria. Modificando a recente legislação anterior, o texto constitucional dispõe que o sétimo auditor-geral, o presidente da AGN, será designado por "proposta do partido de oposição com maior número de legisladores no Congresso",[42] incorporando institucionalmente a oposição ao processo de *accountability*. A auditoria, por sua vez, interpretou a legislação de forma ampla e acrescentou outras dimensões ao controle, ao dispor que "o objetivo primário da Auditoría General de la Nación é contribuir para que se adotem decisões eficazes, econômicas e eficientes em matéria de gastos e ingressos públicos",[43] numa alusão direta aos preceitos da moderna *accountability*.

A inclusão, pela primeira vez, das atribuições da auditoria no texto constitucional por si só já representa um avanço na importância do controle externo na Argentina. Todavia, os avanços determinados pela Lei de Administração Financeira, a clareza das competências prescritas e o papel a ser desempenhado pelo Congresso Nacional e a oposição no controle externo aumentam significativamente o protagonismo do Legislativo argentino no processo de controle externo. Rodrigues e Bonvecchi (2006:490) sintetizam essa nova realidade ao afirmar que "*la Constitución y las Leys (...) asignam al Poder Legislativo capacidad de control de la ejecución presupuesta*".

Já se tornou lugar comum falar da fragilidade dos parlamentos nos países da América do Sul, ao longo do século XX. As descontinuidades políticas freqüentes sempre fortaleceram o Executivo, que, quando não usurpava inteiramente as funções legislativas, prejudicava-lhes a atuação. Segundo Silva (2000:731), "as cortes de contas sempre seguem as posições do poder Legislativo" e, por isso mesmo, quando este "está sufocado pelo autoritarismo ou pela perda de atribuições básicas", elas sofrem as "conseqüências em grau mais profundo". Tais afirmações justificam a trajetória da instituição no Brasil. Na Argentina, a situação não diferiu muito. Segundo Lavié (1996:527),

> *el barco a la deriva que há sido el país, sobre todo a partir de 1930, há resultado consecuencia directa de no haber funcionado con eficiencia el sistema de controles previstos en el texto histórico en relación con el desempeño de la administración, sobre todo en materia patrimonial. Durante largos ejercicios presupuestarios el Congreso no há aprobado la cuenta de inversión; y cuando lo ha hecho, sobre ejercicios vencidos de varios años atrás, ha sido como ratificación formal, sin que ello haya significado control alguno sobre la administración(...).*

---

[42] Argentina, 1995 (art. 85).

[43] Disponível em: <www.agn.gov.ar>.

As novas oportunidades que se abriram aos dois países com a transição para a democracia aumentaram, como vimos, as atribuições dos respectivos legislativos.[44] Com relação ao controle externo, de modo geral os novos desenhos institucionais dotaram o Poder Legislativo e seus respectivos órgãos auxiliares de mecanismos importantes para o exercício da missão constitucional, de forma consentânea com a modalidade de *accountability*. Vale ressaltar o papel do Legislativo na apreciação das contas governamentais e sua influência no recrutamento do corpo deliberativo das instituições superiores de controle (auxiliares).

As duas cortes de contas têm a responsabilidade constitucional direta de colaborar de forma decisiva na elaboração do parecer prévio, embora não-vinculante, à análise anual das contas governamentais. Trata-se de uma continuidade no Brasil, mas de uma inovação na Argentina, onde essa atribuição jamais fora prevista constitucionalmente. Além disso, os legislativos aumentaram seu papel na fiscalização do Poder Executivo e romperam o monopólio do recrutamento do corpo deliberativo das instituições auxiliares pelo Poder Executivo — de forma parcial no Brasil, onde dois terços dos membros passaram a ser indicados pelo Congresso Nacional e um terço pelo presidente da República, e de forma total na Argentina, onde as duas casas legislativas passaram a dividir igualmente a indicação de seis auditores-gerais, e o sétimo, a maior inovação, é indicado pelo maior partido de oposição, que assim adquire protagonismo no controle externo.

Desse modo, tanto no Brasil como na Argentina, essas instituições ganharam alento com o processo de redemocratização traduzido em princípios que, de certa forma, atendem aos requisitos prescritos pelo bom desenho institucional de uma instituição de *accountability* e anteriormente descritos neste artigo, no sentido de bem equipá-las para o exercício da missão constitucional definida.

Análise de desempenho

Mesmo considerando que alguns setores gostariam de obter mais prerrogativas para as instituições destinadas ao exercício do controle externo, é inegável

---

[44] Não obstante os avanços, nos dois países são freqüentes as demandas não contempladas. Uma queixa comum em relação ao tribunal e à auditoria é a não inclusão dos órgãos nas instituições com acesso aos sigilos bancário e fiscal dos detentores de recursos públicos. Além disso, na Argentina as autoridades reivindicam a aprovação da lei que regulamenta as atividades da AGN, nos termos do texto constitucional.

o avanço das competências inseridas nos textos constitucionais e infraconstitucionais do Brasil e da Argentina elaborados após a queda dos respectivos regimes autoritários. A expectativa gerada pelas novas ordens institucionais, entretanto, não vem correspondendo de forma satisfatória nos desempenhos das instituições. Nesta seção, pretendo avaliar o desempenho do controle externo, a partir da vigência dos novos estatutos, tendo em vista as prestações de contas governamentais e o recrutamento dos novos membros dos corpos deliberativos das duas instituições superiores de controle.

Conforme observado anteriormente, a análise das contas representa o melhor instrumento de aferição do desempenho governamental. Historicamente, Brasil e Argentina negligenciaram essa obrigação, mesmo nos períodos de maior participação política: o Tribunal de Contas, no Brasil, emitiu pareceres favoráveis a todas as contas presidenciais, desde 1946, e o Congresso Nacional sempre dilatou o prazo de julgamento; na Argentina, as contas jamais foram apresentadas de forma sistemática, e, como vimos, vigorou por um bom período a cláusula de decurso de prazo para as *cuentas de inversión*, o que resultou na aprovação automática de várias delas não apreciadas no prazo de cinco anos.

No Brasil, de acordo com o quadro 1, todas as contas apresentadas a partir de 1988 foram apreciadas dentro do prazo constitucional estabelecido e, invariavelmente, aprovadas pelo tribunal, embora algumas com "ressalvas" e/ou "recomendações".[45] Todavia, convém lembrar, o tribunal é "órgão auxiliar" do Legislativo, a quem cabe o julgamento final das contas presidenciais. Verifica-se, no mesmo quadro, que as contas de Fernando Collor, aprovadas pelo tribunal, não foram julgadas pelo Poder Legislativo, pelo menos até 31 de dezembro de 2006, e que é incrível o lapso de tempo entre a apreciação pelo tribunal e o julgamento pelo Congresso. As contas de Itamar Franco, relativas ao ano de 1993, foram julgadas pelo Congresso nove anos depois. Das oito prestações de contas de Fernando Henrique Cardoso, seis foram aprovadas no mesmo dia ao final do seu governo, em 20 de dezembro de 2002, e as relativas ao último ano, ainda aguardam apreciação; as contas de Luiz Inácio

---

[45] Segundo o "Parecer Prévio das Contas do Presidente da República de 2005", por exemplo, "considerando que as ressalvas indicadas na conclusão do relatório, embora não constituam motivo maior que impeçam a aprovação das contas do presidente da República, relativas ao exercício de 2005, requerem a adoção de medidas saneadoras pertinentes (disponível em: < www2.tcu.gov.br/pls/portal/docs>.

Lula da Silva de 2003, 2004 e 2005, também aprovadas pelo tribunal dentro dos prazos constitucionais previstos, ainda não foram julgadas pelo Poder Legislativo; Fernando Henrique Cardoso e Luiz Inácio Lula da Silva apresentaram-se aos eleitores para reeleição em 1998 e 2002, respectivamente, sem que nenhuma das suas contas do primeiro mandato tivessem sido julgadas pelo Legislativo; em outras palavras, os eleitores votaram desconhecendo uma análise pública do desempenho de ambos os presidentes.[46]

Quadro 1
Tramitação das contas de gestão do governo do Brasil

Conta de gestão	Governo	Tribunal de Contas	Congresso Nacional
1988	Sarney	Aprovada — jun. 1989	Aprovada — maio 1991
1989	Sarney	Aprovada — maio 1990	Aprovada — maio 1992
1990	Collor (1)	Aprovada — jun. 1991	(2)
1991	Collor	Aprovada — jun. 1992	(2)
1992	Collor (3)	Aprovada — jun. 1993	(2)
1993	Itamar	Aprovada com recomendações — jun. 1994	Aprovada — dez. 2002
1994	Itamar	Aprovada com ressalvas — jun. 1995	Aprovada — dez. 1996
1995	FHC	Aprovada com ressalvas — maio1996	Aprovada — dez. 2002
1996	FHC	Aprovada — jun. 1997	Aprovada — dez. 2002
1997	FHC	Aprovada — jun. 1998	Aprovada — dez. 2002
1998	FHC	Aprovada com ressalvas — jun. 1999	Aprovada — dez. 2002
1999	FHC	Aprovada com recomendações — jun. 2000	Aprovada — dez. 2002

Continua

[46] A Resolução nº 2, de 15 de setembro de 1995, do Congresso Nacional (DCN, 15-9-1995), regulamentadora da Comissão Mista de Planos e Orçamentos Públicos e Fiscalização (CMOF), criou uma série de procedimentos para a análise das contas presidenciais, entre eles um cronograma de tramitação da prestação de contas, cujo objetivo era pôr fim à defasagem entre a apreciação pelo TCU e o julgamento pelo Congresso, que obviamente não funcionou.

Conta de gestão	Governo	Tribunal de Contas	Congresso Nacional
2000	FHC	Aprovada com ressalvas — jun. 2001	Aprovada — dez. 2002
2001	FHC	Aprovada com ressalvas — jun. 2002	Aprovada — dez. 2002
2002	FHC	Aprovada com ressalvas — jun. 2003	(2)
2003	Lula	Aprovada com recomendações — jun. 2004	(2)
2004	Lula	Aprovada — jun. 2005	(2)
2005	Lula	Aprovada com ressalvas — jun. 2006	(2)

Fonte: Secretaria de Contas do Governo e Transferências Constitucionais — Secon/TCU.

(1) Inclui período de 1º de janeiro a 15 de março do governo Sarney.

(2) Contas não apreciadas até 31 de dezembro de 2006.

(3) Itamar Franco assumiu provisoriamente a partir de 2 de setembro e definitivamente a partir de 27 de dezembro.

Na Argentina, o tratamento dado às contas anuais do Poder Executivo é um bom exemplo da pouca importância atribuída ao controle pelos órgãos encarregados. A partir de 1993, a legislação em vigor revogou a regra de decurso de prazo, e a reforma constitucional determinou que a vontade de cada câmara deve se manifestar expressamente, mas não introduziu qualquer dispositivo disciplinador de prazo da apreciação das contas, limitando-se a estabelecer prazo para entrega, o qual não é respeitado.[47]

De acordo com o quadro 2, desde 1993, data em que entra em vigor a nova legislação e têm início as atividades da Auditoría General de la Nación, das 13 contas apresentadas, apenas três obtiveram apreciação. Todos os presidentes, a partir de Carlos Menem, tinham, até 31 de dezembro de 2006, contas pendentes no Congresso Nacional, e De la Rua, Duhalde e Nestor Kirschner

[47] De acordo com Leandro Despouy (2005:31), presidente da AGN, *"en los últimos 10 años no se han aprobado las cuentas de inversión (...). Todavia no han sido aprobadas las de 1994, 1995 y 1996. Nosotros, como Auditoría, ya hemos enviado la de 2000. Acabamos de aprobar la de 2001, y estamos analizando la de 2002. Pero simplemente para que ustedes entiendan esta madeja de procedimientos, la del año de 2002 nos tendría que haber llegado antes del 30 de junio de 2003, pero nos llegó en marzo de 2004"*. Noutra oportunidade, a mesma autoridade acrescenta que *"resulta evidente que este crónico retraso no solo viola el principio de oportunidad sino que también impide que el control cumpla com su función esencial"* (Ibid., p. 207).

não tiveram sequer uma *cuenta de inversión* aprovada, enquanto Carlos Menem possui quatro contas abertas.

Quadro 2
Tramitação das *cuentas de inversión* do governo da Argentina

Cuenta de inversión	Governo	AGN data	CN — data
1993	Menem	Resolução 04/96	Lei 24.963/98
1994	Menem	Resolução 124/97	NA
1995	Menem	Resolução 55/98 Resolução 54/00	NA
1996	Menem	Resolução 45/99 Resolução 162/00	NA
1997	Menem	Resolução 65/00	Lei 26.098/06
1998	Menem	Resolução 55/01	Lei 26.099/06
1999	Menem	Resolução 28/03	NA
2000	Rua	Resolução 182/03	NA
2001	Rua	Resolução 215/04	NA
2002	Duhalde	Resolução 199/05 Resolução 37/06	NA
2003	Kirschner	Resolução 121/06	NA
2004	Kirschner		NA
2005	Kirschner		NA

Fonte: Auditoría General de la Nación.
NA — Não apreciadas até 31 de dezembro de 2006.

Outro aspecto que vem merecendo críticas diz respeito ao recrutamento do corpo deliberativo. As mudanças que permitiram aos poderes legislativos de ambos os países participarem — majoritariamente, no Brasil, e totalmente, na Argentina — da indicação de ministros trouxeram pouca mudança no perfil dos titulares, que em sua maioria são oriundos das duas casas legislativas, com carreiras profissionais diversas das atividades-fim das instituições.

No Brasil, Senado Federal e Câmara dos Deputados distribuíram igualmente as seis vagas a eles reservadas e nomearam somente parlamentares, como demonstra o quadro 3. Da mesma forma, o presidente Fernando Collor, quando teve oportunidade de livremente indicar um ministro, optou por um político, sem experiência profissional na área. O avanço ficou por conta dos funcionários de carreira, auditores e procuradores, cujas indicações se fizeram compulsórias pela nova legislação. Na realidade, os requisitos de *expertise* e notórios conhecimentos "jurídicos, contábeis, econômicos e financeiros" diretamente ligados às atividades-fim da instituição só foram preenchidos pelos ministros oriundos

dos cargos de carreira do próprio tribunal; para os parlamentares, funcionou o critério vago de experiência em "administração pública".

Quadro 3
Ministros do TCU nomeados a partir da Constituição de 1988*

Ministro	Autor da nomeação	Última atividade	Partido	Situação
Olavo Drummond[1]	Collor	Ex-parlamentar	PSDB	A
Iram Saraiva	Senado	Senador	PMDB	A
Humberto Souto	Câmara	Deputado federal	PFL	A
Bento Bugarin	Carreira	Auditor TCU	–	A
Valmir Campelo	Senado	Senador	PTB	A
Adylson Motta	Câmara	Deputado federal	PPB	EA
Walton Gonçalves	Carreira	Procurador TCU		EA
Guilherme Palmeira	Senado	Senador	PFL	EA
Ubiratan Aguiar	Câmara	Deputado federal	PSDB	EA
Benjamin Zymler	Carreira	Auditor TCU	–	EA
Augusto Nardes	Câmara	Deputado federal	PP	EA
Aroldo Cedraz	Câmara	Deputado federal	PFL	EA

Fonte: Elaborado pelo autor a partir de informações do TCU e do Congresso Nacional até 31 de dezembro de 2006.
* O ministro Marco Antônio Vilaça, em atividade, não consta do quadro, pois foi nomeado pelo presidente Sarney antes da Constituição de 1988. Existe um cargo vago pela recusa da indicação do senador Luís Otávio de Oliveira Campos, acusado de irregularidades com recursos públicos.
[1] O ministro Olavo Drummond pertenceu a vários partidos. O último registro é no PSDB.

Na Argentina, apesar das mudanças introduzidas, o recrutamento do corpo deliberativo, assim como no Brasil, é problemático. O Congresso Nacional passa a ser responsável pela nomeação de toda a cúpula da agência, mas recruta, preferencialmente, entre seus próprios pares, tornando a instituição de controle uma extensão do Poder Legislativo, o que, de certo modo, confere uma redundância em termos de fiscalização e controle. Apesar de a decisão inovadora conferir à oposição, representada pelo maior partido, papel de destaque no processo de *accountability*, a partidarização excessiva do recrutamento tende a anular o efeito da novidade.

A falta de iniciativa do Legislativo para estabelecer um debate público sobre as contas presidenciais e julgá-las em tempo hábil, aliada à contínua indicação de parlamentares pouco afeitos às necessidades do ofício da fiscalização, sugerem a efetiva falta de coordenação entre o Legislativo e seu órgão auxiliar, bem como desinteresse pelo controle externo, no sentido de prover o TCU e a AGN de pessoas dotadas da *expertise* necessária ao bom desempenho da missão constitucional. O duplo caráter contido no desenho institucional do controle externo no Brasil — associando a apreciação técnica, pelo órgão auxiliar, à apreciação política, pelo Poder Legislativo — transforma-se na realidade em dois controles políticos redundantes, fugindo sobremaneira às principais razões para a existência da instituição superior de controle.

Quadro 4
Auditores da AGN nomeados a partir de 1993

Auditor	Período de atuação	Partido	Origem	Situação
Héctor Masnatta	1993-94	PJ	CN	–
Norberto Bruno	1993-99	PJ	CD	–
Emilia Lerner	1993-99	PJ	CD	–
Júlio César Casavelos	1993-2001	PJ	S	–
Vicente Barros	1993-98	PJ	S	–
Héctor Rodrigues	1993-99	UCR	S	–
Enrique Paixão	1995-99	UCR		–
José Lapierre	1995-99	UCR	CD	–
Héctor Duran Sabas	1998-2001	PJ	S	–
César Arias	1999	PJ	CD	EA
Mario Fadel	1999	(FPS)PJ	CD	EA
Francisco Fragoso	1999-2005	UCR	D	–
Alfredo Fólica	2000-01	UCR	S	EA
Francisco Fernándes	2001	PJ	S	EA
Gerardo Palacios	2001	PJ	S	EA
Leandro Despouy	2002	UCR		EA
Horácio Pernasetti	2005	UCR	D	EA

Fonte: Auditoría General de la Nación.

PJ = Partido Justicialista; CN = Congresso Nacional; UCR = União Cívica Radical; FPS = Frepaso; CD = Câmara de Deputados; S = Senado; EA = em atividade. Os nomes grifados são dos auditores-presidentes indicados pelo Congresso Nacional e, a partir de 1994, maior partido de oposição.

Considerações finais

Os poderes legislativos brasileiro e argentino não exerceram, historicamente, de forma sistemática a prerrogativa de controle externo sobre o Poder Executivo. As mudanças institucionais que se seguiram aos processos de democratização fortaleceram consideravelmente o exercício da *accountability* horizontal pelo Legislativo, dotando os órgãos responsáveis de desenhos institucionais atualizados.

As instituições superiores de controle, auxiliares do Poder Legislativo, obtiveram em ambas as sociedades o empoderamento necessário ao exercício da missão constitucional. Ficou clara a opção por uma fiscalização mais abrangente, não limitada ao controle de procedimentos, como no passado, mas orientada no sentido da auditoria de desempenho. No Brasil, a economicidade passa a fazer parte dos critérios de aferição do desempenho; na Argentina, o texto constitucional inclui o controle da gestão, e a legislação infraconstitucional alude à questão do desempenho.

No Brasil, o controle anual do desempenho do Poder Executivo, mediante a apreciação das contas pelas instituições superiores de controle e seu julgamento pelo Congresso, foi mantido pela Constituição e ampliado pela legislação infraconstitucional. Na Argentina, essa tarefa ganhou pela primeira vez *status* constitucional, depois de detalhada pela legislação ordinária. Trata-se, efetivamente, do momento maior do controle externo, quando se encerra o ciclo iniciado com a aprovação do orçamento e a *accountability* horizontal oferece à cidadania subsídios para a *accountability* vertical.

Por outro lado, a autonomia do controle externo apresentou avanços consideráveis. Na Argentina, o Poder Executivo perdeu para o Legislativo o monopólio do recrutamento do corpo deliberativo da Audítoria General de la Nación. Além disso, a reforma constitucional inova ao conferir ao maior partido de oposição no Congresso a indicação do seu presidente, incorporando a oposição ao processo de *accountability* e conferindo maior transparência e confiabilidade ao controle. No Brasil, também extinguiu-se o monopólio quase centenário do Executivo, que desde 1891 indicava solitariamente os ministros do tribunal. Agora a responsabilidade maior cabe ao Legislativo, com a indicação de dois terços de seus membros, seis vagas e aprovação dos restantes. Dos outros três membros, cabe ao Executivo a liberdade total de escolha de apenas um, pois os outros dois são escolhidos entre funcionários de carreira do TCU.

Apesar das inovações que ampliaram o raio de ação do controle externo e permitiram maior poder e autonomia das instituições auxiliares, o desempenho do controle externo vem sendo, em certo sentido, constrangedor. Em ambos os países, o Legislativo não tem estabelecido um debate público sobre o desempenho governamental por não julgar as contas do Poder Executivo em tempo hábil. No caso brasileiro, elas vêm sendo apreciadas pelo tribunal dentro do prazo constitucional previsto, mas julgadas pelo Congresso com um lapso de tempo considerável, sugerindo uma efetiva falta de coordenação entre o Legislativo e seu órgão auxiliar; na Argentina, nem mesmo a Auditoría

General vem conseguindo receber os relatórios devidamente apreciados nas datas legalmente previstas, conforme acentuou seu presidente, e apenas três prestações de contas foram liquidadas entre 1993 e a presente data.

A responsabilidade do Legislativo pelo recrutamento da cúpula do Tribunal de Contas da União e da Auditoría General de la Nación também vem sendo frustrante. Predomina a indicação de parlamentares ou políticos pouco afeitos às necessidades do ofício da fiscalização, sugerindo um desinteresse do Legislativo pelo controle externo por não prover o órgão técnico de pessoas com a *expertise*, a profissionalização e a independência requeridas ao bom desempenho da missão constitucional das instituições superiores de controle.

A afirmação do presidente da AGN, Leandro Despouy, de que "a Argentina carece de uma cultura de controle" pode ser também aplicada ao Brasil.

Referências bibliográficas

ANASTASIA, Fátima. *Responsabilização por controle parlamentar*. Trabalho apresentado ao GT de Instituições Políticas da Anpocs, 1999.

_____; MELO, Carlos Ranulfo; SANTOS, Fabiano. *Governabilidade e representação política na América do Sul*. Rio de Janeiro: Fundação Adenauer/Unesp, 2004.

ARANTES, R. B; ABRUCIO, F. L.; TEIXEIRA, A. A. C. A imagem dos tribunais de contas subnacionais. *Revista do Serviço Público*, v. 56, n. 1, p. 57-83, jan./mar. 2005.

ARGENTINA. Ley de Contabilidad, Decreto Ley nº 23.354 de 31-12-1956 (B.O. 08-01-1957) y ratificado por Ley nº 14.467 del 5-09-58 (B.O. 29-09-1958). In: COLMAN, Luiz J. Pérez (Org.). *Ley de Contabilidad*. Buenos Aires: Ciências de la Administración, 1990.

_____. *Constituición de la Nación Argentina*. Buenos Aires: Bregna, 1995.

_____. Ley n. 24.156 de Administracion Financiera y de los Sistemas de Control del Sector Público Nacional. In: DESPOUY, Leandro et al. *El control público en la Argentina*. Buenos Aires: Pnud-AGN/HCG, 2003. p. 243-278.

ARZUAGA, Carlos I. Salvadores de. *Los controles institucionales em la Constituición argentina, 1853-1994*. Buenos Aires: La Ley, 1999.

BACCARO, Maria Cecília. Revisión de las cuentas de inversión por el Congreso de la nación. In: COMISIÓN PARLAMENTARIA MIXTA REVISORA DE CUENTAS. *La cuenta de inversión*. Buenos Aires: Dunken, 2005. p. 405-419.

BALBÍN, Carlos. *Reglamentos delegados y de necesidad y urgência* — Buenos Aires. Buenos Aires: La Ley, 2004.

BEHN, Robert D. *Rethinking democratic accountability*. Washington: Brookings Institution, 2001.

BIDART, German J. Campos. *Manual de la Constituición reformada*. Buenos Aires: La Ley, 2004.

BRASIL. Lei de Responsabilidade Fiscal (Lei Complementar nº 101, de 4 de maio de 2000). Brasília, DF: Senado Federal, 2002.

CAMPANHOLE, H. L.; CAMPANHOLE, A. *Constituições do Brasil*. São Paulo: Atlas, 2000.

COLMAN, Luiz J. Pérez (Org.). *Ley de Contabilidad*. Buenos Aires: Ciências de la Administración, 1990.

COMISIÓN PARLAMENTARIA MIXTA REVISORA DE CUENTAS. *La cuenta de inversión*. Buenos Aires: Dunken, 2005.

COMUNIDADES EUROPÉIAS. *Projeto de tratado que institui uma constituição para a Europa*. Luxemburgo: Serviço das Publicações Oficiais das CE, 2003.

DAHL, Robert. *Um prefácio à teoria democrática*. Rio de Janeiro: Zahar, 1989.

DESPOUY, Leandro. Acto de apertura. In: COMISIÓN PARLAMENTARIA MIXTA REVISORA DE CUENTAS. *La cuenta de inversión*. Buenos Aires: Dunken, 2005a. p. 29-32.

_____. El control de la cuenta de inversión. In: COMISIÓN PARLAMENTARIA MIXTA REVISORA DE CUENTAS. *La cuenta de inversión*. Buenos Aires: Dunken, 2005b. p. 197-222.

DINIZ, Eli. *Crise, reforma do Estado e governabilidade*. Rio de Janeiro: FGV, 1997.

EKMEKDJIAN, Miguel A. *Análisis pedagógico de la Constituición Nacional*. Buenos Aires: Depalma, 1988.

EUROSAI. *Documentos*. Lisboa: Lisboa Eurosai Seminar, 1998.

FAUSTO, Boris; DEVOTO, F. J. *Brasil e Argentina:* um ensaio de história comparada, 1850-2002. São Paulo: Editora 34, 2004.

FIGUEIREDO, Argelina. Instituições políticas e controle do Executivo. *Dados — Revista de Ciências Sociais*, v. 44, n. 1, 2004.

FINER, S. E. *The history of government*. Oxford: Oxford University Press, 1999.

GRANT, Ruth W.; KEOHANE, Robert O. Accountability and abuses of power in world politics. *American Political Science Review*, v. 99, n. 1, 2005.

KENNEY, Charles. Horizontal accountability: concepts and conflicts. In: MAINWARING, Scott; WELNA, Christopher. *Democratic accountability in Latin America*. Oxford: Oxford University Press, 2003.

LANNOS, Mariana; MUSTAPIC, Ana Maria (Orgs.). *Controle parlamentar na Alemanha, na Argentina e no Brasil*. Rio de Janeiro: Konrad Adenauer, 2005.

LAVIÉ, Humberto Quiroga. *Constituición de la nación argentina comentada*. Buenos Aires: Zavalia, 1996.

LEMOS, Leany Barreiro. Controle legislativo no Brasil e nos EUA. In: ENCONTRO DA ASSOCIAÇÃO BRASILEIRA DE CIÊNCIA POLÍTICA, 5., Belo Horizonte, 2006. (GT Instituições Políticas).

LOCKE, John. *Two treatises of government*. Cambridge: Cambrige University Press, 1960.

LOEWENSTEIN, Karl. *Teoria de la Constituición*. Barcelona: Ariel, 1986.

MAINWARING, Scott; WELNA, Christopher. *Democratic accountability in Latin America*. Oxford: Oxford University Press, 2003.

MEIRELES, Hely Lopes. *Direito administrativo brasileiro*. 12. ed. São Paulo: Tribunais, 1986.

MELO, M. A.; FIGUEIREDO, C. M.; PEREIRA, C. Political and electoral uncertainty enhances accountability! A comparative analysis of the independent courts of accounts in Brasil. In: ENCONTRO DA ASSOCIAÇÃO BRASILEIRA DE CIÊNCIA POLÍTICA, 5., Belo Horizonte, 2006.

MONTESQUIEU. De l'esprit des lois. In: *Œuvres complètes*. Paris: Gallimard, 1951. p. 396-407.

MORAES, Alexandre de. *Direito constitucional*. 7. ed. São Paulo: Jurídico Atlas, 2000.

MORGENSTERN, S.; NACIF, B. (Eds.). *Legislative politics in Latin America*. Cambridge: Cambridge University Press, 2002.

NICOLAU, Jairo. Como controlar o representante? Considerações sobre as eleições para a Câmara dos Deputados no Brasil. *Dados — Revista de Ciências Sociais*, v. 45, n. 2, 2002. p. 219-236.

O'DONNELL, Guillermo. *Accountability* horizontal e novas poliarquias. *Lua Nova*, n. 44, 1998.

_____. The horizontal accountability: the legal institutionalization of mistrust. In: MAINWARING, Scott; WELNA, Christopher. *Democratic accountability in Latin America*. Oxford: Oxford University Press, 2003. p. 34-53.

OLESZEK, Walter. *Congressional procedures and the policy process*. 4. ed. Washington: Congressional Quarterly, 1996.

PARLERMO, Vicente; NOVARO, Marcos. *Polytica y poder em el gobierno de Menem.* Buenos Aires: Norma Ensayo, 1996.

PESSANHA, Charles. *Relações entre os poderes Executivo e Legislativo no Brasil, 1946-94.* Tese (Doutorado) — Departamento de Ciência Política/USP, São Paulo, 1997.

_____. The National Congress and external control in Brazil. In: CONGRESS OF INTERNATIONAL POLITICAL SCIENCE ASSOCIATION — *IPSA*, 18., Quebec, 2000.

_____. O Poder Executivo e o processo legislativo nas constituições brasileiras. In: VIANNA, Luiz Werneck (Org.). *A democracia e os três poderes no Brasil.* Belo Horizonte: UFMG, 2002.

POWER, Michael. *The audit society: rituals of verification.* Oxford: Oxford University Press, 1999.

RODRIGUEZ, Jesús; BONVECCHI, Alejandro. El papel del Poder Legislativo en el proceso presupuestario argentino (1984-2004). *Desarrollo Económico*, v. 45, n. 180, enero/marzo, 2006.

ROMERO, Luiz Alberto. *Sociedad democrática y política argentina del siglo XX.* Bernal: Universidad Nacional de Quilmes, 2004.

SILVA, Ives Gandra Martins da. *Direito constitucional interpretado.* São Paulo: Tribunais, 1992.

SILVA, José Afonso da. *Curso de direito constitucional positivo.* 18. ed. São Paulo: Malheiros, 2000.

SPECKER, Bruno. *Inovação e rotina do TCU.* São Paulo: Fundação Adenauer, 2000.

TORRES, Ricardo Lobo. A legitimidade democrática e o Tribunal de Contas. *Revista de Direito Administrativo*, p. 31-35, out./dez. 1993.

ZYMLER, Benjamin. *Relatório sobre as contas de gestão de 2005.* Disponível em: <www.tcn.gov.br>.

CAPÍTULO 5

Além do mercado: origens, trajetória e características da responsabilidade social das empresas no Brasil

*Eduardo Rodrigues Gomes**

Caracterizada pelo envolvimento de um grande número de pequenas, médias e grandes empresas dos mais diversos setores, com ações voluntárias de intervenção social, a chamada responsabilidade social das empresas tem adquirido grande importância na sociedade brasileira. Como foi detectado há pouco pelo Instituto de Pesquisa Econômica Aplicada (Ipea), praticamente sete entre 10 empresas haviam feito uma ação social voluntária em 2004.[1] Por sua vez, o Instituto Ethos, principal entidade empresarial voltada para promoção da responsabilidade social no país, conta com mais de 1.200 empresas associadas cujo faturamento representa cerca de 35% do PIB brasileiro.[2]

Em termos gerais, a responsabilidade social das empresas (ou responsabilidade social corporativa) é vista como uma resposta voluntária das empresas às críticas de "consumidores" e/ou "cidadãos" cada vez mais conscientes dos problemas sociais e ambientais por elas gerados, num quadro de crescentes limitações do Estado para solucionar essas questões.[3] Esse tipo de ação social insere-se em um novo modelo de gestão que advoga uma necessária interação "compensatória" da empresa com a sociedade, distin-

* Doutor em ciência política pela Universidade de Chicago. Professor de ciência política (GCP/PPGCP) e responsabilidade social (MSG/Latec) na UFF.

[1] Ver Ipea, 2006.

[2] Disponível em: <www.ethos.org.br>.

[3] Ver Grayson e Hodges, 2003.

guindo-se assim das ações sociais filantrópicas ou assistencialistas de cunho mais tradicional.[4]

Assim também tem sido interpretado o desenvolvimento da responsabilidade social (RS) das empresas em nosso país. Neste capítulo, todavia, pretendo demonstrar que, mais que uma conseqüência das críticas de consumidores e/ou cidadãos aos problemas gerados pelas empresas, tal desenvolvimento foi o resultado da nova orientação política de um setor do empresariado que incorporou "exemplos práticos" de intervenção social como parte de sua atuação política, no final dos anos 1980. Denominado Pensamento Nacional das Bases Empresariais (PNBE), esse grupo destacou-se pela defesa de uma "democracia social" para o Brasil, lançando um apelo para que seus membros desenvolvessem projetos concretos de intervenção social, como forma de demonstrar que nossos problemas — mais do que nunca percebidos então como graves e de difícil solução — poderiam ser de fato solucionados.[5] Com o passar do tempo, essas iniciativas ecoaram nas empresas em geral, originando a idéia de certa "responsabilidade" dos empresários (e das empresas) para com a sociedade, segundo os valores centrais do movimento empresarial.[6]

Eis o argumento geral deste texto, que em grande medida aprofunda as conclusões de Agüero (2005) naquela que é talvez a única análise comparada sobre a RS no Brasil.[7] Agüero focaliza o Brasil num estudo comparativo sobre a RS na América Latina, em princípio situando a emergência da RS na região

---

[4] Outros vão mais além e entendem que as empresas devem não só prevenir, minimizar ou combater os problemas "da comunidade" em seu "entorno", mas também agir proativamente em favor do "desenvolvimento sustentável", enquanto alguns poucos, como Milton Friedman, se opõem totalmente a esse tipo de envolvimento das empresas, afirmando que *"the business of business is business"*.

[5] Ver Gomes e Guimarães, 2004.

[6] Com essa orientação política e social, o PNBE pretendia também ganhar singularidade dentro da própria classe empresarial e proeminência no entrechoque de forças no momento pós-Constituinte, ainda que originariamente tenha sido apenas um movimento político de jovens industriais de pequeno e médio portes que criticavam a oligarquização da Federação das Indústrias do Estado de São Paulo (Fiesp) e seu silêncio diante dos problemas da redemocratização e da liberalização. Porém, como veremos, o PNBE ganhou importância no cenário nacional em meados dos anos 1990 exatamente por essas peculiaridades de atuação política (e social).

[7] Cappellin e colaboradores (2002) também estudaram a disseminação da RS em vários tipos de organizações empresariais brasileiras nos anos 1990, mas basicamente buscando analisar as diversas *rationales* da incorporação de valores sociais por entidades que representam os interesses privados.

como um desdobramento, "na firma", do recente processo de "transição dual" nos anos 1980 e 1990. Para ele, como as reformas econômicas liberalizantes em regra não teriam produzido os resultados positivos esperados, o envolvimento das empresas com práticas de RS pode ser visto, em princípio, como um "amortecedor defensivo contra as ameaças de descontentamento social".[8]

Contudo, Agüero desdobra essa visão num quadro causal de três determinantes mais específicos da formação da RS na região: a pressão social derivada da redemocratização e dos crescentes custos sociais das políticas de ajuste; uma mudança na visão dos empresários no sentido de incorporar uma abordagem mais "responsável" quanto às questões sociais; e novas teorias e práticas gerenciais pautadas por maior consideração dos impactos sociais das firmas e pela valorização das relações da empresa com a sociedade.[9] Esses fatores, por sua vez, manifestam-se através de forças sociais, como a sociedade ou os cidadãos, no caso das pressões sociais, e os empresários e, talvez, o grupo dos *international managers* ou dos financiadores (*donors*), no que diz respeito a novas práticas administrativas.[10]

Tratando especificamente da RS no caso do Brasil, Agüero aponta o papel decisivo de três organizações: o Instituto Brasileiro de Análise Socioeconômicas (Ibase), como porta-voz dos cidadãos; o Grupo de Institutos, Fundações e Empresas (Gife), possivelmente representando os financiadores ou as novas teorias gerenciais; e, por último, o Instituto Ethos de Empresas e Responsabilidade Social, que seria o representante dos empresários. O autor menciona, ainda, a Fundação Abrinq e o PNBE, qualificado como "o maior representante da mobilização dos empresários e suas preocupações progressistas", mas não explora o papel dessas entidades e acaba por reconhecer o Instituto Ethos como a mais importante organização propulsora da RS, colocando o Brasil entre os casos de *business driven* RS.

Agüero chega mesmo a definir o Ethos como uma possível "vanguarda político-cultural" no campo da RS, por ter como propósito principal "promover uma nova cultura na gestão empresarial baseada na responsabilidade

---

[8] Agüero, 2005:104.

[9] Ibid., p. 106-109.

[10] Tais determinantes também possibilitam uma distinção entre diferentes formatos de RS — por exemplo, aquela capitaneada pelos cidadãos (*citizen-driven*) e aquela formada pela mobilização empresarial (*business driven*), entre outros tipos que podem, é claro, se sobrepor uns aos outros.

para com todas as partes envolvidas (*stakeholders*) com a empresa". Isso é evidenciado pelo vasto conjunto de atividades em prol da RS desenvolvidas pelo instituto e que vão desde a mais importante conferência nacional sobre o assunto até ambiciosos instrumentos de análise e demonstração (*reporting*) de RS, como o balanço social e os indicadores Ethos de responsabilidade social, caracterizados por grande penetração. O autor ressalta como parte importante da atuação do Ethos em prol da RS a preocupação com "agentes indutores" capazes de levar a mensagem do instituto aos mais variados grupos, incluindo-se aí não apenas bancos, fundos de pensões e grandes empresas, mas também jornalistas, estudantes, *scholars*, consultores e, de certa forma, o próprio governo.[11]

É nesse ponto que se inserem as possíveis contribuições deste texto, no qual subscrevo a análise de Agüero, mas aprofundo o aspecto da singularidade adquirida pela formação da RS no Brasil, sugerindo que suas raízes talvez estejam no PNBE, e não exatamente no Instituto Ethos. Este, aliás, pode ser visto como um desdobramento do PNBE, cuja proposta de uma postura social proativa dos seus membros para viabilizar uma democracia social ganhou grande penetração no meio empresarial nos anos 1990, possivelmente "constituindo a idéia de RS" no Brasil.

Tal disseminação possibilitou que um dos fundadores do PNBE, Oded Grajew, tentasse institucionalizar esse tipo singular de RS no Instituto Ethos. Na segunda metade daquela década, aliás, Grajew e outros julgavam que o PNBE havia perdido boa parte de seu apelo original. Além disso, essas idéias informaram outras iniciativas lideradas por importantes membros do PNBE — expressando a mesma preocupação com nosso déficit social e a importância de "ações diretas", ainda que voltadas para problemas ou grupos mais circunscritos —, como a Fundação Abrinq pelos Direitos da Criança e do Adolescente, a Transparência Brasil e o Instituto São Paulo contra a Violência.

---

[11] Em termos comparativos, Agüero (2005:110) conclui que no Brasil a RS alcançou maior magnitude e maior profundidade, em termos teóricos e práticos, do que na Argentina, Chile e México: "o Brasil apresenta as mais avançadas práticas e conjunto de instituições de RS na região". Além disso, sugere que o Brasil singulariza-se pela ausência de uma clara oposição entre essa liderança do movimento empresarial e a mobilização social crítica dos rumos das reformas econômicas, ponto que é também aprofundado nesta análise.

O PNBE: entre a política e a ação social

O PNBE é um exemplo das respostas dos empresários aos desafios por que passaram as organizações corporativas com o advento das reformas econômicas e da democratização nos anos 1980. Engrenagens políticas vitais para articulação entre o Estado e o setor privado no processo de desenvolvimento brasileiro desde as décadas de 1930 e 1940, as instituições corporativistas passaram a enfrentar sérios desafios com o processo de liberalização econômica e redemocratização política. Tais questões foram respondidas com mudanças internas nessas entidades e também com novas iniciativas de ação coletiva, como o próprio PNBE. Juntamente com outros movimentos extracorporativos, essa organização contribuiu para o "hibridismo" que desde então passou a caracterizar a estrutura de organização de interesses no Brasil.[12]

Surgido em meados de 1987, o PNBE foi um movimento de reação de jovens empresários da indústria de pequeno e médio portes de São Paulo à centralização decisória da Federação das Indústrias do Estado de São Paulo (Fiesp) e à sua paralisia diante das mudanças políticas e econômicas por que passava o Brasil naquele momento. Buscando um lugar próprio nessa entidade e querendo ter voz ativa na política, o PNBE promoveu inicialmente uma luta pelo controle da inflação sem efeitos regressivos e contra as várias políticas econômicas "de choque". Nesses e em outros momentos, o PNBE reclamou políticas que impulsionassem o desenvolvimento do país sem penalizar os trabalhadores e que fossem baseadas na negociação tripartite, por entender que só assim elas teriam sustentação, eficácia e legitimidade.

O próprio lançamento do PNBE, em meados de 1987, teve origem nos problemáticos desdobramentos de uma dessas políticas, o Plano Cruzado, que aparentemente havia superado o quadro hiperinflacionário que vivíamos nos anos 1980. Um dos *founding fathers* do PNBE, Oded Grajew,[13] caracterizou esse plano "como um momento de entusiasmo", mas posteriormente mal encaminhado, chegando, portanto, "o momento de dizer: vamos mudar essas idéias". A partir dessa frustração, lembra esse líder do PNBE, "houve uma conscientização que nenhum plano imposto de cima pra baixo, nenhuma solução milagrosa seriam o caminho para o país", entendimento que está nas raízes da formação do PNBE.

---

[12] Ver Diniz e Boschi, 2004.

[13] Entrevista (São Paulo, 1998).

Àquela altura, diante das dificuldades de formação de um "pacto social" como saída para o fracasso do Plano Cruzado, Oded Grajew e Emerson Kapaz simplesmente decidiram viajar a Israel para conhecer de perto uma experiência bem-sucedida de controle da inflação, acompanhados de dois sindicalistas, Luís Antônio Medeiros e Gilmar Carneiro. A decisão de realizar essa inusitada viagem derivou da idéia de que "as coisas poderiam ser decididas de forma mais democrática e participativa entre empresários, trabalhadores e governo", aparentemente numa perspectiva de ação social direta (*hands-on politics*), segundo Grajew. Para ele essa viagem contribuiu para deixar claro que, mais que o conflito de interesses,"aqui o gargalo era que os atores não tinham credibilidade, e aí você dialoga, combina, conversa e no dia seguinte você tem uma medida completamente diferente".[14]

Além disso, o PNBE pautava-se também pela preocupação de tornar nossa emergente democracia um sistema político mais representativo, mais transparente e com maior *accountabilty*, tendo estado à frente de várias iniciativas nesse sentido. Naquele mesmo momento inicial, Emerson Kapaz e Fábio Starace Fonseca, outros dois líderes do PNBE, vieram a público manifestar-se contra a concessão de um quinto ano de governo para o presidente Sarney, já que a Constituição havia fixado o mandato em quatro. A Fiesp, na voz de Mário Amato, considerou que esse não era um assunto que dizia "respeito ao empresariado".[15]

O ano de 1989 trazia consigo a primeira disputa presidencial pelo voto direto depois da queda da ditadura militar. Já no mês de março, o PNBE tentou influir no encaminhamento da sucessão presidencial e iniciou uma série de "audiências públicas" com os candidatos à presidência da República, dentro das mesmas preocupações acima. Segundo outro membro do movimento, Salo Seibel, essa nova postura era uma "contraposição às audiências privadas, onde só a elite empresarial e as elites em geral têm acesso aos governantes". O PNBE foi bem-sucedido nessa iniciativa, de modo que isso se tornou uma verdadeira tradição na entidade, repetida ao longo dos anos para eleições em todos os níveis.

O PNBE teve papel de destaque no primeiro governo eleito pelo voto direto, quando o presidente Collor buscou sair do congelamento a que ele

---

[14] Entrevista (São Paulo, 1998). Ao voltarem, esses empresários do PNBE reuniram-se com o ministro da Fazenda Maílson da Nóbrega para discutir a possível aplicação da experiência israelense no Brasil, mas nada foi feito nesse sentido (*Gazeta Mercantil*, 29 dez. 1988; *Folha de S. Paulo*, 1 e 6 jan. 1989).

[15] *Gazeta Mercantil*, 17 nov. 1987.

tinha levado a economia depois do fracasso de um amplo programa de reformas liberalizantes no início de seu mandato em 1990. Tendo Collor feito pesadas críticas à Fiesp, tentando parecer moderno e desvinculado dos interesses das elites, o PNBE acabou por ser chamado a contribuir para uma saída negociada desse congelamento. Consoante seus princípios, o PNBE propôs uma abordagem tripartite às negociações, incorporando representantes dos trabalhadores e o governo. Segundo Kapaz,[16] "começamos a apostar tudo nisso, viabilizamos inclusive reuniões da central sindical então mais à esquerda, a Central Única dos Trabalhadores".

Afora as câmaras setoriais, tal incorporação não teve resultados efetivos, mas, a partir de então, uma série de novos esforços de pactuação teve lugar em nível nacional, regional e municipal: desde o movimento denominado Opção Brasil, que tinha por objetivo "formar um fórum permanente de reflexão, ação e pressão para restabelecer a confiança dos brasileiros no futuro do país",[17] até o Fórum Paulista de Desenvolvimento, que reuniu cerca de 200 empresários, tendo os participantes proposto uma agenda para negociação de entendimento nacional, além de ações de emergência destinadas a reativar a economia.[18] Apesar das dificuldades, mantiveram-se acesos nessas arenas os ideais de crescimento e redistribuição por meio de políticas negociadas. Assim, capitaneado pelo PNBE, o Brasil acabou por assistir à formação, em 1991, do primeiro "entendimento nacional" multiclassista, que não foi implementado por oposição do governo.

O PNBE esteve à frente do movimento pró-*impeachment* de Collor, tendo Oded Grajew[19] entendido que essa iniciativa teria que ser levada às ruas para ter sucesso: "nós achávamos que o *impeachment* não daria certo se ficasse ao nível de Congresso, era necessário fazer algum tipo de mobilização. Eu liguei para o Jair Meneguelli e falei: precisamos fazer alguma coisa, e nós marcamos uma reunião na OAB aqui em São Paulo, eu, o Jair Meneguelli e o presidente da OAB. E resolvemos partir para a manifestação de rua, a primeira que foi montada, no largo São Francisco, na Faculdade de Direito, e foi criado o movimento pela ética na política". Essa foi a postura assumida pelo PNBE, cujos passos iniciais culminaram numa articulação mais ampla pró-

---

16 Entrevista (São Paulo, 1998).

17 *Gazeta Mercantil*, 12 nov. 1991.

18 *Folha de S. Paulo*, 8 set. e 1 nov. 1991.

19 Ver nota 16.

impeachment e, em 29 de dezembro de 1992, no próprio *impeachment*, depois de muitas marchas e contramarchas.

Mais tarde, na segunda metade dos anos 1990, o PNBE veio a se envolver com o que via como problemáticos desdobramentos do Plano Real, a primeira política de estabilização mais duradoura. Durante sua implementação, envolvendo a criação de uma nova moeda e outras medidas fiscais, Kapaz veio a público alertar que, nessa transição, seria necessário que os salários saíssem ganhando, dando credibilidade ao novo plano.[20] Apesar de ter se manifestado contra a introdução do chamado "gatilho" para reajustar os salários, como queriam trabalhadores e parlamentares, esse líder do PNBE enfatizou a necessidade de que o plano tivesse um caráter redistributivo: "não pode haver plano econômico defensável que cristalize a miséria". Qualificando a fixação do salário mínimo em US$ 65 como "uma vergonha", ele defendeu um valor 50% maior até o final de 1994.[21]

As avaliações críticas do Plano Real continuaram, mas Fernando Henrique ganhou as eleições contra Lula no primeiro turno. Logo após essa vitória, entretanto, o governo teve que intervir para sustentar a estabilidade elevando os juros e reduzindo alíquotas de importação, entre outras medidas. O PNBE reagiu através do mesmo Emerson Kapaz, para quem o governo não deveria encarar o consumo como algo "prejudicial", se o objetivo era tornar o Brasil competitivo internacionalmente.[22] O líder empresarial enfatizou a importância de reformas para se manter a estabilidade, mas reafirmou a necessidade de reavaliação das políticas implementadas, considerando seu claro desestímulo à produção.[23]

Mais à frente, Kapaz voltou a lembrar que o novo presidente dificilmente poderia governar sem considerar o segundo colocado um possível aliado: "as preferências por Fernando Henrique Cardoso e Luiz Inácio Lula da Silva mostram claramente que o país quer um governo social democrata". Afirmando que o PT não deveria continuar rejeitando o Plano Real, pois a maioria dos trabalhadores queria a estabilização, Kapaz completou dizendo que a manutenção do sucesso do Plano Real dependeria da recuperação salarial, sem repasse para os preços, e que o PT corria o risco de perder repre-

---

[20] *Folha de S. Paulo*, 22 fev. 1994.

[21] *Folha de S. Paulo*, 22 fev., 2 e 11 mar. 1994.

[22] *Folha de S. Paulo*, 21 e 23 out. 1994.

[23] *Folha de S. Paulo*, 11 e 24 out., 3 e 6 nov. 1994.

sentatividade junto aos trabalhadores se não mudasse sua postura diante do Plano Real.[24] Tal articulação não ocorreu, e o PNBE continuou a agir mais ou menos nessa mesma linha nos dois governos de Fernando Henrique, tendo se mostrado um crítico das privatizações, bem como da ênfase dada pela "área econômica" à questão da estabilidade da moeda em detrimento da preocupação com o crescimento. Além disso, manifestou-se contra vários episódios de corrupção no Legislativo e no próprio Executivo.[25]

Desde então, o PNBE continua essencialmente a insistir na necessidade das reformas política e tributária, entre outras, sem maior sucesso. Em 2005, por exemplo, simplesmente reapresentou sua proposta de reforma política apresentada em 1993, quando da programada reforma da Constituição de 1988, proclamando: "ao reeditar em 2005 sua proposta 'Reformas políticas para o Brasil', de 1993, o PNBE verifica que se passaram 12 anos sem que qualquer das alterações propostas tenha ocorrido. A manutenção da sistemática consolidada na Constituição de 1988 tem sido responsável por várias crises políticas e pelo crescimento da descrença no regime democrático, problemas que só serão corrigidos com uma mudança nas regras eleitorais, partidárias e de representação".

Ainda que ativo e buscando levar adiante suas bandeiras, o PNBE perdeu a importância que chegou a ter até o primeiro governo Fernando Henrique, havendo inclusive realizado dois congressos internos na segunda metade dos anos 1990 para definir sua estratégia, sem conseguir alcançar as respostas buscadas. A principal razão para essa perda de importância parece ter sido o próprio governo Fernando Henrique, que prometia realizar boa parte do projeto de democracia social do PNBE, a par de outras reformas econômicas e políticas. O Plano Real propiciara alguns avanços, mas seus desdobramentos foram bastante insatisfatórios ao longo dos oito anos de governo. No PNBE, alguns, como Kapaz, apostavam na conciliação de interesses entre o PT e o PSDB e, conseqüentemente, num outro papel para o PNBE, mas outros, como Grajew, não vendo espaço para canalizar suas idéias dentro do movimento, acabaram por se afastar.

Assim, Emerson Kapaz aproximou-se do PSDB, tendo se tornado secretário da Ciência, Tecnologia e Desenvolvimento Econômico do estado de São Paulo no governo Mário Covas. Elegeu-se deputado federal em 1998 pelo

---

[24] *O Estado de S. Paulo*, 2 dez. 1994.

[25] *Folha de S. Paulo*, 16, 18 e 30 maio 2001.

PSDB e concorreu às eleições para a prefeitura da cidade de São Paulo no ano de 2000, pelo PPS, como candidato a vice-prefeito na chapa de Luiza Erundina. Por sua vez, Grajew tentou institucionalizar o apoio empresarial a Lula, depois da derrota dele para Fernando Henrique em 1994, organizando outra associação empresarial denominada Associação Brasileira de Empresários pela Cidadania (Cive), que, contudo, não ganhou maior expressão no cenário político nacional. Grajew apareceu como uma voz crítica ao PNBE em alguns episódios nesses primeiros anos de Fernando Henrique, tendo colaborado posteriormente em eventos com o Fórum Social Mundial. Foi então que ele procurou se inteirar do fenômeno da RS fora do Brasil, acabando por capitanear a fundação do Ethos, mas a partir de todo um trabalho desenvolvido anteriormente pelo PNBE.

Na sua busca de singularidade (e poder) na política brasileira, o PNBE se propôs demonstrar que havia reais alternativas para os problemas sociais do país desenvolvendo projetos de intervenção social — isso seria parte do exercício "empresarial" da cidadania. As questões ecológicas foram uma das primeiras áreas de atuação da entidade, através do Grupo de Meio Ambiente, coordenado pelo empresário Percival Maricato. Em dezembro de 1991, Maricato procurou deixar clara a especificidade da abordagem do PNBE, afirmando que "o diferencial do nosso grupo em relação a entidades semelhantes está no fato de considerar a conquista da cidadania e a melhor distribuição de renda como pontos imprescindíveis no combate à destruição ambiental".[26] Esse grupo preocupou-se, de um lado, em estimular certas atividades nas empresas, como separação do lixo, racionalização do uso de energia etc.; de outro, com questões mais amplas, como a limpeza do rio Tietê.

Nesta última perspectiva, o PNBE se mobilizou contra a exclusão da ilha das Cabras da implantação do Parque Estadual de Ilha Bela e também contra um projeto de lei, aprovado pela Assembléia Legislativa de São Paulo, que aparentemente atendia aos interesses do proprietário daquela ilha, segundo denúncia de um jornalista. Além de empresários, ambientalistas cerraram fileiras nessa luta, tendo o PNBE solicitado e conseguido do governador de São Paulo, Mário Covas, o veto ao projeto.[27]

A entidade passou a preocupar-se com a educação graças à ação da educadora Célia Tilkian em conjunto com iniciativas de apoio a escolas por

---

[26] *Gazeta Mercantil*, 3 dez. 1991.

[27] *O Estado de S. Paulo*, 24 jun. 2001.

parte de empresários do PNBE ou a ele ligados. A idéia de trabalhar pela escola surgiu-lhe de um artigo publicado pelo jornalista Gilberto Dimenstein condenando empresários da Fiesp que estariam formando um grupo anti-seqüestro e sugerindo-lhes, em vez disso, que se unissem para investir em educação: "não sei o que aconteceu na Fiesp, mas nós entendemos o recado. Todo mundo sabe que a educação é a chave para a transformação. E os empresários não podiam deixar essa tarefa só nas mãos do governo".[28]

Acolhendo as preocupações de Célia Tilkian com a educação, o PNBE constituiu, em 1995, o Grupo de Trabalho de Educação, dirigido pela própria educadora e incluindo outros representantes da sociedade civil.[29] O projeto daí resultante, visando tentar sanar as deficiências do sistema escolar, foi o "Cooperação empresa/escola", que previa a "adoção" de escolas públicas por empresas, com o fornecimento de recursos para a reforma de prédios e a substituição de equipamentos, o oferecimento de cursos de reciclagem para professores, a criação de hortas, a compra de livros e a desburocratização da administração.[30]

Porém, o grupo de trabalho teve dificuldades para levar à frente seus objetivos, e Tilkian acabou por se afastar do PNBE. De qualquer forma, algumas escolas foram "adotadas" e, segundo o coordenador do PNBE Ricardo Young, nelas os índices de repetência caíram, o absenteísmo dos professores se reduziu, modernizaram-se os processos pedagógicos, as instalações se tornaram decentes, a segurança aumentou.[31] Mais tarde, coordenado então pelo mesmo Ricardo Young, o Grupo de Trabalho de Educação voltou-se para projetos como "Escola do futuro" e "Ação educativa", visando a disseminação da informática e do uso da internet. Destinado à educação de jovens e adultos, o projeto baseava-se num programa de cessão de computadores para escolas públicas e interação com outras entidades e órgãos do governo voltados para o mesmo objetivo.[32]

Estas eram atividades do PNBE de São Paulo, mas outros núcleos regionais da entidade também se mobilizavam em torno de projetos sociais. O núcleo de Brasília, por exemplo, voltou-se para a criação de um "Banco de

---

[28] *Folha de S. Paulo*, 12 jan. 1996.

[29] *Pensamento Empresarial*, n. 9.

[30] *Folha de S. Paulo*, 12 jul. 1994; *Pensamento Empresarial*, n. 2.

[31] *Folha de S. Paulo*, 2 set. 1996; *Pensamento Empresarial*, n. 8.

[32] *Pensamento Empresarial*, n. 10.

alimentos" para atender às necessidades de populações carentes das cidades-satélites. No Rio de Janeiro e em Ribeirão Preto, o PNBE iniciou projetos visando oferecer emprego ou educação profissionalizante a crianças carentes.

Outro projeto de intervenção social desenvolvido pelo PNBE foi o "Minha rua, minha casa", visando oferecer condições mínimas de vida à população de "moradores de rua" de São Paulo — estimada em 10 mil pessoas — através da criação, em espaços públicos eventualmente disponíveis na cidade, de "centros de convivência" equipados com camas, armários pessoais, cofre, lavanderia, telefone comunitário e posto de enfermagem. Para tanto, o PNBE associou-se a uma entidade que já trabalhava com esse grupo, a Organização de Auxílio Fraterno.[33] A despeito desses objetivos amplos, apenas um centro foi instalado, sob um viaduto na Baixada do Glicério — local cedido em comodato pela prefeitura de São Paulo —, para atender aos cerca de 300 moradores de rua daquela região. Em sua inauguração, o coordenador-geral do PNBE Ricardo Young reafirmou os princípios que norteavam esse tipo de iniciativa: "precisamos desenvolver ações para diminuir a exclusão social e não cair no discurso de apoio à pena de morte"; e acrescentou: "os sem-teto estão a um passo da criminalidade".[34]

Como uma forma de "conferir reconhecimento público às iniciativas de pessoas e/ou entidades conhecidas e/ou anônimas que contribuíram para melhorar as condições de vida de outros cidadãos brasileiros", foi criado em 1992 o "Prêmio PNBE de Cidadania", então concedido ao sociólogo Betinho pelo seu trabalho social à frente do Ibase. A lista dos contemplados em outros anos, em cujas atividades se refletem preocupações ecológicas, educacionais, trabalhistas etc., inclui o então ministro da Saúde, Adib Jatene, o sociólogo Caio Ferraz, a empresa Natura Cosméticos, a Fundação Bradesco, a ONG SOS Mata Atlântica e o jornalista Caco Barcelos. Também foram premiados "anônimos" como Maria Cristina Viana, moradora da periferia de São Paulo, pelo atendimento voluntário em sua casa, visando canalizar reivindicações de moradores e apontar soluções; Sérgio e Sônia de Oliveira, que adotaram a menina Sheila, portadora do vírus HIV; e Mauro Dutra, empresário que distribui mil pratos diários de sopa entre a população carente de Brasília.

Não menos importante nessa premiação foi a valorização das instituições democráticas. Entre os primeiros homenageados em 1992 destaca-se, por

---

[33] *Pensamento Empresarial*, n. 9.

[34] *O Estado de S. Paulo*, 19 ago. 1996.

exemplo, o procurador-geral da República Aristides Junqueira, por suas ações em defesa dos cidadãos perante a União e pela atitude assumida durante o *impeachment* do ex-presidente Fernando Collor. No ano seguinte foi contemplada a juíza Denise Frossard, por sua luta contra a impunidade e pela condenação dos banqueiros do jogo do bicho no Rio de Janeiro. Em 1994 foram agraciados Fábio Konder Comparato, fundador e diretor da Escola de Governo de São Paulo, e o movimento Voto Consciente, premiações que demonstram o reconhecimento, pelo PNBE, da importância das questões políticas para a formação da cidadania. Tiveram também o seu trabalho reconhecido o prefeito de Campina do Monte Alegre, Carlos Eduardo Vieira Ribeiro, pelo projeto de autogestão em sua cidade, tornando os próprios cidadãos responsáveis pela administração, e a prefeita de Itaju, Fátima Terezinha Camargo Guimarães, pelo programa de educação que baixou para zero o índice de analfabetismo entre crianças de até 17 anos.

Assim se configurou, em síntese, a ação social do PNBE, que hoje passa por uma fase de retração. De um lado, porque a entidade decidiu criar outra organização com a finalidade específica de desenvolver ações sociais: o Instituto PNBE de Desenvolvimento Social; de outro, porque — independentemente e antes mesmo da criação desse instituto — várias de suas preocupações foram canalizadas para entidades externas, a maioria delas vinculadas à plataforma do movimento empresarial a partir de iniciativas de suas lideranças "históricas". Passemos agora à análise dessas organizações, com destaque para o Instituto Ethos.

O PNBE, o Instituto Ethos e outras entidades sociais empresariais

Como relata Agüero (2002), no final dos anos 1990, o interesse de Oded Grajew pelas práticas de RS na Europa e nos EUA o levou a se aproximar da organização líder nessa área naquele país, a *Business for Social Responsibility* (BSR). Além disso, engajou-se numa rede de empresários, formada a partir de uma ONG empresarial norte-americana, a *Social Ventures Network*, que acabou atuando como intermediária entre a experiência da BSR e várias organizações "socialmente responsáveis" da América Latina. Como vimos, Grajew começou a afastar-se de fato do PNBE em meados dos anos 1990, mas desde o início daquela década já vinha se envolvendo com ações sociais através da Fundação Abrinq pelos Direitos da Criança e do Adolescente, criada em 1990 por ele e Emerson Kapaz em sua entidade de classe setorial, a Associação Brasileira de Fabricantes de Brinquedos.

O Instituto Ethos de Empresas e Responsabilidade Social, fundado em 1998 a partir dessas iniciativas de Grajew e tendo como sócias pouco mais de 10 empresas, acabou por corresponder à caracterização de entidade "de vanguarda" feita por Agüero. Tendo como missão "mobilizar, sensibilizar e ajudar as empresas a gerirem seus negócios de forma socialmente responsável, tornando-as parceiras na construção de uma sociedade sustentável e justa",[35] tornou-se a principal instituição de promoção da RS no país, estando presente em praticamente todas as atividades e eventos relevantes nessa área, quando não é a promotora dos mais importantes, como sua conferência anual com mais de mil participantes. Hoje o instituto se desdobra em duas outras entidades: a Uniethos, que visa à disseminação dos mecanismos de RS no meio administrativo, e o Interethos, voltado para a criação e dinamização dos já mencionados "agentes indutores" da RS.

O foco de atuação do Ethos é indubitavelmente a empresa, razão pela qual se propõe a cumprir sua missão estimulando-as, por exemplo, a "compreender e incorporar de forma progressiva o conceito do comportamento empresarial socialmente responsável"; a "implementar políticas e práticas que atendam a elevados critérios éticos, contribuindo para o alcance do sucesso econômico sustentável em longo prazo", e assim por diante. Dessa forma, ao mesmo tempo em que o Ethos oferece às empresas uma ampla gama de serviços, incluindo informações e orientação sobre RS, conferências, debates etc., seu campo de atuação vai muito além das empresas, envolvendo ações coletivas de promoção da RS e até a mobilização do Estado nessa área — por exemplo, a ampliação do movimento de responsabilidade social empresarial (sensibilização e engajamento de empresas em todo o Brasil, articulação de parcerias, sensibilização da mídia para o tema, coordenação da criação do comitê brasileiro do Global Compact etc.), a articulação do movimento de RS com políticas públicas, incluindo o fomento à participação das empresas no controle da sociedade, por meio do acompanhamento e cobrança das responsabilidades legais, da transparência governamental e da conduta ética, entre outras, o que vem reforçar a caracterização de Agüero há pouco mencionada.

Mais do que oferecer serviços e propor ações individuais e coletivas, o Instituto Ethos estabeleceu princípios semelhantes para avaliar as empresas: os indicadores ethos de responsabilidade social, nos quais estão presentes todas essas preocupações. Concretamente, eles reúnem o maior número possí-

[35] Disponível em: <www.ethos.org.br>.

vel de requisitos reconhecidos de RS e sustentabilidade, desde o Pacto Global até a Norma AA1000 do Institute of Social and Ethical Accountability, passando pelas Metas do Milênio, as Diretrizes para relatórios de sustentabilidade da Global Reporting Initiative e a Norma SA 8000 do Social Accountability International. Com cerca de 420 questões, incluindo majoritariamente perguntas a serem respondidas afirmativa ou negativamente, ao lado de avaliações de estágio e dados quantitativos sobre desempenho em alguns casos, o Instituto Ethos expande a visão de RS em praticamente todas as direções possíveis, tanto intra como extra-empresa, incluindo o passado e o futuro num verdadeiro projeto que não está longe de uma proposta utópica, nem das bandeiras pelas quais o PNBE se bateu. Basta ver os temas em que os sete indicadores avaliam a atuação social proativa da empresa: a) valores, transparência e governança; b) público interno; c) meio ambiente; d) fornecedores; e) consumidores e clientes; f) comunidade; g) governo e sociedade.

Essas preocupações do Instituto Ethos, reavaliadas anualmente através de consulta pública pela internet, podem ficar mais claras se examinarmos em detalhes o que é perguntado às empresas. No primeiro caso, *valores, transparência e governança*, espera-se uma posição proativa da empresa no que se refere a auto-regulação da conduta e relações transparentes com a sociedade. Nesses subitens investigam-se a atuação da firma em relação a compromissos éticos, enraizamento na cultura organizacional, governança corporativa, diálogo com as partes interessadas (*stakeholders*) e relações com a concorrência, bem como o balanço social. O segundo indicador, referente ao *público interno*, avalia os mais diversos aspectos da relação da empresa com o trabalhador e com o trabalho organizado, tais como: diálogo e participação, respeito ao indivíduo e trabalho decente, relações com sindicatos e gestão participativa, compromisso com o futuro das crianças, valorização da diversidade, relações com trabalhadores terceirizados; o terceiro e último subitem inclui política de remuneração, benefícios e carreira, cuidados com saúde, segurança e condições de trabalho, compromisso com o desenvolvimento profissional e a empregabilidade, comportamento diante de demissões e até preparação para aposentadoria, ou seja, a "saída" do trabalhador da empresa.

Já o quinto indicador, *consumidores e clientes*, analisa critérios como política de comunicação comercial, excelência do atendimento, conhecimento e gerenciamento dos danos potenciais dos produtos e serviços. O sexto e penúltimo indicador refere-se à *comunidade* e está subdividido em subitens como: relações com a comunidade local e ação social, gerenciamento do impacto da empresa na comunidade de entorno e relações com organizações locais, financiamento da ação social e envolvimento da empresa com a ação social. *Last but not the least*, o sétimo indicador, referente a *governo e sociedade*, inclui transparência política e liderança social, contribuições para campanhas políticas, construção da cidadania pelas empresas, práticas contra corrupção e propina, liderança e influência social, e participação em projetos sociais governamentais. Até 2005, haviam-se submetido à avaliação pelos indicadores Ethos 444 empresas, formando um universo que é monitorado pelo instituto inclusive por setores, com a definição de padrões para cada um deles.

O Ethos acabou por replicar muitos dos objetivos do PNBE, apenas transferindo o foco do empresário para a empresa. Tal apropriação, que iria definir as características da RS no Brasil, fica evidente na visão de mundo do instituto, marcada pela crescente interdependência e pelas especificidades da empresa: "as empresas são importantes agentes de promoção do desenvolvimento econômico e do avanço tecnológico que está transformando rapidamente o planeta numa aldeia global. Com a crescente interdependência de todos, o bem-estar da humanidade depende cada vez mais de uma ação cooperativa local, regional, nacional e internacional. É fundamental que exista uma consciência global que engaje todos num processo de desenvolvimento que tenha como meta a preservação do meio ambiente e do patrimônio cultural, a promoção dos direitos humanos e a construção de uma sociedade economicamente próspera e socialmente justa."[36]

Em virtude de seus recursos específicos, a empresa deve enfrentar esse desafio, inclusive porque o Estado e a sociedade civil em geral estão se reorientando no mesmo sentido: "a participação do setor empresarial — por sua capacidade criadora, seus recursos e sua liderança — é crucial. Os diversos setores da sociedade estão redefinindo seus papéis. As empresas, adotando um comportamento socialmente responsável, são poderosas agentes de mudança para, juntamente com os Estados e a sociedade civil, construir um mundo melhor".[37] Ou seja, a nova posição da empresa na sociedade deriva do fato de estar ela no centro das principais transformações do mundo contemporâneo, marcado pela crescente interdependência de todos, e somente a cooperação de todos pode fazer com que esse desenvolvimento seja sustentável e socialmente justo.

---

[36] Disponível em: <www.ethos.org.br>.

[37] Idem.

O Instituto Ethos vai mais além e chega à conclusão de que, para as empresas, o meio para tal é uma atuação socialmente responsável: "esse comportamento é caracterizado por coerência ética nas ações e relações com os diversos públicos com os quais interagem, contribuindo para o desenvolvimento contínuo das pessoas, das comunidades e de suas relações entre si e com o meio ambiente. Ao adicionar às suas competências básicas um comportamento ético e socialmente responsável, as empresas adquirem o respeito das pessoas e das comunidades atingidas por suas atividades e são gratificadas com o reconhecimento e o engajamento de seus colaboradores e a preferência dos consumidores. A responsabilidade social está se tornando cada vez mais fator de sucesso empresarial, o que cria novas perspectivas para a construção de um mundo economicamente mais próspero e socialmente mais justo".[38]

Tal visão de mundo é completada com o argumento de que o Ethos é a entidade apropriada para qualificar a empresa em RS, o que propicia o cenário anteriormente descrito. Isso mostra bem as semelhanças do Ethos com o "ideário" do PNBE, que defendia o envolvimento dos empresários na política, mais precisamente no processo de negociação, com o objetivo de buscar "o desenvolvimento econômico e a justiça social, com uma melhor distribuição de renda e liberdades individuais plenas; um Estado instrumento de realização dos anseios sociais; e uma sociedade organizada economicamente com base na livre iniciativa, na economia de mercado e num mercado interno forte e integrado competitivamente à economia internacional, onde o lucro seja um instrumento do desenvolvimento, a eficiência econômica um meio para obtenção da qualidade de vida e onde haja respeito aos patrimônios nacionais, sejam humanos, materiais ou ambientais".[39] Diferentemente da visão do Instituto Ethos, o quadro geral de referência era o Brasil, mas a expectativa de mudança é muito semelhante, pois enquanto um se refere ao lucro como instrumento de desenvolvimento, o outro se concentra na empresa "socialmente responsável", mas a relação entre ambos não poderia ser mais estreita.

A idéia de uma "RS" das empresas para com o desenvolvimento e a democracia social não se expressou apenas no Instituto Ethos. Outras entidades foram criadas a partir dos anos 1990 por outros líderes do PNBE seguindo essa orientação mais geral do movimento empresarial, mas enfocando causas mais específicas do que então se via como nosso déficit social e político.

---

[38] Disponível em: <www.ethos.org.br>.

[39] Idem.

Como vimos, Grajew e Kapaz estiveram à frente da organização da Fundação Abrinq pelos Direitos da Criança e do Adolescente em 1990, que foi talvez o primeiro desdobramento concreto do grupo do PNBE. A mobilização desses empresários em torno dos problemas da criança e do adolescente foi motivada por um número crescente de episódios de maus-tratos no final da década de 1980, mas também pelo fato de que havia outras iniciativas semelhantes, como a articulação em prol do Estatuto da Criança e do Adolescente, e a Convenção Internacional dos Direitos da Criança da ONU em 1989.[40]

O esforço de Grajew e Kapaz concretizou-se em 1989 com a criação, dentro da Abrinq, da Diretoria da Defesa dos Direitos da Criança, que desenvolveu algumas ações naquele mesmo ano, como a promoção de concursos, publicações e inserções do tema em produtos, entre outras. No ano seguinte, essa diretoria foi transformada na Fundação Abrinq pelos Direitos da Criança e do Adolescente, que assim definiu sua missão: "promover a defesa dos direitos e o exercício da cidadania da criança e do adolescente",[41] tendo por base a mencionada convenção internacional, o Estatuto da Criança e do Adolescente e a Constituição brasileira. A fundação passou por várias fases, tendo atuado até hoje nas seguintes áreas: prevenção e erradicação do trabalho infantil; educação (infantil, fundamental e complementar); saúde (da gestação aos cuidados hospitalares); cultura; inclusão digital; prevenção da violência contra crianças e adolescentes etc.

Ainda no período de formação do Instituto Ethos, foi criada outra organização dedicada a importantes causas sociais, com a participação direta de membros da cúpula do PNBE e bandeiras afins com as desse movimento: o Instituto São Paulo contra a Violência (ISPCV), que se diferencia das anteriormente mencionadas por ter membros estranhos ao meio empresarial. Esse instituto foi fundado em 25 de novembro de 1997, como resultado do seminário "São Paulo sem medo", promovido pela Rede Globo de Televisão, a Fundação Roberto Marinho e o Núcleo de Estudos da Violência da Universidade de São Paulo em maio daquele mesmo ano.

Nesse encontro, reunindo representantes dessas entidades, de organizações governamentais e não-governamentais, e especialistas no assunto, reconheceu-se a necessidade de buscar iniciativas "mais eficazes para reduzir a criminalidade e a violência e aumentar a segurança dos cidadãos em São Pau-

---

[40] Disponível em: <www.abrinq.org.br>.

[41] Idem.

lo". Depois de examinar modelos como as fundações norte-americanas de "amigos da polícia", os participantes decidiram-se pela "criação de uma organização da sociedade civil para colaborar com os governantes na formulação, implementação, monitoramento e avaliação de políticas e programas de redução de violência", e essa foi a filosofia orientadora da nova organização.[42] Segundo Paulo Mesquita Neto,[43] o ISPCV acabou por reunir as mais representativas entidades empresariais paulistas dos setores do comércio, da indústria e financeiro, além de universidades e outras instituições, mas foi outro dirigente do PNBE, Eduardo Capobianco, quem praticamente conduziu essa instituição por cerca de 10 anos, desde a sua fundação.

Um dos projetos mais conhecidos do ISPCV foi o serviço "Disque-Denúncia", que alimenta anonimamente o aparato público de segurança com denúncias, mas funciona de maneira totalmente independente deste. Além disso, o ISPCV criou e gerencia o Fórum Metropolitano de Segurança Pública, que reúne 39 prefeituras da Grande São Paulo no intuito de possibilitar um controle social das esferas decisórias de segurança e justiça criminal na região, visando à prevenção e redução da criminalidade. O ISPCV desenvolve, ainda, o projeto "Abrace seu bairro", que procura induzir os jovens a identificarem os fatores geradores de violência no seu cotidiano, estimulando a cooperação entre pais, professores, vizinhos e outros grupos. Mais recentemente, a entidade criou ainda o Centro de Referência e Apoio às Vítimas, que busca reduzir os efeitos traumáticos nos familiares de vítimas da violência oferecendo-lhes atendimento psicológico, jurídico e social especializado.

Outra entidade ligada ao PNBE — ainda que também contando com participantes alheios ao setor empresarial — criada nessa época foi a Transparência Brasil (TB). Essa nova organização faz parte da Transparência Internacional e tem igualmente por objetivo central lutar contra a corrupção nas esferas governamentais. Criada em 29 de fevereiro de 2000, sua formalização e primeiros passos dependeram muito dos esforços de Eduardo Capobianco e de outro expoente do PNBE, Neissan Monadjem, que ocuparam respectivamente os cargos de presidente e vice-presidente do conselho deliberativo da nova entidade.

A formação da TB também envolveu outros nomes, como o juiz Aristides Junqueira, a juíza Denise Frossard, acadêmicos como Bruno Wilhelm Speck e

---

[42] Disponível em: <www.ispcv.org.br>.

[43] Entrevista (São Paulo, 2006).

David Fleischer, além de economistas, auditores, jornalistas e representantes da União Nacional dos Analistas e Técnicos de Finanças e Controle, do Instituto Ethos, da Comissão Brasileira Justiça e Paz, e da Associação Brasileira das Organizações Não-Governamentais, entre outros.

Mais concretamente, a entidade brasileira tomou como prioridade o combate à corrupção no processo eleitoral, desde o voto até o financiamento das campanhas, por entender que "o voto é o princípio fundador das democracias representativas, e seu exercício é o principal instrumento da coletividade para o controle do Estado".[44] A TB promove campanhas de esclarecimento em época de eleições e também desenvolve o projeto "Às claras" — *site* através do qual presta informações sobre o financiamento de campanhas de candidatos. O combate à corrupção no aparelho de Estado, nos níveis federal, estadual e municipal, é feito, por exemplo, através da identificação de "mapa de riscos" no aparato administrativo público, ou seja, áreas decisórias sem visibilidade e mal controladas que podem ser melhoradas, e para tanto a TB trabalha com o planejamento de estratégias e instrumentos de prevenção da corrupção junto à recém-criada Secretaria de Prevenção da Corrupção e Informações Estratégicas da Controladoria Geral da União. Em ambos os casos, a TB baseia seus estudos em pesquisas especializadas — outra área autônoma de atuação da organização. Além disso, a entidade produz "manuais" de promoção de seus objetivos e lança publicações sobre várias de suas iniciativas, tais como a *Cartilha de fiscalização financeira e controle*, e o *Manual de orientação para o monitoramento da gestão municipal*, entre outras.

No começo desta primeira década do século XXI, surgiram mais duas entidades fundadas por líderes do PNBE e identificadas com esse movimento, embora em menor grau do que as outras três anteriormente mencionadas. Em 2001, por exemplo, Hélio Mattar, outro membro da liderança do PNBE, fundou uma ONG destinada a desenvolver o "consumo consciente", o Instituto Akatu pelo Consumo Consciente,[45] criado justamente no Dia Mundial do Consumidor (15 de março). O Akatu nasceu dentro do Instituto Ethos, onde Mattar também ocupara cargos diretivos, conta com o apoio de Grajew, Kapaz e outros, e suas ações se concentram não na empresa, mas no consumidor. A lista de entidades criadas e dirigidas por ex-membros do PNBE não termina

---

[44] Disponível em: <www.transparencia.org.br>.

[45] Disponível em: <www.akatu.org.br>.

aí, e a mais recente delas é o Instituto Brasileiro de Ética Concorrencial, fundado em 2003 por outro líder histórico do PNBE, Emerson Kapaz.

Assim pode ser situada a influência do PNBE na formação da visão de RS que a meu ver tem predominado no Brasil. É claro que não estamos nos referindo exatamente aos mesmos princípios de RS estabelecidos empiricamente pelo PNBE. O papel "socialmente responsável" da empresa passa a ser uma necessidade não em virtude dos déficits sociais e políticos brasileiros das décadas de 1980 e 1990, mas de um processo de desenvolvimento econômico universal que "exige" esse tipo de envolvimento dos agentes produtivos, segundo o Instituto Ethos.

Se a primeira concepção de RS podia ser definida como uma busca de promoção da democracia social, essa mais recente talvez possa ser caracterizada como uma proposta de inserção da empresa em prol do "desenvolvimento sustentável" e da justiça social. Ou seja, a concepção do Instituto Ethos aparece como uma versão mais genérica do que aquela formulada originalmente no PNBE, o que indica a continuidade entre uma e outra.

Considerações finais

Evidentemente que o fenômeno da RS no Brasil não se limita àquilo que foi exposto neste capítulo, mas se reflete em cada empresa que realiza projetos sociais, em cada *workshop* ou outro tipo de evento relacionado ao tema, para não falar dos prêmios de "melhores práticas" de ações sociais privadas. Também não pretendi tratar aqui de tudo isso, mas simplesmente ressaltar as raízes políticas da RS, em geral relacionada a uma expansão da consciência crítica dos cidadãos e consumidores quanto aos problemas sociais e ambientais derivados da atividade empresarial.

Assim, procurei mostrar que a influência do PNBE foi decisiva na formação de uma nova visão do papel social das empresas, agora tidas como "responsabilizáveis", e que o legado de suas idéias vai muito "além do mercado" e da compensação da predação "naturalmente" inerente à atividade empresarial. O PNBE singularizou-se por assumir que a prática social poderia ser um fator de fortalecimento da prática política, tanto individual, quanto coletivamente, e por defender e promover os valores da democracia e da igualdade ou, em outras palavras, certo tipo de "democracia social".

De qualquer forma, uma última prova dessa influência extramuros do PNBE e da filosofia do Instituto Ethos encontra-se naquele que pode ser considerado o "anuário" da RS no Brasil: o *Guia Exame da boa cidadania corporati-*

va. Trata-se de uma edição especial anual da revista de negócios *Exame*, na qual são avaliados os projetos sociais apresentados pelas empresas, embora o número deles tenha diminuído nos últimos dois anos, passando de 1.500 para 400 ao todo.

É possível afirmar que, por vários anos, as empresas tiveram seus projetos agrupados por categorias nitidamente políticas, as quais foram direta ou indiretamente objeto das ações do PNBE ou das ONGs dele originadas, como educação, meio ambiente, saúde, geração de renda, terceira idade, redução do desemprego, redução da violência e comunidade. Mais do que isso, podemos considerar que, nas duas últimas edições do *Guia Exame da boa cidadania corporativa* (2006 e 2007), o PNBE se faz presente através do Instituto Ethos, uma vez que a publicação decidiu mudar seus critérios de classificação dos projetos apresentados, passando a usar os indicadores Ethos de responsabilidade social anteriormente mencionados neste capítulo.

Referências bibliográficas

AGÜERO, Felipe. *Business social responsibility in Latin America:* Argentina, Brazil, Chile, Colômbia, Mexico, and Peru. Miami: School of International Studies/University of Miami, 2002. ms.

______. The promotion of corporate social responsibility in Latin America. In: SANBORN, Cynthia; PORTOCARRERO, Felipe (Eds.). *Philantrophy and social changes in Latin America*. Cambridge, Massachusetts: Harvard University Press, 2005.

CAPPELLIN, Paola et al. As organizações empresariais brasileiras e a responsabilidade social. In: KIRSCHNER, Ana Maria; GOMES, Eduardo R.; CAPPELLIN, Paola (Orgs.). *Empresas, empresários e globalização*. Rio de Janeiro: Relume-Dumará/Faperj, 2002.

DINIZ, Eli. *Crise, reforma do Estado e governabilidade* — Brasil, 1985-95. Rio de Janeiro: FGV, 1997.

______; BOSCHI, Renato. *Empresários, interesses e mercado:* dilemas do desenvolvimento no Brasil. Rio de Janeiro: Iuperj; Belo Horizonte: UFMG, 2004.

GOMES, Eduardo R.; GUIMARÃES, Fabrícia C. Entrepreneurs: the PNBE. In: FONT, Mauricio. *Reforming Brazil, a preliminary assessment*. Lanham, MD: Lexington, 2004.

GRAYSON, Davis; HODGES, Adrian. *Compromisso social e gestão empresarial*. São Paulo: PubliFolha, 2003.

Guia Exame da boa cidadania corporativa. São Paulo: Abril, 2001.

______. São Paulo: Abril, 2002.

______. São Paulo: Abril, 2003.

______. São Paulo: Abril, 2004.

______. São Paulo: Abril, 2005.

______. São Paulo: Abril, 2006.

IPEA. *A iniciativa privada e o espírito público* — a evolução da ação social das empresas privadas no Brasil. Brasília: Ipea, 2006.

CAPÍTULO 6

Cidadania e audiência no telejornalismo comunitário da Rede Globo*

*Fernando Lattman-Weltman***

O telejornalismo local praticado por importantes veículos brasileiros de comunicação de massas tem procurado assumir uma função política e social explícita, através da adoção de modelos editoriais calcados na noção de "jornalismo comunitário" ou "cívico", dentro das linhas gerais do processo mais amplo que caracterizamos anteriormente como constitutivo da institucionalização política da mídia no Brasil.[1] Tal processo, por sua vez, envolve a articulação contraditória de exigências simultaneamente mercadológicas e políticas.

De par com a retomada — em condições inéditas de incorporação e institucionalização poliárquicas[2] — da prática da democracia competitiva, assistimos hoje no Brasil a uma incorporação midiática igualmente sem paralelos. Para fazer face às imposições desse amplo mercado, os veículos não apenas têm de se adaptar a novas exigências de ordem tecnológica, com a constante mutação e obsolescência de aparelhos e insumos — o que os leva a se submeterem a regras e a seguirem tendências mercadológicas poderosas —, como também se vêem confrontados com as repercussões políticas do próprio poder que adquirem, justamente por força da ampliação do campo de sua influência.

---

* Este texto faz parte do projeto de pesquisa "Direitos e cidadania", patrocinado pelo Pronex e desenvolvido pelo Cpdoc/FGV em parceria com a Universidade Federal Fluminense, a Universidade Federal do Rio de Janeiro e a Casa de Rui Barbosa.

** Doutor em ciência política pelo Instituto Universitário de Pesquisas do Estado do Rio de Janeiro (Iuperj). Pesquisador e professor do Cpdoc/FGV e da PUC-Rio.

[1] Os primeiros resultados dessa pesquisa estão em Lattman-Weltman (2006b). Sobre a institucionalização política da mídia, ver Lattman-Weltman (2003).

[2] Tal como classicamente definidas por Dahl (1997).

Assim, ao mesmo tempo em que se encontram às voltas com formas de concorrência cada vez mais acirradas no mercado da comunicação propriamente dito, tais meios também enfrentam outra competição no chamado mercado de discursos públicos (MDP). Ou seja, os meios não são apenas canais de divulgação de informações sobre fatos, cujo "valor de uso" varia conforme as necessidades informacionais de diferentes consumidores na sociedade. Tampouco se limitam a se valer do público assim conquistado (quer dizer, que os consome em busca de "informações") para valorizar-se somente como veículos para a propaganda de bens e serviços materiais de terceiros (o que, por exemplo, permite a certas mídias — em especial as mais caras — se oferecerem "gratuitamente" aos consumidores de sua "informação"). Além desses, a mídia opera num outro mercado em que versões e narrativas a respeito da realidade social e historicamente compartilhada se difundem, são omitidas, se valorizam e se desvalorizam, no resultado freqüentemente imprevisível das lutas políticas e ideológicas de uma sociedade complexa e diferenciada.[3]

Dada a massificação da sociedade, em primeiro lugar, é basicamente através de tais meios que a grande maioria da população toma contato com os fatos e versões referentes à experiência política coletiva. Mais: a presença ostensiva do sistema midiático, em suas várias dimensões e com suas diversas linguagens, configura, por assim dizer, um verdadeiro meio ambiente cultural, e em grande medida todo o universo de hábitos cotidianos e referenciais mais amplos da própria identidade social. Vêm das mídias os conteúdos mais ou menos contingentes da experiência comum, para não falar das próprias linguagens em mutação.

Por isso o MDP acaba por impor as suas coordenadas a toda a legião de atores, grupos e instituições que pretendem exercer algum tipo de influência política e/ou ideológica sobre o conjunto da *polis*. Assim, quanto mais poliárquico o sistema político, quer dizer, quanto maior o seu grau de incorporação de atores e de institucionalização da competição pelo poder, maior a relevância política desse MDP e, conseqüentemente, das mídias que nele exercem os papéis estratégicos de controle sobre o acesso ao discurso e seu conteúdo. Controle sobre *o que* se torna público e *como*.

É justamente por isso que, em função da massificação da experiência midiática e da ampliação da competição e da incorporação poliárquicas, podemos falar em institucionalização política da mídia. Com isso queremos en-

[3] Sobre o MDP, ver Lattman-Weltman (2002).

fatizar o modo como esses veículos de comunicação assumem, conjuntamente e de fato — quando não de direito —, um papel específico no jogo político. Papel que se caracteriza pela afirmação de direitos, deveres e prerrogativas específicos para a mídia — mesmo que totalmente informais —, mas que, acima de tudo, se tornam reconhecidos pelos demais atores e instituições do jogo.

Assim, se por um lado tal mediação passa a ser incontestada, por outro, em função dos mesmos processos de institucionalização política, os veículos de comunicação necessitam não apenas cativar e manter seus consumidores, mas para isso freqüentemente precisam também se legitimar enquanto fóruns de consagração de investimentos discursivos da mais variada espécie. Não apenas porque existem funções públicas constitucionalmente atribuídas a tais meios — o que, inclusive, se coaduna com as limitações de ordem técnica, especialmente no caso das tele e radiodifusão de massa, para estabelecer e reforçar as finalidades cívicas e sociais do sistema de concessão pública de canais —, mas também porque a própria especificidade do produto informativo vendido pela mídia, nos quadros históricos de nossa cultura e sociedade, exige a obtenção, mesmo que mínima, de determinados padrões de objetividade jornalística e prestação de serviços de interesse público. Já que é em nome desse mesmo interesse — e não de qualquer outro, de natureza particular ou parcial — que a produção e a difusão de informações sobre a realidade podem legitimar-se e assim exigir e obter para si as prerrogativas da publicidade e da plena liberdade de expressão, doa a quem doer.

Acontece, porém, que a obtenção da visibilidade pública, em condições de sentido minimamente favoráveis — estratégica para a sobrevivência e os projetos de poder dos atores políticos, na poliarquia contemporânea —, não pode deixar de se impor, então, em benefício dos próprios interesses midiáticos. Por outro lado, a existência de forte concorrência pelo exercício dessa mediação — e, portanto, pelo usufruto de seus rendimentos políticos e econômicos — pode levar tais veículos à adoção de inovações e estratégias editoriais específicas, no sentido de agregar novos valores à sua prestação de serviços. Não existiria necessariamente, pois, no mercado midiático contemporâneo, e em particular o brasileiro, contradição entre a maximização de lucros — econômicos e políticos — e a valorização "cidadã" de sua produção.

É justamente nesse contexto específico de transformações tanto políticas quanto mercadológicas — se é que tudo não passa, afinal, de um mesmo e grande mercado — que se insere a introdução bem-sucedida do modelo de "jornalismo comunitário" pelo *RJTV* da Rede Globo, no Rio de Janeiro.

Como tivemos a oportunidade de relatar anteriormente, o novo modelo teria sido adotado no final da década passada, em meio a um processo mais amplo de transformações por que passou o telejornalismo da emissora como um todo.[4]

Num contexto histórico, geográfico e conceitual um pouco mais amplo, contudo, não deixa de ser curioso o modo com que essa proposta de (tele)jornalismo não apenas não se intimida com as freqüentes acusações sofridas pela mídia em anos recentes — contra sua suposta intromissão nas esferas de atuação, ou mesmo usurpação de prerrogativas, de outras instituições democráticas [5]—, como também, de fato, parece incorporar como sua missão, e seu direito, a defesa de um interesse público que, segundo aquelas acusações, não lhe caberia normativamente. Assim, se a forma com que muitas vezes a televisão lida, por exemplo, com questões de segurança pública ou de garantias à efetivação da justiça e dos direitos civis conduz a críticas de que a mídia se outorga indevidamente atribuições e prerrogativas que, num estado de direito, deveriam caber à polícia, ao Ministério Público, ou ao Judiciário,[6] o desembaraço com que passa a tomar para si, explícita e declaradamente, o encargo (como veremos) de "dar voz" à população ou "mediar" suas demandas diante das autoridades constituídas transmite à sociedade um recado claro: em nome do interesse público, essa mídia se reconhece perfeitamente legitimada a "intrometer-se".

É verdade que remonta aos primórdios da atividade jornalística na ordem liberal a noção de que a liberdade de expressão é um dos pilares sobre os quais se assenta a democracia contemporânea, e que em seu exercício jamais deveriam os veículos de comunicação se intimidar diante do poder, ou negligenciar os interesses e direitos dos cidadãos, especialmente os mais fracos e desamparados. Mas também é verdade que o pleno desenvolvimento desse ideário liberal restringia essa atuação institucional da mídia a funções em grande medida complementares às das chamadas instituições do estado de direito democrático.[7] E justamente porque faltariam à prática dos órgãos de mídia

---

[4] Ver Lattman-Weltman, 2006b.

[5] Ver *Liberté d'information...*, 1999.

[6] Ver Lattman-Weltman, 1997.

[7] Como teremos a oportunidade de sugerir, esse ideário segue mantendo o seu vigor (justamente, talvez, porque não se trata "apenas" de um ideário). Sobre o papel histórico da mídia na "esfera pública" liberal, a referência clássica é Habermas (1984).

tanto os controles a que estão — ou deveriam estar — sujeitas tais instituições, quanto também o caráter efetivamente representativo destas últimas, já que a eleição de governantes e legisladores (e, em certos contextos, também de juízes e promotores) se dá, na moderna democracia, através de procedimentos claros e formalizados. E isso, em grande medida, exatamente para a proteção das plenas liberdades de imprensa e de iniciativa privada em sua operação.[8] O próprio uso, já vulgarizado, da expressão "quarto poder", quando referido à mídia, não só implica o pressuposto de que o seu exercício deve ser fazer, ou se faz, paralela ou complementarmente ao dos outros três, como também chama a atenção para o caráter comparativamente informal da atuação daquela em face das especificidades históricas institucionais desses poderes mais formalmente definidos.

Nesse sentido, é perfeitamente possível interpretar o apelo, a desenvoltura e, portanto, a nova legitimação do "jornalismo cívico" ou "comunitário" como mais um índice inequívoco do que vem sendo caracterizado como "crise da representação" atual. De acordo com esse "diagnóstico", que se escuta com freqüência cada vez maior, as instituições democráticas e liberais desenvolvidas ao longo dos últimos 300 ou 400 anos, primeiramente no Ocidente, não estariam mais cumprindo as suas ditas funções representativas. Ou seja, haveria hoje, em muitas democracias do mundo, uma percepção generalizada — se não da parte do público, ao menos (e mais significativamente) entre importantes setores da chamada *intelligentzia* ou dos ditos "formadores de opinião" — de que as instituições representativas, como partidos, parlamentos, parlamentares, governantes, servidores públicos etc., ou preterem os interesses e urgências de seus representados em prol de seus interesses próprios, corporativos ou individuais, ou então, mesmo sendo em espírito — ou "eticamente" — fiéis, não conseguem, contudo, se desincumbir eficazmente de suas tarefas. Quando, portanto, as razões para tal não são simplesmente de ordem ética ou moral — como negligências e corrupção —, a responsabilidade pela ineficiência e não-responsividade dos representantes recairia sobre fatores de ordem sistêmica (tais como excessos de burocracia, vícios de gestão, assimetrias informacionais etc.).[9] Vícios e problemas a que, de acordo com o novo ideário

---

[8] Assim, embora em nosso contexto brasileiro, ao contrário dos EUA, a regra da eleição popular não se aplique ao Judiciário — que, no entanto, possui os seus próprios mecanismos impessoais de recrutamento e promoção meritocrática —, o ideário predominantemente privado e aberto do empreendimento jornalístico é o mesmo.

[9] Para uma crítica dessa síndrome, ver, por exemplo, Lattman-Weltman (2006a).

de "jornalismo cívico", talvez não estejam sujeitos — ou tão sujeitos — os novos prestadores de serviços aos representados.

Assim, não surpreende o fato de que no discurso dos jornalistas do *RJTV* seja francamente assumida como sua uma função que — segundo eles mesmos — deveria ser de outras instituições ditas representativas (ou públicas):

> A gente recebe (...) dezenas e dezenas de demandas que não são da televisão, são do poder público. Porque a televisão acaba substituindo o papel do poder público. Você é uma Light, você é uma CEG, você é uma Cedae, você é uma Polícia Militar. Você é tudo para eles. Eles sabem que, se eles ligarem para a central de atendimento da Cedae, não vai um cara consertar o vazamento. Se eles ligarem para a TV Globo, e a TV Globo fizer um *Globo Cidade* naquele bairro, eles vão consertar na hora.[10]

Mesmo não entrando, porém, no mérito quanto à existência ou não de tal crise — quer dizer, assumindo-a como um dado não problemático da realidade contemporânea —, pode o "jornalismo cívico" se constituir numa solução eficaz para essa crise? Ou não será ele outro sintoma de sua "vigência" — quer dizer, mais como percepção do que propriamente como efetividade? Ou, pior ainda, parte da mistificação em torno da própria "crise"?

A pesquisa relatada neste artigo procura avançar na análise das características sistêmicas desse modelo de "jornalismo cívico" ou "comunitário", tal como vem sendo desenvolvido nas duas edições diárias do telejornal local da principal rede de televisão brasileira, no Rio de Janeiro.

Originalmente previramos a realização dessa pesquisa com base em entrevistas e no acompanhamento sistemático da programação do telejornal através da construção de um banco de dados de controle. O objetivo era caracterizar a proposta editorial do veículo e testar a congruência entre os discursos auto-referentes dos informantes da pesquisa — ou seja, os profissionais responsáveis pela efetivação da linha jornalística adotada — e o conteúdo efetivo da produção. Tratava-se obviamente de uma aproximação de caráter exploratório do campo e do objeto em questão.

Ambas as etapas foram cumpridas em caráter parcial, mas de modo suficiente para garantir a consecução inicial dos objetivos propostos. Assim, a

---

[10] Marcelo Moreira, chefe de reportagem do *RJTV* (entrevista concedida ao autor em 15-10-2004).

análise inicial dos dados empíricos comprovou a congruência entre os discursos e a prática efetiva do modelo, ou melhor, como veremos, dos modelos adotados pelo telejornal. Quanto à caracterização da proposta editorial, creio que o primeiro relato de pesquisa[11] e os desenvolvimentos que se seguem sejam suficientes para demonstrá-la.

Esse primeiro resultado não se mostrou, porém, nem de longe suficiente para o encaminhamento de novas questões suscitadas pela exploração inicial. Desse modo, em função das novas coordenadas impostas pelas primeiras aproximações empíricas, tornou-se clara a necessidade de desenvolver de modo mais sistemático o arcabouço conceitual da investigação, o que, por sua vez, demonstrou a necessidade de uma reorientação geral do ponto de vista empírico (conforme descrito no final do texto).

O que se segue é, pois, numa primeira parte, uma tipologia não exaustiva de modelos ético-políticos de prática jornalística. Com ela pretendo não apenas caracterizar mais precisamente a proposta do dito "jornalismo cívico" ou "comunitário", mas também definir, diante dos modelos, a especificidade do *RJTV*. Esta última tarefa será desenvolvida na seção seguinte. Nos trechos finais serão explicitadas as novas hipóteses cuja investigação e teste serão buscados no que esperamos se constitua o prosseguimento da pesquisa.

Modelos de inserção política jornalística e "jornalismo comunitário"

O modelo do chamado "jornalismo cívico", "jornalismo público" ou, ainda, "jornalismo comunitário", tal como se desenvolveu originalmente nos EUA, com maior autoconsciência, a partir do final da década de 1980 — e que, como vimos, foi incorporado, um pouco mais tarde, pelo telejornalismo local da Rede Globo de Televisão —, inclui pequena variedade de formas. Apesar disso, de maneira geral, ele pode ser bem caracterizado em seus traços distintivos, principalmente em oposição a outros padrões mais tradicionais.

Valendo-me da breve recapitulação de Paul Voakes (1999), creio que é possível tentar delimitar o novo modelo — e separá-lo das formas mais clássicas — a partir dos seguintes objetivos auto-atribuídos pelos seus defensores:

- *"dar voz ao cidadão"* — ou seja, permitir ao público uma participação mais direta e de maior peso na formação das pautas jornalísticas, de modo a

---

[11] Ver Lattman-Weltman, 2006b.

garantir uma cobertura mais condizente com suas preocupações imediatas e prioridades, além de permitir a manifestação das próprias visões que o público, ou seus membros, possuiriam da realidade social imediata e de seus problemas cotidianos mais urgentes;

- *articulação* — permitir maior, mais ampla e mais autônoma articulação dos interesses dos cidadãos através do acesso à pauta — garantido acima — e da exposição e aprofundamento das questões que afetam seus direitos e sua qualidade de vida. Não apenas a veiculação dessas matérias deve, de acordo com o modelo, tornar-se prioritária, mas também caberia ao jornal — nas versões mais "fortes" de "jornalismo cívico"[12] — fomentar iniciativas, como reuniões públicas locais, para o debate dessas questões, organizar pesquisas e votações *in loco* sobre prioridades da comunidade etc.

É evidente, portanto, o quanto esses objetivos identificados com a prática de um "jornalismo cívico" apontam para um ideário que parece refletir um modelo de vida comunitária caracterizado por elevados índices do que Putnam (1993) definiu como "capital social": um conjunto de recursos mais ou menos intangíveis, gerados por interação coletiva virtuosa, (re)produtor de confiança mútua e que permitiria a tais grupos afortunados extrair o máximo de suas instituições, propiciando-lhes assim uma ação coletiva autônoma e eficaz.[13] O "jornalismo cívico", nesse registro, seria exatamente o padrão de cobertura jornalística que adota como valor supremo para sua prática a promoção do "capital social" das comunidades onde circula e de onde retira o corpo principal de sua matéria-prima informativa.

Por outro lado, mas ainda em grande consonância com os objetivos listados acima — embora não mais com a mesma capacidade discricionária —, seria possível associar ao mesmo modelo, ou situar próximo a ele, outras metas:

- *mediação* — efetivar o diálogo equilibrado entre os cidadãos comuns (que para maior clareza conceitual passo a chamar de "principais") e os representantes das principais instituições (os quais doravante nomearei "agentes"), responsáveis pelo atendimento dos interesses maiores dos primeiros, ou seja, prestadores de serviços públicos ou privados, mandatários e auto-

[12] Voakes (1999) distingue entre modelos *modest* (ou "comedido") e *bold* (ou "audacioso") de jornalismo público-cívico.

[13] Sobre o conceito, ver Putnam (1993); para uma crítica, por exemplo, ver Reis (2003).

ridades em geral. Freqüentemente, esse diálogo se dará não apenas de modo indireto ou virtual — através da exposição e recepção das informações oriundas de cada parte, nas edições do veículo —, mas também de modo concreto, valendo-se a mídia de suas capacidades tecnológicas para colocar "principais" e "agentes" em contato e diálogo simultâneo, mesmo que a partir de ambientes distintos;

- *cobrança* — num desdobramento mais ou menos imediato da mediação produzida pelo veículo, pode se seguir — ou mesmo já se encontrar implícita no primeiro momento — a cobrança das promessas feitas pelo agente ao principal — eventualmente, portanto, através da própria mídia —, no cumprimento das demandas do segundo.

Aqui, embora o cidadão comum, o "principal", siga como ator privilegiado do enredo jornalístico "comunitário" — é ele quem demanda, e é em nome dele que os veículos se atribuem o dever e o direito de cobrar —, a interação e seu desenlace ideal, o atendimento satisfatório das demandas, não mais podem permanecer circunscritos à jurisdição da própria comunidade, nem poderão se restringir ao desempenho de uma variável tão aparentemente independente quanto a que se pretende caracterizar com o conceito de "capital social". Agora a esfera especificamente institucional passa a ser, na verdade, se não a principal, ao menos a mais decisiva: pois é do desempenho de variáveis que lhes são em grande medida endógenas — específicas, portanto, à sua estruturação e ao seu funcionamento — que irão depender, no limite, o atendimento satisfatório das demandas soberanas do "principal".

Eis por que, finalmente, a prática eficaz do "jornalismo cívico" — em benefício de seus próprios objetivos éticos, sociais e políticos — pode acabar desembocando na (re)afirmação de ao menos uma forma bem conhecida de objetivo ético-político jornalístico:

- *watchdog* — quer dizer, o velho jornalismo de vigilância, controle, eventualmente denúncia e — talvez mais raro do que seria o desejável — investigação de desvios de conduta e malversação de recursos públicos pelos "agentes".[14]

---

[14] Sobre evoluções relativamente recentes do conceito e sua prática na América Latina, em particular, ver Waisbord (2000).

Embora a lógica inerente ao clássico "jornalismo cão de guarda" não se encontre, a rigor, em contradição com os ideais do "jornalismo cívico", não me parece surpreendente o fato de alguns dos defensores dessa nova tendência buscarem claramente diferenciar os dois modelos. E não creio que o motivo seja apenas um esforço de mera diferenciação e construção — talvez um tanto arbitrária — de um novo padrão (o que certamente tem peso considerável). Mas sim porque um dos pressupostos óbvios do modelo (dito) antigo é que cabe, de fato e de direito, às instituições e a seus agentes a primazia na defesa do interesse público. É a eles que cabem as principais responsabilidades políticas e sociais — daí o caráter imperdoável de desvios como corrupção, má-fé, negligência ou irresponsabilidades oficiais — e não, com efeito, aos próprios "principais", tal como, ao que tudo indica, gostariam de crer (e de promover) os ideólogos da acumulação do capital social via mídia.

Finalmente, nossa breve tipologia deontológica do jornalismo não poderia deixar de mencionar ao menos mais quatro tipos de metas cuja vigência ou possibilidade são há muito conhecidas da teoria e da prática do jornalismo, e que não deixam de ser menos interessantes para um forte contraste com os pressupostos do "jornalismo cívico". São elas:

- *difusão de informação* — talvez a forma mais tradicional de atribuição de função ou sentido ético-político ao jornalismo e que se traduz na concepção dos meios como difusores de um conjunto variado e polissêmico de informações, com variados graus de sentido e elaboração simbólica, mas cujo uso e destino devem permanecer, tanto quanto possível, a livre critério dos seus consumidores;
- *"livre mercado de idéias"* — em maior ou menor articulação (sutil) com a difusão encontra-se — ou melhor, pode-se encontrar — a defesa de um papel difusor também de idéias (associadas às "informações") para os veículos de comunicação. Aqui não apenas caberiam igualmente aos consumidores o uso, a manipulação livre ou o simples descarte dessas "idéias", mas também pode concorrer uma específica visão da produção midiática como constituindo, de algum modo, um fórum para o embate, o ajuste e a superação de idéias em diálogo e/ou competição;[15]

[15] Como se pode perceber sem maiores dificuldades, trata-se de outro princípio clássico atribuído ao jornalismo e que se manifesta em vários autores, inclusive alguns dos mais importantes, ontem e hoje, para a chamada tradição liberal. A esse respeito, ver, por exemplo, Keane (1991).

- *entretenimento* — às formas clássicas citadas antes seria possível acrescentar também — de certo modo em oposição tanto a elas quanto aos próprios modelos "comunitários", "cívicos", e/ou "republicanos" — outros parâmetros que eu chamaria de sociológico-funcionalistas, quer dizer, voltados para a produção de efeitos não necessariamente conscientes ou voluntários junto aos consumidores da informação. Assim, num registro menos ambicioso, eticamente falando, do que o preconizado pelas metas mencionadas acima, também é possível restringir as "funcionalidades" do jornalismo à produção de "simples" entretenimento. Algo como uma função psicossocial profilática de alívio e reconciliação provisória — de modo semelhante a uma válvula de escape — diante das tensões ordinárias e eventuais conflitos insolúveis da vida social cotidiana;
- *gratificações simbólicas e/ou identitárias (pertencimento)* — de par com o "entretenimento" — ou talvez num patamar ético-funcional mais elevado — se poderia finalmente mencionar a capacidade (ou utilidade) que têm a mídia e seus conteúdos informativos de atuar na produção de gratificações simbólicas — em prol (novamente) da unidade simbólica entre indivíduos e seu ambiente social mais amplo, seus sentidos e sentimentos de pertencimento —, inclusive com possíveis efeitos benéficos para a produção e/ou manutenção de identidades e solidariedades importantes para o indivíduo e — como diriam os sociólogos (não sei se somente) de antigamente — para a renovação do "tecido social".

Embora seja óbvio que aqui lidamos com tipos ideais, a extensão dos objetivos jornalísticos para muito além do escopo autolimitado pelos defensores e praticantes do "jornalismo cívico" se justifica não somente por tornar mais claros os limites e pretensões do novo modelo,[16] mas acima de tudo por espelhar melhor as variedades de jornalismo praticadas hoje pelo *RJTV*, como veremos a seguir.

Discurso e prática jornalística no *RJTV*

A análise do *RJTV* ao longo dos últimos dois anos nos mostrou claramente que, se por um lado não há dúvidas de que o telejornal de fato incorporou uma prática consistente de "jornalismo cívico" — tal como descrito pelos cria-

---

[16] Sem mencionar, é claro, os seus muitos problemas teóricos e práticos.

dores, analistas e defensores do gênero —, por outro lado é visível também a manutenção, nas edições do programa, de traços atribuídos a outros modelos de cobertura jornalística.

Assim, são índices inequívocos de adoção do novo modelo, por exemplo, a abertura da linha editorial do *RJTV* para pesquisas e referendos próprios — patrocinados pelo veículo — no sentido de quantificar os temas (e problemas) de maior interesse do público; matérias desdobradas em mais de uma edição com o acompanhamento das dificuldades cotidianas dos cidadãos de comunidades carentes; ou a mediação permanente e, por vezes, agressiva entre principais e agentes, no sentido de obter o atendimento de demandas urgentes — com a institucionalização, inclusive, de formatos de cobrança de resultados.[17]

Por outro lado, o telejornal seguiu não apenas cobrindo e investigando denúncias de desvios — matéria-prima básica e típica do *watchdog journalism* —, como também nunca abdicou das funções clássicas. Seja na difusão de informações — terreno tradicional do "factual" —, seja ao abrir-se como fórum de debates. E é claro, também, que nunca deixou de operar sem maiores dificuldades, ou contradições, com as lógicas "industriais" — ou "plebiscitário-aclamativas" — do entretenimento e da gratificação.

Em grande medida, como vimos anteriormente, o caráter, digamos, "híbrido" do projeto editorial do *RJTV* já se encontrava perfeitamente incorporado no "discurso nativo" de seus operadores. Desde a primeira aproximação fomos informados de que a distinção central a nortear a política editorial era a que se estabelecia, nas palavras dos informantes, entre as matérias "comunitárias" e as "factuais": as primeiras se referindo exatamente ao modelo cultivado pelo telejornal no sentido deliberado de qualificar a sua especificidade, seja diante da concorrência, seja — de modo talvez ainda mais significativo — em oposição ao formato jornalístico adotado em outros momentos pelo próprio programa; já as segundas, obviamente, se referiam explicitamente àquilo que "um [ou qualquer] telejornal competitivo não pode deixar de informar".[18] Como mencionamos em trabalho anterior,[19] essa distinção é fun-

---

[17] Vários exemplos dessas iniciativas foram descritos em Lattman-Weltman (2006b). Uma das interessantes inovações do *RJTV* foi a instalação de um *link* permanente na região da Baixada Fluminense para uma cobertura mais sistemática do cotidiano local.

[18] Lattman-Weltman, 2006b.

[19] Ibid.

damental inclusive para diferenciar o perfil de cada uma das edições do *RJTV*: enquanto a da manhã, mais longa, reservava mais espaço para o aprofundamento dos temas "comunitários", a do início da noite, mais curta, forçosamente privilegiava o "factual" (ou, como também nos foi dito, as *hard news*).

O mais importante, acredito, é perceber, em primeiro lugar, que obviamente os supostos modelos ético-políticos de jornalismo não são de modo algum excludentes, podendo coexistir sem maiores problemas. Inclusive com grande sucesso de público e de institucionalização (quer dizer, na medida em que as novas funções assumidas pelo telejornal são reconhecidas como tal, tanto pelo público "comunitário" quanto pelas "autoridades constituídas"). Não somente porque as linguagens midiáticas, com todos os seus limites, são suficientemente plásticas para absorver diversos "idiomas" diferentes e aparentemente contraditórios (diversidade e coexistência que sem dúvida não são menores, nem menos plásticas, na própria vida social de onde a mídia extrai suas matérias-primas básicas), mas também porque, na verdade, há muito mais em comum entre as diferentes correntes ideológicas que parecem embasar os modelos alternativos de deontologia jornalística.

Com efeito, apesar das ênfases bastante diferenciadas em cada objetivo específico atribuído à práxis jornalística — pelos modelos de "jornalismo cívico", de *watchdog journalism*, de livre-mercado de informações e/ou idéias, ou de recompensas/funções sociológicas —, todos parecem compartilhar ao menos um horizonte teleológico que poderíamos, com um mínimo de abertura teórica e com os riscos de praxe, denominar "democrático". Ou seja, voltado para a produção e garantia de bens públicos de interesse coletivo da comunidade — ou sociedade — atendida por tal sistema de mídia.

Assim, a despeito de suas grandes diferenças e reais oposições teóricas — se não mesmo filosóficas —, a operação prática, mais ou menos concomitante, dos distintos modelos não produz efeitos necessariamente excludentes ou rigorosamente problemáticos.

De fato, a promoção do que se convencionou chamar de "capital social" — se realmente é possível contar-se com a mídia para isso[20] — pode perfeitamente ser congruente e até mesmo estratégica para o sucesso de mediações, cobranças e vigilâncias eficazes do desempenho institucional. Do mesmo modo, não vejo por que as demais funções usuais do telejornalismo — tanto as de livre oferta de "informações" ou "idéias" quanto as de reprodução

[20] Ver Gomes, 2006.

sociológica —, embora eticamente distintas, não possam favorecer, na prática, os ditos objetivos "cívicos", tão caros ao novo modelo.

Nada parece demonstrar melhor a possibilidade e o potencial dessa pluralidade do que o modo como é francamente afirmada no "discurso nativo" a prioridade sempre atribuída e reconhecida da dimensão mercadológica a que deve servir a opção pelo "jornalismo comunitário" do *RJTV*. É em nome dela, na verdade, que se incorpora, sem maiores dilemas de consciência, o caráter estratégico da opção por "dar voz" e fomentar a autonomia do telespectador:

> A idéia do jornal comunitário surge pelo seguinte: pesquisas provam que, quanto mais próxima da pessoa, mais interesse a notícia tem. Então, a tendência mundial, não é uma tendência nossa, é que os jornais cada vez mais se aproximem da comunidade. Então, é um conceito que o João Roberto, que a família Marinho já tinha ouvido. Eles chamam de *civic journalism*. (...) o Evandro pode ter implantado, mas a idéia, a coisa de fazer o jornal comunitário, a idéia é do João Roberto. Eu não sei de onde ele tirou a idéia, mas eu imagino que seja de um movimento. (...) O jornalismo cívico é isso. Primeiro, a comunidade tem o direito de escolher o que ela quer ver no jornal. O problema dela, ela escolhe: "eu quero ver uma matéria sobre falta de água". E você faz a matéria e tenta dar uma resposta para aquela comunidade. (...) Porque, na verdade, a busca é a audiência, o tempo todo, não é? (...) Isso aqui é um negócio, isso aqui tem que crescer, tem que ter uma atração, e eles descobriram isso, que quando você se aproxima das pessoas você atrai o público.[21]

Por conta dessa polissemia e plasticidade, torna-se evidente que qualquer tentativa de juízo do telejornal, de acordo com parâmetros rígidos de fidelidade a algum modelo típico ideal de ética jornalística seria tão impróprio — ou irrelevante — quanto questionar a verdade dos argumentos desenvolvidos pelos depoentes, seus operadores.

O que importa é compreender o alcance político do modelo efetivamente praticado pelo telejornal; principalmente em função de seu sucesso de audiência — fonte de seus recursos, meios e poderes — e, conseqüentemente,

---

[21] Ver nota 10. O Evandro a que se refere o entrevistado é Evandro Carlos de Andrade, ex-diretor de telejornalismo da Rede Globo, falecido em 2001.

de sua institucionalização como efetivo canal privilegiado de mediação pública. Quer dizer, em função das expectativas de atendimento de demandas de vocalização a que o telejornal consegue fazer jus ao se institucionalizar perante o público e suas fontes como o canal, por excelência, de atendimento ou, pelo menos, de visibilidade das mesmas demandas.

Nesse sentido, cabe apontar o que me parece sejam os potenciais políticos principais da experiência institucional do *RJTV* (e assim delinear os contornos do prosseguimento dessa investigação).

Minha hipótese central é, pois, que o "jornalismo cívico" ou "comunitário" do *RJTV* não é necessariamente interessante pelo que pretende ser: a voz do cidadão e o substituto do "poder público" ineficaz. Mas sim por outras razões ou fatores que, no entanto, talvez não se produzissem do mesmo modo se o veículo não assumisse como sua missão fundamental a efetivação de um modelo bastante "forte" — embora inevitavelmente "híbrido" — de jornalismo voltado para a promoção da cidadania.

Embora não caiba aqui desenvolver a contento a questão — que, de fato, envolve todo um debate com as modernas teorias políticas da representação[22] —, é possível ao menos lembrar, em primeiro lugar, que não há propriamente qualquer relação necessária, unívoca ou não-problemática entre a manifestação empírica de demandas dos cidadãos e o seu "interesse público real". De modo que "dar voz" não implica necessariamente a liberação da manifestação de alguma vontade substantiva prévia — e, portanto, mais "natural" ou "superior" —, eventualmente latente ou reprimida. Ao contrário, pode, sim, constituir-se muito mais na interpelação à produção contingente e criativa não somente das próprias "demandas", como também, em grande medida, das próprias identidades demandantes.

Em segundo lugar — como já creio ter sugerido na definição dos objetivos de "mediação", "cobrança" e, principalmente, na descrição dos objetivos do *watchdog journalism* —, a possível (e provável) ineficácia dos "poderes públicos" não os torna menos necessários ou mais facilmente contornáveis. Nem, muito menos, permite à mídia — ou a qualquer outra agência supostamente mais eficiente ou eticamente mais elevada — cumprir melhor, ou com menores riscos de produção de externalidades perversas, as funções incorporadas

---

[22] E que já esbocei em trabalhos anteriores (Lattman-Weltman, 2006a).

historicamente por tais instituições públicas, ditas "formais", da ordem liberal e do estado modernos.[23]

Fica claro, portanto, que se a proposta de efetivação de um jornalismo dito "cívico" ou "comunitário" é perfeitamente congruente e oportuna num contexto de suposta crise de representação — em que, paradoxalmente, o avanço da imaginação democrática triunfante parece fazer tábula rasa de todo o longo processo histórico de construção de nossas instituições políticas atuais (exigindo delas o que provavelmente não podem ou não foram jamais projetadas para nos dar) —,[24] nem por isso devemos nos deixar levar pelas verdadeiras mistificações intrínsecas ao modelo desse "jornalismo cívico" (responsáveis, possivelmente, tanto por sua sedução quanto pelas decepções que fatalmente produz e há de produzir). Mistificações como as da autenticidade intrínseca da vontade popular substantiva, que não só se nutrem ingenuamente do processo natural de ocultação histórica das matrizes políticas responsáveis pela formação concreta de nossas instituições[25] — em total dessintonia com suas supostas (des)funcionalidades contemporaneamente atribuídas —, mas também parecem reificar de modo acrítico as supostas vantagens de modelos alternativos supostamente inovadores — como, por exemplo, os de promoção de formas de "democracia direta", ou de valorização apressada das "virtudes comunitárias" —, os quais, a rigor, já foram devidamente testados historicamente. Tendo, inclusive, se mostrado igualmente imperfeitos e, na maioria dos casos, sujeitos às mesmas vicissitudes — se não a outras, eventualmente ainda piores — que usualmente acometem as atuais (e tão criticadas) instituições representativas.[26]

Não obstante, a abertura desejada, e produzida, para a atenção a pautas de interesse das camadas mais desfavorecidas da população, ou melhor, para a visualização, a publicidade e o enfrentamento de problemas que inegavelmente afetam a qualidade de vida e a plena vigência de direitos os mais básicos dessa mesma população — independentemente, portanto, da origem das demandas, ou de sua efetiva congruência com o "real interesse popular"

---

[23] Algumas dessas contradições e externalidades foram por mim analisadas em Lattman-Weltman (1997 e 2003).

[24] Ver Lattman-Weltman, 2006a.

[25] Sobre a ocultação moralista das raízes políticas do Estado moderno, ver, por exemplo, Koselleck (1999).

[26] Ver, por exemplo, Baumann (2003) e Walzer (1990).

— não deixa de constituir interessante inflexão do nosso telejornalismo. Principalmente se observado, em primeiro lugar, na necessária perspectiva histórica e assim confrontado com as fortes tradições oficialistas que sempre marcaram (e ainda marcam) a cobertura de nossos veículos (aliás, no caso do *RJTV*, a Rede Globo sempre esteve longe de se constituir em exceção a essa regra). E, em segundo lugar, quando comparado, agora no eixo sincrônico, com grande parte da atual oferta de noticiários das demais competidoras nacionais, onde não raro segue em plena vigência a prática usual do sensacionalismo e da exploração da miséria alheia.

Ao abrir-se, desse modo, para o que se supõe sejam as prioridades de cobertura da "comunidade", o telejornal local "cívico" inverte, portanto, tendências desgastadas da tradição televisiva brasileira e efetivamente inaugura um novo filão de interação com seus públicos. Isso pode não garantir a representação fiel do interesse popular,[27] mas não deixa de alterar significativamente o balanço comunicacional — e, portanto, de poder — entre os principais, em especial aqueles mais carentes, e as instituições políticas, a mídia inclusive.

Sendo assim, o que talvez nos caiba investigar melhor sejam justamente as hipóteses empíricas referentes à possível eficácia política prática de modelos "impuros" de jornalismo comunitário, tal como o efetivado hoje pelo *RJTV* e que poderíamos definir do seguinte modo:

- *hipótese 1*: o telejornalismo local, dito "cívico" ou "comunitário", favorece o "empoderamento" dos cidadãos ao atuar positivamente sobre o aparelhamento societário de intervenção discursiva;
- *hipótese 2*: o telejornalismo local, dito "cívico" ou "comunitário", favorece a *accountability* das pessoas públicas — especialmente as de jurisdição local — pela ampliação de efeitos pan-ópticos sobre aspectos do funcionamento concreto do Estado mais diretamente relacionados ao cotidiano da população.

Aparelhamento societário de intervenção discursiva e efeitos pan-ópticos: potencial e limites do "jornalismo cívico"

Quando falamos de "empoderamento" (tradução pouco agradável de *empowerment*), nos referimos à capacitação política de indivíduos e grupos para atuarem em benefício próprio no sentido de avançar a defesa e/ou garantia de

---

[27] E o que, afinal, pode?

seus interesses.[28] Assim, em termos mais específicos, empoderamento pode incluir a obtenção e o aprimoramento de capacidades cognitivas, acesso a informações, desenvolvimento e renovação de competências organizacionais, (re)afirmação ou (re)construção de identidades e laços de solidariedade, em suma, recursos econômicos, simbólicos e sociais ("capitais", se quisermos), transmutáveis em recursos políticos.

Ora, o consumo midiático e, ainda mais, a busca de uma participação mais ativa na produção de conteúdo informativo midiático — o que já caracterizei como investimento no mercado de discursos públicos[29] —, podem implicar empoderamento na medida em que assim são interpelados indivíduos e grupos de "principais", permitindo desse modo a ativação — e não importa muito se de maneira polissêmica, anárquica ou imprevisível — de seus recursos cognitivos e organizacionais. Inclusive reforçando, modificando ou mesmo dando melhor forma e consistência a identidades sociais e políticas, enfim, mecanismos de valor estratégico para o desenvolvimento de competências práticas necessárias à participação em diferentes jogos de poder.

Visto que tanto a intervenção midiática quanto a "mediação — aqui no sentido específico de modos de apropriação da produção comunicacional de massa por parte de diferentes consumidores [30] — ou, ainda, a "recepção" se processam forçosamente nos quadros de uma economia simbólica ativada discursivamente, a dispersão, a distribuição e a eventual institucionalização dos recursos e mecanismos de intervenção discursiva disponíveis numa dada sociedade — ou seja, seus múltiplos canais de acesso e competências para a comunicação e o investimento no mercado de discursos públicos — acabam por configurar uma complexa "estrutura" que chamei de "aparelhamento societário de intervenção discursiva". Uma estrutura "econômica" específica, de recursos transmutáveis em capacidade informacional, retórica e ideológi-

[28] Claro está que não é necessário, nessa formulação, caracterizar exaustiva ou univocamente o que pode constituir de fato o "interesse próprio" de tais grupos, nem o quanto a direção concretamente dada a tal meta efetivamente irá garantir a defesa ou atualidade do dito interesse. Basta, para nós, que tais indivíduos e/ou grupos afirmem sua posição — a opção política que, de certo modo, Hirschman (1970) qualificou como "voz" — e busquem efetivamente promovê-la e/ou assegurá-la para si, acumulando para isso os recursos minimamente necessários. Sobre uma visão alternativa do conceito, ver a válida tentativa de Horochovski (2006).

[29] Ver Lattman-Weltman, 2002.

[30] Sobre esse conceito de "mediação", ver Martín-Barbero (2001).

ca, e que — à medida que avançamos nos quadros do que já se caracterizou como "democracia de público" — se torna cada vez mais decisiva para os contornos da economia política mais ampla da sociedade.[31]

Assim, o processo de interpelação constante dos cidadãos não apenas enquanto fonte e público, mas também a sua consagração como "pautadores" da agenda telejornalística — mesmo que, como vimos antes, a agenda do *RJTV* (e de qualquer programa ou veículo "autônomo") siga perfeitamente sob o controle da hierarquia redacional[32] — pode, não obstante, propiciar aos "principais" que participam do diálogo com o "jornalismo cívico" um aprendizado prático das linguagens e das regras implícitas que regem os processos de (des)valorização de ativos discursivos no mercado de discursos públicos. Tão ou mais importante: um aprendizado, também, dos mecanismos de seleção e agendamento implícitos na própria ação privilegiada da instituição em questão — o veículo de comunicação e seu bem-sucedido sistema de "dar voz" ao cidadão.

Já quando falo de "efeitos pan-ópticos", estou me referindo ao poder de controle mais ou menos indireto que o veículo — se bem-sucedido na audiência e, conseqüentemente, em sua institucionalização — adquire perante os "agentes". Como se sabe, o principal mecanismo de controle intentado pelo pan-óptico de Jeremy Bentham — e analisado por Michel Foucault em trabalho conhecido — é sua capacidade de internalização do controle junto aos sujeitos da vigilância, já que, pela forma de construção do pan-óptico, o interno sabe que pode estar sendo observado a qualquer momento, mas jamais poderá estar seguro de quando o será. Ora, do mesmo modo, qualquer agente prestador de serviços à população sabe hoje que a qualquer momento pode ser objeto da vigilância das câmeras e microfones e ter seu eventual comportamento desviante — ou, o que ainda é bem pior, qualquer ato seu mal-interpretado — exposto ao juízo de algo como um júri potencialmente implacável e, na maioria das vezes, perfeitamente irresponsável por danos morais e outros, conseqüentes, que os primeiros venham a sofrer justamente por conta de tal exposição.

Se, por um lado, esse efeito pan-óptico pode ser o responsável por muitos desdobramentos perversos de nossa atual "democracia de público" — como os do chamado "denuncismo", em que a qualquer momento pessoas públicas

---

[31] Ver Lattman-Weltman, 2002.

[32] Id., 2006b.

podem ser ver expostas publicamente de modo leviano[33] —, por outro lado, não é menos desprezível o potencial em termos de *accountability* das pessoas públicas em oferta por conta da institucionalização do mesmo sistema.[34]

Seja como for, nosso desafio, de agora em diante, será no sentido de operacionalizar empiricamente o teste dessas duas hipóteses. Mas, considerando o caminho percorrido até aqui, não tenho dúvidas de que ele compensa.

Referências bibliográficas

BAUMANN, Zygmunt. *Comunidade:* a busca por segurança no mundo atual. Rio de Janeiro: Jorge Zahar, 2003.

DAHL, Robert. *Poliarquia*: participação e oposição. São Paulo: Edusp, 1997.

GLASSER, Theodore L. (Ed.). *The idea of public journalism.* New York, London: Gilford, 1999.

GOMES, Wilson. Tocqueville não via TV: capital social, democracia e televisão em Robert Putnam. In: ENCONTRO ANUAL DA COMPÓS, 15., *Anais*... 2006.

HABERMAS, Jürgen. *Mudança estrutural da esfera pública.* Rio de Janeiro: Tempo Brasileiro, 1984.

HIRSCHMAN, Albert O. *Saída, voz e lealdade.* São Paulo: Perspectiva, 1973.

HOROCHOVSKI, Rodrigo. Empoderamento: definições e aplicações. In: ENCONTRO ANUAL DA ANPOCS, 30. *Anais*... Caxambu, 2006.

KEANE, John. *The media and democracy.* Cambridge: Polity, 1991.

KOSELLECK, Reinhart. *Crítica e crise:* uma contribuição à patogênese do mundo burguês. Rio de Janeiro: Uerj/Contraponto, 1999.

KURPIUS, David D. Sources and civic journalism: changing patterns of reporting? *Journalism and Mass Communications Quarterly*, v. 79, n. 4, Winter 2002.

LATTMAN-WELTMAN, Fernando. *Justiça, moral e ressentimento:* "esferas públicas" e formas discursivas da autoridade midiática na reiteração da promessa do ideal civil. Rio de Janeiro, Cpdoc/FGV, 1997. ms.

---

[33] Ver Lattman-Weltman, 2003.

[34] Com efeito, em trabalho anterior (Lattman-Weltman, 2006b) foi possível exemplificar esse processo de várias maneiras.

______. Mídia e cidadania: o mercado de discursos públicos e o aparelhamento societário de intervenção discursiva. In: ENCONTRO ANUAL DA ANPOCS, 26. *Anais*... Caxambu, 2002.

______. Mídia e transição democrática: a (des)institucionalização do pan-óptico no Brasil. In: LATTMAN-WELTMAN, F.; ABREU, A. A.; KORNIS, M. *Mídia e política no Brasil:* jornalismo e ficção. Rio de Janeiro: FGV, 2003.

______. Democracia, informação e mercado político: indeterminação e representatividade da representação. In: ENCONTRO DA ASSOCIAÇÃO BRASILEIRA DE CIÊNCIA POLÍTICA, 5. *Anais*... Belo Horizonte, jul. 2006a.

______. Institucionalização midiática e "representação" política: a construção do cidadão-consumidor nos telejornais. *Estudos Históricos*, v. 37, 2006b.

LIBERTÉ D'INFORMATION et protection du citoyen face au développement des médias. Paris: Conseil Economique et Social de la Republique Française, 1999.

MARTÍN-BARBERO, Jesús. *Dos meios às mediações:* comunicação, cultura e hegemonia. 2. ed. Rio de Janeiro: UFRJ, 2001.

MASSEY, Brian L. Civic journalism and nonelite sourcing: making routine newswork of community connectedness. *Journalism and Mass Communications Quarterly*, v. 75, n. 2, Summer 1998.

PUTNAM, Robert. *Making democracy work:* civic traditions in modern Italy. Princeton: Princeton University Press, 1993.

REIS, Bruno Pinheiro W. Capital social e confiança: questões de teoria e método. *Revista de Sociologia e Política*, n. 21, p. 35-49, nov. 2003.

VOAKES, Paul S. Civic duties: newspaper journalists' views on public journalism. *Journalism & Mass Communication Quarterly*, v. 76, n. 4, 1999.

WAISBORD, Sílvio. *Watchdog journalism in South America.* New York: Columbia University Press, 2000.

WALZER, Michael. The communitarian critique of liberalism. *Political Theory*, v. 18, 1990.

CAPÍTULO 7

Cidade dos homens e *Falcão — meninos do tráfico*: representações televisivas da realidade brasileira em tempos de debate sobre direitos e cidadania

*Mônica Almeida Kornis**

Desde 1969, a produção ficcional da Rede Globo vem desempenhando importante papel enquanto agente de construção de uma identidade nacional. Em sintonia com questões trazidas pelo mundo contemporâneo, aspectos da sociedade e da história brasileira vêm sendo tratados pela emissora dentro dos mais variados conteúdos, formatos e linguagens. Nos últimos anos, instaurou-se em particular uma tendência ao posicionamento de viés humanitário com relação a questões de caráter social. Isso se traduziu não só pela inserção de um marketing social nas telenovelas, a partir da segunda metade dos anos 1990, como também, mais recentemente, pelo ingresso de novos atores sociais, novos cenários e uma nova problemática nos seriados e programas. Tal postura justifica que o debate sobre direitos e cidadania, travado a partir da segunda metade dos anos 1980 em vários segmentos da sociedade brasileira — do poder público às organizações não-governamentais (ONGs), passando pela própria mídia tanto impressa quanto televisiva —, tenha se incorporado de alguma maneira ao repertório temático da produção ficcional da emissora e até mesmo dos programas de variedades. Nesse contexto, evidentemente dependendo das várias instâncias decisórias da emissora, o que não nos cabe aqui analisar, novas questões passaram a ser exibidas na pequena tela, espaço privilegiado de nossa investigação.

* Doutora em ciências da comunicação, área de cinema, rádio e televisão, pela Escola de Comunicação e Artes da Universidade de São Paulo (ECA/USP). Pesquisadora do Cpdoc/FGV.

No caso das telenovelas do horário das 20h, mais de uma década depois, o chamado marketing social encontra-se plenamente absorvido.[1] Com características de ajuda humanitária e/ou de utilidade pública, essa tendência foi inaugurada em 1995 pela telenovela de Glória Perez *Explode coração*, que abordava o problema das crianças desaparecidas e também o das portadoras do vírus da Aids, inserindo na narrativa o trabalho da ONG Viva Cazuza. Em 2000, *Laços de família*, de Manuel Carlos, tratou da questão do câncer, em particular da leucemia e do transplante de medula óssea. No ano seguinte, *O clone*, de Glória Perez, trouxe à baila a questão da droga, com depoimentos de ex-viciados, e em 2003, a campanha pelo desarmamento foi tratada por Manuel Carlos em *Mulheres apaixonadas*, que mostrou os problemas da violência urbana e da terceira idade, além de ter servido como meio de mobilização para uma passeata pelo desarmamento. Em 2004, a questão da gravidez de adolescentes esteve presente em *Senhora do destino*, de Aguinaldo Silva, tendo sido igualmente tratada naquele ano por Cao Hamburger no episódio *Foi sem querer* do seriado *Cidade dos homens*. Em 2005, com *América*, Glória Perez abordou o problema da imigração clandestina do Brasil para os EUA, bem como o dos deficientes físicos, especialmente os cegos. Em 2006, Manuel Carlos focalizou em *Páginas da vida* questões como a síndrome de Down e o alcoolismo, além de bulimia, Aids e doenças degenerativas. Há uma tendência a retratar esses problemas em personagens jovens ou, às vezes, em crianças e idosos, consolidando uma estratégia de sensibilização da audiência com dramas envolvendo faixas etárias certamente mais vulneráveis.

Já no horário destinado aos seriados e às minisséries, a vida na favela foi pela primeira vez apresentada pela Rede Globo através de produções independentes, com locações reais e uma linguagem que procurou introduzir uma série de inovações formais no estilo de grande parte da produção ficcional da emissora. Esse foi o caso dos seriados *Cidade dos homens*, exibido entre 2002 e 2005, e *Antonia*, em novembro de 2006, inspirado num filme então inédito de Tata Amaral, com histórias sobre quatro jovens "funkeiras" da periferia de São Paulo.[2]

---

[1] Sobre essa questão, ver Hamburger (2005a) e Kornis (2007).

[2] Isso demonstra a estreita relação que vem sendo desenvolvida entre cinema e televisão. O filme *Cidade dos homens* estreou em meados de 2007, assim como outros seriados da Rede Globo foram transformados em filme, como é o caso de *A grande família*, que obteve grande sucesso.

Por outro lado, produções de entretenimento com características de registro documental passaram a focalizar a temática da favela e da periferia urbana ao longo de 2006, num movimento não só de valorização de ações culturais junto à população carente, mas também de informação sobre os problemas dos jovens da favela envolvidos no tráfico de drogas. Idealizados por Regina Casé, Hermano Vianna e Guel Arraes, *Central da periferia* e o bloco do *Fantástico* intitulado *Minha periferia* são programas voltados para o registro de projetos bem-sucedidos em ações sociais, esportivas e culturais em áreas carentes, ou para trajetórias de sucesso de personalidades ali nascidas, como foi o caso de atores incorporados ao *cast* da emissora após atuarem no seriado *Cidade dos homens*. Identificados esteticamente com os seriados ficcionais já mencionados, com uma linguagem que privilegia a edição de planos curtos e rápidos ao som do *rap* e/ou *hip-hop*, os programas são apresentados pela atriz Regina Casé, cuja atuação despojada e bem-humorada tem suas raízes no programa *TV Pirata*, exibido pela emissora a partir do final dos anos 1980, transformando o panorama humorístico até então vigente na televisão.[3] Com características distintas — pequenas histórias ficcionais protagonizadas por atores desconhecidos em locações no próprio morro —, mas também privilegiando uma narrativa leve e bem-humorada, o próprio *Fantástico* passou a exibir pequenos quadros produzidos pela produtora O2, responsável também pelo seriado *Cidade dos homens* e pelo filme *Cidade de Deus*. Mas a exibição, em março de 2006, no mesmo *Fantástico*, de *Falcão — meninos do tráfico*, dirigido pelo ex-DJ e *rapper* MV Bill e seu empresário Celso Ataíde, foi um dos momentos mais importantes na divulgação, pela mídia, de um registro documental baseado em relatos de jovens aliciados pelos traficantes nos morros e nas periferias urbanas brasileiras para vigiar o movimento noturno das favelas.[4]

---

[3] Esse humor tem sua origem na experiência teatral do grupo *Asdrúbal trouxe o trombone*, nascido nos anos 1970 no Rio de Janeiro e que tinha em Regina Casé uma de suas figuras mais importantes. Além disso, a atriz deixou sua marca como apresentadora/entrevistadora do programa *Brasil legal*, exibido a partir de 1995 pela Rede Globo, registrando casos e pessoas em várias cidades do interior do país.

[4] O mundo da favela em locações reais chegaria pela primeira vez à telenovela em novembro de 2006 com *Vidas opostas*, de Marcílio Moraes, exibida por uma emissora concorrente, a TV Record. Com uma fórmula estética que por vezes também se aproxima do filme *Cidade de Deus* e com farta utilização do *rap* em sua trilha sonora, a novela introduz ainda a questão da disputa pelo tráfico no morro, com cenas até então inéditas na televisão envolvendo conflitos de diferentes grupos na favela. Com personagens brancos e negros, incluindo atores do filme *Cidade de Deus*, a novela

O objetivo central deste capítulo é lançar algumas questões sobre certas fórmulas de representação da violência e da vida dos jovens da periferia e da favela que parecem vir se consolidando na narrativa televisiva em seus mais variados formatos. Para tanto, tomaremos como base de discussão duas produções independentes exibidas pela Rede Globo: o seriado *Cidade dos homens* (2002-05) e *Falcão — meninos do tráfico* (2006). No relato das aventuras, na crônica urbana ficcional e no registro documental, são os jovens os personagens centrais dessa nova trama — inclusive em vários episódios de *Minha periferia* e *Central da periferia* — onde se reitera a valorização de princípios morais e humanitários. Há ainda semelhanças no tratamento formal desse conteúdo, estruturado por uma montagem ágil com planos curtos, marcada pelo *funk*, o *hip hop* e o *rap*, ritmos identificados como o som da periferia.

Examinar como a construção narrativa e os aspectos formais dessa nova temática estão presentes na programação televisiva em seus diferentes matizes, do ficcional ao documental, significa retirar esses "documentos" da vida contemporânea do terreno da naturalidade, ou da evidência, como normalmente é entendido e veiculado. Como se o registro desses fatos pela televisão — tanto pela via ficcional de corte realista quanto pela documental — nos desse a "certeza" de que são reais e existem tal como apresentados. A idéia de que há uma fidelidade aos fatos é uma constatação duvidosa por omitir que a linguagem televisiva — assim como qualquer linguagem — é um discurso, devendo como tal ser investigado. Vale lembrar a afirmação do historiador Jacques Le Goff (1984) de que "não existe um documento-verdade", considerando que este é fruto de uma montagem que deve ser desestruturada para se poder analisar as condições nas quais foi produzido.

Há que se buscar assim os parâmetros e limites pelos quais esses produtos televisivos se constituem em documentos sobre a violência e o tráfico de drogas na sociedade brasileira contemporânea, considerando a importância crescente que esses temas têm assumido na programação da Rede Globo, bem como no circuito de produção de DVDs, livros e filmes originários de programas exibidos pela televisão. Esse movimento revela como a televisão está absolutamente imersa num processo crescente de criação de uma memó-

---

mostrou em seu primeiro capítulo os moradores da favela em meio ao fogo cruzado de policiais e os bandidos. A cena em que um morador, baleado por engano por um policial, tomba morto sobre uma quadra onde está desenhada a bandeira do Brasil serve bem para ilustrar a função do produto ficcional televisivo como agente de construção de uma identidade nacional. A disputa entre as emissoras levou a Rede Globo a exibir a partir de meados de 2007 a telenovela *Duas caras*, na qual há uma favela cenográfica e a própria vinheta consiste em uma maquete de favela.

ria sobre fatos e acontecimentos do mundo contemporâneo, para além da programação jornalística *stricto sensu*.

A valorização desses produtos enquanto registro ancorado na realidade, tanto na perspectiva ficcional quanto documental, está bastante presente nas declarações de produtores e diretores de *Cidade dos homens* e de *Falcão*. A filmagem em locações reais e a presença de atores e/ou de diretores egressos da favela e da periferia propiciam um discurso de "pertencimento" ao universo tematizado, conferindo a essas produções a aura de um registro mais verdadeiro porque originário de relatos e vivências desse mundo.

Um primeiro movimento nessa direção foi a adaptação para o cinema do livro *Cidade de Deus*, de Paulo Lins, responsável também pelo roteiro de alguns episódios de *Cidade dos homens*. Instaurava-se ali um discurso segundo o qual a temática vista de dentro produzira algo mais real, tendo moradores das periferias — como o mesmo Paulo Lins, ex-morador da Cidade de Deus[5] — como testemunhas e narradores de sua própria história.[6] No caso de *Falcão*, a própria fala de seu diretor MV Bill teria cumprido esse papel, potencializado na exibição televisiva pela inserção de entrevistas com o próprio *rapper*.[7] Num dos depoimentos apresentados após a exibição do vídeo no *Fantástico*, o cineasta Cacá Diegues, patrono do curso de audiovisual da Central Única das Favelas (Cufa),[8] reitera esse discurso ao valorizar a importância do registro feito pelos próprios moradores, e não em nome deles.[9] Em entrevista posterior, Diegues defendeu com veemência um "cinema das periferias", viabilizado

---

[5] Vale notar que, além de poeta, Paulo Lins já tinha formação universitária em letras.

[6] Sobre essas novas representações da favela e da violência, e em particular a disputa pelo controle dessas representações, ver Hamburger (2005).

[7] A presença de MV Bill na mídia foi igualmente destacada meses após a exibição de *Falcão*, durante encontro com o presidente Luiz Inácio Lula da Silva, então em campanha pela reeleição. Como figura de destaque da Cidade de Deus, local onde se realizou o ato promovido pela Central Única das Favelas (Cufa), o *rapper* encaminhou documento ao presidente solicitando a redução da violência policial contra jovens da periferia e defendendo as cotas raciais nas universidades (*Folha de S. Paulo* e *O Globo*, 3 set. 2006).

[8] ONG carioca que desenvolve projetos culturais em comunidades pobres e tem MV Bill como um de seus fundadores.

[9] Na realidade, essa questão remonta a antigas discussões sobre o cinema novo, criticado por alguns de seus próprios realizadores, entre os quais Cacá Diegues, por ser um cinema que falava do povo e sobre o povo, mas que não era feito por ele.

pelo barateamento do equipamento, graças ao uso de novas tecnologias, e pelo estímulo à realização de registros visuais.[10] Por sua vez, o subtítulo de apresentação da Cufa em seu site — "fazendo do nosso jeito" — reflete igualmente o discurso de valorização da fala "de dentro" na abordagem da temática referente à vida na periferia.

Não se trata aqui de avaliar o trabalho realizado pelas ONGs, entidades da sociedade civil que por vezes, em sua vertente cultural, estimulam intensamente uma produção audiovisual. Importa, sim, apontar não só para a valorização desse discurso como registro puro, próximo à realidade, mas também para o fundamental papel da mídia impressa e televisiva enquanto instrumento de veiculação desses produtos culturais, em meio à recente e crescente tendência de valorização das manifestações culturais da periferia ou a ela referentes, com ou sem fins comerciais. Vale citar, a título de exemplo, o grande volume de matérias veiculadas pelo jornal *O Globo*, em particular pela *Revista O Globo*, cujo objetivo central é apresentar positivamente a produção artística da periferia e dos morros, vista como meio de sobrevivência da população carente e como alternativa para áreas diretamente atingidas pela violência, no caso do tráfico de drogas.[11]

A análise que se segue de *Falcão* e do seriado *Cidade dos homens* procura exatamente discutir como se opera nessas produções a representação da violência, do tráfico de drogas e das periferias urbanas, quando novas vozes e novos temas passam a povoar o universo televisivo. Ou, em outra perspectiva, trata-se de examinar o conteúdo e o formato desses documentos da realidade contemporânea produzidos e/ou exibidos pela televisão — em particular a Rede Globo —, espaço no qual transcorre há décadas a representação do nosso país.

---

[10] *Revista O Globo*, 3 set. 2006. Em parceria com o grupo carioca AfroReggae, Cacá Diegues realizou nesse mesmo ano o documentário *Nenhum motivo explica a guerra*.

[11] Vale citar um conjunto de matérias de autoria de Márcia Cezimbra publicadas na *Revista O Globo* (4 jun, 17 set. e 15 out. 2006). Sem estabelecer diferença entre trabalho social e produtos para o mercado, a jornalista Teresa Cruvinel (*O Globo*, 10 set. 2006) valorizava indistintamente o *rap*, o trabalho do grupo AfroReggae em Vigário Geral, o grupo Nós do Morro, a reabilitação da música sertaneja, o sucesso comercial do filme *Dois filhos de Francisco* e da axé *music*, o desfile da Daspu (grife criada por prostitutas e cujo nome ironiza a famosa Daslu, principal loja de consumo suntuário de São Paulo) no Rio Fashion Week e, por fim, o baile *funk*, pelo fascínio que têm despertado em setores da classe média. Por outro lado, pouco se sabe — ou se pergunta — sobre a reação das comunidades que estão sendo "apresentadas" e "consumidas" pela mídia, muito embora não seja nosso objetivo tratar aqui desse tema. Ivana Bentes e Micael Herschmann já apontavam em "O espetáculo do contradiscurso" para a "emergência de um discurso sociopolítico forjado na própria cultura de periferia e 'traficado' crescentemente pelo mercado" (*Folha de S. Paulo*, 18 ago. 2002, Caderno Mais!).

Falcão — meninos do tráfico: novas vozes e novas imagens na mídia

Falcão — meninos do tráfico foi apresentado pela Rede Globo como um documentário sobre jovens que trabalham no tráfico de drogas na periferia de diferentes cidades do país. As filmagens ocorreram entre 1998 e 2003, num total de 90 horas de gravação, e nada havia sido mostrado até março de 2006, quando o *Fantástico* exibiu o vídeo após negociações da emissora com os diretores MV Bill e Celso Ataíde e também com a Cufa. Segundo Celso Ataíde, o objetivo foi filmar o cotidiano daqueles jovens e centrar o relato nos seus sentimentos — razão pela qual, segundo ele, haviam sido bem recebidos —, sem dar atenção "aos seus armamentos". Por outro lado, havia o desejo de denunciar a situação, sobretudo pelo seu lado humano, o que significava mostrar de uma forma também mais humana o problema desses meninos carentes envolvidos com o tráfico. Meses após a exibição do vídeo, Ataíde declarou à imprensa que, com Falcão, "o país passou a ver esses meninos como meninos, e não mais como monstros".[12] Essa postura explicaria a indignação do realizador diante dos problemas que ele diz ter havido com o vídeo: "*Diário* (sic) *de uma guerra particular*, por exemplo, do João Moreira Salles, é arte, enquanto eu e o Bill respondemos processos de apologia ao crime pelo *Falcão*".[13]

Tanto a fala de seus realizadores quanto a construção narrativa do próprio vídeo deixam claro que não há intenção de tratar do problema do tráfico como um todo, inclusive o próprio aliciamento dos jovens que atuam na "segurança" dos morros e áreas da periferia, os chamados "falcões". O centro da denúncia é o jovem, a ser recuperado em sua dimensão não só humana, mas também moral.

A intenção de criar impacto com a exibição de um vídeo ainda inédito se revelou não só pela veiculação, na mídia televisiva e impressa,[14] do caráter excepcional daquela apresentação pela Rede Globo, mas também por sua inserção no formato jornalístico de um programa de variedades que é um dos

---

[12] *Revista O Globo*, 17 set. 2006.

[13] Idem. Sem entrar no mérito dessa afirmação, vale lembrar o processo movido contra Salles por proteção ao traficante Marcinho VP, um de seus entrevistados no mesmo filme citado, *Notícias de uma guerra particular*.

[14] *O Globo* veiculou amplamente a notícia, inclusive no dia seguinte à exibição do vídeo, em matéria de duas páginas do primeiro caderno. O jornal *Folha de S. Paulo* estampou uma matéria de primeira página no caderno *Folha Ilustrada*, em 19 de março de 2006, dia da exibição do vídeo na Rede Globo.

líderes de audiência da emissora desde a sua estréia nos anos 1970. Por essa razão, parece-nos pertinente analisar o vídeo no formato que foi ao ar, isto é, como e no momento que ele atingiu um público amplo, e ali encontrou grande repercussão.

Quanto ao circuito percorrido na mídia, o vídeo não só teve ampla divulgação, mas também preparou terreno para o lançamento, nos meses seguintes, de um CD,[15] um livro[16] e um DVD incluindo os bastidores das filmagens, bem como para o projeto de sua adaptação para o cinema, sem esquecer a presença constante na mídia de seus diretores. Além disso, o fato de ambos serem originários de regiões da periferia urbana carioca — MV Bill nasceu na Cidade de Deus, e Ataíde, na favela do Sapo, em Senador Camará — favoreceu a percepção de que o vídeo seria mais autêntico porque realizado por pessoas que conheciam "por dentro" o universo ali tratado. A idéia de um "verdadeiro" documentário sobre a realidade brasileira constituía assim um trunfo para a propaganda em torno do ineditismo dessa produção independente exibida num tradicional programa dominical da emissora. O conteúdo gerado pela forma de exibição — o vídeo foi dividido em três blocos, com intervenções dos jornalistas apresentadores ao início e final de cada bloco, além dos depoimentos de personalidades de ampla presença na mídia — construiu por sua vez uma narrativa que extrapolava o vídeo propriamente dito, delimitando assim condições específicas para sua recepção.

Portanto, o exame de *Falcão* enquanto documento de uma realidade social não pode deixar de levar em conta as condições de sua exibição, e a análise de sua construção narrativa deve ser entendida como um discurso articulado entre o filme propriamente dito, as entrevistas que antecedem a sua exibição, as falas dos apresentadores dos três blocos em que esta se divide, e os depoimentos de teledramaturgos, cineastas e escritores na parte final do programa. Esse procedimento nos aproximaria assim da noção de desconstrução do documento como forma de romper com a idéia de um documento-monumento, para usar os termos do historiador Le Goff.

Na apresentação do vídeo no *Fantástico*, os jornalistas Glória Maria e Zeca Camargo o anunciaram como um documentário sobre a realidade dos

---

[15] *O Globo*, 9 jun. 2006.

[16] O livro *Falcão — meninos do tráfico* é uma co-edição da Cufa e da Objetiva, editora pertencente ao Grupo espanhol PRISA-Santillana, um dos líderes do setor editorial e de comunicação da Europa e América Latina.

jovens que trabalham no tráfico tal como ela é, destacando o fato de os diretores serem eles próprios egressos da periferia urbana. Esses dois elementos demarcam os termos que conferem singularidade ao registro a ser apresentado. A entrevista da jornalista com MV Bill, antes da exibição do vídeo, evidencia a própria noção do diretor de que o público está diante de um documento "mais verdadeiro", por refletir a experiência de alguém que vive na favela, e não aquilo que se ouve sempre de "antropólogos e sociólogos".[17] "Documento verdadeiro", feito por alguém "de dentro", com depoimentos editados pela Cufa, eis as referências fundamentais utilizadas para destacar a singularidade do registro a ser exibido e, em última instância, para valorizá-lo. Essa "apresentação" de *Falcão* tanto pelos jornalistas quanto por seu diretor define, a nosso ver, as "vozes" que iriam conduzir o registro visual do filme, voltado para um conjunto de dramas pessoais — porém tratados de forma impessoal — que apelam para o sentimento humanitário diante de um universo de crianças "perdidas" que trabalham para o tráfico de drogas.

O vídeo propriamente dito tem início com uma fala de MV Bill reiterando a sua preocupação em "mostrar" um problema. A imagem do diretor-*rapper* dentro de um ônibus tem como fundo uma paisagem facilmente identificável como Brasília — haveria aí a noção de uma denúncia ao poder público? —, ao som de *hip-hop*. A preocupação em afirmar ao público que não está "mostrando de forma glamorizada" o problema é mais um aspecto que sinaliza a singularidade do registro. Por outro lado, o som de *hip-hop* e do *rap* vem sendo freqüentemente utilizado pela mídia para tratar de questões ligadas à população das periferias, sobretudo na valorização de personagens da raça negra, como acontece no seriado ficcional *Cidade dos homens* e nos demais programas aqui citados. As primeiras cenas do filme são facilmente identificáveis ao tráfico de drogas, em particular à situação vivida pelas crianças-falcões, mostradas numa sucessão de *closes* que dramatizam o manuseio da droga. Alternam-se imagens e depoimentos dessas crianças, por vezes esboçando uma visão crítica da situação em que se encontram, mas logo atenuada pela justificativa de ser essa uma forma de ganhar dinheiro. A presença do entrevistador no vídeo, em alguns casos, e seu próprio depoimento, em outros, valorizam a noção de um discurso "que vem de dentro", reiterando a

[17] Cabe lembrar, porém, o convívio de MV Bill com esses profissionais — por exemplo, a co-autoria do livro *Cabeça de porco* com o antropólogo e cientista político Luís Eduardo Soares, além de Celso Ataíde.

proximidade do diretor com aquele universo. Imagens com voz em *off* se alternam com outras sincronizadas com a fala dos jovens. O uso recorrente da tarja preta sobre os olhos ou o pontilhado dos corpos são recursos para encobrir a identidade dos depoentes, mas servem também para conferir dramaticidade às situações e um tom de mistério a essas imagens, num estilo semelhante àquele muitas vezes utilizado em programas jornalísticos. Com relatos esparsos dos depoentes e do diretor do vídeo sobre os prejuízos causados pelas drogas, incluindo referências ao fascínio provocado pelas armas entre os jovens, toda a primeira parte do programa procura traçar o trajeto percorrido pelo universo do tráfico de drogas — sobretudo a maconha — até chegar ao usuário. A apresentação das informações de modo fragmentado, sem uma caracterização mais precisa do problema ou das particularidades de cada tipo de droga e dos vários agentes envolvidos, sem identificar os locais mostrados, revela as limitações desse que se pretende um registro documental de uma situação.

A intervenção dos apresentadores do programa na exibição do vídeo se repete quando do anúncio do segundo bloco. Assim, várias são as vozes que expõem o problema. É Glória Maria quem antecipa os temas que serão tratados, agora centrados no universo familiar dos falcões, como, por exemplo, a ausência do pai, o respeito pela mãe e, por último, comentários gerais sobre o valor da vida. Há certo apelo sensacionalista quando se faz referência a "um documentário que nunca foi feito no Brasil". Zeca Camargo inicia o segundo bloco detalhando um repertório em parte já anunciado: demonstrações do pouco valor dado à vida e o abandono da família e da escola para entrar no tráfico. Esse conjunto de considerações é veiculado como explicação para o ingresso desses jovens no tráfico por esses narradores, cuja fala se superpõe ao texto do filme, criando uma nova instância no registro do tema abordado. Ao longo desse segmento, os relatos vão expressar desejos de consumo, dificuldades financeiras das famílias e carência afetiva. A voz do *rap* agrega novos temas a esse repertório: algumas de suas letras se referem igualmente a aspectos dessa realidade, como por exemplo o relato da morte de um bandido, já pai, aos 17 anos.

Uma entrevista de Glória Maria com MV Bill antecede a exibição do segundo bloco, cumprindo esse mesmo papel. MV Bill dá novamente o diagnóstico da situação, ou melhor, antecipa o conteúdo veiculado pelos depoimentos finais do programa: "a gente está diante de um autêntico genocídio". Ele se afirma como uma voz de autoridade, de quem vem "de dentro", e nesses termos substitui a voz do cientista social, que não teria o conhecimento da realidade tal como ela é. Reitera-se assim a posição do *rapper* como elo de ligação entre a audiência e o universo das drogas, graças à identidade de MV Bill com as comunidades carentes, o que também daria o aval para a sua presença nos debates sobre ações na periferia.

Em relação aos dramas pessoais relatados nesse bloco, há depoimentos de mães que perderam seus filhos — cujos retratos são por elas mostrados — no tráfico de drogas, sendo a ausência dos pais o argumento utilizado para explicar o envolvimento dos jovens naquele mundo. O desejo de um dos falcões de freqüentar um circo é ilustrado por cenas desse espetáculo, no único momento em que as imagens não se referem à realidade, e sim ao mundo de fantasia e magia evocado por aquela atividade lúdica, em oposição à crueldade do mundo das drogas e do tráfico. Há ainda nesse bloco uma sucessão de imagens de enterros e de caixões, por vezes focalizando-se os mortos dentro deles, enquanto MV Bill faz alusão às mortes então ocorridas. Mas não há informação sobre onde, quando e como aconteceram esses episódios. Se a proposta do filme era registrar essa realidade, o resultado parece esgotar-se no choque, distanciando-se assim da postura investigativa que seria a base para construir uma consistente narrativa documental sobre a vida dos falcões.

A interferência do universo das drogas no imaginário infantil e a preocupação com o futuro são os assuntos do terceiro bloco do programa. Repete-se a fórmula pela qual o tema é anunciado ao final do segundo bloco por Glória Maria e depois retomado por Zeca Camargo, que anuncia ser aquela a última parte do vídeo. Em mais uma entrevista de Glória Maria com MV Bill, este afirma que foi a confiança nele depositada que permitiu a realização do vídeo, além da certeza dos entrevistados de que a exposição de seus problemas contribuiria para mudar a situação no que diz respeito ao envolvimento dos jovens no tráfico. Em suma, esse último bloco pretende-se uma denúncia "que poderia salvar vidas", e MV Bill torna-se o personagem-diretor capaz de operar essa mudança por meio da realização/exibição do vídeo. Por sua origem social, ele seria capaz de inspirar confiança e esperança. MV Bill parece acreditar que seu vídeo é um ato de denúncia visando mudar a situação vivida pelos falcões. A cena de crianças representando para a câmera uma luta entre bandidos e policiais evoca a antiga brincadeira de polícia e ladrão, aparentemente querendo mostrar como o imaginário infantil absorve essa realidade. Ao mesmo tempo, um comentário de MV Bill, de que ali perto havia de fato gente morrendo, confere realismo à cena, misturando simulação da realidade com a própria realidade.

À guisa de desfecho, com conteúdo fortemente moral, a menção ao futuro e às desvantagens de se estar no crime. Isso é feito por um único depoente, um homem regenerado, o único que aparece em cena sem ocultar sua identidade, como que restituído de sua integridade enquanto ser humano. A pedagogia de fundo moral é aqui traçada em todos os seus passos, sem nenhuma referência ao delito por ele cometido: o castigo representado pela dura experiência na cadeia e pelo fato de ter ficado paralítico, a regeneração pela reintegração à vida social, e os benefícios materiais alcançados longe do crime. Em oposição a esse universo que não lhe trouxera nenhum benefício, um discurso de valorização da vida pelo trabalho, com direito a férias remuneradas, 13º salário e licença médica, e a um dos lazeres típicos da vida contemporânea: fazer compras no *shopping* com a namorada. A ênfase nas questões econômicas como explicação para a criminalidade — que um salário digno faria diminuir — sucumbe diante de um dilema maior: a escolha entre o bem e o mal, os dois únicos caminhos possíveis, sendo maior a chance de que o mal prevaleça. E a referência ao futuro se constrói igualmente dentro dos parâmetros da moralidade: como pode um bandido servir de exemplo para o filho?

A questão do futuro vem à baila no depoimento de uma mãe preocupada com o fato de o filho de três anos demonstrar familiaridade com o mundo do tráfico — a criança fala em armas e drogas, diz que vai morrer, simula com os dedos o acionar de um gatilho. A última imagem do vídeo nos remete à primeira, com MV Bill dentro de um ônibus, como alguém que percorreu o país registrando a trágica presença de jovens no mundo do tráfico. A voz de autoridade e de denúncia novamente se impõe: após indagar se é este o Brasil que desejamos, ele próprio aponta a necessidade de reformularmos as leis no país e de recuperarmos o "sentido humano", além de evocar as desigualdades sociais ao constatar a existência de dois Brasis.

Nos moldes de um programa jornalístico e em busca de um desfecho, após a exibição do vídeo Glória Maria levanta a questão de como mudar essa realidade. Segue-se mais uma entrevista com MV Bill, na qual a apresentadora parece esperar soluções de teor maniqueísta, mostrando quem são os culpados e as vítimas, além de revelações sobre os assuntos tratados no vídeo. Este parece ser assim entendido como uma constatação, e não como um documentário que registra as várias faces de um problema. Além de se apresentar uma realidade social de forma maniqueísta, apelando para a emoção do público em meio a considerações de ordem moral, há uma evidente personalização da questão nesse momento final do programa. MV Bill se refere ao seu projeto pessoal — e também de seu empresário — de um livro no qual propõe uma reflexão sobre a realidade desses jovens,[18] e aproveita para destacar o trabalho desenvolvido pela Cufa junto a esse segmento. Descartando qualquer interesse em transformar o conteúdo do vídeo num caso de polícia ou num grande espetáculo, ou mesmo em utilizá-lo para fins políticos, MV Bill afirma, sem citar nomes nem responsabilizar ninguém, que o país já chegou ao fundo do poço, e clama por uma mobilização, "pois o momento é esse". Nessa linha de raciocínio, cabe supor que a exibição de *Falcão* no *Fantástico* seria o momento em que o público tomaria conhecimento de um problema, estando assim criadas as condições necessárias para superá-lo.

Daí em diante, as novas vozes de autoridade sobre a questão partem da própria mídia, quando, em seu último segmento, o programa procura avaliar o impacto da exibição do vídeo. São falas intercaladas por imagens já exibidas da vida dos falcões, sem faltar, ao final, a idílica cena de uma pipa sendo empinada na favela.

No programa são entrevistados os dois mais importantes dramaturgos do *merchandising* social das telenovelas da emissora: na abertura, Manoel Carlos, enquanto Glória Perez fecha o programa. Manoel Carlos e o escritor e jornalista de *O Globo* Luís Fernando Veríssimo mostram-se chocados com o que vêem, evocam a idéia de uma geração perdida e falam da necessidade de um trabalho conjunto por muitos anos. A atriz da Rede Globo Camila Pitanga diz que é preciso resgatar o aspecto humano "que está dentro de nós". O cineasta Cacá Diegues, por sua vez, destaca o lado humanitário do vídeo, assim como a oportunidade de se estar em contato com a fala das próprias vítimas. Identificada com a angústia das mães, Glória Perez[19] é quem fecha o programa: reconhece o abandono dessa população que vive num gueto, ataca a benevolência das leis que acabam por compensar o crime e, com olhar fixo para a câmera, profere uma frase de impacto: "chega de discussões teóricas, vamos partir para a ação". Sua fala identifica-se assim com o discurso de MV Bill, explicitado sobretudo nas entrevistas intercaladas ao longo da exibição do filme, que em verdade expressam indignação e cla-

---

[18] Com o mesmo título do vídeo, o livro contém o relato dos autores sobre os bastidores do vídeo, reiterando a intenção de mostrar "o lado humano" dos jovens que trabalham no tráfico de drogas em diversas partes do país e de estimular a reflexão sobre a "juventude que vive em situação de risco".

[19] Há um reconhecimento público do seu sofrimento pelo cruel assassinato de sua filha, a atriz Daniela Perez, alguns anos atrás.

mam por um movimento imediato, diante de imagens e relatos colhidos desde 1998 e reunidos num filme feito em 2003, exibido pela primeira vez na televisão em março de 2006.

Observe-se que tanto a exibição na televisão quanto o próprio vídeo, baseado no relato do drama do aliciamento infantil pelo tráfico, contêm um apelo indefinido para a solução de uma grave questão que, apresentada numa estrutura dramática, visa comover o público. Não se trata de um documentário que procura desvendar um problema, apresentar versões, contextualizar relatos e situá-los espacialmente, mostrando a questão de forma mais abrangente e nos seus mais variados matizes. A escala nacional dos depoimentos colhidos não encontra uma tradução concreta na narrativa apresentada, a não ser por uma sutil diferenciação das falas com diferentes sotaques e pelas imagens de MV Bill num ônibus em movimento. O circuito da mídia destaca o ineditismo do vídeo, apoiando-se, entre outros argumentos, no fato de que seus diretores, por serem egressos de periferias urbanas, conseguiram chegar a esses jovens. A chamada fala "de dentro" é amplificada pelo discurso tanto da mídia, em suas mais diferentes vertentes, quanto do próprio MV Bill, cujo diagnóstico se torna soberano. Nesse contexto, o vídeo se apresenta como um documento legítimo sobre a realidade social.

Cidade dos homens: novos atores, novas falas e novos cenários na produção seriada televisiva

O seriado *Cidade dos homens* introduziu uma temática até então pouco comum na programação ficcional televisiva. Conflitos e violência nos morros cariocas, além de aspectos do cotidiano de seus habitantes foram tematizados por essa produção independente exibida pela Rede Globo entre 2002 e 2005.[20] Em outro trabalho de minha autoria,[21] analisando os cinco episódios exibidos em 2003, procurei examinar os parâmetros e os limites da representação dessa temática que estava então voltada preferencialmente para os contrastes e as injustiças sociais, sobretudo nos episódios *Tem que ser agora* e *Os ordinários*. Neste capítulo, pretendo mostrar como a questão da violência — do tráfico de

[20] Somente um episódio é ambientado em São Paulo: *Hip samba hop*, que antecipa o universo do *funk* paulista focalizado no seriado *Antônia*, produzido pela mesma produtora O2, de Fernando Meirelles, e exibido na Rede Globo em novembro de 2006.

[21] Kornis, 2006.

drogas ao cotidiano na favela, passando pelas relações familiares — se insere numa narrativa ficcional que se explicita pedagogicamente em meio às "aventuras" dos jovens Acerola e Laranjinha, personagens centrais da trama.

Segundo depoimentos dos diretores e roteiristas do seriado, uma realidade bastante verossímil estaria ali sendo mostrada se não só porque as locações eram nos próprios morros, mas sobretudo porque os relatos eram de seus habitantes. Seriam assim as imagens "reais" e as vozes "de dentro" que confeririam autoridade a uma produção televisiva voltada para essa nova temática, aspectos já apontados igualmente na apresentação de *Falcão*.

A valorização do discurso de apresentação da realidade tal como ela é merece aqui algumas outras observações. Em primeiro lugar, o tratamento naturalista desses temas não deve ser confundido com uma estratégia de improviso em relação à atuação dos personagens: egressos do morro, a maioria dos atores é originária do grupo *Nós do morro*, nascido em 1986 e que mais tarde formaria o *Nós do cinema*. Entre vários outros recursos de construção de verossimilhança, tais como a própria gestualidade e a fala, uma voz *over*[22] serve como registro documental em determinadas cenas e situações — por exemplo, nos esclarecimentos sobre o passado dos personagens, inclusive os secundários, ou em comentários sobre acontecimentos da própria ficção, como no relato sobre os presídios no episódio *Dois em Brasília*. Independentemente do uso da voz *over*, nota-se o emprego de um recurso documental em alguns episódios — por exemplo, as entrevistas com integrantes do movimento *hip-hop* em São Paulo (em *Hip samba hop*) e o relato sobre as mortes no morro pelos atores, identificados por seus próprios nomes e idades (em *A coroa do imperador*, primeiro episódio do seriado).

Por outro lado, na mesma linha de humor das produções de meados dos anos 1980 do Núcleo Guel Arraes da emissora, os comentários irônicos e bem-humorados de Laranjinha e Acerola em voz *over* na maioria dos episódios, além de servirem para apaziguar tensões sociais, revelam situações inverossímeis. Expressões na língua inglesa ou frases como "favela não tem porteiro nem assalto" (*A coroa do imperador*) e "o não-favelado vai ao morro comprar droga e fazer reportagem" ironizam e dialogam com uma população que não é a dos morros, e tampouco exprimem uma fala "de dentro", mas sim a dos realizadores do seriado.

Há também uma dimensão moral na utilização do recurso da voz *over* e que reforça o caráter pedagógico presente na construção narrativa da maioria

---

[22] Sobre o uso da voz *over* no seriado, ver Kornis (2006); no cinema brasileiro contemporâneo, ver Xavier (2006).

dos episódios. Em *O cunhado do cara*, Laranjinha critica o flerte de Acerola com o tráfico pelas benesses recebidas ("sentiu o gosto do poder e começou a tirar onda"). Após a morte do poderoso cunhado deste último, ligado ao tráfico, e a conseqüente perda de "poder" de Acerola, nas cenas finais do episódio, Laranjinha profere a frase: "depois do susto, Acerola aprendeu, e a amizade voltou ao normal". Já em episódios posteriores, Acerola, em voz *over*, alerta para os "riscos" a que Laranjinha se expõe ao se aproximar de pessoas ligadas ao "movimento".

Tema constante em quase todos os 19 episódios do seriado, ainda que às vezes apenas pontualmente, a violência é retratada de maneiras as mais diversas: na disputa pelo tráfico de drogas no morro e suas conseqüências na vida de seus habitantes, nas tensões sociais instaladas dentro e fora daquele espaço, e, secundariamente, nos conflitos entre pais e filhos. Nos episódios do primeiro ano de exibição (2002), as questões ligadas ao tráfico foram bastante freqüentes, assim como a menção a problemas financeiros e à ausência da figura paterna na vida dos personagens centrais, temas que seriam retomados nos anos de 2004 e 2005, quando são abordados os casos de paternidade e gravidez precoces dos personagens Acerola e Cristiane, respectivamente. Em 2003, *Buraco Quente* focaliza o problema do tráfico na figura de um primo de Laranjinha que deixa o "movimento" após ser convocado para matar um alcagüete, terminando baleado pela polícia. Naquele ano, as referências ao tema seriam mais pontuais do que nos outros.

A associação entre violência e tráfico se faz de várias maneiras ao longo do seriado: seja apenas pontuando a trama principal, seja mais diretamente no cotidiano da favela e na afirmação da autoridade e do poder do chefe do tráfico no morro e nas periferias urbanas. Já no primeiro episódio do seriado, *A coroa do imperador*, a violência no morro aparece ligada ao tráfico de drogas. Apesar da referência a uma pessoa morta, os conflitos em torno do tráfico são atenuados pela utilização de recursos digitais que mostram a guerra entre os integrantes do "movimento" como um *videogame*. Essa tendência é reforçada, por exemplo, na analogia entre as guerras napoleônicas e a disputa pelo tráfico no morro, quando a voz *over* de Acerola se sobrepõe às imagens de uma lição em sala de aula sobre aquelas guerras. A tensão no morro é explicitada através das dificuldades encontradas por Laranjinha para entregar remédio à avó doente: os pequenos heróis furam o cerco de um morro para chegar até em casa, reiterando o espírito de aventura dos dois adolescentes, característica central de quase todos os episódios do seriado.

O poder dos grupos ligados ao tráfico é novamente apresentado em *A fila*, quando Laranjinha, após ser atingido em casa por uma bala perdida durante intenso tiroteio no morro, é retirado por engano de um hospital público por bandidos que lá procuravam um membro da gangue. O desenrolar da trama gira em torno das peripécias de Acerola para retirar do hospital o "verdadeiro" bandido e assim livrar o amigo das garras do "movimento". A última cena do seriado, com Acerola e o filho na fila do hospital — em alusão a uma das cenas de abertura que mostrava em segundo plano uma fila diante do mesmo hospital —, introduz um problema social: um *travelling* retrata o problema das filas nos hospitais públicos.

Em *Correio*, a disputa entre os traficantes, a polícia e a associação de moradores é mostrada em tom bem-humorado e gira em torno da definição dos nomes das ruas no morro. O tráfico é apresentado em toda sua força pelo poder de mudar os nomes das placas para ludibriar a polícia, deixando-a desnorteada durante uma invasão no morro. Os policiais possuem uma planta que não é compatível com a designação vigente, composta unicamente por nomes informais. A veia humorística do seriado se apóia no episódio exatamente pelos nomes escolhidos pelo tráfico. Em *Tem que ser agora*, episódio que aborda os conflitos e as diferenças sociais entre jovens na praia, a repetição da voz *over* de Laranjinha dizendo que "o morro vai fechar" serve de contraponto ao universo da praia, e o conflito no morro somente é verbalizado quando Acerola está em casa namorando. Em *A estréia*, o caso de Laranjinha com a namorada do chefe do tráfico no morro transforma-se num desafio ao próprio tráfico. Perseguido, ele acaba deixando o morro.

Há uma pedagogia de fundo moral nos episódios sobre o envolvimento com o tráfico de drogas, embora alguns desfechos apontem para uma crítica social, o que se observa também em episódios voltados para outros temas. Em *Buraco quente*, é o personagem Espeto, primo de Laranjinha e membro do "movimento", quem está na mira do chefe do tráfico. Baleado pela polícia, que o persegue por ter sido delatado por um alcagüete do mesmo bando, ele vive o dilema entre deixar o tráfico ou continuar nele, ainda mais quando o chefe do tráfico lhe ordena que mate aquele que o denunciou. Laranjinha acompanha as agruras da passagem do primo pelo tráfico, mas valoriza o fato de ele ganhar muito dinheiro e conseguir muitas mulheres, temas que fazem parte do repertório do personagem em vários outros episódios. As cenas finais, por sua vez, sugerem um novo problema, embora Espeto tenha preferido deixar o tráfico por não ser capaz de matar seu inimigo, ele não consegue um emprego formal por ser analfabeto e deixa o morro completamente sem perspectivas. Espeto é, pois, o bandido regenerado diante de uma situação adversa, muito embora Acerola, em voz *over*, declare não ter tido mais notícias de seu paradeiro. A denúncia da realidade social de uma grande parcela da população — a falta de emprego e o analfabetismo — dignifica ainda mais a sua opção de abandonar o tráfico que lhe propiciava meios de sobrevivência. Essa estratégia é reiterada no tratamento do personagem, transformado em herói em algumas seqüências do episódio, sobretudo quando perseguido pela polícia.[23]

As reações de Laranjinha diante do poder do tráfico tendem a expressar mais diretamente a perspectiva moral antes apontada. Como personagem de comportamento mais ousado e esperto, Laranjinha se mostra mais exposto a situações de risco. Vários episódios abordam a tensão e os perigos decorrentes da sua proximidade com o tráfico, ainda que quase sempre num plano secundário em relação aos personagens diretamente envolvidos com aquele universo. Nos episódios exibidos em 2004 e 2005, sobretudo, são os relacionamentos amorosos de Laranjinha que desafiam aquele poder, o que nos dá a dimensão dos parâmetros nos quais a temática se insere.[24] Em *A estréia*, Laranjinha se envolve com Zuleide, namorada do chefe do tráfico que, ao jurá-lo de morte, provoca a sua saída temporária do morro. Em *Vacilo é um só*, ele passa a namorar Tina, que começa a se ligar ao "movimento". O estreitamento das relações de Tina com o tráfico tem como contrapartida a interferência deste na relação familiar da jovem, forçada a atirar no próprio pai, que desligara a luz do morro. Laranjinha acaba deixando Tina por causa da opção dela pelo "movimento". O poder do tráfico na periferia urbana também está presente em *Hip samba hop*, quando Laranjinha se expõe ao risco por envolver-se com a irmã do chefe do tráfico. Outra dimensão desse poder é mostrada em *Atração fatal*, episódio sobre o iminente extermínio de uma jovem de classe média que fica fascinada pelo morro após ter ido a um baile *funk* onde conhece Laranjinha. Tal fascínio seria apenas a fuga de um universo doméstico atribulado, e no final a jovem promete voltar para o morro ao completar a maioridade.

O poder do tráfico recebe também um tratamento bem-humorado pela própria temática de alguns episódios. *As aparências enganam*, por exemplo, ironiza as características machistas do "movimento". Desta vez, Laranjinha e

---

[23] Para uma análise desse episódio, ver Kornis (2006).

[24] A partir daí Acerola viverá o problema da gravidez da namorada Cristiane e depois as dificuldades para criar o filho, não só do ponto de vista financeiro, mas também pela necessidade de, como pai, se fazer presente no cotidiano do filho. Cria-se assim uma oposição entre as novas responsabilidades e o espírito de aventura que continua como marca dos dois personagens centrais do seriado.

Acerola são ameaçados de morte por um chefe do tráfico indignado com o interesse de seu *pitbull* por outro cachorro, trocado pela cadela que estava no morro para ser devolvida à sua dona, patroa da irmã de Acerola. O humor também se expressa pelo fato de Laranjinha se vestir de mulher — e ainda ser cortejado pelos homens do "movimento" — para atingir o objetivo final que é a devolução da cadela.

Outra dimensão da violência, relacionada ao fascínio de Laranjinha e, secundariamente, de Acerola pelas benesses do tráfico, é abordada por alguns episódios do seriado. A proximidade de Acerola com os traficantes aparece pela primeira vez em *O cunhado do cara*, devido ao namoro de sua irmã com o mais poderoso deles. O novo par de tênis que Acerola havia ganhado com o dinheiro do tráfico torna-se motivo de despeito entre seus colegas do morro. Com a morte de seu "cunhado" numa disputa interna no morro, ele perde as regalias. A autoridade e o poder de arbitragem do tráfico no morro são mostrados no mesmo episódio, quando membros do "movimento" apartam uma briga entre garotos na favela.

Já em *Buraco Quente*, episódio de 2003, é Laranjinha quem se deixa fascinar pela "riqueza" do tráfico: arma, mulher e tênis são os grandes objetos de desejo, facilmente identificáveis ao poder dos traficantes. Em *Vacilo é um só*, ele começa a namorar Tina, jovem cada vez mais ligada ao "movimento", e acaba por envolver-se com gente daquele meio. A primeira relação sexual de Laranjinha é justamente com a namorada do chefe do tráfico, Zuleide, no episódio *A estréia*.

De forma secundária, situações de violência familiar foram igualmente contempladas pelo seriado, ampliando o repertório de aspectos da realidade contemporânea ali retratados. Em *Foi sem querer*, por exemplo, instala-se um conflito entre a namorada de Acerola, Cristiane, e o pai dela, quando este é informado da gravidez da filha. Em *Pais e filhos* ela é expulsa de casa, e em *Atração fatal* o pai demonstra interesse em adotar o neto, certo de que os pais não seriam capazes de criá-lo. Em *Vacilo é um só*, um quadro de desajuste familiar leva Tina, namorada de Laranjinha, a se envolver com pessoas do morro ligadas ao tráfico.

Breves cenas de preconceito racial contra Laranjinha e Acerola pontuam a trama central de alguns episódios. Em *Pais e filhos*, uma rápida revista policial num ônibus visa exclusivamente os protagonistas do seriado, os únicos negros ali presentes. Em dois outros episódios, a situação de preconceito racial encontra um escape no espírito de aventura que caracteriza os dois jovens personagens. Em *Os ordinários*, a suspeita de roubo de um celular num *shopping* recai sobre Laranjinha, e não sobre o verdadeiro ladrão, um jovem branco e abonado. Este acaba confessando, e o grupo de amigos, brancos e negros unidos, consegue enfim arrumar dinheiro para pagar à loja. Em *Tá sobrando mês*, episódio que gira em torno da luta de ambos para encontrar emprego, uma suspeita de roubo na empresa recai sobre Acerola, que trabalha na limpeza, provocando sua demissão. A saída encontrada por Laranjinha ao criar seu próprio negócio de venda de sacolés é tratada com humor, mostrando sua total inexperiência e também a irresponsabilidade de Acerola, que pega dinheiro em casa para ajudar o amigo. Aventura *versus* responsabilidade familiar é um dos temas que se incorpora à trama de alguns episódios do seriado, desde que Acerola se torna pai.

Um último aspecto a ser considerado nesta breve análise da representação da violência em suas mais variadas formas em *Cidade dos homens* diz respeito ao próprio território da favela, locação central do seriado. Território de pipas empinadas por jovens, de música *funk*, de mulheres sedutoras, de breves incursões policiais, dominado pelos chefes do tráfico e seus bandos, onde não há roubo em residências, onde raro é o ruído de tiros, mas grande a variedade de ritmos e cores, povoado de corpos negros e brilhantes emoldurados por um imenso mar ao fundo que nos remete ao Rio de Janeiro, esta é a favela mostrada pelo seriado. Em *Pais e filhos*, quando alguém comenta que "festa boa é no morro", isso nos faz lembrar aquele morro enaltecido nas chanchadas, onde sempre há música, animação e cordialidade. Enquanto lugar de aventura, pode-se aí assistir à interação de jovens favelados e outros segmentos sociais. Em *Os ordinários*, Laranjinha, em voz *over*, considera algo inacreditável a visita de jovens "ricos" — um branco e um japonês — ao morro, fato somente comprovado pelas fotos que ele guarda. Já em *As aparências enganam*, Acerola traz ao morro uma jovem de classe média — filha da patroa da irmã dele — para fazer um trabalho de pesquisa. E o vídeo com as entrevistas feitas por ela é exibido para uma platéia favelada, em festa. Representaria esta cena alguma expectativa em relação ao público do seriado?

De que favela e violência nos fala a televisão?

A exibição, pela TV Globo, de *Falcão*, no *Fantástico*, do seriado *Cidade dos homens*, do programa *Central da periferia*, do quadro *Minha periferia*, no mesmo *Fantástico*, e, mais recentemente, de *Antônia* nos coloca diante de um fato novo: a presença, em locação real, de um território explorado há décadas pelo cinema em suas mais variadas tendências, mas quase inexistente na televisão.

A TV Record passou a focalizar esse universo em suas novelas — longe, portanto, das cidades cenográficas —, o que tem repercutido em inúmeras matérias na imprensa, sobretudo pela boa audiência obtida por essa emissora concorrente da Globo. Por outro lado, alguns telejornais chegam inclusive a mostrar ações sociais em zonas da periferia urbana com um fundo musical de *rap*, trilha sonora privilegiada quando o tema é morro e periferia. Afinal, de que modo a mídia televisiva, afora o telejornalismo, está dando visibilidade a questões amplamente discutidas nos mais variados fóruns, da academia ao poderes públicos, passando pelas ONGs? A título de síntese, voltaremos a algumas questões aqui tratadas.

Em primeiro lugar, esses temas são focalizados dentro de um mesmo segmento: jovens do morro ou da periferia urbana, sejam tipos reais (*Falcão*), sejam fictícios (*Cidade dos homens* e *Antônia*). Em *Falcão*, ao que parece, o objetivo maior é criar um impacto, mostrando em imagens inéditas na televisão o envolvimento de jovens no mundo do tráfico de drogas, o que pode gerar compaixão. Em *Cidade dos homens* há uma empatia com a dupla de jovens espertos e bem-humorados, cujas aventuras por vezes se apresentam como verdadeiras crônicas de fundo moral, em alguns casos incorporando alguma crítica social. Em plano central ou secundário, a presença do tráfico e da violência no seriado está subordinada a uma narrativa que privilegia a ação desses dois personagens que, direta ou indiretamente, protagonizam todos os episódios sobre o tema. Em ambos os casos, a violência e o tráfico de drogas são presenças marcantes, com tratamentos diferenciados, conforme vimos.

Por vezes, em meio a alguns impasses presentes na narrativa do seriado, não há promessas nem esperanças concretas no mundo descrito. Mas há espaço para indivíduos regenerados, tanto em *Cidade dos homens* quanto em *Falcão*, o que reitera o conteúdo moral existente em ambas as narrativas. Nesse sentido, a frase de impacto tanto de MV Bill quanto de Glória Perez na exibição de *Falcão* no *Fantástico* — "o momento é este" — cai num vazio, num apelo indefinido, pois a atividade dos jovens falcões está dissociada do circuito mais amplo que gira em torno do tráfico de drogas. Em artigos publicados uma semana após a exibição de *Falcão*, Zaluar (2006) e Rosenfield (2006) apontaram exatamente a ausência de outras vozes no vídeo, ou seja, de outros atores do drama em questão, já identificados tanto pela pesquisa acadêmica quanto por documentários como, por exemplo, *Notícias de uma guerra particular*, de João Moreira Salles e Kátia Lund.

Ao sentido moral já apontado soma-se a valorização do aspecto psicológico, variável importante na configuração de um diagnóstico sobre a atribulada vida desses jovens. Presente na fala tanto dos falcões e de suas mães quanto de Acerola e Laranjinha — em alguns casos, em voz *over* —, esse discurso se instaura no reconhecimento de problemas de ordem familiar. Ausência da figura paterna, dificuldades de sobrevivência da família, mães fortes e guerreiras, desejos frustrados — como nunca ter ido ao circo, em *Falcão*, ou não poder ter um tênis novo sem se ligar ao tráfico, em alguns episódios de *Cidade dos homens* — são temas recorrentes na construção narrativa dos programas analisados.

Outro elemento comum a todos esses produtos televisivos, o fato de o público estar diante de locações reais e de falas "de dentro", proferidas por personagens e autores também "de dentro", confere aos temas tratados o estatuto de verdade, de um registro próximo ao real, de autenticidade, enfim. A farta utilização do *rap* em *Falcão* e em alguns episódios do seriado cumpriria essa mesma função enquanto discurso que vem "de dentro" justamente por conter em suas letras a fala da periferia. Tudo isso se transforma em vozes de autoridade, denunciando situações e problemas "de uma forma nunca antes mostrada", como diria a jornalista Glória Maria. Há nessa singularidade uma estratégia de valorização não só do produto exibido, mas da própria emissora que abre espaço para essas "revelações".[25] Num outro plano, tão ou mais importante, Zaluar (2006) já alertara com propriedade para o fato de os diretores de *Falcão* poderem estar assim alimentando uma "cultura do gueto" que, por limitar-se exclusivamente ao seu próprio universo, corria o "risco de manter a cegueira".

Por fim, *Falcão* e *Cidade dos homens* consagram certa estética visual no tratamento das questões da favela e da violência na televisão. Câmera ágil e edição em planos rápidos são recursos fartamente utilizados e facilmente identificáveis com o formato dos videoclipes e também com uma bem-sucedida produção cinematográfica brasileira recente. A cor do seriado, luminosa e saturada, aproxima-nos sem medo de um território conturbado e de figuras por vezes perigosas, pela mediação de personagens carregados de empatia e jovialidade. Já em *Falcão*, esse mesmo território é noturno, menos visível, mais sombrio. Com personagens semi-encobertos por tarjas enfumaçadas, o vídeo apresenta ao público uma realidade estranha, como que só agora desvelada e

---

[25] Vale citar aqui um trecho de matéria publicada no jornal espanhol *El País* (23 jul. 2006) sobre a exibição de *Falcão* na televisão: "os brasileiros sabiam [da existência de crianças envolvidas no tráfico de drogas]: lêem isso quase que diariamente nos jornais, mas nunca tinham visto e escutado seus protagonistas".

por isso tratada como especial. Aludem seus diretores ao ineditismo de imagens feitas "de dentro", mostradas apenas parcialmente, por frestas, a título de proteção aos depoentes, e como que auto-explicativas das situações de perigo e suspense vividas pelos jovens e suas mães. Imagens valorizadas por si próprias, pelo fato de trazerem uma realidade difícil de ser filmada, mas que nada revelam sobre o circuito que alimenta esse estado de coisas; representam a constatação de um mal a ser extirpado, e não a investigação de uma situação.

Referências bibliográficas

HAMBURGER, Esther. *O Brasil antenado:* a sociedade da novela. Rio de Janeiro: Jorge Zahar, 2005a.

______. Políticas da representação: ficção e documentário em *Ônibus 174*. In: MOURÃO, Maria Dora; LABAKI, Amir (Orgs.). *O cinema do real*. São Paulo: CosacNaify, 2005b.

LE GOFF, Jacques. Documento/monumento. In: *Enciclopédia Einaudi*. Porto: Imprensa Nacional/Casa da Moeda, 1984. p. 103-104. v. 1: Memória e história.

KORNIS, Mônica Almeida. Aventuras urbanas em *Cidade dos homens*: estratégias narrativas de inclusão social em seriados ficcionais. *Estudos Históricos*, Rio de Janeiro, n. 37, jan./jul. 2006.

______. Ficção televisiva e identidade nacional: o caso da Rede Globo. In: MORETTIN, Eduardo et al. (Orgs.). *História e cinema:* dimensões históricas do audiovisual. São Paulo: Alameda, 2007.

ROSENFIELD, Denis Lerrer. Falcões ou pombos-correio? *Folha de S. Paulo*, São Paulo, 26 mar. 2006. Caderno Mais!

XAVIER, Ismail. Corrosão social, pragmatismo e ressentimento: vozes dissonantes no cinema brasileiro de resultados. *Novos Estudos Cebrap*, São Paulo, n. 75, jul. 2006.

ZALUAR, Alba. Ensaios sobre a cegueira. *Folha de S. Paulo*, São Paulo, 26 mar. 2006. Caderno Mais!

Cidade dos Homens (2002-05)

Episódio 2002

A coroa do imperador (César Charlone)

O cunhado do cara (Kátia Lund e Paulo Lins)

Correio (Kátia Lund e Paulo Lins)

Uólace e João Vitor (Fernando Meirelles e Regina Casé)

Episódio 2003

Sábado (Fernando Meirelles)

Dois para Brasília (César Charlone)

Tem que ser agora (Regina Casé)

Os ordinários (Kátia Lund e Eduardo Tripa)

Buraco quente (Paulo Morelli)

Episódio 2004

A estréia (Paulo Morelli)

Foi sem querer (Cao Hamburger)

Vacilo é um só (Paulo Morelli)

Hip Samba Hop (Philippe Barcinski)

Pais e filhos (Regina Casé)

Episódio 2005

A fila (Roberto Moreira)

Tá sobrando mês (Paulo Morelli)

Atração fatal (Adriano Goldman)

As aparências enganam (Regina Casé)

Em algum lugar do futuro (Fernando Meirelles)

CAPÍTULO 8

A resistência à implantação do serviço militar obrigatório no Brasil*

*Celso Castro***

No Brasil, todos os homens, no ano em que completam 18 anos de idade, são obrigados ao alistamento militar. Caso essa obrigação não seja observada, o jovem é considerado "refratário" e, nessa condição, não receberá o certificado de reservista, documento exigido para tirar título de eleitor ou passaporte, prestar concurso público, abrir conta bancária ou matricular-se na universidade. Os selecionados para o serviço militar obrigatório que não se apresentam tornam-se "insubmissos", sujeitos às penalidades previstas pela justiça militar.

Entre a primeira lei que previa a obrigatoriedade do serviço militar, em 1874 — que não saiu do papel — e uma segunda lei, de 1908, mas que só foi implantada em 1917 — e que, novamente, "não pegou" —, viveu-se uma intensa propaganda a favor ou contra a adoção do serviço militar obrigatório. Entre os que se opuseram à medida destacou-se o movimento operário organizado, em particular os anarquistas. Na historiografia brasileira, no entanto, embora haja uma abundante bibliografia sobre movimento operário e trabalhadores em geral durante a Primeira República, a oposição ao serviço militar

* Este texto é resultado da pesquisa "O serviço militar obrigatório no Brasil: propaganda e resistência", que conta com apoio do CNPq através de bolsa de produtividade de pesquisa. Agradeço também a colaboração dos auxiliares de pesquisa Eline de Sousa Paiva, Cláudio Guimarães, Marisa Schincariol de Mello e Julia Galli O'Donnell.

** Doutor em antropologia social pelo Museu Nacional da Universidade Federal do Rio de Janeiro (UFRJ). Diretor do Cpdoc/FGV.

obrigatório tem sido tratada apenas brevemente.[1] O objetivo deste capítulo é recuperar, mesmo que parcialmente, essa história.

A doutrina da "nação em armas" e as leis do sorteio militar no Brasil

Após a vitória da Prússia na guerra de 1870-71 contra a França, o sistema prussiano de conscrição, baseado no serviço militar obrigatório e considerado um dos fatores decisivos para a vitória, generalizou-se por exércitos de todo o mundo. Dessa forma, disseminou-se a noção da "nação em armas", segundo a qual as Forças Armadas, além de responsáveis pela defesa nacional, seriam uma espécie de "escola da nacionalidade", já que idealmente recrutariam elementos de todos os setores da população e de todas as origens sociais, dotando-os de um sentimento de unidade nacional. A adoção do serviço militar obrigatório também era vista como requisito essencial à profissionalização dos exércitos modernos. Segundo os novos padrões, apenas o corpo de oficiais passava a ser permanente, enquanto a base da instituição seria renovada periodicamente.

No Brasil, já em 1874, uma lei modificou o sistema de recrutamento, até então constituído pelo voluntariado ou pelo recrutamento forçado, instituindo o sorteio para o serviço militar, a ser realizado entre todos os cidadãos aptos. No entanto, essa lei não foi aplicada, em parte devido à resistência de setores do poder econômico preocupados com a perda, embora temporária, de força de trabalho. Por outro lado, a burocracia estatal não possuía instrumentos apropriados para implementar a lei, e também era grande a aversão que a maioria da população civil manifestava em relação à vida no Exército. Em 1884, por exemplo, a Junta de Alistamento do município mineiro de Conceição de Alagoas foi atacada por um grupo de 50 mulheres usando disfarces. Elas destruíram completamente os arquivos, impedindo assim o alistamento de seus filhos, irmãos e maridos. Uma correspondência enviada ao ministro da Guerra informa que essa era a quarta vez que as mulheres interrompiam o alistamento.[2]

Os militares e a defesa da lei do sorteio de 1906

Em outubro de 1906, foi apresentado pelo deputado Alcindo Guanabara um novo projeto de lei instituindo no Brasil o serviço militar por sorteio. O de-

---

[1] A exceção mais importante é Beattie (2001). Capella (1986) e Kuhlmann (2001) tratam especificamente do serviço militar obrigatório, mas principalmente do ponto de vista de seus defensores.

[2] Arquivo Nacional, caixa IG[1]216, 15/10/1884, fl. 654.

putado discursou no Congresso afirmando que os 20 mil soldados do Exército brasileiro eram, em sua maioria, ex-trabalhadores braçais de baixas condições. Com a adoção do sorteio militar, todas as classes sociais passariam a estar representadas no Exército. Segundo ele, as resistências ao sorteio não vinham do povo, mas da burguesia, que não queria ver seus filhos no quartel. E acrescentou: "o novo Exército não será uma prisão, um lugar de torturas, não será uma sucursal do Inferno dantesco".[3] Obviamente, se o "novo" Exército não seria isso é porque o Exército contemporâneo era visto como tal.

Na introdução ao Relatório da Guerra de 1907, relativo ao ano anterior, Hermes da Fonseca diz que o projeto apresentado por Alcindo Guanabara "satisfaz em princípio aos reclamos do Exército, que são os da própria nação".[4] Essa idéia está presente em todas as manifestações dos militares a favor do serviço militar: a identificação entre nação e Exército. Com a lei do sorteio acabaria o que Olavo Bilac (1924) mais tarde chamaria de "divórcio monstruoso" entre o Exército e a sociedade, passando o Exército a representar fielmente a composição da sociedade.

Entre os que lutavam pela introdução do sorteio militar no país, destacavam-se, como era de se esperar, os próprios militares. Mas a preparação militar também era defendida por membros das elites civis agrupados nos tiros-de-guerra, organizações civis de treinamento de atiradores e que visavam criar reservas treinadas para o Exército.

Críticas ao projeto surgiram de alguns deputados, que argüiram a constitucionalidade da lei — um debate que se prolongaria por meses. Outras críticas ao projeto partiram da Associação dos Empregados no Comércio do Rio de Janeiro, que em 1907 encaminhou uma representação ao Congresso Nacional. Segundo a associação, o projeto "desorganiza de um modo radical as classes produtoras do país".[5] O manifesto pretende afirmar os princípios liberais, a liberdade do indivíduo em oposição à intromissão do Estado em sua vida. O manifesto, no entanto, não deixa claro se a associação é contra qualquer tipo de sorteio militar ou se o que se deseja é a extensão aos empregados no comércio das isenções previstas no projeto. Mas não são essas as únicas razões apontadas pela associação contra o projeto tal como fora redigido. O manifesto menciona

---

[3] Guanabara, 1907.

[4] Fonseca e Escobar, 1943:48.

[5] AECRJ, 1907.

também que a associação recebera um apelo dos *brasileiros* empregados no comércio da capital, receosos de que suas atividades passassem a ser exercidas por *estrangeiros*, pois não haveria casa de comércio que empregasse um brasileiro "sobre o qual pesam tantos e tantos ônus", como quer o projeto. Essa distinção entre brasileiros e estrangeiros/imigrantes seria retomada em várias ocasiões durante os anos seguintes, por diversos atores sociais.

Apesar dessas oposições, a lei do sorteio militar foi aprovada na Câmara em 4 de janeiro de 1908, 15 meses após sua apresentação. Ela não seria, no entanto, implantada. A principal oposição ao sorteio veio do movimento operário, que se posicionou radicalmente contra a medida. O I Congresso Operário Brasileiro, dominado pelos anarquistas e realizado na sede do Centro Galego, no Rio de Janeiro, em abril de 1906 — antes, portanto, da apresentação da lei —, com a participação de 43 delegados representando 28 sindicatos operários, já tomara a resolução de "incitar o proletariado à propaganda e ao protesto contra a guerra, assim como o militarismo e contra a intervenção da força armada nas contendas entre salariados e patrões".[6]

Em 5 de janeiro de 1908, dia seguinte à aprovação da lei, realizou-se uma reunião na Federação Operária, no Rio de Janeiro, presidida pelo líder operário Carlos Dias, com o objetivo de saber a opinião da classe operária sobre o sorteio militar.[7] Elói Pontes tomou a palavra e falou dos prejuízos da classe operária, principalmente das famílias, com a nova lei, questionando ainda sua serventia militar. Seu discurso foi aplaudido com gritos de "abaixo o militarismo", "viva a liberdade" e "abaixo o sorteio". Em seguida, Carlos Dias tomou a palavra e continuou atacando o militarismo, a seu ver um grande mal para a classe operária.

Uma voz discordante foi a de um militar, o tenente Gentil Falcão, que defendeu o sorteio como única forma de reformular condignamente o Exército, estabelecendo de fato o dever que todo cidadão tem de servir à pátria. Perguntado sobre o que era a pátria, o militar respondeu: "a pátria é a relação íntima que prende um povo à terra onde ele nasceu. Esta pátria tem o direito de exigir dos seus filhos o dever de defendê-la".[8] Diante dessa definição de pátria, a assembléia protestou gritando que "pátria é a família, não é um pedaço de terra! A pátria é para o homem toda a superfície do globo terrestre!".

---

[6] Apud Addor, 2002:80.

[7] *Jornal do Brasil*, 6 jan. 1908. Matérias menores saíram na *Gazeta de Notícias* e no *Correio da Manhã*.

[8] Falcão, 1923:122-124.

Carlos Dias voltou e retrucou que o Brasil precisava de operários, e não de soldados; que "já era chegado o tempo de os homens não servirem mais de pasto para os canhões que defendem sempre o interesse e a ambição dos governos em detrimento dos privilégios de que deve gozar o povo". Segundo outro orador, o italiano Magrassa, secretário da Federação Operária, o soldado tinha o título de cidadão e o tratamento de um escravo. Para ele, se os operários virassem soldados, tornar-se-iam instrumento nas mãos dos tiranos, que queriam dominar os povos, e não mais poderiam reclamar nas ruas seus direitos. Isso já ocorrera em outros países, onde "operários-soldados" reprimiram manifestações operárias nas ruas. Magrassa afirmou também que o serviço militar afastava os homens do trabalho prático, impedindo-os de constituir famílias, e terminou seu discurso conclamando os chefes de família a combaterem dois grandes males: o militarismo e a escola pública, que fazia as crianças acreditarem em mentiras como "o Exército e a pátria são benéficos ao operário".

O próximo orador foi Mota Assunção, que discursou contra as pessoas que tinham mania de vestir seus filhos com fardas — no seu entender, uma maneira de defender o militarismo. Falou contra uma possível revolução, que não seria benéfica aos operários, mas afirmou ser legítimo fugir ao serviço militar por qualquer via.

Após vários outros discursos, Carlos Dias fez o encerramento da reunião. Disse que os operários não eram tratados como cidadãos, e que nem casas foram construídas para eles, enquanto se abriam grandes avenidas e se construíam grandes palácios, numa alusão às obras de "modernização" da capital. Referiu-se ao episódio de Canudos, afirmando que o Estado, ao invés de trazer seus habitantes para a cidadania, resolveu aniquilá-los. Para Carlos Dias, "pátria só a tem quem possui patrimônio. Para os operários não há pátria, porque eles não são tratados como cidadãos". E concluiu: "os operários não querem servir à pátria, querem viver para as famílias, dignificando-as pela honra oriunda do seu labor quotidiano. Abaixo o sorteio! Viva a liberdade! Vivam os operários!".[9]

---

[9] Segundo a versão do tenente Falcão — que diz ter corrido "risco da própria vida" por não resistir à curiosidade de ver o que era a grande reunião do operariado —, após as explicações fornecidas com seu pronunciamento, vários operários teriam se aproximado, simpatizando com a lei e confessando ou a sua ignorância em relação ao assunto, ou culpando terceiros que os teriam apavorado com idéias absurdas sobre o serviço militar. Segundo Falcão, seu discurso teria sido apartado por estrangeiros, em sua maioria, "alheios aos interesses do país".

Nas três semanas seguintes a essa reunião, ocorreram regularmente comícios na Federação Operária, com os oradores sempre se manifestando contrários à lei do sorteio e ao "militarismo". Em 12 de janeiro de 1908, Carlos Dias informou ter ido ao gabinete do chefe de polícia explicar que a assembléia tinha fins pacíficos e que qualquer pessoa poderia falar contra ou a favor do sorteio. Embora não esteja registrado nas fontes, é possível que isso tenha sido resultado de alguma queixa do tenente Gentil Falcão, presente na sessão anterior, suposição reforçada pelo tom defensivo de alguns discursos que se seguiram. Mota Assunção, por exemplo, iniciou sua fala dizendo que estavam usando suas afirmações para interesses políticos. Reiterou sua posição contra arruaças e contra uma possível revolução, pois "se uma revolução fosse tentada não seria decerto favorável ao povo, porque ele não está preparado para substituir as instituições que o regem". E afirmou o direito de reagir pacificamente ao sorteio. Para Mota Assunção, toda ordem é oriunda de uma revolução, porém o caso brasileiro não poderia, *ainda*, ser assim resolvido. Disse que o operário brasileiro não quer ser militar, pois sabe a que fica reduzido o Exército sem o "enfeite" do patriotismo: "se o governo tem necessidade de soldados, basta que diga que paga 200 réis a cada um que apareça porque não falta quem queira ganhar dinheiro". Com isso não seria preciso afastar do trabalho os operários. O orador prosseguiu dizendo que os trabalhadores estrangeiros que vieram para o Brasil eram inimigos do sorteio, pois "vieram de seu país fugindo das armas (...) não querem para seus filhos a sorte que os fez perder a beleza de sua infância". Afirmou, ainda, que o sertanejo que não é contra o sorteio militar só verá o nefasto efeito dele quando forem arrancar do campo seus familiares.

Mota Assunção não nega a existência da pátria, mas diz que ela não é absolutamente o que os exploradores políticos querem que seja. Afirmou que os operários odeiam o militarismo, porque os soldados os substituem em caso de greve. Isso, para ele, não é servir à pátria: "servir à pátria é tratar do bem comum, estabelecendo igualdade". Reafirmou o caráter pacífico do movimento, dizendo que os operários não querem de modo algum agitar o país; ao contrário, desejam a paz, pois só com ela poderão florescer as indústrias a que se dedicam. Mota Assunção prosseguiu dizendo que nem o militarismo nem o Exército garantem a paz, como quer a Conferência de Haia, que só visa à segurança de fidalgos. A assembléia o aplaudiu de pé. Em seguida Carlos Dias comentou, ironicamente, que seu companheiro, como todos os que professam os seus princípios, são homens maus, que prezavam bombas, alarmando o espírito público. Depois, perguntou se alguém discordava de Assunção: ninguém se manifestou.

Vários discursos se sucederam, sempre no mesmo tom de crítica à lei do sorteio. Elói Pontes disse que os mais ricos encontrariam formas de fugir ao sorteio, e criticou a Marinha, que teria afirmado haver o perigo de uma guerra contra a Argentina, como desculpa para reforçar o serviço militar. Vicente Avelar criticou as condições a que os homens eram submetidos no Exército. Um certo sr. Corrêa afirmou ser o lar o lugar mais sagrado da sociedade e fez uma apologia do operário em detrimento do soldado: "se é grande a glória de um general que vence batalhas, maior é a do operário que tem que lhe fundir o bronze". Depois desses discursos, Carlos Dias encerrou a reunião, reafirmando o caráter pacífico que o movimento deveria ter.

No comício da semana seguinte, em 19 de janeiro de 1908, Mota Assunção abriu a reunião como presidente, logo explicando que não era nenhum tirano, mas um membro eleito pelos companheiros. Passou a palavra a um membro do comitê antimilitarista, Elói Pontes, que anunciou que acabava de ser formada a Liga Antimilitarista. A Liga não teria sede para não ser perseguida e só visava a fazer publicações para serem espalhadas pelo Brasil. Mota Assunção afirmou novamente ser contrário a "arruaças", que prejudicavam a classe operária. Após ter falado um certo sr. Jubata, Carlos Dias tomou a palavra para culpar os operários que elegeram as pessoas que fizeram a lei do sorteio. O ministro da Guerra e o chefe de Estado "não são culpados da passagem da iníqua lei, mas sim os próprios operários que se qualificam e votam, guindando aos cargos dirigentes homens que no dia imediato esquecem por que degraus chegaram a essa posição".

Carlos Dias seguiu lendo o manifesto *O militarismo ante a política moderna*, do Apostolado Positivista do Brasil. Os positivistas argumentavam ser impossível a idéia de militarizar o povo brasileiro e criticavam o Estado, que, depois de comprar armamentos novos, queria criar soldados pela lei do sorteio. A sociedade estaria regida por leis naturais, não podendo ser transformada por caprichos de suas classes. Antes de tentar militarizar a sociedade, o Estado teria que transformar as Forças Armadas em forças industriais: "urge sinceramente a abolição das classes armadas, transformando-as em classes industriais". O manifesto liga a idéia de militarismo ao espírito guerreiro, característico de sociedades atrasadas, seguindo a "lei dos três estados" de Comte. Diz que o espírito militar acabou e que as nações que parecem ser militares são apenas nações armadas; comparando-as com o mundo antigo, pode-se observar o fim do espírito militar, pois atualmente a carreira militar seria procurada como meio de vida, não como vocação. O manifesto afirma que o ódio entre as nações já acabou, e faz um contraste entre o regime do soldado e o regime do operário, o regime industrial. O Exército estaria com seus dias contados, o Brasil deveria acabar com suas Forças Armadas e transformá-las em simples polícias.

Após a leitura do manifesto, Mota Assunção retomou a palavra e convocou a assembléia a lutar contra a transformação dos operários em escravos.

A guerra pela família

Um dos pontos centrais da luta entre os defensores do serviço militar obrigatório (fossem eles militares ou não) e os "antimilitaristas" era a apropriação que os dois lados procuravam fazer da imagem da *família*, certamente o bem simbólico mais caro às classes populares de então. Nessa disputa, os líderes operários parecem ter saído na frente, pois só após as primeiras manifestações operárias, contrárias ao sorteio militar, é que os militares passaram a usar com maior freqüência figuras de linguagem relacionadas à idéia de família, afirmando a idéia de que a caserna seria a "continuação" do lar. Em oposição a essa visão, podemos observar que já no aparte à definição de "pátria" dada por Gentil Falcão na reunião de 5 de janeiro de 1908 haviam surgido gritos de "pátria é a família", vindos da audiência. Na mesma reunião, o secretário Magrassa afirmara que o serviço militar impediria os homens de constituir famílias. No comício do dia 12, Mota Assunção alertou os sertanejos para que não esperassem o dia de irem "arrancar do campo seus familiares" para tomar posição contrária ao serviço militar, e o sr. Corrêa disse que o lar era o lugar mais sagrado da sociedade.

A utilização, pelos líderes operários, da imagem da família como arma simbólica na luta contra o militarismo fica também evidente já no primeiro manifesto da Liga Antimilitarista, criada em janeiro de 1908, e que é dirigido... às mães! Num comício realizado na capital em 26 de janeiro de 1908,[10] Mota Assunção abre a sessão procedendo à leitura do manifesto *Liga Antimilitarista Brasileira, manifesto às senhoras*. O manifesto começa com a frase: "o militar é um mal!". Caracteriza as Forças Armadas como reduto de criminosos e alerta as mães de família para o perigo a que seus parentes estão sujeitos durante o serviço militar, por ficarem em contato com tais pessoas.

---

[10] Ver *Jornal do Brasil*, 27 jan. 1908.

Além de conviverem com criminosos, seriam tratados como iguais a eles: "como iguais!!... isto é, vossos filhos serão iguais aos soldados, mas o filho da vizinha que é seu tenente formará à parte com um ar de arrogância, cavalgando um guapo animal e olhando para os vossos filhos, agora soldados, como um feitor para escravos". O manifesto afirma que o tratamento desigual vai muito além do simples comportamento, pois os soldados teriam que servir como empregados particulares dos seus oficiais:

> E depois, vem-nos alguém dizer: "é preciso igualar todos, sob o pavilhão auriverde". Sim, senhores! Oh! que linda igualdade! Vosso filho, obreiro modesto, moço aplicado, distinto, laborioso ou de talento fulgurante, servindo ao capitão X, que foi promovido porque em uma greve rechaçou os operários em um conflito entre soldados e o povo, e matou três populares.

O manifesto faz um apelo às mulheres para que não fossem a favor do sorteio. Todos os parentes estariam sujeitos, se sorteados, a serem torturados. E usa imagens emocionalmente apelativas:

> os vossos filhos que criastes com carinho (...) ver-se-ão sob as "chibatas" desumanas de qualquer oficial rancoroso e odiento; daquele, por exemplo, que vos fitou com petulância no bonde ou em uma rua, vos desrespeitou e a quem o vosso filho, irmão ou esposo tomou satisfações presenteando-o altivamente com uma bofetada. O oficial, naturalmente, aproveitar-se-á da sua graduação para vingar-se.

Afirma o manifesto que, naqueles dias, ninguém sensato poderia supor o perigo de uma guerra. Considera a Argentina como nação irmã, acima de intrigas sobre uma possível guerra com o Brasil, feitas com o intuito de fortalecer o militarismo. Ataca a idéia militarista na América do Sul, contrastando o continente sul-americano com a Europa, armada "até as raízes do cabelo". Nos países desenvolvidos da Europa só era possível a paz armada, devido a antigas querelas entre os povos. Na América do Sul, onde são todos latinos e ibéricos, essas querelas não existiriam. O manifesto conclui pedindo às senhoras que tentassem formar nos seus filhos idéias contrárias à lei do sorteio militar. O tempo que se perderia servindo poderia ser usado no desenvolvimento profissional.

Depois da leitura do manifesto, Mota Assunção passou à leitura do programa da Liga Antimilitarista:

> Sorteio é a volta da escravidão e é inconstitucional. É a destruição da família brasileira: atrasa o progresso, gera ausência do lar e triunfo dos estrangeiros no campo do trabalho. A guerra é um sentimento repulsivo. Ela não é mais causada pela ganância, e sim por países industriosos, na sua necessidade de expansão comercial; esta expansão é decorrente da irracionalidade da produção, que só beneficia a classe burguesa. A burguesia não pode parar de produzir, senão criaria vários braços desocupados, gerando assim a possibilidade de uma revolução. O Exército serve para manter o operariado no seu lugar, e serve como fura-greve, o que prejudica as reivindicações salariais. A pátria, em nome da qual se cria o Exército para defendê-la, não representa os interesses de todos os cidadãos, mas apenas dos capitalistas, mascarados "com essa idéia, com o Parlamento e outras instituições metafísicas, o triunfo e a defesa das suas ambições torpes". O Exército permanente atrasa a marcha civilizadora. O Exército representa um passado bárbaro, e por isto se contrapõe aos ideais de liberdade individual, liberdade de escolha de profissões e o respeito à pessoa. O Exército também se opõe ao lema liberdade, igualdade e fraternidade. Mesmo o Exército assalariado constitui um perigo às sociedades civilizadas, à medida que luta contra as reivindicações e contra a inevitável revolução social.

Após a aprovação dos pontos programáticos da liga, os operários deliberaram: aconselhar aos cidadãos brasileiros que alegassem pertencer a instituições contrárias ao militarismo, bastando para isso "mandarem imprimir nos seus cartões de visita a observação de que pertencem à Liga Antimilitarista" (estava prevista na lei do sorteio a objeção de consciência, embora ela fosse punida com a perda de direitos políticos); se essa disposição da lei não fosse respeitada, restava ao cidadão "fugir, rebelar-se, desertar, porém nunca servir ao Exército e ir para a escravidão".

A Liga Antimilitarista Brasileira teve como seu órgão oficial o jornal *Não Matarás*, lançado em março de 1908 e de existência efêmera. Um artigo publicado por esse jornal reproduz um cartaz contra o sorteio que estava sendo espalhado pela cidade do Rio de Janeiro:

> Começaram a pedir nomes de pessoas de 20 a 30 anos para sortearem para o serviço militar. Há nas fábricas e nas casas de comércio listas para terem estas indicações. Há por toda a parte editais convidando as pessoas que têm essa idade a irem se alistar.

> Mas a lei em que tudo isso se baseia é inconstitucional. Estão atentando contra a Constituição e nós agimos dentro dos nossos direitos salvaguardando a Constituição e nos negando ao que pede essa lei inconstitucional. É preciso energia e calma. Ninguém responda a essas chamadas nem consinta que os patrões entreguem as listas. O governo não tem meio de saber quem tem de 20 a 30 anos. O registro civil só existe de 1889 para cá e as igrejas não fornecerão os seus livros. Portanto, ninguém tenha medo, pois as juntas de alistamento se verão forçadas a desistir, e desistindo do primeiro sorteio nunca mais se pensará em tal coisa.[11]

A Confederação Operária Brasileira (COB), surgida em março de 1908, teve sua origem no I Congresso Operário (1906), que foi dominado pelos anarquistas e reunia dezenas de associações e sindicatos de diversos estados do país. Desde sua criação, a COB moveu intensa campanha contra a lei do sorteio militar, especialmente através de seu jornal *Voz do Trabalhador*, publicado no Rio de Janeiro. A leitura das matérias publicadas nesse jornal permite distinguir os principais pontos do discurso antimilitarista (e anticapitalista) da COB, que não se diferenciam muito, no plano das idéias e imagens, daquilo que já foi mencionado.[12]

O jornal defende, no entanto, que são legítimos até atos revolucionários para evitar o serviço militar. Apesar de se posicionarem contra a guerra, os trabalhadores precisariam de atos violentos "para combater o capitalismo e o militarismo, esses dois inimigos rancorosos do operariado universal". Os operários devem fazer a revolução, que é "um direito dos oprimidos e o terreno por que deve de caminhar a classe trabalhadora, quando lhe quiserem impor uma lei que se não coaduna absolutamente com as suas idéias".[13] São posições bem mais radicais que aquelas defendidas nas reuniões da Federação Operária.

Aspecto fundamental da luta antimilitarista desenvolvida pela COB e seu jornal é seu caráter internacionalista: a luta contra o sorteio no Brasil era parte de uma luta mais geral contra o militarismo e o capitalismo no mundo. Um artigo comunica o recebimento de um manifesto contra a guerra vindo da

---

[11] *Não Matarás*, Rio de Janeiro, v. 1, n. 3, dez. 1908.

[12] Foram consultados 13 exemplares publicados entre 15 de agosto de 1908 e 30 de outubro de 1909. A periodicidade do jornal não é regular: deveria ser semanal, mas há suspensões temporárias.

[13] *Voz do Trabalhador*, n. 4, 15 ago. 1908.

Unión General de los Trabajadores da Argentina, e termina afirmando que a luta contra a guerra requeria muito tempo, porém um dia chegar-se-ia ao repúdio da guerra por parte de todos os povos *americanos*.[14]

Ocorreu na noite de 1º de dezembro de 1908 a primeira manifestação da Confederação Operária Brasileira contra a *guerra* — e não apenas contra a lei do sorteio. Em anúncio de primeira página, o jornal *Voz do Trabalhador* conclamou "o proletário brasileiro e todas as pessoas que combatem o grande flagelo [a guerra]".[15] O editorial do exemplar seguinte à manifestação diz que ela ocorreu apesar do "descaso da imprensa" e de alguns líderes operários, que não tiveram coragem de participar. O jornal afirma que o início da "obra" foi brilhante, e que o fim a ser perseguido era "a supressão da guerra com sua principal causa: o capitalismo".[16]

Encerrada a reunião, realizada num sobrado da rua do Hospício (atual Buenos Aires, no Centro), saiu uma passeata liderada pela bandeira vermelha da confederação e por faixas com os seguintes dizeres: "pela paz dos povos", "guerra à guerra", "viva a confraternização entre os proletariados brasileiro e argentino", "viva a fraternidade sul-americana" e "*peace on earth*", além de bandeiras dos marmoreiros, carpinteiros, canteiros, sapateiros e carvoeiros. A passeata seguiu pela avenida Rio Branco e parou no largo de São Francisco, onde Ulisses Martins proferiu um discurso contra as "veleidades" dos governos, que inventam até diferenças entre os povos para legitimarem a guerra, e afirmou que a reunião tinha um caráter internacional. Do largo de São Francisco, a manifestação voltou pela rua dos Andradas para a sede da confederação.

Em sua edição de 3 de janeiro de 1909, o jornal traz um artigo de Marcelo Verema sobre a manifestação. Diz que, para muitos companheiros, o ato foi positivo, porém os "companheiros estrangeiros" acharam o número de manifestantes muito pequeno para uma cidade com 1 milhão de habitantes. O autor avalia que a manifestação começou com apenas mil pessoas, porém no trajeto percorrido esse número foi aumentado por pessoas que até então olhavam de longe, com medo de violência policial: "no largo da Carioca, como não tinha morrido ninguém, alguns fizeram de valentes e juntaram-se finalmente à manifestação". Quando, no largo de São Francisco, as bandeiras começaram a aparecer, muitas pessoas foram embora com medo. A versão policial

---

[14] *Voz do Trabalhador*, n. 5, 22 nov. 1908.

[15] Idem, n. 6, 29 nov. 1908.

[16] Idem, n. 7, 6 dez. 1908.

do evento dizia, segundo Verema, que a manifestação tinha por objetivo invadir o Ministério da Guerra. Segundo o autor, o medo foi o principal fator para o reduzido número de pessoas no local: cerca de 5 mil.

O ano de 1908 (de aprovação da lei) foi de euforia por parte dos defensores do sorteio militar. Então foram incorporados ao Exército os primeiros voluntários de manobras, cerca de 300, entre os quais alguns jovens da alta sociedade brasileira. Ainda em 1908, o Colégio Paula Freitas, no Rio, foi o primeiro colégio civil a adotar a instrução militar, com a criação do batalhão ginasial.

Mas se a lei do sorteio militar estava aprovada, era preciso que fosse implantada. Para isso continuava sendo necessário vencer as resistências populares à medida. Um fato político, no entanto, foi talvez o maior responsável pelo não cumprimento da lei. Com o lançamento, em 1909, da candidatura de Hermes da Fonseca à presidência da República, o serviço militar, do qual fora o maior defensor, passou a ser duramente atacado. Do lado operário, o jornal *Voz do Trabalhador* criticou duramente a candidatura Hermes da Fonseca, dizendo que o "triunfo do militarismo seria muito triste".[17] O mesmo número do jornal diz que a Liga Antimilitarista, sentindo necessidade de recomeçar a propaganda, pensava em publicar um folheto, e por isso pedia contribuições dos sócios. Em 30 de outubro do mesmo ano, o jornal noticiou que o secretário da Liga Antimilitarista Brasileira havia comunicado que os mil e tantos exemplares do folheto "Tributo de sangue", restantes da edição da liga, seriam vendidos a 50 réis. Pedia também que os camaradas dos estados do interior que receberam os folhetos enviassem o dinheiro arrecadado, para que a liga pudesse publicar outro folheto.

Facções da própria elite política também agruparam-se em torno da candidatura "civilista" de Rui Barbosa e passaram a atacar o "militarista" Hermes da Fonseca. Com isso, apesar da vitória de Hermes nas eleições, o entusiasmo de parcela significativa das elites civis pelo sorteio militar desapareceu. Muitas sociedades de tiro desapareceram, outras definharam; a instrução militar nos colégios foi sendo abandonada. O fracasso da lei do sorteio de 1908 fica claro em algumas informações dadas por Herculano Teixeira de Assunção, segundo-tenente do Exército que foi secretário da Junta de Revisão e Sorteio Militar em Minas Gerais.[18] Em artigos escritos no final de 1911, ele faz

---

[17] *Voz do Trabalhador*, n. 12, 1 jun. 1909.

[18] Ver *Serviço militar obrigatório*, 1912.

referência à ignorância das pessoas em relação à Lei nº 1.860, em especial da população de municípios mais afastados, onde o acesso à imprensa é bastante reduzido. Diz que, durante a campanha presidencial, os "patrioteiros" a utilizaram de maneira deturpada contra a campanha de Hermes da Fonseca, proclamando os malefícios — inexistentes, segundo ele — da lei. Afirma que o sorteio militar é igualitário, por não estabelecer distinções entre classes. Alguns dados quantitativos ilustram claramente o fracasso da lei, mostrando o número de municípios mineiros (então o estado mais populoso do país) que fizeram alistamentos regulares ou que, não os tendo feito, apresentaram justificativa: de 55 municípios em 1908, o número caiu para 24 em 1909 e para apenas cinco em 1910.

O jornal *Não Matarás*, da Liga Antimilitarista Brasileira, comemorou o fracasso do governo em promover o sorteio já em 1909, afirmando, em matéria eloqüentemente intitulada "A morte do sorteio", que os nomes dados às listas de alistamento eram em sua maioria falsos, e exaltando o esforço dos militantes anti-sorteio e do povo em geral para impedir seu funcionamento. O jornal também reproduz notícias sobre a reação provocada pela lei do sorteio militar em vários pontos do país.[19] Em Minas Gerais, por exemplo, são destacados eventos ocorridos em Monte Verde (município de Mar da Espanha) e Carangola, onde teriam acabado de ser assassinados dois membros das juntas de alistamento; o assalto promovido por grupos de senhoras às juntas militares de Uberaba e Sacramento, "inutilizando todos os documentos referentes ao sorteio"; e a fuga em massa da população de Vila da Abadia, que, abandonando o comércio e os lares, teria impossibilitado a junta de funcionar. Eventos semelhantes teriam ocorrido em outros pontos do país.

"Encarregados de almas" *versus* "antimilitaristas": novo *round*

Segundo vários autores, de 1909 a 1912 o movimento operário viveu uma fase de perda de mobilização, com um nível organizatório mais baixo. Coincidentemente, nesse mesmo período a campanha a favor do serviço militar obrigatório também perdeu fôlego. Ela só recomeçaria de fato em 1912, com um discurso do chefe do Estado-Maior do Exército e presidente do Clube Militar, general José Caetano de Faria, proferido no clube em 12 de março, na presença do presidente da República. Para Caetano de Faria, a caserna seria a "esco-

[19] Ver nota 11.

la da nação armada", e os oficiais, educadores dos soldados, os apóstolos do civismo brasileiro. O general coloca o Exército numa cadeia de ensino das leis de civismo, que começa na família, passa pela escola e chega à caserna: "a educação militar é, antes de tudo, uma educação moral. A função do oficial é uma espécie de apostolado (...) nós somos encarregados de almas".[20]

É interessante observar como, em seu discurso, a disciplina militar aparece como uma extensão da disciplina existente na família entre pais e filhos, retomando a tradição da luta entre "militaristas" e antimilitaristas pela imagem familiar. A disciplina militar, para o orador, baseia-se na obediência, que começa na família (entre pais e filhos) e "evolui" para a obediência do indivíduo em relação à sociedade. O que a disciplina militar faz é apenas dar um sentido racional a todos os esforços.

A pregação de Caetano de Faria encontrou eco na revista *A Defesa Nacional*, criada em 1913 por um grupo de jovens oficiais, parte deles ex-estagiários no Exército alemão. Muitos editoriais e artigos foram publicados nessa revista, nos anos seguintes, em defesa do serviço militar obrigatório. Não foram, todavia, apenas os militares que defenderam a aplicação da lei. O "príncipe dos poetas" brasileiros, Olavo Bilac, hoje oficialmente cultuado pelo Exército como "patrono" do serviço militar, também engajou-se na campanha. Em 1916 foi fundada a Liga da Defesa Nacional, que incluía representantes das elites política, econômica e intelectual, como Miguel Calmon, Pedro Lessa, Coelho Neto e o próprio Bilac. Abundam, nos discursos e textos deste último, imagens referentes à família: numa visita a um quartel, ele teria encontrado os soldados extremamente felizes, cantando ou sorrindo, acatando as ordens superiores como homens disciplinados que aprendem com os seus "irmãos mais velhos".[21] Também está muito presente, nos discursos dos defensores do serviço militar, a idéia de que, sem a assimilação ao processo "civilizatório" dos habitantes dos "sertões" e dos imigrantes — através do serviço militar obrigatório —, a construção de uma nação brasileira era inviável.

Ao mesmo tempo em que ressurgia a campanha pela lei do sorteio, logo depois incentivada pela eclosão da guerra na Europa, renovava-se a oposição dos grupos operários, especialmente os de tendência anarquista, à guerra e ao sorteio.

---

[20] Faria, 1912.

[21] Bilac, 1924:55.

Nos últimos meses de 1912, militantes da Federação Operária do Rio de Janeiro trabalhavam pela reorganização da Confederação Operária Brasileira, que estava abandonada. Entre 7 e 13 de setembro de 1913 realizou-se na sede da Federação, à rua dos Andradas nº 87, o II Congresso Operário Brasileiro, que reuniu 117 delegados representando 59 associações e quatro jornais. Várias resoluções então aprovadas confirmaram as bandeiras levantadas no Congresso Operário Brasileiro de 1906, incluindo a propaganda antimilitarista.[22] O congresso também aconselhou ao proletariado do Brasil a, em caso de guerra externa, declarar-se em greve geral revolucionária.[23]

Em 10 de agosto de 1914, a Federação Operária do Rio de Janeiro aprovou uma moção contrária à "luta fratricida e humanicida que ora se trava no Velho Mundo", devido "aos caprichos inconfessáveis dessa meia dúzia de especuladores dominantes".[24] Em reunião no dia 19 de março de 1915, a Confederação Operária Brasileira criou a Comissão Popular de Agitação contra a Guerra, e no dia 1º de maio do mesmo ano realizou um comício no qual foi lançado um manifesto que resolve:

> Concitar as classes trabalhadoras e todos os homens livres do Brasil a manifestar-se no mesmo sentido, por todos os meios possíveis, agitando assim a opinião pública nacional e criando um ambiente de profunda hostilidade e formal condenação à guerra e aos guerreiros, para que, obrigados por uma pressão popular universal, sejam os governos beligerantes levados a terminar, no mais breve espaço de tempo, a imensa, ruinosa e abominável matança que assola as terras da Europa."[25]

Em São Paulo, em comício também realizado no dia 1º de maio, no largo da Sé, a Comissão Internacionalista contra a Guerra lançou um manifesto com os votos de que

> as massas proletárias internacionais, reunindo as suas forças, consigam, com uma ação enérgica, pôr termo à horrível matança humana, vigiando atentamente os conluios diplomáticos para que não impeçam mais uma

---

[22] Ver Addor, 2002:86-91.

[23] *Voz do Trabalhador*, n. 39, 1 out. 1913.

[24] Idem, n. 61, 20 ago. 1914.

[25] Idem, n. 71, 8 jun. 1915.

> vez o desarmamento geral do exército, como base segura da paz universal e do progresso que deve estabelecer o regime racional do internacionalismo e da eqüidade social.[26]

Ainda em 1915, a Confederação Operária Brasileira convocou os "socialistas, sindicalistas, anarquistas e organizações operárias do mundo inteiro" para o Congresso Internacional da Paz, a reunir-se no Rio de Janeiro nos dias 14, 15 e 16 de outubro, afirmando que "a hora das nossas reivindicações soou e é necessário que nos preparemos para dar a última batalha a esta sociedade podre, que se mantém somente pela fraude e pelo crime!".[27] Na abertura do congresso, realizado no salão da Federação Operária, à praça Tiradentes nº 71, sempre à noite, foi apresentado um manifesto em que a COB afirma: "basta de chacinas de trabalhadores! Queremos viver, e para isso necessário é varrer da face da terra todos os sustentáculos e defensores deste regime de injustiça. Queremos a revolução! Proletários do mundo: abaixo a guerra! Avante pela revolução!".[28]

Esse congresso, que teve como principais líderes B. Mansilla, da Federación Obrera Regional Argentina, Antônio Vieites e Astrogildo Pereira, criou um comitê de relações internacionais que seria responsável por realizar, o mais breve possível, o Congresso Anarquista Sul-Americano, a realizar-se também no Rio, já no dia 17, e aprovou uma moção de Astrogildo Pereira segundo a qual os participantes do congresso:

> entendem que aos anarquistas cabe manter neste momento a mais ativa e enérgica campanha antiguerreira, procurando criar e desenvolver uma intensa corrente de idéias, um ambiente de opinião profundamente contrário ao guerrismo, ao militarismo, ao patriotismo, antepondo uma forte barreira à onda reacionária que se levanta e ameaça inundar o mundo e favorecendo de tal modo uma possível e necessária revolução popular contra o regime da paz armada, contra o Estado e as suas bases, uma revolução que pode e deve ser canalizada em um sentido essencialmente anárquico.[29]

---

[26] *Voz do Trabalhador*, n. 71, 8 jun. 1915.

[27] *Na Barricada*, n. 12, 26 ago. 1915.

[28] Idem, n. 19, 14 out. 1915; n. 20, 21 out. 1915. Ver também Leurenroth (s.d., cap. 9).

[29] Idem, n. 21, 28 out. 1915.

O Grupo de Propaganda Anarquista, organizado em Niterói a 22 de agosto de 1915, lançou uma moção em que resolveu externar sua "absoluta incompatibilidade com guerreiros de qualquer bando em peleja" e enviar sua "fraternal saudação de solidariedade aos camaradas de todo o mundo que não se deixaram cegar, na hora trágica deste desabar de crimes, pelo furioso ódio patriótico pretensamente defensor da civilização".[30]

Um editorial do jornal anarquista *Na Barricada* respondia aos que criticavam a suposta ineficácia desses atos antiguerra: "e não venham dizer que o gritar na rua — abaixo a guerra! — nada adianta, porque a guerra continua. É um engano. A guerra continuará, sim. Mas quanto mais gritos de — abaixo a guerra! — ouvirem os promotores da mesma, mais depressa tratarão de lhe pôr termo (...). Ora, manifestação de um desejo já é meia conquista da coisa desejada".[31]

Entretanto, ao longo desses anos, a forte repressão movida pelo governo fez com que o movimento operário vivesse um período de declínio e que sua mobilização fosse insuficiente para evitar a implantação da lei do sorteio militar e a entrada do Brasil na guerra.

Em 10 de dezembro de 1916, quase nove anos após a aprovação da lei do sorteio militar, foi realizado o primeiro sorteio, no quartel-general do Exército, em solenidade aberta ao público e a que compareceram o presidente da República, o ministro da Guerra, o poeta Olavo Bilac e outras autoridades. Quando foi sorteado o primeiro nome, de Alberto Garcia de Maltas, do município de Santa Rita, todos gritaram vivas à República e ao Exército. Foram sorteados 152 nomes para o primeiro grupo. Ao final, o ministro Caetano de Faria fez um discurso dizendo que, a partir de então, "ser soldado deixava de ser profissão para ser cumprimento de um dever cívico". Dois acadêmicos do 4º ano da Escola Politécnica alegaram crenças religiosas para isentar-se do serviço militar, mas tiveram seus requerimentos indeferidos pela junta de revisão do sorteio militar. Além disso, alguns pedidos de *habeas corpus* foram rejeitados pelo STF, que assim decidiu pela constitucionalidade da lei.

Após a realização do primeiro sorteio, seus defensores intensificaram a campanha, esperando ver a lei realmente cumprida. Renasceram os tiros-de-guerra com a instalação, em setembro de 1917, do Tiro Brasileiro da Imprensa, presidido por Félix Pacheco, que também era, à época, primeiro-secretário da Liga de Defesa Nacional e redator-chefe do *Jornal do Commercio*. A Igreja Cató-

---

[30] *Na Barricada*, n. 14, 9 set. 1915.

[31] Idem.

lica igualmente se manifestou favoravelmente ao serviço militar, através de uma circular de 1917, assinada pelos arcebispos do Rio de Janeiro, São Paulo, Mariana, Cuiabá e Porto Alegre.[32]

Os insubmissos, o fracasso do sorteio militar e como a lei finalmente "pegou"

O período de euforia dos defensores da lei logo deu lugar a frustrações. Entre as causas do fracasso do sorteio destacam-se a incapacidade do Estado brasileiro para promover a implantação do sorteio e a dificuldade de punir os "insubmissos", isto é, aqueles que, sorteados, simplesmente não se apresentavam.[33]

A lei era falha em muitos pontos. Previa, por exemplo, a intimação dos sorteados. Estes eram notificados pelos funcionários dos correios, que deveriam trazer um documento assinado pelo sorteado. Não sendo encontrado o sorteado no endereço, ficava prejudicada a notificação. As juntas julgadoras dos insubmissos geralmente os absolviam, dada a precariedade desse sistema de notificação. Segundo o art. 18 do Código Penal, não se podia punir alguém que tivesse praticado um crime sem intenção. Havia até anúncios, em jornais, de advogados especializados em conseguirem *habeas corpus*. Além disso, como promover um recenseamento geral da população? Um editorial de *A Defesa Nacional* de 1921 é eloqüentemente intitulado de "A pandemia da insubmissão ao serviço militar e o veículo da propagação". Segundo a revista, um dos maiores problemas enfrentados pelas juntas eram os interesses privados, pois, nos grandes centros, os estabelecimentos comerciais e industriais não forneciam as listas de seus empregados.

Um levantamento do número de processos contra insubmissos que chegaram ao Supremo Tribunal Militar no período demonstra uma queda vertiginosa nesse número: de um pico de 2.199 no período de 1918 a 1921 (55% de todos os processos por crimes militares que chegaram ao STM) para apenas 17 entre 1922 e 1925! Mesmo no período de maior número de processos (1918-21), as condenações em segunda instância foram ínfimas: apenas 10 indivíduos, ou 0,45% do total de processos. Esses números demonstram claramente que o sorteio, novamente, "não pegou".

---

[32] *Circular coletiva...*, 1917.

[33] Esta seção resume, em grande parte, dados apresentados mais extensamente por Castro (2006).

Um jornal anarquista paulista comemorava, em 1921, o grande número de insubmissões como sinal de que o espírito do brasileiro estava imbuído de aversão à farda, afirmando que, no país, as leis são para os pequenos e fracos, e que "os filhos dos coronéis, chefetes ou seus apaniguados e proprietários têm-se eximido; têm-se livrado facilmente por fás ou por nefas do sorteio".[34] O movimento anarquista já havia, no entanto, perdido toda a força demonstrada nos 15 anos anteriores.

A questão do serviço militar só seria de fato resolvida ao longo das décadas de 1930 e 1940, com a universalização da exigência do documento de serviço militar e a adoção de dispositivos legais mais eficazes. Um decreto de 1933 exigiu o certificado de serviço militar para o alistamento em cargo público, exigência incorporada à Constituição de 1934 por insistência do ministro da Guerra, Góis Monteiro. Em 1935 foi criada a Diretoria do Serviço Militar e da Reserva, e em 1939, adotada nova Lei do Serviço Militar.

Em 26 de fevereiro de 1945, o Decreto-Lei nº 7.343 finalmente determinou, em seu art. 1º: "fica extinto o sorteio militar". Passados 71 anos da primeira lei sobre o sorteio, este deixava de ser o processo previsto para recrutamento. A partir de então, todos os brasileiros, no ano em que completassem 21 anos, deveriam apresentar-se para a prestação do serviço militar: "a falta de editais ou avisos jamais justificará a não apresentação de qualquer convocado" (art. 2º, § 2º). A falta de documento que comprovasse estar em dia com as obrigações militares impediria o jovem de tirar carteira de identidade ou passaporte, exercer cargo público ou pleitear o reconhecimento de qualquer direito, favor ou prerrogativa com fundamento nas leis trabalhistas, entre outros itens (art. 12). Sete décadas de exortações patrióticas a favor do sorteio não surtiram o efeito que só a seqüência de medidas punitivas que levaram à lei do serviço militar obrigatório produziu.

Referências bibliográficas

ADDOR, Carlos Augusto. *A insurreição anarquista no Rio de Janeiro.* 2. ed. Rio de Janeiro: Achiamé, 2002.

AECRJ — Associação dos Empregados no Comércio do Rio de Janeiro. *Representação dirigida ao Congresso Nacional.* Rio de Janeiro: Jornal do Commercio, 1907. 20p.

[34] *A Vanguarda — diário do povo trabalhador*, n. 15, 11 mar. 1921.

BEATTIE, Peter. *The tribute of blood:* army, honor, race, and nation in Brazil, 1864-1945. Duke University Press, 2001.

BILAC, Olavo. *Últimas conferências e discursos*. Rio de Janeiro: Francisco Alves, 1924.

CAPELLA, Leila Maria Corrêa. *As malhas de aço no tecido social:* a revista *A Defesa Nacional* e o serviço militar obrigatório. Dissertação (Mestrado em História) — UFF, 1986.

CASTRO, Celso. Insubmissos na justiça militar (1874-1945). In: ENCONTRO REGIONAL DE HISTÓRIA DA ANPUH-RIO. *Anais*... Rio de Janeiro, 12 ago. 2006. Disponível em: <www.uff.br/ichf/anpuhrio/Anais/2006/conferenciasCelso%20Castro.pdf>.

CIRCULAR COLETIVA dos Exms. e Revms. srs. arcebispos das províncias eclesiásticas meridionais do Brasil. Rio de Janeiro: Leuzinger, 1917. 16p.

FALCÃO, Gentil. *A Defesa Nacional ou o regulamento do sorteio militar em linguagem popular*. Rio de Janeiro: Jornal do Commercio, 1923.

FARIA, José Caetano de. O oficial como educador: sua missão social. *Boletim Mensal do Estado Maior do Exército*, n. 11, p. 23-31, abr. 1912.

FONSECA, Mário Hermes da; ESCOBAR, Ildefonso. *Primórdios da organização da Defesa Nacional*. Rio de Janeiro: Glória, 1943.

GUANABARA, Alcindo. *Serviço militar obrigatório* — discurso pronunciado na sessão de 14-11-1907. Rio de Janeiro: Imprensa Nacional, 1907.

KUHLMANN, Paulo Roberto Loyolla. *O serviço militar, democracia e defesa:* razões da permanência do modelo no Brasil. Dissertação (Mestrado em Ciência Política) — USP, 2001.

LEUENROTH, Edgard. *Anarquismo* — roteiro da libertação social. Rio de Janeiro: Mundo Livre, s.d.

Serviço militar obrigatório. Belo Horizonte: Imprensa Oficial do Estado de Minas Gerais, 1912. 117p.

CAPÍTULO 9

Cartas a um exilado: Jango e sua correspondência

*Jorge Ferreira**

Na madrugada do dia 2 de abril de 1964, João Goulart deixou Porto Alegre desautorizando qualquer resistência ao golpe que o estava depondo da presidência da República. Da capital gaúcha, partiu de avião para sua estância, a Rancho Grande, em São Borja. Segundo Bijuja, Goulart inicialmente pensou em ficar na fazenda. "Não havia feito nada, sair do país por quê?", alegava ao seu amigo e capataz.[1]

Jango não pensava em abandonar o Brasil. Imaginou que, como Getúlio Vargas, viveria ali seu exílio, dentro do próprio país. Logo percebeu que a história não se repetiria. Ainda no dia 2 de abril, tomou conhecimento de que Washington havia reconhecido o novo governo brasileiro. As perseguições, prisões, entre outras arbitrariedades, sinalizavam que o 31 de março de 1964 não era o 29 de outubro de 1945, mas algo novo. Desse modo, já em 3 de abril, cerca de 10 mil pessoas estavam detidas. O general Assis Brasil, que acompanhava Jango, em certo momento foi enfático: "o senhor tem que sair daqui, senão vão lhe prender".[2] Percebendo que corria perigo de vida, Goulart, nos dois dias seguintes, voou de estância em estância, evitando as patrulhas do Exército. Ao final, pensou em ficar numa fazenda no Xingu. Avisado de que sua prisão e as conseqüentes humilhações eram certas, com a família já em Montevidéu, Jango e Assis Brasil, no dia 4 de abril, às 15h30min, partiram no Cessna para o Uruguai.

---

* Doutor em história pela USP. Professor titular de história do Brasil da UFF e pesquisador do CNPq.

[1] Deoclésio Barros Motta (depoimento concedido ao autor).

[2] Disponível em: <www.assisbrasil.com.br>. Acesso em: set. 2001.

Ao desembarcarem no aeroporto da cidade de Pando foram recebidos pelo vice-ministro das Relações Exteriores e pelo vice-ministro da Defesa uruguaios e pelo embaixador brasileiro junto à Associação Latino-Americana de Livre-Comércio. Jango foi tratado com todas as honras. Ele não foi recebido no Uruguai como refugiado político, e sim acolhido fraternalmente como presidente constitucional do Brasil. Alguns populares o aplaudiram.

Inicialmente, Jango e sua família residiram em uma modesta casa no balneário de Solymar, esperando a oportunidade de retornar ao Brasil. Meses depois, percebendo que a situação política não mudaria tão cedo como supôs inicialmente, comprou um apartamento. Naquela fase inicial do exílio, ele se limitava a receber amigos do Brasil que o visitavam. Todos relatavam o sufocante clima político no país. Alguns manifestos escritos por Jango foram lidos pelo deputado Doutel de Andrade no Congresso Nacional.

No entanto, cada vez ficava mais claro para ele que o regime militar se estabelecia com o apoio do empresariado, de grupos políticos importantes e de setores significativos da própria sociedade. Somente após um ano de exílio ele percebeu que os militares brasileiros não largariam o poder tão cedo, como imaginara. Assim, resolveu investir em atividades agropecuárias. Encontrou uma estância que foi ao encontro de suas expectativas no norte do Uruguai, a pouco mais de 100 quilômetros da fronteira com o Brasil. El Rincón era o nome da fazenda, localizada no departamento de Tacuarembó.

Recuperado financeiramente, Goulart, segundo José Gomes Talarico,[3] passou a ajudar os amigos exilados, tendo inclusive uma conta bancária à disposição dos companheiros mais necessitados. Nos primeiros anos de seu exílio, ele não se queixava da situação por que estava passando e poucas vezes confidenciava a vontade de retornar ao Brasil. Todos que o cercavam sabiam de seu imenso desejo de voltar, mas compreendiam o silêncio. Aqueles que o visitavam percebiam sua curiosidade sobre as coisas do Brasil, mas nada ouviam dele, se queria voltar, se estava sofrendo, se sentia saudades. Ele se esforçava para não deixar transparecer seu sofrimento — embora fosse visível sua dor. Nos primeiros anos de exílio, conseguiu controlar a tristeza. Ao final, sobretudo nos dois últimos anos, já não tinha como reprimir o que sentia: a tristeza iria tomar-lhe a alma de vez.

Mesmo afastado do noticiário político, acusado pelos militares e seus aliados civis de diversos crimes e vendo seu nome silenciado nos meios de

[3] Depoimentos feitos na Assembléia Legislativa do Estado do Rio de Janeiro.

comunicação, Goulart manteve intensa correspondência com o Brasil. Recebia sobretudo cartas de amigos e correligionários, informando-o da situação política brasileira. Ainda em setembro de 1964, chegou-lhe às mãos um texto assinado pelo "movimento sindical brasileiro".[4] Denunciando o desemprego, os atentados aos interesses nacionais, o aumento do custo de vida, a falência de indústrias, perseguições políticas, torturas e assassinatos de trabalhadores e camponeses, os sindicalistas recomendavam a união de forças para derrubar a ditadura, a formação de um governo democrático e a retomada dos sindicatos pelos operários. Ao final do texto, escrito à mão, alguém acrescentou: "para o companheiro Goulart".

No período inicial do exílio eram os amigos mais próximos que lhe escreviam. O general Serafim Vargas, por exemplo, mandou-lhe informações logo após o golpe.[5] Muito amigo de Goulart, ele assumiu a responsabilidade pela liberação do Chevrolet Impala, ano 1961, de propriedade do ex-presidente, apreendido pela polícia política. Também pediu às autoridades militares garantias ao sítio de Jango no bairro de Jacarepaguá, no Rio de Janeiro. Segundo Serafim, "esses dias, dois choques do Exército cercaram o sítio e apreenderam 'nove litros de *whisky* altamente subversivos'". As informações eram diversas, sobretudo dando conta da situação política do país e dos boatos que corriam nos quartéis. Em um deles, dizia-se que o ministro da Guerra, general Costa e Silva, derrubaria Castello Branco e instauraria uma ditadura militar. Nos meios militares, alegou, "diversas pessoas têm me procurado desejando saber vossas ordens. Qual a pessoa autorizada a falar pelo senhor? Noto que anseiam por 'alguém' que seja designado pelo senhor para contatos". Em seguida, o general sugeriu o nome do general Ladário Telles.

Jango recebia regularmente "relatórios" sobre a situação política no Brasil. Um deles, datado de 21 de setembro de 1965, com nove folhas de papel almaço manuscritas, sem que o autor se identificasse, discorria sobre o quadro político brasileiro.[6] O relatório era dividido em itens, a exemplo de "campo político", "campo militar", "campo econômico", "campo psicossocial", "eleições federais" etc. O autor não se deixava iludir por falsos sinais de otimismo. O ex-presidente, assim, tinha informações confiáveis sobre as campanhas eleitorais nos estados de Minas Gerais e da Guanabara, as divergências

---

[4] Arquivo privado de Neusa Penalvo.

[5] Arquivo João Goulart, Cpdoc/FGV.

[6] Arquivo privado de Neusa Penalvo.

de Lacerda com Castello Branco, as relações entre Forças Armadas e o general-presidente, a insatisfação social com o aumento dos preços, entre diversos outros temas. Com argúcia, o autor, por exemplo, relacionou as declarações do ministro da Guerra, general Costa e Silva, com as de seu colega argentino, general Juan Carlos Ongania. Como as Forças Armadas de seus países não estavam preparadas para conflitos internacionais, o papel dos militares seria "impedir as subversões internas contra a democracia cristã ocidental. Ficariam mobilizadas em uma Força Interamericana de Defesa contra o Imperialismo Sino-soviético". As informações, enfim, eram várias. O relatório, pormenorizado, permitia que Jango avaliasse, com boa margem de segurança, a situação vivida pelo país.

Goulart tinha no Brasil uma rede de fiéis companheiros que o informavam da situação política e agiam visando a garantir seus interesses no PTB. No mês seguinte, em 26 de outubro de 1965, Hugo de Faria, seu braço direito quando ministro do Trabalho, escreveu uma carta dando conta do quadro político brasileiro.[7] A preocupação de Faria era com as concessões obtidas por Castello Branco de um Congresso Nacional que, cada vez mais, permitia a diminuição de seus próprios poderes. A continuar assim, uma das alternativas, com sérias conseqüências, seria a transformação daquilo que se dizia provisório em permanente e "o esmagamento da democracia" com eleições indiretas, ou mesmo a instauração de uma ditadura de fato. No quadro partidário, continuou Faria, Goulart não deveria ter muitas ilusões. O PTB estava enfraquecido com as cassações. Somente em 1970, talvez, o partido poderia se recuperar. Do PSD, nada deveria esperar, "pois o partido joga na área estrita dos seus interesses, agora mais complicado com a volta de Juscelino, que, esquecido de outros exilados, deslembrado do que devia ao PTB e ao seu chefe, quis tirar proveito da vitória eleitoral, em causa própria e exclusiva". Hugo de Faria assinava a carta declarando-se admirador e amigo fiel de Jango.

Goulart recebia cartas, mas também as enviava. Seu interlocutor privilegiado no Brasil era Doutel de Andrade. O deputado trabalhista tornou-se, na verdade, seu porta-voz nos meios políticos brasileiros. Para ele Jango enviava suas determinações e orientações políticas. Em 16 de abril de 1966 ele escreveu a Doutel[8] pedindo que procurasse Adhemar de Barros. Para Jango, a

[7] Arquivo privado de Neusa Penalvo.

[8] Arquivo João Goulart, Cpdoc/FGV.

luta do governador de São Paulo pelo "restabelecimento das liberdades públicas e dos princípios de respeito à dignidade das pessoas é também nossa". Assim, pedia a Doutel: "dize-lhe, se o encontrares, que, no momento adequado, ele terá a nossa efetiva colaboração". O importante naquele momento, alegou na carta, "é que a luta prossiga sem radicalismos e suscetibilidades que não teriam sentido, diante da gigantesca tarefa à nossa frente". Jango mostrava-se otimista: "os acontecimentos de 1964 vieram precipitar o processo de tomada de consciência do povo, que hoje espera tão-somente o aparecimento de uma liderança forte e audaz para manifestar a sua inconformidade com a situação brasileira". E mostrando otimismo ainda maior, finalizou a carta: "dia virá — dia mais próximo do que se pensa — em que se restabelecerão no país as franquias democráticas, dentro das quais será possível o sereno e inapelável julgamento da história".

Apesar do otimismo, as notícias que chegavam ao Uruguai não eram boas. Em 27 de dezembro de 1966, um amigo, por carta,[9] mandava informações recentes sobre as novas medidas repressivas de Castello Branco, como a lei de imprensa, a lei de segurança nacional, entre outras. O grande problema, alegou, é que "Castello impõe ao Congresso o que deseja e a 'oposição' (?) (*sic*) tem estado complacente, indefinida. Poderíamos aplicar toda sorte de adjetivos à posição fraca e inaceitável dos membros do Senado e da Câmara dos Deputados". Outra informação era que a vigilância policial aumentava no país. Exemplo disso foi a prisão de Herbert José de Souza, o Betinho, militante da AP, detido quando fora visitar a sogra no Rio de Janeiro. Em algumas ocasiões, Jango decifrava frases escritas em código: "o pessoal do Engenheiro continua em grande movimentação aqui. O poeta depois de passar por aí e levar a mulher ao Chile, deverá ir a Paris e depois à Argélia".

Os relatórios que lhe chegavam eram pormenorizados. Ainda em 1968 Goulart os recebia. Um deles foi escrito em 7 de agosto daquele ano.[10] A assinatura impede a identificação, mas na apresentação do relatório não é difícil perceber que se trata de um trabalhista amigo e politicamente fiel ao ex-presidente. Novamente as informações são detalhistas. No item "estudantes", Goulart tomava conhecimento das divergências entre as diversas organizações estudantis, particularmente entre Luís Travassos e Wladimir Palmeira. Os *slogans* "o povo organizado derruba a ditadura" e "o povo armado derru-

---

[9] Arquivo João Goulart, Cpdoc/FGV.

[10] Arquivo privado de Neusa Penalvo.

ba a ditadura" dividiam os estudantes. Sobre a posição dos empresários paulistas, o relatório citou os contatos feitos por Ênio Silveira na Fiesp. Segundo as sondagens, os empresários estavam insatisfeitos com o favoritismo governamental às empresas norte-americanas. "Assim como colaboraram pela vitória do golpe de Estado de março de 1964, poderão agora cooperar em favor da redemocratização", afirmou o autor. Mas o relatório também dava conta das recentes movimentações do Instituto de Pesquisas e Estudos Sociais (Ipes), que colaborou decisivamente para o golpe militar. Empresários da instituição e integrantes do grupo castelista viam a situação política com pessimismo. Acreditavam que a perda acelerada da autoridade de Costa e Silva junto com o avanço dos movimentos de contestação de rua, a exemplo dos estudantes, poderiam culminar em grave crise política. Desse modo, o grupo de empresários e militares, organizados no Ipes, se preparavam para nova campanha, como fizeram no governo Goulart, para unificar suas forças em torno de um general do Exército com suficiente autoridade política. Mais adiante, o relatório faz menção ao confinamento imposto pela ditadura a Jânio Quadros, em Corumbá, e à determinação de Juscelino de não se pronunciar contra a edição de novos atos institucionais. Diversas outras notícias constavam no relatório. Ao final, o autor tocava numa questão delicada para Jango, a sua saúde: "a respeito de seu tratamento, o Juscelino, Lott e Edmundo Moniz têm insistido junto a nós para lhe falar em torno do dr. Eugênio da Silva Carmo. Apontam-no como um dos melhores cardiologistas e julgam que ele deveria examiná-lo. Esse médico, aliás, presidente da Academia Nacional de Medicina, está propenso a ir ao Uruguai, desde que o prezado amigo deseje".

Jango teve amigos que foram com ele até o final. Um deles foi Ênio Silveira, dono da Editora Civilização Brasileira. Em carta com papel timbrado da editora, em 11 de novembro de 1968,[11] Ênio apresentava um emissário que portava outro denso relatório. Na carta, entretanto, o editor se mostrava ora pessimista, ora otimista com o quadro político brasileiro. A Editora Civilização Brasileira, disse Ênio, "sofreu, há umas duas ou três semanas, um atentado a dinamite. Venho recebendo ameaças. Que fazer? Ao que tudo indica, o gangsterismo se entrelaça com a ditadura". Contudo, ele tinha esperanças de mudanças positivas, em particular ao desejar saúde e ânimo ao amigo: "precisamos muito de sua presença atuante, em anos por vir, pois estou convencido de que uma reformulação da vida política brasileira, que inevitavelmente se

[11] Arquivo privado de Neusa Penalvo.

colocará dentro de pouco tempo, terá como base os postulados do trabalhismo e do nacionalismo". Ênio expressava um setor da oposição de esquerda à ditadura. Ele repudiava as "soluções radicais", certamente referindo-se a ações armadas contra o regime, reconhecendo, ao mesmo tempo, que a saída política estaria na resolução da contradição entre os interesses nacionais e os do imperialismo. "Esfarela-se a olhos vistos o atual esquema de forças, e a saída, a única saída, será essa reestruturação democrática, nacionalista e trabalhista." Ao final da carta, Ênio despediu-se do amigo prometendo uma visita para breve, quando "bateremos um papo e tomaremos umas e outras".

Caso tivesse emissários, Goulart respondia às cartas recebidas. Em uma dessas situações, escreveu a um estudante gaúcho que lhe enviara uma mensagem. "Recebi tua carta com alegria e agradeço as palavras de apreço e de saudade, que me enviaste em nome dos universitários do Rio Grande. Honra-me sobremodo a solidariedade dos estudantes do Brasil."[12] Goulart disse acompanhar a bravura dos estudantes diante da opressão e do obscurantismo que a nação estava vivendo. "Tenho sabido da sua resistência aos que, no poder, pela força e pela usurpação da vontade popular, esmagam as liberdades democráticas e tentam calar a voz do povo." Desse modo, continuou em sua carta, "não importa que fechem bibliotecas ou queimem livros, destituam professores ou instalem o terror cultural, os estudantes brasileiros já provaram que não se intimidam nem hão de recuar da deliberação que o país adotou de ser uma república livre e emancipada". Ao finalizar, Jango disse não acreditar no poder da violência — recurso sempre fugaz. Nesse sentido, a ditadura, que se implantou no país pela traição, somente alimentava a disposição na alma da juventude de lutar "pela restauração da liberdade e da ordem constitucional legítima no Brasil e pela edificação de uma pátria soberana, para todos os brasileiros democrática, progressista e justa".

Os documentos demonstram que Jango recebia com sistematicidade notícias dos amigos e correligionários do PTB. Um deles, como vimos anteriormente, era o general Serafim Vargas, amigo e responsável por seus negócios no Brasil. Após ler um dos relatórios que recebera de Serafim, Jango escreveu de volta: "respondo sua carta de ontem que acabo de receber. Como o portador está de regresso, vejo-me obrigado a escrever-lhe apressadamente. Desde logo observo que a análise que você faz da presente situação nacional se harmoniza, em muitos pontos, com outras informações que me têm chegado nes-

---

[12] Arquivo privado de Neusa Penalvo.

tes últimos dias".[13] O ex-presidente, portanto, estava a par do que ocorria no país. A carta a Serafim é estratégica para conhecermos a maneira como Goulart procurava encontrar alternativas democráticas para o Brasil. Não se pode saber a data da carta, mas, certamente, era do final do governo de Castello Branco. Inicialmente, Jango desabafou, dizendo que, no amadurecimento imposto pelo exílio, avaliando seus erros e acertos do passado, se impõe "a convicção de que tudo devemos fazer para que se reabram as condições do processo pacífico da evolução brasileira, sintonizada com as características da nossa gente, o profundo sentimento cristão do povo e a imensa necessidade de acelerar o progresso econômico e social da nação para salvá-la do caos". A alternativa, portanto, era democrática, recusando a luta armada e alternativas afinadas com projetos de extrema esquerda. Serafim sugeria uma candidatura militar à presidência da República que, ao mesmo tempo, inspirasse respeito na área militar e em amplos setores da sociedade, apresentando-se, diante do povo, como fiadora da redemocratização do país. Jango, nesse sentido, afirmou que havia nomes honrados e dignos que poderiam ser examinados, desde que o escolhido encarnasse o desejo da sociedade brasileira: o retorno ao regime democrático. "Digo-lhe tudo isso com a maior sinceridade. Não peço nada para mim; não tenho reivindicação ou exigência de ordem pessoal, não alimento ressentimentos ou amarguras." Atualmente, continuou Jango, sua dedicação é exclusivamente ao trabalho, à família e à educação dos filhos. No entanto, garantiu: "sou, hoje, um homem profundamente apreensivo diante do desdobramento da crise brasileira. A supressão das liberdades, a insegurança geral, o desrespeito às decisões da justiça, os atentados praticados contra os interesses da economia nacional e contra a própria soberania do país, o desemprego, o custo de vida, o combate à inflação com a carga jogada somente sobre os ombros do povo ou sobre a iniciativa nacional, tudo isso cria, está necessariamente criando, no espírito das grandes camadas populares e na juventude, um sentimento surdo e incoercível de revolta e desespero". Goulart assim concluiu sua carta: "se fecham ao povo todas as portas da evolução democrática, que perspectivas se abrem para os destinos da pátria?".

Outros tipos de cartas, mais intimistas, eram enviadas a Tacuarembó. Nelas as pessoas relatavam suas dificuldades e seus dramas, as difíceis situações por que passavam, enfim, expressavam seus sentimentos.[14] Eram tra-

---

[13] Arquivo privado de Neusa Penalvo.

[14] As cartas citadas a seguir estão no Arquivo João Goulart do Cpdoc/FGV. Para preservar a identidade das pessoas, cito apenas o primeiro nome.

balhadores, em geral pessoas pobres, muitas vezes que militaram na vida partidária petebista, que pediam ajuda, sobretudo financeira.

Jango recebia cartas com pedidos legitimadas por situações de vida muito difíceis. Em março de 1968, o correio de Tacuarembó entregou-lhe a carta do jovem Florismar, de apenas 22 anos, da cidade de Jacarezinho, no Paraná. Filho de operário e desempregado, Florismar se matriculou na 2ª série do curso ginasial em uma escola particular. Sem poder comprar livros, material escolar e uniforme, ele ainda tinha que pagar a matrícula de NCr$ 40. "É assim que solicito o auxílio do dr. na importância de NCr$ 1.000 para que eu possa custear os meus estudos terminando o curso ginasial e ingressando no científico." Florismar se despedia certo de "contar com o auxílio humano e cristão" de Jango.

Pedido diferente fez Débora, de São Borja, em 1967. Lembrando ser filha de um falecido correligionário do PTB, ela relata a dificuldade dela e da mãe em finalizar o inventário de um terreno, único bem que o pai legara à família. Débora pede a Jango Cr$ 1.500.000, quantia cobrada pelo advogado. Finalizando sua carta, ela afirma: "tenho a certeza que será enviada por V. S. para sanar esta grande angústia nossa, pois é para legalizar a única e humilde casinha que temos para morar".

Em dezembro de 1966, Elisabet, também de São Borja, escreveu para o ex-presidente uma carta com o título "prezado padrinho". A jovem se animou a fazer um pedido com o seguinte argumento: "sua bondade para conosco e o seu grande coração me dão coragem para fazê-lo". Matriculada no curso normal, o pai pagava, com muito sacrifício, as mensalidades escolares. Elisabet diz que seu pai irá procurá-lo e que ficará "grata se o senhor dispensar-lhe a atenção de que se julga merecedor". Sobretudo, disse a moça, "minha gratidão será imensa se o senhor se dignar atender este pedido que fará a minha felicidade de poder continuar os estudos".

A princípio, pode parecer incongruente Florismar, Débora e Elisabet escreverem a Goulart. Afinal, que poderiam esperar de um político na difícil situação em que ele vivia? No entanto, Jango, para eles, não era propriamente o político exilado, perseguido e caluniado pelos militares no poder, mas o homem que ainda tinha grande prestígio político. Mais ainda, ele havia deixado a imagem de homem bondoso e preocupado com a situação dos pobres, esforçando-se, em toda a sua carreira, para minorar seus sofrimentos. Junto a essas duas dimensões, a do político de prestígio e a do homem magnânimo, agregava-se uma terceira imagem: a do homem rico. Portanto, ali estavam os elementos que motivavam as pessoas a escrever-lhe: prestígio político, bondade e riqueza, três atributos presentes em um único homem capaz de ajudar os pobres, os desvalidos e os desprotegidos.

Jango, portanto, surgia nas cartas com a imagem do homem de prestígio, bondoso e rico. Motivos suficientes para ser procurado com pedidos de ajuda, sobretudo quando se tratava de pessoas que estiveram alinhadas politicamente com ele e tinham sido fiéis na militância partidária. Mas era preciso mais. Para serem merecedoras do apoio financeiro do ex-presidente, era necessário terem condições de retribuir a ajuda que pediam. O pagamento, no entanto, não poderia ser na mesma moeda, o retorno não seria material — nem haveria condições para isso. A volta seria simbólica: primeiro, reconhecimento e gratidão; segundo, preservar sua memória e sua imagem; terceiro, desejar seu retorno ao Brasil.

Em cartas, mais longas, pessoas que foram politicamente próximas a Jango, civis e militares, relatavam situações difíceis por que passaram após o golpe, faziam seus pedidos e, num mesmo gesto, retribuíam o que ainda não tinham recebido. Foi o caso de Eloy, em carta remetida de Londrina, no Paraná, em abril de 1968. Com o golpe militar, a família se dividiu. Com três filhos pequenos, ela teve que fugir às pressas de Porto Alegre, onde residia. O marido resolveu acompanhar Leonel Brizola e foi para o Uruguai. Segundo Eloy, "com a maior sinceridade, até hoje não sei se a criatura é vivo ou morto". Ao chegar à rodoviária, sem rumo certo, tomou um ônibus para Curitiba. Presenciando as perseguições e tomando conhecimento de que petebistas e pessoas de esquerda estavam sendo presas, dali mesmo foi para Londrina. Chegou à cidade com três crianças e com dinheiro para passar apenas alguns dias, nada mais. Após quatro anos, conseguiu sobreviver "criando meus filhos na luta e na dignidade", tendo, inclusive, comprado uma casa com empréstimo que obtivera. Apesar de todas as dificuldades enfrentadas, Eloy declarou sua fidelidade ao trabalhismo, "esta ideologia profunda que me corre nas veias desde meus nove anos de idade". O sonho de Eloy, no entanto, era criar os filhos numa propriedade rural. A oportunidade surgiu com um sítio de cinco alqueires, com 4 mil pés de café, ao preço de NCr$ 5.000. Assim, alegou, "ontem eu tive a intuição de recorrer ao bondoso conterrâneo (...) porque sei qual o seu espírito de generosidade". Eloy, desse modo, propunha colocar a propriedade no nome de Jango até que ela pudesse quitar o empréstimo. Por fim, um convite ao ex-presidente: "dentro de um mês já estarei residindo na minha casa própria, aí então lhe convidarei a vir passear nesta terra onde o senhor tem grandes admiradores e amigos que se sacrificaram em prisões". Eloy, portanto, desejava que Jango voltasse ao Brasil, adiantando inclusive o convite para visitá-la. Acrescenta, ainda, que ele não foi esquecido pelo povo. Como em outras situações, gratidão e reconhecimento são a retribuição de Eloy ao pedido que faz ao ex-presidente. Mas dois outros elementos são importantes no gesto de retribuir: a referência à sua volta ao país e a sua presença na memória da população — duas questões muito caras e importantes ao ex-presidente.

O caso de Manoel, morador de São Gonçalo, no Rio de Janeiro, escrevendo em março de 1968, é esclarecedor. Manoel referiu-se a Jango como "estimado e sempre lembrado" presidente. Funcionário público dos Correios, Manoel alegou que desde há muito tinha vontade de escrever a carta, mas o receio de "complicações com as autoridades" o impedira. Depois de mais algumas palavras introdutórias, Manoel foi objetivo: "vivo uma vida de tormenta e atropelos. Apesar de eu ser funcionário federal tenho 10 pessoas sob meu controle e passo privações em face do preço elevado que pago por uma casa e do parco ordenado que tenho". Assim, Manoel pede a Jango uma "ajuda financeira de uns NCr$ 500", que seriam devolvidos tão logo seus problemas fossem solucionados. Nessa altura do texto, Manoel desabafa: "não tenho a quem pedir, todas as portas foram fechadas para mim, vivo num tormento". Sem ter, na verdade, como pagar o que pede, Manoel procura retribuir com o que tem, referindo-se a uma questão importantíssima para Jango — na verdade, algo que, para o ex-presidente, não tinha preço no mercado: "por esse ato de humanidade sua, Deus há de lhe recompensar e fazer voltar ao Brasil, que é justamente o desejo de grande parte dos brasileiros, inclusive eu". Dedicando estima, lembranças e desejando sua volta, eis a maneira encontrada por Manoel para retribuir a Jango.

Outra situação muito difícil era vivida por Joaquim, ex-capitão do Exército. Em carta datada de 22 de abril de 1966, ele desabafa: "estou aqui em situação verdadeiramente dramática. Demitido do Exército, com cinco filhos para criar e educar, e com todo mundo fugindo de mim como diabo da cruz. O senhor bem sabe como são essas coisas, e como a humanidade é podre... Não consigo trabalhar em canto algum, apesar de ser advogado e possuir curso de relações públicas". No entanto, continua, surgiu uma oportunidade para trabalhar por conta própria, mas era necessário um dinheiro para iniciar o negócio: "será que o meu bom amigo quer me emprestar 5 mil dólares por seis meses?". Se Jango não pudesse realizar o empréstimo, que indicasse um amigo que o fizesse ou, então, conseguisse um emprego para ele. A seguir, Joaquim inicia uma argumentação muito original no sentido de se mostrar merecedor do apoio do ex-presidente: "se não fosse aquela indisciplina dos sargentos e a dos marinheiros, creio que as Forças Armadas teriam agüentado o senhor no poder". Contudo, alega que, apesar da propaganda da ditadura, as reformas de base eram irreversíveis: "não há Castello ou ditadura que as evite. Virão naturalmente, com o povo conscientemente aceitando-as". Joaquim demonstra assim grande otimismo, tocando no mesmo tema das cartas anteriores: "creio que o senhor voltará para nós dentro de três anos. Aqui ficaremos sem subversão, sem violências, sem ódio, certo de que tudo terminará como sonhamos". Novamente os temas da memória e da volta de Jango ao Brasil estão presentes. O retorno é, sem dúvida, um desejo verdadeiro e sincero de Joaquim. Mas também algo que, certamente, tocava os sentimentos de um exilado, algo que o ex-capitão sabia. Como em outros casos, o desejo de que Jango voltasse, embora autêntico, não se desvinculava de uma estratégia mais ampla: obter o almejado empréstimo.

Como nos casos de Eloy, Manoel e Joaquim, muitos que escrevem tiveram suas vidas radicalmente alteradas pelo golpe militar. Fiéis a Jango e ao trabalhismo, sofreram perseguições políticas e perdas financeiras. Na lógica argumentativa dos textos, o ex-presidente, portanto, tinha responsabilidades, tanto nos problemas que surgiram em suas vidas com o golpe quanto nas soluções que corrigiriam as injustiças. Foi o caso de Maria, em carta escrita em julho de 1968. Exilada com o marido em Montevidéu, ela afirma que, devido à fidelidade política a Jango e a Brizola, sofreram muitas injustiças. Com o golpe militar "fui encapuzada após a deposição do senhor, meu marido esteve preso. Hoje, após aquela tempestade, fomos vítimas de outra injustiça aqui neste país distante, onde não temos ninguém. Lutei sozinha, mas nada mais posso fazer por falta de recursos, estamos passando fome". Maria explica que o pouco dinheiro que tinham fora roubado por um advogado. Desesperada, insiste: "sr. João Goulart, por seus filhos e sua querida esposa, suplico seu auxílio, sua sabedora (*sic*) influência junto às autoridades, faça tudo o que puder por este brasileiro". Recorrendo a outras estratégias, Maria relata as vezes em que o marido encontrou-se com Jango: foi motorista do grupo do palhaço Carequinha e, com o artista, esteve na Granja do Torto, em Pelotas; participou de coquetel oferecido por um político local; foi barbeiro do comandante do III Exército à época em que Goulart era presidente. Trata-se, portanto, de um homem trabalhador e com relações com gente importante. Embora Maria não revele os motivos, o marido, naquele momento, estava detido em presídio uruguaio. "Por Deus, sr., não nos desampare neste desespero. Confio na sua bondade e no seu coração. Salve meu marido, ele é um homem dinâmico, trabalhador, não merece estar preso por tão pouco." Por fim, Maria termina a carta com um simples "agradecida".

Igualmente Antônio, escrevendo da cidade de Coronel Ponce, em fevereiro de 1968, teve a vida alterada com a queda de Jango. Às vésperas do golpe militar, ele vendeu sua casa com o objetivo de comprar um caminhão para trabalhar no transporte de carga. No entanto, no dia 2 de abril ele foi preso juntamente com outros companheiros trabalhistas. Com ele estava a maleta com todo o dinheiro da venda da casa. Detido por 19 dias, ao sair da prisão ninguém sabia onde estava a mala. Sem casa, caminhão e dinheiro, Antônio passou a trabalhar como motorista para sustentar a mãe, mas ganhando muito pouco, sem ter mesmo como pagar o aluguel. Seu pedido era que Jango fosse fiador na compra de um caminhão na Fábrica Nacional de Motores. Ao final, ele se despediu: "espero resposta com urgência". Parecia que Antônio não se dava conta de que João Goulart estava exilado, processado criminalmente pelo regime e, inclusive, com ameaça de prisão se retornasse ao Brasil. Como, então, ser fiador na compra de um caminhão?

Situação similar foi a de Pedro, de São Borja. Em fevereiro de 1966, Pedro escreveu a Jango dizendo que, naquele ano, não poderia plantar por falta de terras. Sua necessidade era de 100 hectares, perto da cidade. Assim, sugeria que Goulart cedesse aquela área na fazenda Cinamomo. A divisão do resultado ficaria a cargo do ex-presidente. De Jango, Pedro precisava, no momento "da assinatura da carta de consentimento para o Banco do Brasil para eu conseguir o financiamento". Novamente um pedido ao ex-presidente para que assinasse documentos legais no país aonde não podia retornar.

Problemas dos mais diversos chegavam às mãos de Goulart. Em fevereiro de 1968, um padre de uma paróquia em São Borja escreveu-lhe uma carta relatando uma complicada situação. Antes do golpe militar, Goulart doara um terreno, de sua propriedade, para a construção de uma igreja. Ocorre que os construtores erraram nos cálculos e avançaram para além da área doada, invadindo o terreno vizinho, também de propriedade de Jango. Com a obra embargada, o padre, após conversar com o arcebispo, pediu ao ex-presidente que doasse à paróquia mais nove metros do terreno invadido. Sem essa solução, parte da igreja teria que ser demolida, com grandes prejuízos. Logo a seguir, o padre comenta: "no domingo passado, o povo da paróquia (...) rezou pela sua saúde e pelo bom êxito de minha missão um tanto espinhosa e humilhante. O bairro (...) espera mais uma vez uma solução feliz. Tenho certeza que V. Ex.ª me dará novamente uma grande alegria: de poder voltar com o caso resolvido".

Além de pedidos de ajuda pessoal, Goulart também recebia propostas de negócios. Diversas pessoas escreveram propondo-lhe sociedade em empreendimentos, sobretudo na cidade de São Borja. Em agosto de 1967, Alberto escreveu uma carta a Jango, afirmando que "São Borja é um mercado virgem e inexplorado, com perspectivas brilhantes" no ramo da construção civil. Desse modo, perguntou ao ex-presidente "se não estaria interessado em participar como sócio, ou se for o caso fundarmos uma construtora, a fim de desenvolver todo o ramo imobiliário, desde a construção de casas para venda até as maiores incorporações, inclusive edifícios, para a venda, o que na pior das hipóteses dará como lucro 100%, se trabalhar com material comprado em larga escala". Alberto alega que, anteriormente, estivera no Uruguai, pensando em apresentar a proposta pessoalmente, mas havia desistido, pois "não queria dar a impressão de ser um a mais que iria pedir auxílio, repetindo tão desagradável palavreado, que já o deve ter saturado, nestes últimos anos". Por fim, Alberto repete o argumento presente nas cartas: reconhecimento, memória e desejo da volta: "quero encerrar aqui desejando toda a sorte de felicidades, lamentando não poder contar com o sr. aqui nas nossas rodas de mate, mas pode ter certeza de que nunca é esquecido pelos seus verdadeiros amigos, que posso afirmar que são muitos".

Jango também recebia pedidos de ajuda de organizações e instituições uruguaias. Muito prestigiado e popular naquele país, pelo menos até o golpe militar de 1973, as solicitações eram diversas. Em dezembro de 1967, um grupo de mulheres organizadas na Comissão por Melhores Habitações, filial de Montevidéu, escreveu a Jango. Na carta, elas diziam que estavam construindo habitações populares no cruzamento das avenidas Unión e Oribe, mas, devido ao alto custo do material de construção, pediam uma ajuda financeira ao ex-presidente. "Conhecendo seu alto espírito de generosidade com os despossuídos", alegaram na carta, "nos permitimos a liberdade de solicitar sua generosa ajuda." O comandante da polícia de Picada de Quirino, por sua vez, escreveu a Jango lembrando que no próximo dia 18 de dezembro de 1966 seria comemorado o Dia da Polícia. Para a comemoração do evento, o comandante programara um almoço com todos os policiais, suas famílias e convidados especiais. Como não podiam contar com recursos, ele pedia a colaboração de Jango no sentido de doar uma vaca para os festejos dos policiais.

Goulart era um homem prestigiado no Uruguai, mas também permanecia vivo na lembrança de seus correligionários no Brasil. As cartas que chegavam a Tacuarembó revelavam que sua importância, ainda em fins dos anos 1960, não poderia ser subestimada. Seu prestígio, no entanto, atravessava as fronteiras das Américas. Em outubro de 1967, uma carta remetida de Lisboa, escrita por Maria, chegou às mãos de Maria Tereza. A carta se inicia com um pedido de desculpa pelo incômodo, "mas não é à ilustríssima primeira dama do Brasil que me dirijo, mas a uma mãe como eu", diz Maria. Segundo seu relato, ela tinha um único filho passando por grave enfermidade, praticamente condenado à morte. Maria, outrora rica, perdera toda a fortuna. "Nasci numa boa família, sem modéstia, com elevada posição social e econômica, mas a vida vira e agora, com 68 anos, só com este filho — minha única esperança na vida — estou desesperada sem o poder salvar." Sozinha e desamparada, sem recursos para tratar da saúde do filho, Maria conhecera Maria Tereza em uma revista. Na reportagem, constava "a devoção e ternura que Vossa Excelência dedica à sua ilustre família". Maria, assim, se animou a escrever porque somente uma mãe devotada compreende a dor de outra mãe. Finalizando a carta, Maria suplica: "peço-lhe, minha senhora, ajude-me, ajude-nos!".

As cartas que Jango recebia do Brasil eram, basicamente, de dois tipos. Primeiro, amigos e correligionários que escreviam sobretudo para informar ao ex-presidente a situação política vivida no Brasil. Tratava-se de correspondência a respeito de assuntos políticos e escrita por pessoas que reconheciam João Goulart como grande liderança. Segundo, a correspondência de trabalhadores, em sua maioria pessoas pobres, que passavam por situações de grande dificuldade financeira. Deles Jango recebia pedidos de ajuda, dinheiro, em particular.

O primeiro tipo de correspondência não causa surpresa alguma. Afinal, uma personalidade que exercera importantes cargos no Poder Executivo, à frente de um partido político de grande expressão, como herdeiro político de Vargas e líder do movimento nacionalista e reformista cultivara, ao longo dos anos, uma série de relações políticas e de amizades. Tais relações não seriam rompidas de uma hora para outra, mesmo estando Jango no exílio e vivendo no ostracismo político.

Surpreendente, sem dúvida, é o segundo tipo de correspondência. São trabalhadores que não esqueceram Jango e o procuravam em busca de ajuda pessoal. O que realmente nos chama a atenção são os pedidos de ajuda financeira. A pessoas pediam dinheiro. Páginas atrás, ressaltei que Goulart, ao longo de sua carreira, mostrou reunir três atributos: primeiro, tinha prestígio político, a começar pela proximidade com Getúlio Vargas; segundo, sua bondade, sobretudo sua preocupação com a pobreza dos trabalhadores; terceiro, Jango era um homem rico. Tratava-se, portanto, de três atributos presentes em um único homem e que o tornavam capaz de ajudar os pobres, os desvalidos e os desprotegidos.

Mas há outro elemento que autorizava as pessoas a procurarem-no para pedir dinheiro. Jango, nos cargos executivos que exerceu, seja no Ministério do Trabalho, na vice-presidência ou na própria presidência da República, era procurado por homens e mulheres pobres que lhe pediam solução para os problemas que enfrentavam. Inicialmente, Goulart procurava a resolução por vias legais: determinava a algum funcionário que "legalizasse" a solução. Quando isso não era possível, quando a "legalização" era inconstitucional, sua atitude, por via de regra, era dar uma solução mais ágil: levava a mão ao bolso e resolvia o problema com seu próprio dinheiro. Muito certamente essa prática tornou-se conhecida.

Se compararmos as cargas escritas a Jango com a correspondência que os trabalhadores enviaram a Getúlio Vargas nos anos de 1930 a 1945,[15] veremos com maior clareza a lógica que regia os pedidos. A Vargas os trabalhadores formulavam pedidos de empregos, promoções na carreira, aplicação das leis sociais, reparo de uma injustiça no trabalho, vagas nas escolas para os filhos, entre diversos outros. Mas tratava-se de pedidos inseridos na dimensão dos direitos do trabalho e do trabalhador. Nada a estranhar se lembrarmos que Getúlio construiu sua imagem política como aquele que legislou sobre os direitos sociais dos trabalhadores. A Vargas não se pedia dinheiro, pediam-se emprego e justiça.

A Jango, enquanto esteve no poder, também se pediam empregos, promoções e reparos de injustiças. Mas também se pedia dinheiro. Afinal, era assim que ele, muitas vezes, resolvia os problemas. Essa imagem do homem de prestígio, bom, rico e que solucionava as demandas das pessoas pobres com seu próprio dinheiro perdurou após o golpe militar.

Seja como for, as cartas demonstram que Jango, mesmo no exílio e silenciado pela ditadura, ainda era lembrado. Mesmo que as cartas se referissem a dinheiro e ajudas pessoais, o ex-presidente, muito certamente, ficava satisfeito em receber a correspondência. Afinal, ele ainda estava presente na memória de muitas pessoas no Brasil.

---

[15] Ver Ferreira, Jorge. *Trabalhadores do Brasil — o imaginário popular.* Rio de Janeiro: FGV, 1997.

CAPÍTULO 10

A atuação de Lysâneas Maciel no campo dos direitos humanos na década de 1970*

*Célia Costa***

A idéia central deste capítulo é reconstituir a formação do próprio campo dos direitos humanos no Brasil, nos anos 1970, a partir de um ator político, Lysâneas Maciel, deputado federal eleito pelo Movimento Democrático Brasileiro (MDB-RJ) e membro do grupo dos "autênticos"[1] no início daquela década.

Além de político, Lysâneas era advogado, tendo defendido presos políticos nos últimos anos da década de 1960, antes de optar pela vida parlamentar. Por isso, pensamos inicialmente em trabalhar com os dois eixos — suas atuações parlamentar e forense. Ao longo do desenvolvimento do trabalho, contudo, a proposta original sofreu modificações. A facilidade e o volume de fontes relativas ao primeiro eixo nos levaram primeiramente a concentrar a pesquisa na sua atuação na Câmara Federal, particularmente nos dois primeiros mandatos (1971-74 e 1975-76), transcorridos durante a vigência do regime militar. O foco recaía então sobre a sua participação no grupo dos "autênticos", ainda sem o recorte temático exclusivo dos direitos humanos. Essa pri-

---

* Este artigo é resultado parcial da pesquisa sobre "Memória e biografia" que integra o projeto "Direitos e cidadania", desenvolvido no âmbito do Pronex no período 2004-06. Agradeço a Juliana Gagliardi de Araújo, bolsista da Faperj nesse projeto, pela participação especial não só na pesquisa, como também na primeira versão deste texto apresentada no II Seminário de Direito e Cidadania, realizado pelo Cpdoc em novembro de 2006.

** Doutora em história social pelo IFCS/UFRJ. Diretora técnica do Museu da Imagem e do Som do Rio de Janeiro.

1 Alcunha dada aos deputados do MDB que se destacaram, na legislatura 1970-74, pela crítica ao regime militar e a defesa dos direitos humanos.

meira abordagem resultou na publicação de um artigo intitulado "Lysâneas, um autêntico do MDB".[2]

O manuseio dos documentos do Arquivo Lysâneas Maciel, sob a guarda do Cpdoc, da Fundação Getulio Vargas, nos revelou posteriormente uma riquíssima correspondência com políticos e intelectuais, brasileiros e estrangeiros, trocada por ocasião do seu período de exílio voluntário na Suíça, após a cassação de seu mandato de deputado, em 1976. Durante os dois anos em que esteve em Genebra, Lysâneas ampliou sua atuação em defesa dos direitos humanos, iniciada no Congresso brasileiro, desenvolvendo projetos nos diversos continentes, no âmbito do Conselho Mundial de Igrejas (CMI),[3] ao qual esteve vinculado nesse período. Decidimos, então, analisar sua atuação no campo dos direitos humanos, dentro e fora do Brasil, como parlamentar e membro do CMI, durante toda a década de 1970. Utilizamos como fontes, além da documentação do arquivo, depoimentos com brasileiros que conviveram com ele nesse período, antes e ao longo do "exílio".

As origens cristãs

Nascido em Patos de Minas (MG) em 23 de dezembro de 1926, filho de Antônio Dias Maciel e de Ordália Pinto Maciel, Lysâneas é o segundo de cinco irmãos, de uma família presbiteriana de forte viés conservador. Udenista como seu pai, formou-se em ciências jurídicas e sociais em 1951.

A formação cristã teve importância decisiva na trajetória pública de Lysâneas, desde cedo bastante identificada com a defesa dos mais necessitados. Segundo Jeter Ramalho,[4] que o conheceu nos anos 1940, muito jovem e ainda solteiro, o compromisso de Lysâneas com os direitos humanos é muito antigo. Na sua opinião, a liderança nesse campo já se revelava, desde a década de 1950, nos trabalhos da mocidade presbiteriana, da Igreja de Copacabana: "Lysâneas tinha sempre uma sensibilidade muito grande para com a questão da justiça (...) dos direitos trabalhistas, dos sindicatos (...). Acho que essa sensi-

---

[2] Ver Costa e Gagliardi, 2006.

[3] Trata-se de uma confraternização de mais de 300 igrejas ortodoxas, protestantes e pentecostais presentes em mais de 100 países. Oficialmente fundado em 1948, teve papel decisivo na Declaração Universal dos Direitos Humanos, proclamada pela Assembléia Geral das Nações Unidas em dezembro do mesmo ano (ver *Brasil: nunca mais*, 1985).

[4] Professor do IFCS/UFRJ e membro do Conselho Mundial de Igrejas.

bilidade para a questão de direitos humanos individuais e coletivos era uma coisa integrante da sua personalidade".[5]

A opção pela política como instrumento de modificação da realidade, entretanto, só aconteceria nos anos 1970, quando decidiu candidatar-se a uma vaga na Câmara dos Deputados. Seu irmão Élter Dias Maciel confirma essa observação quando afirma que o despertar de Lysâneas para a política começou após o golpe militar de março de 1964:

> Quando parentes, amigos, irmãos na fé começaram a ser politicamente perseguidos, começaram a sofrer os horrores da ditadura, Lysâneas passou a assumir, como advogado, a defesa de presos políticos e levantou a bandeira dos direitos humanos. (...) Eu diria que a sua luta em prol dos direitos humanos começou por sentimentos de solidariedade e de humanidade baseados na sua formação cristã (...) Aos poucos, ele foi "fazendo sua cabeça", formando uma consciência mais avançada nessa direção. (..) Quando ele se candidatou, ele tinha certeza de que a resistência ao regime tinha que vir via Parlamento.[6]

A participação em projetos ou entidades relacionadas à defesa dos direitos humanos parece ter sido uma constante na trajetória de Lysâneas como político e como cristão. Em julho de 1973, participou da criação da Coordenadoria Ecumênica de Serviço (Cese), organismo ecumênico do qual participam igrejas evangélicas e a Conferência Nacional dos Bispos do Brasil (CNBB), e que conta com o apoio do Conselho Mundial de Igrejas. Uma das primeiras atividades organizadas pela Cese foi a promoção dos direitos humanos, a começar pela publicação dos artigos da Declaração Universal dos Direitos Humanos, com comentários e citações bíblicas.[7] Essa preocupação, como já referido, se iniciou na juventude e atravessou toda sua vida pública.

Como advogado, Lysâneas defendeu não só presos políticos acusados de subverter a ordem política e social durante o período da ditadura militar, como também sindicalistas e entidades sindicais. A ousadia e a convicção nas liberdades democráticas foram os fios condutores de sua atuação como ad-

---

[5] Depoimento concedido ao Cpdoc/FGV (21-11-2006).

[6] Depoimento concedido ao Cpdoc/FGV (24-1-2007).

[7] Ver *Declaração...*, 2003.

vogado e como parlamentar, quando começou a denunciar pública e sistematicamente o regime político e o desrespeito aos direitos humanos no país.

A questão dos direitos humanos

A constituição do campo dos direitos humanos, tal como o entendemos hoje, data do século XX. A própria expressão "direitos da pessoa humana" só emergiu como questão passível de discussão e elaboração muito recentemente. As raízes dessa preocupação, contudo, alcançam a Antiguidade e podem ser identificadas com a filosofia, que inaugura o pensamento racional sobre o homem e o mundo, e que surge ao mesmo tempo na Ásia e na Grécia em torno do século V a.C.

Historicamente, duas manifestações são consideradas marcos importantes na constituição desses direitos: a "Declaração das Cortes de Leão", em 1188, na península Ibérica, e a "Magna Carta", na Inglaterra, em 1215. Ambos os documentos são expressões da rebeldia contra a concentração do poder real no final do século XI, anunciando assim a retomada da unidade do poder político que se havia dispersado na Alta Idade Média. Porém, somente no final do século XVIII, em pleno processo revolucionário americano, é que o conceito moderno de direitos humanos se delineia com maior clareza. Para Comparato (2003:49), a Declaração de Direitos da Virgínia[8] — assinada em 16 de junho de 1776 e que reconhecia a igualdade e a liberdade como direitos inerentes à natureza humana — pode ser considerada o registro de nascimento desses direitos. Treze anos mais tarde, em 1789, a Revolução Francesa reforçou esses ideais de liberdade e igualdade, com a Declaração dos Direitos do Homem e do Cidadão. Os dois textos são reconhecidos como fundamentais na moderna concepção de direitos humanos, mas a universalidade desses direitos foi inovação da Declaração Universal dos Direitos Humanos,[9] proclamada pela Assembléia Geral das Nações Unidas em 10 de dezembro de 1948.

---

[8] De acordo com a seção I, "todos os homens são por natureza igualmente livres e independentes e têm certos direitos inatos que, quando entram no estado de sociedade, não podem, por nenhuma forma, privar ou despojar a sua posteridade, nomeadamente o gozo da vida e da liberdade, com os meios de adquirir e possuir a propriedade e obter felicidade e segurança".

[9] Constituída de 30 artigos sobre temas inerentes à condição humana, considerados fundamentais ao exercício da liberdade, da justiça e da paz no mundo. Sobre a trajetória dos direitos humanos, ver Comparato (2003).

Quais são exatamente esses direitos? Partindo dos princípios básicos de liberdade, igualdade e solidariedade (ou fraternidade), presentes nas revoluções do final do século XVIII, os direitos humanos se expandiram e consolidaram ao longo desses 150 anos. Hoje, além dos direitos civis e políticos, expressos na Declaração Universal, existem os direitos econômico, sociais e culturais reunidos no Pacto Internacional dos Direitos Econômicos e Sociais (Pidesc), assinado em 1966, e que atendem às necessidades fundamentais do homem relativas a segurança alimentar, trabalho e seguridade social, além do direito à educação e à cultura.

Durante a II Guerra Mundial, como se sabe, a Alemanha, sob domínio do regime nazista, cometeu inúmeras atrocidades em diversos países da Europa. A Declaração proclamada pela ONU serviu como uma espécie de compromisso selado entre diversas nações do planeta, visando a "assegurar" a não repetição de tais atrocidades na história da humanidade. A Declaraçao, em seu preâmbulo, afirma que "o desprezo e o desrespeito pelos direitos humanos resultaram em atos bárbaros que ultrajaram a consciência da humanidade", e que "o advento de um mundo em que os homens gozem de liberdade (...) foi proclamado como a mais alta aspiração do homem comum". Além disso, considera essencial a proteção dos direitos humanos pelo estado de direito, "para que o homem não seja compelido, como último recurso, à rebelião contra a tirania e a opressão (...)".[10]

O Brasil foi um dos signatários dessa Declaração na década de 1950, mas isso não o impediu de adotar a censura, realizar prisões arbitrárias, praticar a tortura e cometer assassinatos como forma de punir os que se rebelaram contra o regime militar instaurado no país com o golpe de 1964. Certamente não foi o único país que apresentou esse tipo de contradição na década de 1970 ou mesmo nos dias atuais.

É verdade que a Declaração Universal dos Direitos Humanos não constitui um conjunto de leis efetivas, com obrigações e penalidades. Trata-se de um documento cujo caráter é de recomendação de condutas, podendo o não cumprimento dessas recomendações resultar em constrangimento internacional. Muitos desses direitos considerados fundamentais, inclusive, já estão inseridos nos textos constitucionais dos diversos países onde formalmente vigora a democracia. Nesse sentido, a Declaração, enquanto pacto internacional, acaba

---

[10] *Declaração...* 2003.

se constituindo em ato simbólico, visando induzir os países signatários a cumprirem e respeitarem a esses direitos.

Os governos militares do período 1964-85, no Brasil, não renegaram formalmente a Declaração dos Direitos Humanos, mas criou-se, à época, uma evidente tensão entre os princípios éticos a ela inerentes e a realidade brasileira dos anos de chumbo do regime militar. A Declaração assegura a liberdade de opinião política ou de outra natureza, sem distinção de raça, cor, sexo, língua, religião, nacionalidade ou origem social, mas o regime militar brasileiro transformou as opiniões políticas dissidentes em motivo para perseguição e restrição à liberdade de expressão, prendendo e torturando pessoas. A publicação do livro *Brasil: nunca mais* (1985), reunindo documentos oficiais que relatam, com detalhes, esse desrespeito à pessoa humana, é um testemunho desse tipo de prática abominável instituída no país, a qual tirou muitas vidas e imprimiu, em outras tantas, marcas físicas e psicológicas indeléveis.

Em âmbito internacional, a difusão e o debate dos "direitos humanos" só se deram após o término da II Guerra Mundial. Assim, em 1956 foi apresentado à Câmara Federal brasileira um projeto propondo a criação, no Ministério da Justiça, do Conselho de Defesa dos Direitos da Pessoa Humana (CDDPH), cuja competência seria promover inquéritos, investigações e estudos, visando a avaliar a eficácia dos dispositivos constitucionais relativos aos direitos da pessoa humana, bem como das normas contidas na Declaração Universal dos Direitos Humanos. O deputado Bilac Pinto, autor do projeto, era membro da antiga União Democrática Nacional (UDN), partido que nos anos 1950 fazia ferrenha oposição ao governo pessedista de Juscelino Kubitschek. Apesar de proposto em 1956, o CDDPH[11] só foi de fato criado pela Lei nº 4.319, no governo João Goulart, a 16 de março de 1964, curiosamente 15 dias antes do golpe militar que o depôs.

A defesa dos direitos humanos no Parlamento

Embora não seja nosso propósito analisar de forma minuciosa a atuação do CDDPH durante o regime militar, pesquisa realizada na imprensa e em documentos do arquivo Lysâneas Maciel nos leva a inferir que esse conselho, prejudicado por um contexto de exceção, não teve condições concretas de cumprir seu papel como instituição de defesa dos direitos humanos na década de 1970.

[11] Disponível em: <www.mj.gov.br/sedh/cddph/breve.htm>. Acesso em: 7 out. 2005.

Em 1971, durante o governo do general Emílio Garrastazu Médici, o deputado governista Rui Santos, aproveitando-se de uma situação de absoluta maioria de seu partido, encaminhou ao Congresso um projeto reduzindo de nove para 13 o número de membros do CDDPH e, portanto, alterando a sua composição; diminuindo o número de suas reuniões ordinárias; e determinando que estas só poderiam ser convocadas pelo seu presidente ou por 2/3 dos seus integrantes. O projeto dispunha, ainda, que as sessões fossem secretas, salvo decisão em contrário da maioria de seus membros.

Tal projeto, batizado com o nome do deputado arenista da Bahia que o havia proposto, foi aprovado em 10 de novembro de 1971 pela Comissão de Constituição e Justiça da Câmara, e sua nova composição tinha como objetivo garantir a maioria governista nas decisões do conselho. Lysâneas Maciel, que integrava a Comissão de Justiça, repudiou a decisão em voto em separado, denunciando o caráter arbitrário da mesma. Segundo ele, o projeto destinava-se a amordaçar a voz da oposição e a transformar o CDDPH "num órgão inócuo e manobrado segundo as conveniências e interesses do ministro da Justiça".[12] Deputados emedebistas, principalmente os integrantes do "grupo dos autênticos", protestaram contra a aprovação do projeto e enviaram ao presidente Emílio Garratazu Médici documento de repúdio à proposição.[13] Diante das manobras do partido governista, o MDB desistiu de sua participação no CDDPH, alegando falta de condições mínimas de participação.

É possível identificar inúmeros episódios que exemplificam a atuação do deputado Lysâneas Maciel na luta em defesa dos direitos humanos, empreendida de maneira incansável desde seu primeiro mandato na Câmara Federal, iniciado em 1971. Uma de suas primeiras atitudes no Congresso foi denunciar, em plenária, a prisão e o desaparecimento do deputado Rubens Paiva,[14] denúncia endossada por outros deputados do "grupo autêntico" do MDB. Durante o ano de 1972, no auge da repressão do regime militar, Lysâneas fez diversos pronunciamentos denunciando o desrespeito do governo pelos direitos humanos. Em 24 de agosto, criticou a censura política na imprensa, a propósito da proibição de divulgação de qualquer notícia ou fato relacionado à sucessão presidencial prevista para 1973:

---

[12] Arquivo Lysâneas Maciel, Cpdoc/FGV (LM cd/pm 1971.04.20).

[13] Arquivo Ulysses Guimarães, Cpdoc/FGV (UG mdb 1971.09.17).

[14] O deputado desapareceu após ser preso em sua residência por militares, no início da década de 1970 (ver Paiva, 1990).

> É sabido que todos os jornais do país receberam, na manhã de hoje, comunicação proibindo que tratem da sucessão presidencial. É verdade que ninguém se ilude a esse respeito e que essa matéria é circunscrita a um colégio eleitoral discriminatório, a um colégio eleitoral afastado da participação das partes mais legítimas dessa população.[15]

Em outubro do mesmo ano, defendeu o direito dos sindicatos, baseado no livre direito de associação, presente na Declaração da ONU:

> Fato da mais alta gravidade está ocorrendo neste momento no setor sindical do país. Através de sucessivos vetos do Ministério do Trabalho, diversos candidatos a cargos sindicais, principalmente de entidades representativas de empregados, têm sido impedidos de constituir chapa e, afinal, concorrerem às eleições. (...) Sr. Presidente, srs. deputados, continua a escalada das restrições às liberdades individuais neste país. Nada aparentemente impede que alguém concorra às eleições sindicais.[16]

Por diversas vezes, o parlamentar defendeu a volta do *habeas corpus*, alegando não poder haver democracia sem instrumentos jurídicos que garantissem o exercício dos direitos individuais. Nessa mesma linha, propôs, em junho de 1973, um projeto de lei cujo objetivo era garantir a proteção judiciária aos presos ou detidos, prevendo sua submissão imediata a exame pericial, a fim de verificar sua incolumidade física e sanidade mental. Seu principal objetivo era controlar a utilização indiscriminada da tortura num período da história em que essa prática tornava-se corriqueira. Tratava-se, portanto, de uma clara tentativa de salvaguarda dos direitos humanos. A despeito de ter sido aprovado por unanimidade na Comissão de Constituição e Justiça da Câmara, o referido projeto não foi transformado em lei. Dois anos depois, em 1975, Lysâneas cobrava uma posição da Câmara sobre o assunto:

> um projeto meu, da última legislatura e que recebeu pareceres favoráveis de todas as comissões, pedindo exame médico completo — físico e mental — de todos os presos políticos, antes de serem ouvidos pelas auditorias

---

[15] *Diário do Congresso Nacional*, 24 ago. 1972.

[16] Idem, out. 1972.

militares, ainda não foi à plenária. Isso é anti-regimental, e é mais uma chance que não podemos desprezar.[17]

Tempos depois, em entrevista concedida a pesquisadores do Cpdoc/FGV em 1998, comentando o projeto de lei e sua não aprovação pela Câmara, fez a seguinte observação: "fiz uma lei no Congresso Nacional que obrigava as autoridades, quando prendessem alguém, a comunicar em que estado a pessoa entrava na prisão e onde ela estava. (...) Aliás, o próprio Abi Ackel[18] disse: "esta lei é perfeita. Só tem um defeito: a assinatura do autor".[19]

No início de 1975, ante a não homologação de seu projeto de proteção aos presos e o sistemático desrespeito aos direitos da pessoa humana no país, Lysâneas Maciel sugeriu a constituição de uma Comissão Parlamentar de Inquérito (CPI) para apurar as violações de direitos humanos e o desaparecimento de presos políticos. Em março desse mesmo ano, a bancada do MDB na Câmara aprovou, por unanimidade, a convocação do então ministro da Justiça, Armando Falcão, para prestar esclarecimentos sobre a situação desses presos, mas a plenária acabou rejeitando por 192 votos contra 136 o requerimento do MDB nesse sentido.[20] Na ocasião, Cantídio Sampaio, representante da Arena paulista, declarou:

> Nós também não aceitamos de forma alguma qualquer atentado à pessoa humana. Tenho absoluta certeza de que nada disto acontece no Brasil. Esta pátria está governada por um homem seguro de suas diretrizes administrativas. Por esta razão, nossa bancada se reuniu a ela. Não é o ministro que não quer vir a esta Casa. É a bancada da maioria que, exercendo um legítimo direito, houve por bem rejeitar o requerimento do MDB.[21]

Após esse episódio, poucos continuaram a defender a constituição da CPI proposta por Lysâneas, e em breve o assunto desapareceu da imprensa. Decepcionado com o comportamento dos colegas, Lysâneas comentou que o Congresso estava se habituando à violação dos direitos humanos e caminha-

---

[17] *Diário de Brasília*, 20 maio 1975.

[18] Deputado federal eleito por Minas em 1974 e vice-líder da Arena na Câmara.

[19] Apud Ferreira, Rocha e Freire, 2001:32.

[20] *O Estado de S. Paulo*, 12 abr. 1975.

[21] Idem.

va para a aceitação tranqüila de tal situação. Segundo ele, a preocupação dos deputados com a preservação de seus mandatos era maior que a de exercê-los. Convém lembrar que, durante o ano de 1975, principalmente durante o mês de março, inúmeras cartas foram enviadas à Câmara solicitando ao presidente do partido de oposição, Ulysses Guimarães, a constituição da referida CPI dos direitos humanos.[22] Essas cartas, assinadas por cidadãos brasileiros e estrangeiros de diversos países, muitos deles membros da Anistia Internacional, eram padronizadas, indicando a possível existência de uma campanha civil pela criação da CPI. Mesmo assim, como foi dito, ela não se concretizou. No mesmo período, Lysâneas teve sua vida ameaçada e denunciou o fato em discurso que provocou tumulto no plenário da Câmara Federal:

> Quero fazer um depoimento pessoal para registro da Câmara. Tenho sido vítima de uma série de ameaças que envolvem a integridade pessoal, vida profissional e atingem até meus familiares. (...) O clima de ameaças ostensivas ou veladas que caracterizou o Congresso neste início da oitava legislatura é mais uma tentativa de transformar os parlamentares em objetos inertes e acovardados. (...) Pretende-se, neste clima, reduzir a situação política do país à expressão de um partido hegemônico que coopta o governo militar e uma oposição manipulável e comprometida a um ponto insuportável de subserviência e medo.[23]

Lysâneas, como se pode ver, mesmo sendo vítima de ameaças, não abandonou suas convicções, nem abriu mão do seu direito de livre expressão na Câmara Federal. Claudius Ceccon[24] lembrou um encontro com Lysâneas, por ocasião do Ato Institucional nº 5, de 13 de dezembro de 1968, no qual ele o alertava, como advogado, para os riscos que corria naquele momento:

> No dia seguinte ou dois dias depois do Ato, fui ao escritório do Lysâneas e do Amaury [Costa], e o Lysâneas disse: "olha cara, não tem mais lei nenhuma, não tem mais direitos. Todos os direitos civis foram suspensos (...).

---

[22] Ver nota 13.

[23] *Folha de S. Paulo*, 24 out. 1975.

[24] Então cartunista do *Jornal do Brasil* e da revista *Manchete*.

> Qualquer pessoa pode cismar com a tua cara e te prender, e a gente não vai ter como te tirar.[25]

Como sabemos, com o AI-5, os militares quebraram o equilíbrio entre os três poderes, prejudicando a soberania do Legislativo[26] e do Judiciário.[27] O federalismo e a Constituição também foram atingidos,[28] bem como os direitos individuais do cidadão, com a suspensão do *habeas corpus*[29] em caso de crimes políticos. Várias dessas medidas tinham o claro interesse de esvaziar a oposição.[30] De fato, o AI-5 funcionava como verdadeiro fantasma, perseguindo os parlamentares. Mas durante todo tempo em que vigorou foi criticado e questionado pelo deputado Lysâneas Maciel em freqüentes discursos. Em sua intensa atuação em defesa dos direitos humanos, Lysâneas e os demais deputados do "grupo dos autênticos" estiveram empenhados na luta pela revogação de todas as medidas de exceção que feriam os direitos dos estudantes, entre elas o famoso Decreto-Lei nº 477, de 26 de fevereiro de 1969. Este previa, entre outras arbitrariedades, a expulsão de estudantes considerados subversivos da universidade onde estivessem matriculados, proibindo-lhes o ingresso, durante o período de três anos, em qualquer outra universidade do país. Previa igualmente a demissão de professores e funcionários envolvidos com atividades que constituíssem ameaça ao regime militar. Além de combater o Decreto-Lei nº 477, Lysâneas cobrou diversas vezes o paradeiro de estudantes desaparecidos. Em 1973, por exemplo, chamou a atenção para o suposto

---

[25] Entrevista concedida ao Cpdoc/FGV (22 set. 2006).

[26] "Art. 2º. O presidente da República poderá decretar o recesso do Congresso Nacional, das assembléias legislativas e das câmaras de vereadores, por ato complementar, em estado de sítio ou fora dele, só voltando os mesmos a funcionar quando convocados pelo presidente da República."

[27] "Art. 11. Excluem-se de qualquer apreciação judicial todos os atos praticados de acordo com este Ato Institucional e seus atos complementares, bem como os respectivos efeitos."

[28] "Art. 3º. O presidente da República, no interesse nacional, poderá decretar a intervenção nos estados e municípios, sem as limitações previstas na Constituição."

[29] "Art. 10. Fica suspensa a garantia de *habeas corpus* nos casos de crimes políticos contra a segurança nacional, a ordem econômica e social e a economia popular."

[30] "Art. 4º. (...) Parágrafo único: aos membros dos legislativos federal, estaduais e municipais, que tiverem seus mandatos cassados, não serão dados subtítulos, determinando-se o *quorum* parlamentar em função dos lugares efetivamente preenchidos."

"atropelamento" do estudante paulista Alexandre Vanucchi Leme, preso pelo DOI-Codi de São Paulo.[31]

A forma desassombrada e inflamada com que pronunciava seus discursos na Câmara foi lembrada por Ceccon,[32] para quem a coragem e o temperamento explosivo de Lysâneas fizeram dele um dos principais porta-vozes dos direitos humanos na vigência do AI-5. O ato em questão teve vida longa, sendo revogado em dezembro de 1978 pela Emenda Constitucional nº 11. Enquanto esteve em vigor, cassou 104 deputados federais,[33] 73 deles partidários do MDB, dos quais quatro eram do grupo dos autênticos, entre eles Lysâneas Maciel.

Alguns dos discursos pronunciados por Lysâneas, como " O grito da Igreja" e "Alternativa ou desespero", ultrapassaram os muros da Câmara dos Deputados e se perpetuaram na história do Congresso Nacional. Um dos mais conhecidos, intitulado "Basta!", foi exatamente o que funcionou como estopim, provocando a cassação de seu mandato, dois dias depois.

Dias antes, dois colegas do MDB gaúcho, Nadir Rossetti e Amauri Muller, haviam sido cassados, deixando o clima no Congresso bastante tenso. A reunião da executiva do MDB, marcada para as 11h do dia seguinte, acabou não acontecendo devido ao atraso do presidente do partido, Ulisses Guimarães, que se encontrava em São Paulo. Conforme relato do jornal *Movimento*, quando começou o "pequeno expediente", às 14h, os autênticos se dirigiram ao plenário, e Lysâneas, o primeiro a falar, condenou duramente as cassações, que atingiam diretamente o "grupo dos autênticos", funcionando para ele como a gota d'água. A despeito da posição contrária de vários colegas deputados, Lysâneas discursou, e seu pronunciamento ecoou no plenário como o último grito contra a ditadura. No dia seguinte, por ocasião da missa comemorativa pelos 12 anos do golpe de 1964, a cúpula da Arena não disfarçava sua irritação, e a cassação de Lysâneas já era dada como certa.[34]

Questionado sobre as conseqüências da atitude de Lysâneas para o processo de retomada da normalização democrática, seu irmão Elter Maciel afirma:

---

[31] *Diário do Congresso Nacional*. 23 maio 1973.

[32] Ver nota 25.

[33] *Movimento*, abr. 1978.

[34] Idem, abr. 1976.

> A coragem foi sempre a principal característica da personalidade de Lysâneas (...). Ele se sentia na obrigação; ele se sentia como um profeta que tem que denunciar, não importando as conseqüências (...). O grupo [dos autênticos] achou que ele não devia pronunciar aquele discurso, mas ele achou que tinha..(...). Da perspectiva dele, como ele poderia se calar diante daquelas questões? Ponderar, agora, se ele deveria ficar calado, é complicado. Eu diria que os resultados seriam pífios porque, inclusive, alguns dos que ficaram [calados] foram diluindo de tal forma seu discurso de oposição que perderam aquela garra.[35]

Em seus inflamados discursos, Lysâneas não poupava a citação explícita de nomes e usava palavras duras em suas denúncias ao regime. Este era o seu principal traço de resistência e, considerando a freqüência de seus pronunciamentos, é curioso que a sua cassação só tenha ocorrido seis anos após a sua entrada no Parlamento.

No Conselho Mundial de Igrejas

Uma vez no "exílio", em Genebra, Lysâneas continuou sua militância em prol dos direitos humanos no Conselho Mundial de Igrejas, tornando-se uma importante referência, no exterior, de ajuda aos refugiados políticos vindos do Brasil ou de outros países. Segundo Ceccon, nos anos 1970 o CMI teve uma atuação muito importante na defesa dos direitos humanos no Brasil, no Chile e em toda a América Latina, tendo sido inclusive um dos responsáveis pela publicação do livro *Brasil: nunca mais*, que contou também com a participação da Arquidiocese de São Paulo, à época sobre o comando de d. Paulo Evaristo Arns.

No CMI, Lysâneas trabalhou junto ao Departamento de Igreja e Sociedade até junho de 1978, quando voltou ao Brasil. Nesse departamento, de atuação internacional, projetou-se como

> defensor dos direitos humanos, dos direitos coletivos e da justiça, (...) como uma figura representativa dessa forma de ver a sociedade e de atuar. (...). Ele era uma espécie de consultor do Conselho Mundial de Igrejas, com referência ao campo da justiça social e dos direitos humanos, com ênfase especial na América Latina.[36]

---

[35] Ver nota 6.

[36] Ver nota 5.

Na verdade, os contatos de Lysâneas com o CMI já existiam antes de sua estada em Genebra. Quando deputado, fizera algumas viagens à Europa e servira como uma das fontes de informação do conselho. Devido à sua atuação na Câmara e à cassação de seu mandato, Lysâneas chegou em Genebra com muito prestígio, sendo recebido como um "líder injustiçado".[37]

Embora ainda voltado para as questões dos direitos humanos, em Genebra sua luta se ampliou em termos geográficos e temáticos. Apesar da ênfase na América Latina, também a Ásia e a África se incluíram no seu horizonte de atuação. No tocante à abrangência dos temas tratados, não só a repressão política era o seu alvo. Questões como o *apartheid* e a fome na África estiveram dentro do seu escopo de atuação.

Há menção no arquivo de Lysâneas Maciel à II Conferência do Congresso Nacional Africano (CNA),[38] realizada em junho de 1976, em Zâmbia, pouco antes da cassação do deputado e de sua ida para o CMI em Genebra, mas não há registro de sua participação na conferência. Em 1989, contudo, durante o período em que atuou como deputado da Assembléia Nacional Constituinte, Lysâneas participou de um comitê do Conselho Mundial de Igrejas integrado por personalidades políticas do mundo inteiro. Esse comitê realizou uma viagem de 21 dias a diversos países (França, Japão, Reino Unido, Alemanha Suíça, Bélgica e EUA) para dialogar com os chefes de Estado e lideranças eclesiásticas sobre a situação da África do Sul, visando a tomar medidas emergenciais, incluindo sanções, como resposta à violência e ao *apartheid* naquele país. Devido a essa participação, ele foi convidado, ainda em 1989, pelo Comitê Brasileiro de Solidariedade aos Povos da África do Sul e Namíbia (Comáfrica), para trocar idéias sobre o assunto. Num manuscrito encontrado no arquivo, provavelmente do período 1989-90, Lysâneas comenta sua participação no comitê brasileiro de recepção a Nelson Mandela e tece considerações sobre o racismo brasileiro e a referida comissão, integrada por personalidades de quatro continentes e da qual fez parte. Segundo ele, com exceção de Margaret Thatcher, os presidentes dos outros países expressaram seu repúdio ao *apartheid*, mas divergiram com relação às propostas para eliminá-lo, concordando apenas com a libertação de Nelson Mandela. No mais, foram adiadas, de modo geral, as medidas mais enérgicas.[39]

---

[37] Ver nota 25.

[38] Movimento de libertação da África presidido por Oliver Tambo e criado em 1912 por um grupo de ex-alunos das escolas mantidas por missionários europeus.

[39] Arquivo Lysâneas Maciel, Cpdoc/FGV (LM cmi 1976.06.16).

Em minuta de entrevista encontrada em seu arquivo, Lysâneas criticou a atitude hipócrita do governo brasileiro, que condenava ostensivamente o regime do *apartheid*, ao mesmo tempo em que tentava substituir os países que então se retiravam do comércio com a África do Sul. Citou, inclusive, o caso da Varig, empenhada, segundo ele, em substituir outras companhias aéreas que haviam se retirado do país. Denunciou, também, o possível envolvimento do Brasil no comércio de armas, proibido pela ONU, o qual estaria sendo feito através do Chile.[40]

Como observou Élter Maciel,[41] apesar de engajado num trabalho de dimensão mundial, Lysâneas sentia-se deslocado e ansiava pela volta ao Brasil para continuar a luta pelo retorno ao estado de direito. No "exílio", a correspondência com amigos que permaneciam no país ou com lideranças políticas que se encontravam no exterior o mantinha "antenado" com as alternativas buscadas pela oposição. Carta de Jarbas Vasconcelos datada de final de 1976, por exemplo, analisa o desempenho do MDB nas eleições municipais, comparando os resultados eleitorais daquele ano com os das eleições de 1974, quando a atuação dos "autênticos" se fez mais presente. Em sua opinião, os resultados de 1976 refletiam os "desacertos e descaminhos" do partido de oposição:

> a ausência de uma oposição mais firme, altiva e corajosa nos últimos anos contribuiu para o descrédito do MDB. O recuo do grupo autêntico também se refletiu no resultado do último pleito. É que o MDB ficou sem o seu grupo de vanguarda, que obrigava, inclusive, no curso da campanha eleitoral, os moderados e adesistas a falarem uma linguagem mais honesta e, conseqüentemente, mais oposicionista.[42]

Em abril de 1977, outro ex-companheiro do "grupo dos autênticos", Fernando Lira, comunica com tristeza o fechamento do Congresso, por ocasião das reformas que ficaram conhecidas como o "pacote de abril".[43]

Lysâneas volta da Suíça em junho de 1978, manifestando-se a favor da Frente Nacional de Redemocratização, movimento que lutava pela volta ao

[40] Arquivo Lysâneas Maciel, Cpdoc/FGV (LM cmi 1976.06.16).

[41] Ver nota 6.

[42] Arquivo Lysâneas Maciel (LM c 1976.10.10 doc 10).

[43] Idem (doc 77).

estado de direito e o fim do regime militar, e que apoiou a candidatura do general Euler Bentes Monteiro à presidência da República, contra o general João Batista Figueiredo, afinal eleito pelo Colégio Eleitoral.[44] A correspondência também nos mostra sua participação, a partir de 1979, no movimento pró-anistia, bem como na discussão do projeto de lei. Cartas de membros do Comitê Brasileiro pela Anistia, de exilados políticos preparando-se para voltar ao país, de civis e militares cassados agradecendo e elogiando sua luta em favor do projeto de anistia, além de convites a Lysâneas para participar de eventos relacionados a esse movimento demonstram o reconhecimento da sociedade civil brasileira por seu trabalho em defesa do respeito aos direitos humanos, trabalho que ele continuaria desenvolvendo ao longo das duas últimas décadas de sua vida, seja na Constituinte de 1988, seja na constante participação no Conselho Mundial de Igrejas, seja, ainda, na Câmara de Vereadores do município do Rio de Janeiro. A "coragem", a "ousadia", a "teimosia" e a "obstinação" presentes, segundo seu irmão, em Lysâneas desde a infância encontram na atividade política terreno fértil. Essa atuação, contudo, desde o início, fundava-se sobre uma inabalável fé cristã. Dessa forma, podemos afirmar junto com Élter Maciel que

> a utopia que marcava suas atitudes era, de fato, predominantemente a visão que vinha das tentativas de construir, com os oprimidos, a verdadeira comunidade cristã. (...) Assim, se pode dizer que, embora tenha encontrado no pensamento de esquerda um solo mais fértil para sua ação política, ele o ligava sempre às tarefas que considerava essenciais ao cristianismo.[45]

O destemor de Lysâneas, aliado ao seu profundo comprometimento com a causa cristã, resultava em atitudes que nos fazem lembrar os profetas, que acreditavam ter nascido com uma determinada missão e, para cumpri-la, transpunham barreiras e obstáculos sem medir conseqüências. Weber definiu esse "carisma" pessoal — encontrado antigamente no profeta ou no guerreiro e, hoje, nos líderes políticos com determinadas características pessoais — como a verdadeira "raiz de uma vocação para a política em sua expressão mais

---

[44] *Dicionário histórico...*, 2001. v. 2.

[45] Maciel, 1999:149.

alta".[46] Segundo esse autor, três são as qualidades fundamentais ao exercício da política: paixão, senso de responsabilidade e senso de proporções. Elas devem atuar de forma articulada e harmônica, sem desequilíbrio.

Lysâneas estava totalmente imbuído da missão que tinha a cumprir: denunciar as estruturas repressivas dos governos militares, as prisões, a tortura, os assassinatos; defender a soberania nacional ameaçada pelo capital estrangeiro; lutar pela redemocratização do país. Esse convencimento de sua "missão profética" explica, por exemplo, o pronunciamento do discurso que ocasionou sua cassação, mesmo sem a concordância dos seus colegas mais próximos. Apesar da paixão pela causa e do sentimento de responsabilidade, faltou-lhe talvez o sentido de proporção que Weber considera característica fundamental ao desempenho eficiente do político. Talvez o excesso de paixão, levando-o, muitas vezes, a não avaliar riscos, seja responsável pelo relativo "fracasso"de sua carreira política no retorno ao Brasil.

Hoje, mais de 20 anos depois da cassação de Lysâneas, a democracia, mesmo com imensas limitações, foi restaurada no país. A anistia, a volta dos exilados e banidos e, finalmente, a Constituinte propiciaram, aos poucos, o retorno à vida democrática, ao menos no que diz respeito à liberdade de voto, de expressão, de informação, de associação, entre outras. Do ponto de vista legislativo, o Brasil avançou muito. Mas as práticas políticas e sociais continuam produzindo e reproduzindo estruturas injustas, e o respeito aos direitos humanos permanece como uma realidade de difícil alcance, particularmente no que se refere aos direitos econômicos e sociais. Nesse sentido, convém lembrar que o Brasil só assinou o Pacto Internacional dos Direitos Econômicos, Sociais e Culturais em 1992, 26 anos depois de sua celebração.

A análise da trajetória pública de Lysâneas Maciel, sobretudo nos anos 1970, confirma a hipótese inicial desse trabalho: Lysâneas teve importância decisiva na constituição do campo dos direitos humanos no país, até então inexistente, como o atesta o não funcionamento do Conselho de Defesa dos Direitos da Pessoa Humana, da Câmara Federal, durante mais de uma década. Criado na primeira metade dos anos 1950, o conselho permaneceu no papel como letra morta até o final do governo João Goulart. Se hoje os direitos humanos estão presentes na legislação brasileira e se institucionalizaram nos âmbitos governamental e não-governamental, muito se deve ao trabalho de Lysâneas e de várias outras lideranças políticas nos anos 1970. Como o sal da

---

[46] Weber, 1982.

terra, a "mensagem profética" de Lysâneas preparou o terreno para que a luta em defesa dos direitos humanos fosse reconhecida no Brasil.

Referências bibliográficas

ABREU, Alzira Alves de et al. (Coords.). *Dicionário histórico e biográfico brasileiro pós-1930*. 2. ed. Rio de Janeiro: FGV, 2001.

BRASIL: NUNCA MAIS. São Paulo: Vozes, 1985.

BRASIL. Ministério da Justiça. *CDDPH*. Disponível em: <www.mj.gov.br/sedh/cddph/breve>.Acesso em: out. 2005.

COMPARATO, F. K. *A afirmação histórica dos direitos humanos*. São Paulo: Saraiva, 2003.

COSTA, Célia; GAGLIARDI, Juliana. Lysâneas, um autêntico do MDB. *Estudos Históricos*, Rio de Janeiro, n. 37, p. 201-212, jan./jun. 2006.

DECLARAÇÃO universal dos direitos humanos. 6. ed. Salvador: Cese, 2003.

______. Disponível em: <www.mj.gov.br/sedh/ct/legis_inter/ddh_bib_inter_universal.htm>. Acesso em: 7 out. 2005.

FERREIRA, M.; ROCHA, D.; FREIRE, A. (Orgs.). *Vozes da oposição*. Rio de Janeiro: Grafline, 2001.

LEI DE SEGURANÇA NACIONAL de 11 de março de 1967. In: FICO, C. *Além do golpe* — versões e controvérsias sobre 1964 e a ditadura militar. Rio de Janeiro: Record, 2004.

AS LEIS de repressão aos estudantes. Disponível em: <www.adusp.org.br/revista/33/r33a11.pdf>. Acesso em: fev. 2005.

MACIEL, Élter. Posfácio. In: REZENDE, Jonas. *E Lysâneas disse basta!* Rio de Janeiro: Mauad, 1999.

PAIVA, M. R. *Feliz ano velho*. São Paulo: Círculo do Livro, 1990.

WEBER, Max. A política como vocação. In: GERTH, H.; MILLS, W. *Ensaios de sociologia*. 5. ed. Rio de Janeiro: Zahar, 1982. p. 97-153.

WEIS, Carlos. *Os direitos humanos e os interesses transindividuais*. São Paulo, 1988. Disponível em: <www.pge.sp.gov.br/centrodeestudos/bibliotecavirtual/Congresso/xtese3.htm>. Acesso em: out. 2006.

Arquivos

Arquivo pessoal Lysâneas Maciel.

Arquivo pessoal Ulysses Guimarães.

Periódicos

Diário de Brasília, maio de 1975.

Diário do Congresso Nacional, agosto de 1972 e maio de 1973.

O Jornal de Brasília, agosto de 1975.

O Estado de S. Paulo, março e abril de 1975.

Opinião, de 1972-1976.

Movimento, 1975.

Depoimentos

CECCON, Claudius. Depoimento prestado ao Cpdoc. Rio de Janeiro, 22 de setembro de 2006.

MACIEL, Élter Dias. Depoimento prestado ao Cpdoc. Rio de Janeiro, 24 de janeiro de 2007.

RAMALHO, Jeter. Depoimento prestado ao Cpdoc. Rio de Janeiro, 21 de novembro de 2006.

CAPÍTULO 11

Alexandre Herzen: um estrangeiro no mundo, um revolucionário*

*Daniel Aarão Reis***

Infelizes o homem e, sobretudo, a mulher que pensam em fazer o que ninguém faz; e infelizes os que não fazem o que fazem todos os outros. Há tristes verdades, é difícil, é penoso olhar muitas coisas frente a frente; às vezes, é difícil mesmo dizer o que se vê. Porque a verdade é também, de certa forma, uma paixão ou uma doença. A verdade, a verdade nua, nada a não ser a verdade! Tudo isto é belo e bom. Mas a verdade será compatível com a nossa existência? A paixão da verdade não é um mal terrível que castiga duramente quem a carrega em seu peito? Sacrifiquei muitas coisas, mas não a coragem de querer conhecer.

Alexandre Herzen

Esboço biográfico

Alexandre Herzen nasceu em 1812 e morreu em 1870. Foi assim um homem do século XIX, mas, tornando-se um revolucionário, não se submeteu aos valores, idéias e tendências dominantes em seu tempo.[1]

---

* Este artigo foi apresentado, em versões preliminares, no seminário do Programa Nacional de Excelência (CNPq/Faperj), dirigido pela profa. Angela de Castro Gomes (UFF/Cpdoc/FGV), em junho de 2006, e no Congresso Nacional da Associação Brasileira de Literatura Comparada (Abralic), em julho de 2006 (Grupo de Literatura Russa). É resultado parcial de pesquisas realizadas com auxílio de uma bolsa do CNPq.

** Professor titular de história contemporânea do Departamento de História da Universidade Federal Fluminense.

[1] As fontes para o presente artigo são as obras de Alexandre Herzen e alguns livros considerados fundamentais para a compreensão de sua trajetória, citados no corpo do texto e relacionados nas referências bibliográficas. Destaque particular para as suas memórias: *Byloié i Dumi* (Passado

Russo, profundamente identificado com o povo de origem (*narodnosty*),[2] soube perceber, ainda muito jovem, as contradições, os impasses, as servidões e o caráter opressivo da sociedade e do império russos. Teve a petulância e a coragem de enfrentar de peito aberto a armadura pesada do regime político então existente, o tsarismo sob Nicolau I. Sofreu por causa disso incontáveis humilhações e perseguições, concretizadas em prisões e exílios internos (1834-40). Em busca de liberdade, partiu, em 1847, com a família para o Ocidente, visando à França em especial, uma viagem sem volta, convertida, mais tarde, num exílio sem fim.

Animavam-no então esperanças de liberdade e de revolução — elas estariam lá, a oeste do Reno. No redemoinho das revoluções de 1848, em determinado momento, sobretudo entre fevereiro e maio/junho daquele ano turbulento, subversivo e vermelho (das bandeiras e do sangue), suas expectativas pareceram fundadas.

Mas as derrotas, sucessivas, sobrevieram, em toda a parte, arrastando-se até dezembro de 1851, quando o povo francês escolheu, em vez da revolução, o *sobrinho do seu tio*, que se tornou Napoleão III.

Um choque. Um despertar.

Aportado na Inglaterra em 1852, ali permaneceria longos 13 anos, repartidos em duas fases. De início, e até 1855, foi necessário suportar o peso das derrotas em série e, pior do que o insucesso histórico, as infindáveis querelas de exilados revoltados com a sorte que lhes havia sido reservada pelos desdobramentos imprevistos da história, desenraizados, sem eira nem beira, perdidos *nel mezzo del camin*, os portadores do futuro, de súbito reduzidos a lamber as feridas, enterrados no passado. A amargura e a solidão, estrangeiros no estrangeiro.

Depois, e até 1861, uma nova conjuntura na Rússia, de abertura, de efervescência política e social. Anunciavam-se tempos de reformas e de mu-

---

e meditações), misto de crônica de época, confissões, autobiografia, memórias propriamente ditas e poesia em prosa. Seja como for considerada, uma bela (re)criação literária (Ginzburg, 1957), uma obra maior da literatura mundial (Tolstoi). As memórias de Herzen em versão russa encontram-se nas obras completas do autor organizadas por M. K. Lemk (1915-25) e, em outra edição, pela Academia Soviética de Ciências (1954-65). No presente artigo, quando for o caso, as referências se reportam à tradução organizada e apresentada por Daria Olivier: *Passé et méditations* (doravante *P. et M.*).

[2] O termo, embora freqüentemente traduzido como nacionalidade, tem a ver muito mais com a noção de povo (aparentado com o termo alemão *volks*) do que com a de nação, no sentido francês do termo *nation*.

dança, tendo como eixo a abolição da servidão. Herzen organiza uma gráfica em Londres, a Imprensa Russa Livre, traduz a literatura revolucionária disponível, funda uma revista: a *Estrela Polar*, um jornal mensal, depois, bimensal, o *Kolokol* (O sino). Uma atividade extraordinária o arrebata, a idéia de um reencontro com o movimento da história, na contracorrente, certamente, mas no interior de um processo que adquiria ritmo, abrindo portas para o futuro.

Não foi o caso.

As reformas tomaram outro rumo, modernizantes, mas sem o alcance que os mais otimistas achavam necessário, e possível. Entre os revolucionários, o desapontamento dá lugar à denúncia e à radicalização. Tempo de reativação da épica e das utopias revolucionárias. Mas Herzen, demasiadamente lúcido, não os acompanha. E se isola entre os seus.

E é como estrangeiro entre os próprios revolucionários russos que desaparece, em 1870, desprezado por eles, considerado anacrônico, quase esquecido, salvo por um pequeno círculo de amigos fiéis.

Em breves traços, eis um itinerário singular, de alguém que sempre recusou o *bom senso* e *lugar-comum*.

Examinemos, agora mais de perto, cada uma das fases dessa vida para compreender melhor a questão deste capítulo, a construção de Herzen como *estrangeiro* no mundo e no tempo em que viveu, mas que não foram os seus.

Do nacionalismo exaltado ao juramento revolucionário (1820-26)

Quando Herzen nasceu em Moscou, em 1812, a cidade encontrava-se à vista das tropas francesas que se aproximavam e a tomariam. Os russos preferiram incendiar a entregar a capital sagrada à *Grande Armée*. Viria em seguida a contra-ofensiva, enxotando o maldito *corso*, destruindo sua força, até Paris, onde as águias russas e seus aliados triunfariam da grande aventura napoleônica.

Herzen passou a infância ouvindo histórias dessa grande guerra nacional e de seus triunfos, o incêndio de Moscou, a batalha de Borodino, a passagem de Berezina, a tomada de Paris, construindo o orgulho de pertencer a uma grande nação, ímpar; de ser contemporâneo, embora recém-nascido, de acontecimentos épicos, históricos, "a minha Ilíada, a minha Odisséia",[3] como

---

[3] *P. et M.*, v. 1, p. 47.

se referiria à gesta do povo russo. A noção de pertença a uma nação, querendo servi-la, inclusive acalentando o momento de usar um uniforme militar.

Por outro lado, é importante salientar que a nobreza, à qual pertencia Herzen, vivia um período de ouro, pois que desde 1762 fora emancipada, por Catarina II, da obrigatoriedade do serviço ao Estado. O pai de Herzen e seus pares constituiriam uma primeira geração de nobres emancipados, embora retendo todos os privilégios tradicionais.

No entanto, ainda muito cedo, aos oito anos, entreouvindo conversas de adultos, soube de algo que já intuía,[4] sua condição de filho bastardo, do coração,[5] mas bastardo: uma "falsa posição".[6]

Sofreu o pequeno Herzen ao perceber que não era uma pessoa *comme il faut*, mas um deslocado. Na própria família, reconhecido, mas não um Yakovlev de *boa cepa*; um *estrangeiro*, era o que ele era.

Herzen não se deixou abater, ao contrário. Como as pessoas de caráter firme, e ele era uma delas, sem dúvida, fez da adversidade fator de impulsão. *Eles* veriam do que seria capaz.[7] Mas foi impossível esquecer a marca do ferro em brasa, assinalando: Gertsen. Ele não era um Yakovlev de pleno direito.

---

[4] "Tudo se passava de acordo com a ordem habitual, mas, no entanto, eu começava a me fazer perguntas." Diria ainda Herzen do senso de percepção das crianças: "as crianças, em geral, são mais perspicazes do que se pensa. Mudam de pensamento muito rápido, esquecem, um momento, o que as chocou, mas voltam, mais tarde, a pensar no assunto, obstinadamente, sobretudo quando se trata de algo misterioso e assustador; e alcançam a verdade, com uma perseverança e uma argúcia surpreendentes" (*P. et M.*, v. 1, p. 57-58). Sábias palavras, sem dúvida.

[5] O pai de Herzen, Ivã Alexeevitch Iakovlev (1767-1846), pertencia a uma das mais tradicionais — e abastadas — famílias da nobreza russa. A mãe, Henriette-Wilhelmine Luisa Haag (1795-1851), de origem alemã, era plebéia e fora trazida, à socapa, já grávida, com 17 anos, para Moscou. O velho Ivã lhe concederia abrigo e pensão, mas não amor, nem o casamento. Quanto ao filho, o reconheceria, mas não o legitimaria com o nome da ilustre família. Daí o estranho sobrenome: Herzen, do russo Gertsen, coração. Um filho do *coração*, reconhecido, mas bastardo, não legitimado, em *falsa posição*. Em suas memórias, Herzen fala do assunto com amargura e melancolia, embora nunca tenha se deixado abater (ver *P. et M.*, v. 1, p. 59-60).

[6] Foi numa conversa com altos oficiais do exército, ouvida pelo pequeno Herzen, que um amigo do pai, o general Bakhmetiev, disse, a propósito das chances de Herzen no exército: "não esqueça que vosso jovem está numa *falsa posição*" (*P. et M.*, v. 1, p. 59).

[7] "Eu estava entregue a mim mesmo, às minhas próprias forças (...) com uma presunção um pouco pueril, me dizia que seria capaz de mostrar ao general Bakhmetiev e a seus amigos *quem eu era*." (*P. et M.*, v. 1, p. 60.)

Cinco anos mais tarde, um novo choque: a insurreição dezembrista matada no ovo. Os revolucionários, *infectados* pelas idéias perigosas do Ocidente, mas não se limitando a elas,[8] propunham reformas, a abolição da servidão, a limitação constitucional dos poderes do tsar, alguns ousavam imaginar a construção de uma república. Aproveitando-se de um imbróglio sucessório,[9] tentaram a aventura revolucionária. O assalto aos céus. Perderam. Seguiram-se as perseguições e os sofrimentos, *exemplares*, infligidos aos rebeldes. O enforcamento dos cinco líderes principais. Outros 31 receberam penas perpétuas ou de mais de 25 anos de cadeia. E mais degredos na Sibéria ou penas de envio para frentes militares de risco, destinados à morte.

A *boa sociedade* horrorizava-se diante das perseguições, afinal, eram seus filhos diletos que estavam indo para o matadouro. Mas anuía, encolhia-se, submetia-se.

Herzen fremia de ódio, amadurecendo uma consciência crítica radical do regime de opressão, e de sua classe de origem, das demais elites dirigentes, corruptas[10] e cúmplices daqueles horrores e daquele arbítrio.[11]

Já em relação aos subalternos, ao contrário, a simpatia sempre afirmada pelos "fracos e simples", entremeada com uma certa condescendência, algu-

---

[8] É comum a interpretação dos dezembristas como ocidentalistas *avant la lettre*. Impossível negar a influência das doutrinas e idéias ocidentais, mas preferimos, como Franco Venturi, vê-los também, talvez, principalmente como precursores da tradição *populista* russa: não apenas pelas propostas políticas defendidas, mas sobretudo pela ética do *serviço* ao povo e do *sacrifício* por ele.

[9] Quando da morte de Alexandre I, o sucessor legítimo era Constantino, segundo filho do imperador Paulo I, já que Alexandre não teve descendência. No entanto, ele já renunciara ao trono, secretamente. Até que o *affaire* fosse devidamente esclarecido, houve um hiato no vértice do poder, do qual quiseram aproveitar-se os revolucionários para dar o bote.

[10] "Eu gostaria de saber que classe da sociedade russa é menos corrompida? A nobreza? Os funcionários? O clero, talvez?" E ainda: "o clero, fechado em si mesmo, embebeda-se com os comerciantes. A nobreza bebe à luz do dia, joga freneticamente, briga com os serviçais, seduz as domésticas, conduz mal seus negócios, e pior ainda a vida familiar. Os funcionários fazem o mesmo, mas de forma ainda mais repugnante; além disso, rastejam diante dos superiores" (*P. et M.*, v. 1, p. 61-62).

[11] "Mesmo compreendendo pouco, ou de maneira vaga, o que tudo isto significava [a repressão aos dezembristas], sentia que não me encontrava do lado da metralhadora e da vitória, da prisão e dos grilhões. A execução de Pestel [líder da insurreição] e de seus camaradas tirou definitivamente minha alma do sono da infância." (*P. et M.*, v. 1, p. 87).

ma perplexidade[12] e uma visão crítica a respeito de seus defeitos: a ociosidade, a preguiça, o hábito de mentir e o alcoolismo, atribuídos à condição da servidão humilhante.[13] Essa percepção o faria dizer que "odiava os demagogos que adulam a multidão", mas ainda mais "odiava os aristocratas que caluniam o povo".[14] Numa visita à propriedade do príncipe Galtizin, Herzen observaria que um mujique, Pronka, considerado demente, um "idiota", era o único que tinha consciência da dignidade humana.[15]

Na época, havia na Rússia cerca de 47 milhões de servos: 21 milhões pertenciam à nobreza, 20 milhões à Coroa, o restante sendo constituído por trabalhadores de fábricas e domésticos nas cidades e nas propriedades rurais. Contra essa situação, as humilhações continuadas e o exercício permanente do arbítrio, Herzen, desde muito cedo, desenvolveria um "ódio irreprimível".[16]

Apartando-se, assim, de seu meio, de sua classe de origem, estrangeiro a ela, subiria à colina dos Pardais, nas cercanias de Moscou, com o fiel amigo Nicolau Platonovitch Ogarev, e de lá, romanticamente, *sós, superiores e gloriosos*, jurariam entregar a vida à luta contra a tirania em todas as suas formas.[17]

De sorte que, já em 1826, abordando seus 14 anos, Herzen aparecia como um *deslocado*. Socialmente situado nas elites da sociedade, não se reconhecia entre os seus, detestava o regime político existente e jurara dedicar o resto de seus dias à sua perda. Tais sentimentos modelariam seu futuro.[18]

---

[12] "Como agüentam a situação? Serão santos ou loucos?" (*P. et M.*, v. 1, p. 67).

[13] Ver *P. et M.*, v. 1, p. 64-67.

[14] Ibid., p. 61.

[15] Ibid., p. 99.

[16] Ibid., p. 72. "Entre os aristocratas russos, o sentimento da dignidade era muito pouco desenvolvido. Em toda a parte, viam-se fanáticos do servilismo: uns, por baixeza, outros, por convicção" (Ibid., p. 84).

[17] Na verdade, já na celebração religiosa pela vitória contra os dezembristas, Herzen fizera um primeiro juramento, silencioso, de vingar os condenados (ver *P. et M.*, v. 1, p. 88, nota 27). Para o segundo juramento, proferido na colina dos Pardais, ver p. 105 e segs.

[18] Herzen sublinharia sempre a importância destes tempos "primevos". Para ele, o período das chamadas "infantilidades", e mais os anos da adolescência, seriam "a parte mais plena, a mais sutil, a mais *nossa* da existência, e talvez a mais importante: imperceptivelmente, ela modela nosso futuro" (*P. et M.*, v. 1, p. 93).

A universidade, as prisões e os exílios internos (1829-42)

Herzen ingressou na Universidade de Moscou, na Faculdade de Física-Matemática, em setembro de 1829, diplomando-se, em 1833, com uma monografia sobre o desenvolvimento histórico do sistema de Copérnico.[19] Em fins dos anos 1820, sobretudo em função da influência, reconhecida, de um primo, Aléxis Alexandrovitch Iakovlev,[20] pesquisador de química, Herzen inclinara-se pelas ciências naturais. Apaixonara-se por elas, considerando-as "nutrientes sãos", indispensáveis à reflexão "pelos fatos reais" e ao contato com o meio ambiente, cuja existência independe dos seres humanos. Assim, o estudo das ciências naturais seria uma espécie de antídoto contra o misticismo, que pode "afogar em suas águas"[21] a capacidade humana de compreensão.

Entretanto, não seguira os conselhos do primo de se manter afastado dos debates literários, filosóficos e políticos que agitavam então os meios acadêmicos.[22] Ao contrário, mergulhara neles com toda a sua *fougue*, evidenciando traços salientes de seu caráter, que permaneceriam por toda a vida: gosto pelo debate e pelas disputas de idéias; recurso à ironia, às vezes, ao sarcasmo; coragem e audácia intelectuais, no limite da temeridade.

Embora no contexto do regime tsarista, e submetidas à autocracia, as universidades russas, particularmente a de Moscou — talvez pela distância a que se encontrava da sede do império, em São Petersburgo —, dispunham, e dispuseram até 1848, de um grau razoável de autonomia.

Ao mesmo tempo, não havia, em princípio, restrições ou discriminações por origem social. Assim, nas salas de aula e de estudo, congregavam-se gentes de extração social diferenciada, nobres e plebeus, os chamados *raznachentisi*,[23] proporcionando atmosfera intelectual instigante e enriquecedora.

---

[19] Ver *P. et M.*, v. 2, p. 7.

[20] Filho natural do irmão mais velho do pai de Herzen, seria, já adulto, reconhecido pelo casamento legal de seu pai com sua mãe. Conhecido como "o químico", vinha a ser meio-irmão de Nathalia, filha também natural do mesmo pai do "químico", mas com outra mulher. Mais tarde, Nathalia tornar-se-ia mulher de Alexandre Herzen (ver *P. et M.*, v. 1, p. 141, nota 16).

[21] *P. et M.*, v. 1, p. 145.

[22] Segundo o "químico", tributário de certas tendências cientificistas já então em voga, as relações humanas dependiam "dos nervos e da combinação química dos organismos" (*M. et P.*, v. 1, p. 146). Assim, a participação política seria desperdício de tempo e de talento.

[23] Literalmente, de origens sociais diversas.

Para Herzen, proveniente de um ambiente quase recluso, limitado até então ao encontro com tutores, familiares e empregados domésticos, foi um rasgar de horizontes, um convite à aventura da palavra e do debate.[24]

Logo se envolveria em pugnas e discussões, convertendo-se num de seus principais protagonistas. E sofrendo, em conseqüência, as primeiras repreensões e punições, a principal das quais seria uma prisão universitária, decretada pelo conselho superior da instituição, a ser cumprida num porão da própria universidade, em virtude de sua participação em vaia histórica a um certo professor Malov,[25] energúmeno contumaz, detestado pela unanimidade dos alunos pela arrogância com que os tratava. Oito dias "a pão e água", mas que não chegaram a ser traumatizantes, pois foi uma "prisão" bem divertida, regada, eventualmente, a visitas — toleradas — e a comes e bebes pantagruélicos, contrabandeados sob as vistas grossas dos guardiões. Herzen emergiu da detenção aureolado como um mártir, um herói. Beneficiou-se então da simpatia geral dos colegas, mas passou a ser um homem vigiado.

Fora o seu primeiro encontro pessoal com a repressão de uma sociedade autoritária. Outros viriam.

Mas, nestes outros, Herzen teria que se haver com a III Seção da Chancelaria Particular de Sua Majestade Imperial, a polícia política, criada por Nicolau I, sob sua direta autoridade, todo-poderosa e assustadora. Juntamente com um corpo policial próprio, equivalia a um ministério sem pasta.[26]

Foi preso uma primeira vez, por ordem do governador-geral de Moscou, em 21 de julho de 1834, acusado de "ofender Sua Majestade". A invasão do domicílio, a arrogância da polícia, o arbítrio agora materializado, a intimidação, a grosseria. De nada serviram as intervenções e os apelos de altos personagens. A instrução arrastou-se por quase oito meses. Considerado "nocivo e absolutamente irrecuperável" pelo procurador, foi condenado em 20 de março de 1835 à deportação.[27]

O exílio interno foi quase todo cumprido na longínqua Viatka, a meio caminho dos Urais, a partir de maio de 1835, depois, desde janeiro de 1838,

---

[24] Referindo-se à época, Herzen diria: "como a maioria dos meninos vivos, educados na solidão, eu me lançava no pescoço de cada um com o máximo de sinceridade e de impetuosidade, com uma louca imprudência, e gostava de todos com tanta espontaneidade..." (*P. et M.*, v. 1, p. 148).

[25] Ver *P. et M.*, v. 1, p. 149-153.

[26] Ibid., p. 86, nota 17.

[27] Ibid., p. 215 e segs.

em Vladimir, nas cercanias de Moscou. A pena só seria revogada em 2 de março de 1840, quando Herzen foi novamente autorizado a voltar a Moscou, agraciado por Sua Majestade da mesma forma como fora condenado por ofender Sua Majestade. O puro arbítrio, desabando sobre as cabeças como um mata-moscas sobre insetos incômodos.

Nesse período Herzen consolidou a visão crítica radical da sociedade tsarista e de suas elites dirigentes, aprofundando a estranheza em relação ao berço e às origens sociais. Matéria-prima para a crítica sarcástica e contundente não lhe faltava, proporcionada em abundância pela administração imperial nas províncias, capaz de levar à caricatura e ao grotesco os problemas assinalados nas capitais imperiais. Mas não fez seu o pessimismo de um Tchaadaiev, que, através de suas célebres *Cartas filosóficas a uma senhora*,[28] não via nenhuma perspectiva para a sociedade e o povo russos. A primeira carta publicada teve o efeito de uma poderosa bomba, provocando estupor e consternação na sociedade do bom senso. Mas Herzen nao escondeu a simpatia pelo autor, sobretudo por sua crítica feroz à sociedade russa. Por outro lado, denunciou fortemente a hipocrisia que cercou a censura a Tchaadaiev e a condenação que se abateu sobre o mesmo.[29]

No entanto, não se sintonizou com o seu radical estranhamento. Ainda não. Ao contrário, nas lonjuras do exílio, como se forjasse um antídoto contra a depressão ameaçadora, passou a cultivar a idéia da *missão civilizadora* da Rússia, destinada a estabelecer o enlace entre a Europa e as regiões da Ásia central e do Oriente extremo, destacando seu grande trunfo no sentido da renovação da própria Rússia e do mundo em geral: a *juventude*. Em contraste com as velhas — e fatigadas — nações da Europa central e ocidental. A ausência de um passado de grandes feitos e de pesadas experiências abria campo para o enfrentamento dos novos desafios e para a construção no futuro de uma sociedade *livre e justa*.[30]

---

[28] Na verdade, só foi publicada então uma primeira carta filosófica no *Telescópio* (n. 15, set. 1836), o que levou à proibição da publicação. O autor não media as palavras: o passado da Rússia era vazio, o presente, insuportável, e não havia a menor possibilidade de sonhar com um futuro. Como observou Herzen, fazia lembrar o conselho de Dante aos que adentravam o inferno: *lasciate ogni speranza*! (abandonem qualquer esperança!). Ver *P. et M.*, v. 2, p. 152 e segs.

[29] Tchaadaiev, considerado louco, por ordem do tsar foi condenado à prisão domiciliar, onde recebia semanalmente a visita de um policial e de um médico que, ritualmente, atestavam sua insanidade mental.

[30] Essa concepção foi defendida na obra de Herzen (1853) sobre a história das idéias revolucionárias na Rússia. Em contraste, para Tchaadaiev, simplesmente não havia jovens na Rússia (ver *P. et M.*, v. 2, p. 154).

Mas não apenas a política e a filosofia inspiraram este que seria o primeiro exílio interno. Na solidão de Viatka, depois em Vladimir, amadureceram os laços amorosos entre Herzen e sua prima, Nathalia Alexandrovna Zakharin, cinco anos mais jovem, também bastarda. Impregnado pela cultura amorosa própria do romantismo, destilando um machismo sem travas, dadas as convenções da época, Herzen promoveria o "rapto" de Nathalia, levando-a clandestinamente para Vladimir, onde se efetuou o casamento, em 9 de maio de 1838.[31]

O triunfo do romantismo foi seguido, como não poderia deixar de ser, por uma relação afetiva auto-encapsulada, só desfeita com a graça de Sua Majestade Imperial, que levou Herzen de volta à vida mundana da Rússia.

Reconciliado com a vida pelo amor, foi nesse crepúsculo do primeiro exílio interno que talvez Herzen tenha se sentido mais *integrado*, menos *estrangeiro*. Por diversas vezes, ao longo da vida, não deixaria de se referir a essa época da vida com nostalgia e melancolia. Ainda exilado, e confinado, limitada embora a sua liberdade, vivera então, sem dúvida, dias de imensa felicidade, de autoconfiança e, apesar dos problemas e das dificuldades, de fé em suas capacidades, no seu futuro e no futuro de seu país.

A liberdade duraria pouco.

Ainda antes do fim de 1840, em dezembro, a III Seção voltaria a desfechar um novo cerco sobre Herzen, agora instalado em São Petersburgo, tentando recomeçar a vida na Chancelaria do Ministério dos Negócios Interiores.[32] Nem bem trabalhara um mês, já era convocado a depor na polícia política.[33] Acusado de propagar rumores antigovernamentais,[34] Herzen seria

---

[31] Herzen tinha então 25 anos, e Nathalia, 21. O episódio, descrito nos mínimos detalhes, está em *P. et M.* (v. 1, cap. 23, p. 407 e segs.); sob um outro ângulo, o do estudo acadêmico, em Carr (1968:21). Deslocando-se na calada da noite, ilegalmente, a Moscou, Herzen "rapta" Nathalia e a leva para Vladimir. Pouco mais de um ano depois nasceria o primeiro filho do casal, Alexandre/ Sacha, em 13 de junho de 1839.

[32] A ida para a capital imperial havia sido imaginada por seu pai, na expectativa de afastá-lo dos meios moscovitas, cujos debates e querelas haviam "comprometido" Herzen, oferecendo o pretexto para a perseguição que o levara à prisão e ao primeiro exílio.

[33] Herzen investiu-se na função em 20 de novembro de 1840. Em 7 de dezembro foi chamado para depor.

[34] A propósito de um policial que havia confessado ter cometido vários crimes, o que se tornara tema de conversas em toda a cidade, Herzen comentara, ao pai e a um amigo, em cartas privadas — lidas pela polícia — que o policial assassino era bem uma ilustração da polícia do Estado em São Petersburgo. Foi o que bastou para instruir a sua condenação a um novo exílio. Surpreendente, mesmo para um russo, como diria Herzen (*P. et M.*, v. 2, p. 60 e segs., e p. 416, nota 16).

agora exilado em Novgorod, mais de um ano de exílio — de fevereiro de 1841 a julho de 1842.

Novgorod não era tão longe quanto Viatka, nem o segundo exílio foi tão longo. Mas o despropósito da condenação, o puro arbítrio, contribuiu não pouco para radicalizar o ódio de Herzen ao poder imperial russo e ao autocrata em particular. Como diria o próprio Herzen, no primeiro exílio houvera tristeza, mas interesse, excitação, senso do perigo. No segundo, não mais, apenas baixeza e mesquinharia. O primeiro associara-se ao sofrimento. O segundo, à "irritação".[35] A Rússia parecia realmente uma sociedade sem saída e sem remédio.

Entretanto, novamente agraciado pelo autocrata, Herzen voltaria às lides moscovitas e a seus debates, agora ganhando ritmo e cores inéditas.

Interregno: os debates da década extraordinária (1842-47)

Não gratuitamente, P. Annenkov (1968) chamou os anos 1840 de uma *década extaordinária*. Apesar da vigilância tsarista e da temida III Seção, reuniu-se então um conjunto raro de intelectuais,[36] que debateram temas e questões essenciais, seminais, com uma intensidade característica, *russa*. No contexto de uma notável efervescência de idéias, operaram-se opções e mutações que demarcariam campos e perdurariam no tempo, constituindo uma *geração*[37] e um *tipo de intelectual*, expresso num termo de origem latina, mas designando um fenômeno especificamente russo, embora de alcance universal: a *intelligentsia*.[38]

Foi mais do que uma coincidência, segundo A. Mendel (1968), que vários destes brilhantes intelectuais tenham nascido nos anos das guerras

---

[35] *P. et M.*, v. 2, p. 101.

[36] O termo é empregado no sentido clássico, histórico. Intelectuais são aqueles que, independentemente de suas origens sociais ou de suas ocupações profissionais específicas, defendem propostas para a cidade (ver Reis, 2001).

[37] No sentido proposto por Sirinelli (1986), como um grupo de pessoas que, independentemente da faixa etária e de outras especificidades, polarizam-se em torno de determinado processo ou episódio, passando a construir sua identidade pessoal e política referida, e referindo-se, a esse processo ou episódio.

[38] O fenômeno, desde Annenkov, foi reconhecido, embora em graus diversos, por estudiosos do século XIX russo, como Walicki (1979), Malia (1971b), Venturi (1972) e, sobretudo, Berlin (1988:124-213).

napoleônicas: os *intelligenti* V. G. Belinsky (1811), A. I. Herzen (1812), M. A. Bakunin (1814) e N. P. Ogarev (1813); os liberais T. N. Granovsky (1813), K. D. Kavelin (1818), V. P. Botkin (1811) e P. V. Annenkov (1813); os representantes da chamada tradição eslavófila,[39] também contemporânos, D. N. Sverbeev (1799), A. S. Khomiakov (1804), os irmãos I. e P. Kireevski (1806 e 1808), e os mais jovens K. Aksakov (1817) e I. Samarin (1819), este último o mais brilhante, que se constituíram em pólo fundamental de uma das principais disputas da década. E, para que o quadro fosse completo, os partidários das *reformas pelo alto*, imperial-estatistas, os *intelectocratas* Dmitri e Nicolau Miliutin (1816 e 1818), entre muitos e muitos outros.[40]

Falando a língua de Esopo, discutindo temas filosóficos e literários, eram concepções de vida e de civilização, e a organização da sociedade, que estavam no centro das atenções e dos debates.

Belinsky passaria à história como o protótipo da *intelligentsia*: a busca inconciliável da verdade, a honestidade dos propósitos, a crítica radical, a perspectiva de ir à raiz dos problemas, o verbo desabrido, a devoção e a entrega total aos temas que o atormentavam, o gosto pela controvérsia,[41] a fidelidade às convicções, o desprezo pelos bens materiais — valores éticos que fundariam uma tradição.

As polêmicas sobre Hegel, sobre as complexas relações entre teoria e prática, e sobre o real e o racional, materialismo e idealismo, com decisivas implicações em todos os níveis, polarizavam as atenções e radicalizavam os espíritos.

Num segundo momento, a controvérsia entre eslavófilos e ocidentalistas dominaria o cenário, exasperando as divergências ao ponto da ruptura pessoal e política. Mais tarde, Herzen relativizaria a aspereza da contenda e tentaria formular, referindo-se aos polemistas como "inimigos amigos", uma síntese com a bela metáfora de Janus — e da águia russa — olhando em direções opostas, mas com o mesmo pulsante coração.[42]

---

[39] Depois de se referir aos eslavófilos em diversas oportunidades ao longo do primeiro volume de suas memórias (ver, por exemplo, p. 143), Herzen discorreria sobre os mesmos, com respeito, carinho e reconhecimento, no volume 2 (cap. 30, p. 145 e segs.).

[40] Observe-se que estão aí reunidas quatro vertentes intelectuais: os *intelligenti* revolucionários; os liberais; os eslavófilos e os intelectocratas imperial-estatistas. Para uma análise dos intelectuais partidários do reformismo pelo alto, chamados por mim de intelectocratas, ver Reis (2006).

[41] Herzen dele diria: "não sabia pregar, nem doutrinar, gostava mesmo era de brigar" (*P. et M.*, v. 2, p. 37).

[42] "Em nós germinara um sentimento único, poderoso, inexplicável, fisiológico, apaixonado, que eles [os eslavóficos] tomavam por uma reminiscência e nós [os ocidentalistas], por uma

Herzen navegou nessas águas com desenvoltura e intenso prazer intelectual. As contradições não o assustavam, ao contrário, quanto mais abertas e contundentes as discussões, nutria-se delas, e as considerava fecundantes, embora, muitas vezes, provocando fissuras, discórdias e ressentimentos entre os interlocutores.

E, no entanto, os mais críticos, Herzen entre eles, não podiam deixar de observar a *falsa posição* em que se encontravam.

Aquela agitação, aquela efervescência, para além da riqueza dos argumentos e dos embates, desenrolava-se entre quatro paredes, não percebida pela sociedade, apenas notada pela III Seção. Não raro, criava-se a impressão de bichos correndo atrás do próprio rabo. Herzen falaria dos grupos que se formavam e se desfaziam. Fragmentados, se reagrupavam e, "tendo-se separado até o limite extremo, reaglutinam-se novamente, seja qual for o seu nome".[43]

Medrava ali um sentimento de inutilidade e de alienação.

Às vezes ainda era possível se consolar comparando os intelectuais aos poetas, que exprimiam não o que não existe, e que poderia acontecer apenas por acaso, e sim o que não é conhecido, mas dorme na "consciência brumosa das massas".[44] E ressaltar as diferenças entre os intelectuais que debatiam os grandes temas da sociedade russa e de sua história, rebeldes *independentes*, e os aristocratas emancipados por Catarina II a partir da segunda metade do século XVIII, oposição diletante e inconseqüente, não passando de meros *descontentes*.[45]

Entretanto, para os mais lúcidos, era inescapável o sentimento de opressão, a onipresença da chapa bruta da autocracia, pesando sobre as cabeças, ameaçando-as com o puro arbítrio, e a indiferença das grandes massas, que, supostamente, dormiam.

A liberdade interior, preservada, mas, num contexto sufocante, aprisionada.

Herzen pesava os sonhos e as propostas de regeneração — dos eslavófilos, incorporava o projeto de reativação das tradições da comuna rural e dos valores perdidos da velha e santa Rússia: o comunitarismo, a ajuda

---

profecia: este sentimento era um amor sem limites pelo povo russo, pela tradição russa, pela mentalidade russa. E nós, como Janus, ou como a águia bicéfala, olhávamos em várias direções, mas pulsava em nós um coração único" (*P. et M.*, v. 2, p. 185).

[43] *P. et M.*, v. 2, p. 41.

[44] Ibid., p. 43.

[45] Os termos, devidamente grifados, são de Herzen (ibid., p. 79).

mútua, o igualitarismo, a solidariedade; daí proviria o *socialismo russo*. Do Ocidente e dos valores ocidentais, as *idéias perigosas*, sobretudo a liberdade; num pólo, o reformismo moderado, temperado pelo ceticismo; no outro, as propostas de destruição pura e simples do realmente existente, a *destruição criadora* (M. Bakunin). As discussões consumiam noites e dias, que os *intelligenti* passavam em claro, exaurindo as questões e os debatedores, mais os segundos que as primeiras, gerando, não raro, sentimentos de impotência, de frustração, de que, afinal, eram *estranhos àquele ninho*.

A observação dos últimos dias do pai, que morria, rabugento e só, parecendo inútil e incongruente, acentuava a melancolia de Herzen. Dele, e da geração de nobres emancipados, faria um triste diagnóstico: "estrangeiros no próprio país, estrangeiros em outros países, espectadores ociosos, imprestáveis na Rússia em virtude de seus preconceitos ocidentais, imprestáveis no Ocidente por causa de seus costumes russos, representavam uma espécie de inteligência supérflua e se perdiam numa existência factícia, nas delícias dos sentidos e no egoísmo desenfreado".[46]

Homens estrangeiros, supérfluos.

Referindo-se à trajetória do pai, era provável que Herzen pensasse em si mesmo: *de te fabula narratur*.

Mas Herzen não estava disposto a ser um homem supérfluo, um estrangeiro em seu mundo e em sua terra, e, como se isso não bastasse, ameaçado sempre por uma nova prisão, ou por um novo exílio. Para não correr a mesma sorte e ter o mesmo destino, resolveu então empreender longa viagem ao Ocidente. Logo após a morte do pai, em maio de 1846, partiu com toda a família, em 19 de janeiro de 1847.[47]

O Ocidente, a Jerusalém da liberdade e da mudança, da renovação constante, da revolução.

Quem sabe, para além do Reno, em terras estrangeiras, não encontraria, afinal, um caminho, o seu caminho?

---

[46] *P. et M.*, v, 1, p. 116.

[47] Herzen levou consigo a mulher, Nathalia, os três filhos — além de Sacha, haviam nascido mais dois, Nicolas (Kolia), surdo-mudo, em 1843; e Natália (Tata), em 1844 — e mais a mãe. Tinha em mente, sem dúvida, uma longa viagem, mas é provável que não uma ida sem volta. Mas foi isso que aconteceu, pois nunca mais voltou a terras russas.

O Ocidente ou as lágrimas derramadas pelos sonhos realizados (1847-52)[48]

Conforme o adágio da santa, não fosse a viagem, Herzen talvez não teria derramado tantas lágrimas. De amargura e de decepção.

Chegando a Paris, em 25 de março de 1847, cedo a sociedade desencantou-se para aquele que chegava com o coração pleno de ilusões.[49] A ganância, a avidez, a usura, em suma, a vulgaridade burguesa no esplendor da sua mesquinharia. Em vez do culto à liberdade, o do bezerro de ouro, da polícia e do Estado.[50]

Embora valorizando certos aspectos, como a consciência das pessoas comuns — particularmente a dos domésticos — em relação à própria dignidade, em contraste com o servilismo tão comum na Rússia, uma referência atribuída às conquistas civilizacionais promovidas pela Grande Revolução, o *affairisme* dominante, a atmosfera impregnada pelos "negócios" e pelo "cálculo" surpreendeu e chocou, e decepcionou profundamente.

Desorientado e angustiado, Herzen partiu para uma viagem à península italiana.[51] Ali encontrou afinidades que o encantaram, particularmente em Roma, que vivia a efervescência revolucionária da luta pela unificação e pela república italiana. O céu, o sol, as gentes, tudo o empolgava, o fascinava, o estimulava.[52] Ali Herzen estabeleceria vínculos de solidariedade — afetivos, morais, filosóficos e políticos —, que manteria ao longo do tempo, destacando-se, apesar das eventuais críticas, o alto apreço — emblemático — em que

---

[48] É conhecida a fórmula da santa: "há mais lágrimas derramadas pelos sonhos realizados do que pelos sonhos não realizados".

[49] Referindo-se ao momento anterior à chegada a Paris, Herzen diria: "naquele momento, não sabíamos nada do aspecto decorativo, artificial, de *mise en scène* revolucionária que existia na França. Para nós a associação entre a França e a revolução era um dado" (*P. et M.*, v. 1, p. 166).

[50] "a apoteose do Estado (...) em nosso mundo novo, idéia essencialmente francesa. Ela permite um Estado forte, mas não um povo livre, um povo de excelentes soldados, mas de modo nenhum de cidadãos independentes" (ibid., v. 2, p. 271).

[51] Herzen partiu para a Itália em 21 de outubro de 1847.

[52] São notórias as afinidades sentidas pelos russos — de todas as extrações sociais e de quaisquer orientações políticas — com a Itália e os italianos. Das elites conservadoras da nobreza aos revolucionários extremos, passando pelos homens supérfluos de diversos tipos, os séculos XIX e XX assistiriam a um intenso trânsito de russos pela península, jorrando, sempre, dos relatos de viagem, entusiasmo e celebrações. Da Itália, Herzen escreveu as *Cartas da França e da Itália*, que foram publicadas no *Sovrreminik* (O Contemporâneo), na Rússia, em 1847 e 1848, evidenciando a avaliação contrastante que tinha das duas sociedades.

sempre teve as figuras de Mazzini e de Garibaldi,[53] dos poucos a escapar de sua fina e cortante ironia.

Em fevereiro de 1848, ao saber da revolução, Herzen fez de tudo para se aproximar de Paris, o que, afinal, conseguiu nos inícios de maio. A revolução já perdera a aura da unanimidade, obtida no começo. As contradições sociais e políticas radicalizavam-se. Herzen pôde então testemunhar as pressões inúteis sobre a assembléia eleita, a prisão de Auguste Blanqui,[54] a quem muito admirava, e, depois, a ruptura e o massacre de junho, quando a plebe amotinada da capital da França foi barbaramente metralhada.[55]

Era o fim do começo da revolução de 1848 na França.

Era o começo do fim de todo o processo revolucionário na Europa.

Herzen foi testemunha — ora participante, ora, no mais das vezes, mero espectador — do desmoronamento melancólico de revoluções de início tão promissoras, parecendo ser capazes de emancipar classes sociais e povos que lutavam pelo respeito à identidade nacional, para depois se concluírem nas mãos de monarcas aliados à burguesia dos negócios. Na França, nas mãos de Luís Napoleão, que não tardaria a ser sagrado pelo povo francês como novo imperador: Napoleão III.

É interessante e, de certo modo, surpreendente como, à época, os pensadores simpatizantes e partidários, de alguma forma, da causa revolucionária, de Marx a Bakunin, passando por Proudhon e Herzen, sem falar em Ledru-Rollin, Louis Blanc, Victor Hugo, e tantos outros, argutos e sutis na análise da sociedade e de seus processos, não souberam atinar com as causas profundas que levaram à queda da revolução e ao ascenso de Napoleão III.

Obnubilados pela contundente mediocridade daquele que seria monarca absoluto da França durante mais de 20 anos, esgrimiam contra o vitorioso a arma consoladora dos fracos e dos já derrotados, a ironia, acentuando sempre o contraste entre o *grande, o tio* (Napoleão I) e o *pequeno, o sobrinho de seu tio*

---

[53] Ver em *P. et M.* (v. 2, p. 335 e segs.) os perfis elaborados sobre os dois revolucionários italianos, marcados por profunda empatia, e especificamente sobre Garibaldi (v. 4, p. 243 e segs.).

[54] Revolucionário francês, detido em maio de 1848, quando das manifestações organizadas pela plebe urbana de Paris visando pressionar a assembléia para que aprovasse medidas revolucionárias, revertendo as tendências conservadoras que já então passavam a predominar.

[55] Depois do massacre, no contexto das perseguições que então se desencadearam, Herzen foi procurado pela polícia francesa, tendo sido obrigado a buscar refúgio em Genebra, para onde seguiu apenas uma semana depois da derrota revolucionária, em 20 de junho.

(Napoleão III), sem perceber os fundamentos sociais e históricos de sua vitória, ou as reais habilidades que tinha, apesar de sua reduzida estatura intelectual, e que fizeram dele expressão de vastos movimentos sociais, no início da década de 1850, facultando-lhe o acesso ao vértice de um poder absoluto, e, depois, ao longo de duas décadas inteiras, intérprete e líder de um notável surto desenvolvimentista da sociedade francesa, evidenciando assim capacidade de corresponder a diversificadas demandas, materiais e simbólicas.[56]

Não foi simples, nem fácil, acompanhar a derrocada das revoluções, particularmente a da revolução na França. Como peças de dominó, esbarrando-se umas nas outras, derrubando-se umas às outras, as plebes das grandes cidades européias (Roma, Milão, Paris, Berlim, Praga, Viena e Budapeste) dividiam-se, batiam-se em insurreições desesperadas e cediam posições para as forças conservadoras, unificadas em torno de propósitos contra-revolucionários, moderadores e modernizadores. O que parecera inaudito para muitos concretizava-se — a aliança entre a burguesia, o clero e o exército, e mais, as inesgotáveis forças das reservas camponesas, estreitando, em cerco implacável, a rebeldia das cidades, esmagando-as.

Como acontece em episódios de derrotas históricas, a gesta épica dos que se bateram e foram derrotados, morrendo nas barricadas, entremeava-se com a expectativa patética de reviravoltas que não viriam, para finalizar em fugas desesperadas, renúncias, demissões e episódios lamentáveis de vulgar poltronice. Era o começo do exílio, com seu cortejo comum e recorrente de querelas mesquinhas, agruras, dissensões e deserções.

Para enfrentar o deserto das circunstâncias adversas, Herzen mobilizaria toda a sua verve irônica, impiedosa, para relativizar, aguilhoar, invectivar e deslustrar as figuras dos exilados, oradores sem audiência, líderes sem bases sociais, generais sem tropas, a se moverem num teatro de sombras, gesticulando como se fossem atores, como se ainda representassem papéis numa peça que, para eles, definitivamente se encerrara.

Suas análises, de fina ironia, sobre os exilados alemães, franceses, poloneses, entre outros, e também sobre os ingleses, que acolhiam os derrotados, oferecem um quadro profundo e sintético das tradições e das características dos povos europeus no século XIX.

---

[56] É relativamente recente a revisão historiográfica que tenta decifrar as razões e os fundamentos do apoio popular — rural e também, embora em menor medida, urbano — à contra-revolução (ver Agulhon, 1991).

Herzen divertia-se no exercício da crítica. Mas foi triste e angustiante acompanhar tudo aquilo. Não era apenas uma revolução que se deixara abater. Era todo um continente que revelara uma incapacidade visceral de promover mudanças radicais.

Exausto, o Ocidente falira.[57]

Triunfaram a vulgaridade burguesa, a mesquinharia *affairiste*, a mercadoria, o dinheiro.[58] A moral, reduzida à atividade da aquisição. Os que possuem lutam pela preservação do que é deles. Os que não possuem querem possuir. De um lado, a avareza; de outro, a inveja. Nessas condições, a vida reduz-se à luta permanente por dinheiro.[59]

Estrangeiro naquelas terras e no meio daquelas gentes, Herzen perdera completamente a confiança nas virtualidades da vanguarda universal revolucionária que, em determinado momento, supunha-se estar nas mãos das nações mais prósperas da Europa ocidental e central.

O honroso posto, de apontar ao mundo o rumo da sua emancipação social e nacional, cabia agora às nações *jovens*, à Rússia, em particular, e também, em certa medida, à América do Norte.[60]

---

[57] "Depois de 1848, não tenho a contar senão provas dolorosas, ofensas que ninguém vingou, golpes não merecidos. (...) imagens melancólicas, erros — meus e de outros, equívocos individuais e de povos inteiros. Onde havia a possibilidade de salvação, a morte fechava o caminho." (*P. et M.*, v. 2, p. 302). E ainda: "constatamos com estupor que os ocidentais, em seu conjunto, não correspondem à concepção que tínhamos deles; eles estão muito *abaixo* do que imaginávamos" (ibid., p. 404).

[58] "Assim como o cavaleiro era o protótipo do mundo feudal, agora o burguês o é do novo mundo: os senhores transformaram-se em *donos*. O cavaleiro era antes de tudo *ele mesmo... uma pessoa*. (...) O principal era sua personalidade. Quanto ao burguês, a pessoa esconde-se porque ela não é essencial: o que conta, antes de tudo, é a mercadoria, o negócio, o objeto: o que é primordial é a *propriedade*. O [burguês] é homem de paz... defende seus direitos, mas ataca sem convicção. Calculador, avarento, sob a influência da burguesia tudo se transformou na Europa. A honra do cavaleiro foi substituída pela honestidade do contador, os costumes elegantes pela decência, a polidez pelas maneiras afetadas, o orgulho pela suscetibilidade, os parques pelos pomares, os palácios pelos albergues abertos a *todos*, ou seja, aos que tenham dinheiro" (*P. et M.*, v. 2, p. 404-405). Algumas dessas observações, como é evidente, só poderiam ser feitas por um nobre, e de *souche*.

[59] Ver *P. et M.*, v. 2, p. 406.

[60] Na Europa ocidental, apenas a Itália *irredenta*, e suas principais lideranças revolucionárias — Mazzini e Garibaldi — continuariam merecendo a simpatia de Herzen: "os franceses são especialistas refinados, os alemães, eruditos, mas nós, russos e italianos, temos as cores mais vivas" (*P. et M.*, v. 2, p. 348). Quanto aos EUA, em diversas oportunidades Herzen se referiria

Como se não bastasse, à amargura e à melancolia da derrota política, histórica, viriam se associar dramas e tragédias de natureza pessoal.

As tragédias das perdas da mãe e de um dos filhos (Kolia), afogados num naufrágio,[61] e da mulher, Nathalia, morta de fraqueza, doente, mas já sem vontade de viver, no desdobramento de um drama pessoal, articulado em torno de um triângulo amoroso formado por ela própria, Nathalia, o marido Herzen e G. Herwegh, poeta e exilado alemão, amigo íntimo da família desde a chegada a Paris, em 1847.[62]

O drama ultrapassaria, de longe, os limites da privacidade dos diretamente envolvidos, transformando-se numa *cause célèbre*, um *potin* de dimensões internacionais, mobilizando opiniões e controvérsias, com direito a lágrimas, gritos, ataques de desespero, surtos de depressão, ameaças de vingança, represálias, promessas veladas e abertas de homicídios e de suicídios, e tentativas, por parte de Herzen, de formação de um tribunal revolucionário para julgar o comportamento, que ele considerava infame, de G. Herwegh.[63]

Do *affaire*, cujos detalhes podem ser também apreciados na própria autobiografia de Herzen,[64] parece-me importante, para efeitos do presente artigo, ressaltar um aspecto central.

Trata-se da perspectiva, incorporada por Herzen, de fusão entre as dimensões privada e pública da vida pessoal, ou, dito de outro modo, a *politização* da

de modo positivo a suas realizações, em particular ao fato de que a sociedade norte-americana havia conseguido "retirar o caráter religioso de sua polícia e de sua administração" (ibid., p. 271). As primeiras impressões e avaliações de Herzen sobre o Ocidente, a Rússia e a revolução, às quais se fazem agora referência, são consideradas extensamente no volume citado. À época, também podem ser encontradas em dois outros textos de sua autoria: *Da outra margem*, publicado em alemão em 1850, ganhando em seguida traduções em francês (*De l'autre rive*), em inglês (*From the other shore*), e em russo, em 1855, em Londres; e *O desenvolvimento das idéias revolucionárias na Rússia*, de 1851, publicado também em várias línguas.

[61] Em 15 de novembro de 1851.

[62] Após uma série de peripécias escandalosas, que não ficaram nada a dever a uma novela de folhetim, Nathalia, depois de uma *definitiva* reconciliação com Herzen, morreu em 2 de maio de 1852.

[63] Carr (1968) dedicou o livro sobre os românticos revolucionários a explicar — e a discutir — o imbróglio amoroso. Herzen consumiu, consumindo-se, um bom tempo na tentativa patética — frustrada e frustrante — de organizar um tribunal revolucionário para julgar as atividades e as atitudes de G. Herwegh. A proposta não alcançou um mínimo de acordo, mesmo entre seus amigos mais chegados.

[64] Ver *P. et M.*, v. 3, p. 125 e segs.

vida privada e afetiva, uma ética que os revolucionários russos começavam então a disseminar e que se tornaria emblemática na novela de N. Tchernychevski *Chto Dielat'* (Que fazer?), com suas propostas de construção do *homem novo*, exigentes, de um rigor quase sobre-humano, recusadas pela maioria dos próprios revolucionários, sobretudo no Ocidente. Não por acaso, a proposta de Herzen de constituição de um tribunal revolucionário para avaliar e julgar as vicissitudes do triângulo amoroso nem chegou a ser considerada, morrendo no nascedouro.[65]

O processo todo, como seria de se presumir, foi uma catástrofe, abalando convicções enraizadas e valores éticos íntimos, estruturantes, que diziam respeito à vida familiar, à amizade e ao amor, aprofundando um sentimento de solidão e de deslocamento, de estrangeiro no mundo.

Para culminar, Herzen perdeu a nacionalidade russa, cassada em 1850 pelo próprio tsar, em virtude da recusa a voltar à pátria, ordenada sem sucesso pela III Seção.[66] Salvou-o da condição de apátrida o Grande Conselho de Friburgo, na Suíça, que reconheceu a cidadania conferida a Herzen e a seus familiares pela localidade de Châtel, perto da cidade de Morat.

Até formalmente, Herzen passara à condição de estrangeiro.

O exílio (no exílio) em Londres: desorientação, apogeu e isolamento (1852-65)

Ao aportar na Inglaterra em 1852 — um exílio no exílio — para uma residência involuntária de longos 13 anos, Herzen chegou quebrado, a autoconfiança e o ânimo enfraquecidos, as referências profundamente abaladas, e as perspectivas nunca haviam parecido tão sombrias.

A existência em Londres era "tão tediosa como a de um verme dentro de um queijo",[67] agravada pelo sentimento de total isolamento.[68] A solidão. A

[65] A politização do privado, com uma outra abordagem, seria atualizada, quase um século depois, pela geração de 1968 *que amava tanto a revolução* e teorizada, entre outras, pela obra de M. Foucault.

[66] O Estado russo também fez uma tentativa — frustrada — de confiscar seus bens e seu dinheiro. Dessa manobra Herzen foi salvo pelo barão von Rotschild, que usou sua influência junto a São Petersburgo para contornar uma decisão já tomada neste sentido.

[67] *P. et M.*, v. 3, p. 268.

[68] "em torno, o deserto se estendia cada vez mais, não havia ninguém íntimo por perto, nenhum ser humano. E talvez isto fosse bom. Não pensara ficar mais do que um mês, mas, pouco a pouco, começava a perceber que eu não tinha absolutamente aonde ir, nem nenhuma razão para partir. Em nenhum lugar como em Londres eu poderia viver como um eremita" (ibid., p. 234).

inexistência de laços afetivos sólidos: "Eu era um estrangeiro entre os estrangeiros...não era intimamente ligado a ninguém".[69] Já bem antes, aliás, amigos comuns, Kavelin e Granovsky, entre outros, perceberam a tendência.[70]

Restaram a família próxima, os filhos.[71] E a inquebrantável força interior. Como na infância, quando soube de sua *falsa posição*. Como por ocasião da repressão aos dezembristas, na contracorrente de uma sociedade que aplaudia a perseguição aos revolucionários, jurando com o amigo Ogarev dedicar a vida à luta contra a opressão tsarista. Agora, mais uma vez, Herzen recorreria à força interior, à coragem moral, apoiando-se nela para se salvar do abismo da depressão e do aniquilamento pessoal.[72]

Um outro refúgio, então importante, foi o projeto de registrar por escrito as reminiscências desses anos dolorosos, incluindo o *affaire* amoroso e seus terríveis desdobramentos. Tomado pela idéia de que "nenhum homem, salvo eu mesmo, conhecia [a história dos anos recentes], e que a verdade morreria comigo",[73] Herzen voltou-se com intensidade russa à elaboração de suas memórias, atividade que se prolongaria até 1868.[74]

Desde 1853, no entanto, novos ventos começaram a soprar. Teve início a guerra da Criméia. De um lado, Inglaterra e França, enviando tropas, engajando-se na defesa do Império Otomano, ameaçado. De outro, a Rússia, e

---

[69] *P. et M.*, p. 235. E ainda: "depois de ter errado entre os estrangeiros, de tê-los observado de mais de perto, deixei de procurar neles *os meus* e me desabituei, não dos homens, mas de laços íntimos com eles" (ibid., v. 2, p. 410).

[70] Dele diria Kavelin, ainda em 1849: "Herzen aposta tudo, o que acontecerá? Só Deus sabe, mas me faz medo pensar que seu dinamismo pode arrancá-lo da Rússia para sempre, torná-lo inútil e supérfluo, e será ele mesmo que tudo fará para se colocar numa situação como esta" (*P. et M.*, v. 3, p. 256). Granovsky e Sazonov fizeram observações do mesmo gênero, relacionadas ao início do exílio londrino. Herzen estaria perdendo "o riso claro", "a ironia descontraída", segundo Sazonov. E Granovsky: "o que na Rússia achávamos tão vivo, tão atraente, em teu talento, parece haver desaparecido em solo estrangeiro" (ibid., v. 2, p. 386).

[71] "Quando tudo [acabou] e levantei a cabeça e olhei em torno, à exceção de meus filhos, não havia nada que me parecesse vivo, nada que me fosse próximo" (ibid., v. 3, p. 410).

[72] "Eu sentia a força que morava em mim. Não confiava em ninguém, mas a confiança em mim mesmo se fortalecia e eu me tornava mais independente de todo o mundo" (ibid., p. 235).

[73] Ibid., p. 234.

[74] "Esperando, escrevo; talvez, isto durará mais do que imaginamos — não depende de mim mudar o desenvolvimento caprichoso da espécie humana. Mas falar... isto depende de mim, e eu o farei, dedicando-me a isto integralmente" (ibid., 241).

as ambições históricas de atingir "os mares quentes". Aquele conflito iria ter repercussões nas relações internacionais e no interior da Rússia.

No final, em 1855, o ímpeto expansionista da Rússia fora detido, embora não se possa falar de uma derrota catastrófica. Mais profundos, no entanto, foram os impactos internos. Desvelaram-se, então, de modo irrecusável, as carências, as insuficiências e as distorções, em suma, o anacronismo da formação social russa, em particular a servidão, um flagelo, gerando um exército de escravos desmoralizados, e não de soldados. Infra-estruturas insuficientes — com ênfase para a precaríssima rede de estradas de ferro. Equipamentos militares de um outro tempo — função de uma industrialização muito pouco desenvolvida, que não resistia à comparação com as nações européias mais prósperas.

Desde a grande vitória sobre as tropas napoleônicas, passara-se menos de meio século, mas parecia que a Rússia havia perdido o pé da história. Encolhera. Apequenara-se.

A morte do tsar Nicolau I, em 1855, nos estertores da guerra, contribuiu para facilitar um grande debate que se tornara inevitável e que forçava as barreiras da censura e da vigilância policial.

Era preciso reformar aquela sociedade.

Alexandre II, o novo tsar, em sua primeira fala do trono, depois do anúncio oficial do fim da guerra, em março de 1856, exprimiria uma nova consciência das elites dominantes: "mais vale fazer as reformas pelo alto antes que venham de baixo".[75]

Desencadeou-se então um grande debate na sociedade, que desembocaria num conjunto de reformas modernizantes que modificariam a fisionomia do império tsarista, entre elas, e principalmente, a que levou à abolição da servidão, em fevereiro de 1861.[76]

Sintonizado com a nova conjuntura e, de certo modo, antecipando-se a essas tendências, Herzen, desde o início de 1853, havia fundado em Londres a Imprensa Livre Russa, destinada a publicar e traduzir literatura crítica e revolucionária, contrabandeando-a para a Rússia, e a editar regularmente uma

---

[75] Ver Riasanovsky, 1994:401-402. A referência aos "de baixo" não era mera figura de retórica. Movimentos sociais multiplicavam-se no campo, fazendo vislumbrar a hipótese de uma insurreição agrária de grandes proporções (ver Confino, 1991).

[76] Para uma apreciação da conjuntura, ver Riasanovsky (1994:400 e segs.) e Miliukov (1932, v. 3, p. 829-885). Para a ação dos reformistas pelo alto, os intelectocratas, ver Reis (2006).

revista, *Poliarnaia Zviesdá* (Estrela Polar), sobre temas filosóficos, políticos e culturais.[77] Em seguida, com o concurso do velho amigo de adolescência N. Ogarev, recém-chegado, acompanhado da mulher, a Londres na primavera de 1856, e por sugestão dele, começara a ser publicado um jornal mensal, de agitação política, depois bimensal, *Kolokol* (O Sino), cujo primeiro número foi publicado em 1º de julho de 1857.

O Sino tocava para acordar as gentes, *vivos voco* (chamo os vivos!), e nesta epígrafe, emblemática, traduzia-se o renascimento de uma visão mais esperançosa, otimista, do processo histórico.

Para Herzen foi como uma ressurreição das cinzas.

O ativismo de sempre, a participação em polêmicas, a multiplicação das interlocuções, a verve, a ironia contundente, cortante; Herzen recuperava o que tinha de melhor em sua personalidade, restabelecendo sintonia com a sociedade e o povo russos. Embora ainda no exílio, parecia menos estrangeiro do que nunca, *correspondendo* a movimentos que dinamizavam a sociedade com a qual restabelecia vínculos que pareciam perdidos.

O sucesso do *Kolokol* foi fulminante, reconhecido pelos contemporâneos de todas as tendências políticas. Municiado pelas mais diversas fontes, com propósitos diferentes, mas convergentes, repercutia os debates, denunciava os escândalos, enunciava e divulgava propostas que não suportariam o crivo da censura. E passava de mão em mão, reproduzido de todas as maneiras, encontrado nos círculos revolucionários, nos salões da aristocracia, nas repartições do Estado. O próprio tsar, dizia-se, o lia.

Assim, na segunda metade dos anos 1850, até às vésperas da grande reforma, o prestígio de Herzen chegara ao apogeu. Reconhecido pelos revolucionários que estavam na Rússia e no exílio como um *veterano* inspirador do socialismo russo; apreciado por todos os que, de um modo ou de outro, identificavam-se e preconizavam mudanças e reformas; temido pelas elites conservadoras como um agitador perigoso; interlocutor prezado pelos grandes intelectuais

---

77 Em 21 de fevereiro de 1853, Herzen lançou a Imprensa Livre Russa com um manifesto: "a meus irmãos na Rússia: a porta está aberta. Quereis ou não aproveitar? Vossa consciência decidirá". E desafiadoramente: "se não recebermos nada da Rússia, não será nossa culpa. Se a tranqüilidade vos for mais cara que a palavra, então, calai-vos" (*P. et M.*, v. 3, p. 269; v. 4, p. 290). O manifesto, segundo amigos, assustou mais do que encorajou. O nome Estrela Polar remetia-se a um periódico clandestino criado pelos dezembristas. Na capa, a cabeça dos cinco condenados à morte (Pestel, Ryléev, S. Muraviov-Apostoll, M. Bestujev e Kakhovski). Como epígrafe, Herzen escolheu um verso de Puchkin: "que viva a razão!".

e revolucionários da época que povoavam o exílio londrino, sua casa tornara-se um centro de debates, de encontros, de informações, de elaboração.

Entre muitas outras polêmicas, envolvendo múltiplas questões,[78] em relação precisamente à abolição da servidão, e admitida a necessidade da reforma, debatia-se se os mujiques deveriam ser emancipados de uma vez ou progressivamente, com ou sem a terra, e se esta seria apropriada privada ou coletivamente (a questão do papel a ser reservado à comuna rural). De outro lado, também era ponto polêmico se a nobreza deveria ou não ser indenizada, e como, e quem pagaria a indenização (o Estado ou os próprios mujiques).

Mesmo entre os círculos mais reformistas, era possível detectar fissuras. Impulsionada pelas circunstâncias, e pelo seu próprio movimento interno, surgia na Rússia uma ala radicalizada, e que se radicalizava cada vez mais. A parte mais visível agrupava-se no *Sovremenik* (Contemporâneo), em torno de N. G. Tchernichevsky e N. A. Dobroliubov, que não eram senão a expressão legal de estratos disseminados, mais profundos.

Embora em termos ainda velados, amadurecia a contradição entre os que apostavam nas reformas e os que se tornavam céticos em relação a essa hipótese, denunciando o conservadorismo visceral da autocracia e das elites russas, e que se voltavam, em conseqüência, para a revolução violenta como única via para a realização das reformas efetivas e profundas de que a Rússia carecia.

Herzen optava pelas reformas. Que fossem radicais, mudando profundamente as estruturas sociais e econômicas, garantindo liberdade e terra para os mujiques, agrupados nas comunas rurais. Que fossem, portanto, revolucionárias. Mas que se evitassem as convulsões violentas, porque estas fatalmente levariam ao massacre e ao retrocesso, com repercussões catastróficas do ponto de vista civilizacional.

Procurava extrair da experiência desastrosa das derrotas revolucionárias de 1848 *lições* que pudessem ajudar a compreender e a agir sobre a conjuntura original e efervescente que então vivia a sociedade russa. Nem o reformismo mais conservador, apenas cosmético, considerando, antes de tudo, os interesses das elites nobiliárquicas. Nem a proposta da revolução violenta

---

[78] Sublinhe-se que a sociedade russa não discutia apenas a questão da servidão, sem dúvida a principal e, por óbvias razões, a que mais mobilizava os espíritos e as paixões. Estavam em pauta também as reformas da administração pública (nas cidades e nas províncias), da educação, do aparelho judiciário, das Forças Armadas, para ficar nas mais importantes.

e catastrófica, defendida pelas alas radicalizadas. Entre os dois extremos, o *reformismo revolucionário*, no limite, argumentava Herzen, empreendido pelo alto e, se fosse o caso, pelo próprio tsar.[79]

A abolição da servidão, afinal decretada em fevereiro de 1861, seria marcada pelo entrecruzamento das forças em presença, pelas concepções reformistas moderadas conservadoras do tsar, e pela perspectiva de reforçar o Estado às expensas da sociedade.

Entre os reformistas pelo alto, o aturdimento. Entre os partidários de reformas revolucionárias, como Herzen, a decepção, a amargura. Entre os mais radicais, a confirmação de que nada se poderia esperar mesmo de todas aquelas discussões. O sinal confirmando suas convicções de que era indispensável uma revolução catastrófica, *purificadora*, violenta.

A proposta do enfrentamento violento galvanizaria as energias dos mais jovens e dos mais decididos, que se inspiravam em Tchernychcvski e, daí a pouco, na Zemlia i Volia (Terra e Liberdade), primeira organização clandestina, revolucionária, precursora. Desse tronco proviriam os que fariam atentados às autoridades e ao próprio tsar[80] e *os que foram ao povo, narodniks* (de *narod*, povo), os *populistas*, tentando *acordá-lo*, organizá-lo e mobilizá-lo para a revolução regeneradora.[81]

Os moderados, muitos a contragosto, se deixariam polarizar pela defesa da sociedade contra o caos, e para isto contribuiu, sem dúvida, a insurreição polonesa de 1863, ameaçando a integridade do império, o que suscitou uma grande onda de sentimento nacionalista russo, "um conservadorismo selvagem empurrando o governo no sentido de todos os excessos do terror e das perseguições".[82]

---

[79] Em certa medida, Herzen aproximava-se assim das propostas do então chamado Partido Vermelho, capitaneado, entre outros, pelos irmãos Miliutin, intelectocratas favoráveis a reformas profundas, empreendidas pelo alto, sob a liderança do autocrata, contra os interesses particularistas das elites nobiliárquicas. O que os separava, e radicalmente, era a questão da liberdade, negligenciada pelos intelectocratas e absolutamente essencial para Herzen (ver Reis, 2006).

[80] Houve tentativas em série para matar o tsar na Rússia, desde 1866, e no exterior. Afinal, em 1881, os revolucionários conseguiram eliminar Alexandre II.

[81] A *ida ao povo*, que consagraria e nomearia o *populismo russo*, ocorreu já nos anos 1870.

[82] *P. et M.*, v. 4, p. 305. Uma misteriosa vaga de incêndios criminosos, atribuídos aos "revolucionários extremistas" pela III Seção, também contribuiu não pouco para alarmar a "boa sociedade".

Outros, não poucos, tenderiam à perplexidade ensimesmada. Lamentavam as incongruências das reformas, mas não lhes parecia razoável a aventura revolucionária. Quedaram-se inativos.

Nesse quadro, Herzen tendeu ao isolamento.

Condenava as reformas, por insuficientes, injustas, inconseqüentes, incapazes de abrir horizontes de profunda renovação à sociedade russa e de promover a indispensável justiça social. Ao mesmo tempo, suas críticas ao autocrata indispunham-no com o poder, com os moderados e com uma opinião pública progressista mais ampla, que temia a hipótese de convulsões sociais.

Entretanto, também não estava de acordo com as propostas revolucionárias. Num primeiro momento, ainda antes da grande reforma, no *Kolokol*, advertira publicamente sobre os perigos da radicalização.[83] Uma ida — rápida — de N. Tchernyveski a Londres, onde houve um encontro entre ele e Herzen, nada contribuiu no sentido de sanar as divergências. Tchernycheveski teria cobrado de Herzen que deixasse de lado a "literatura acusadora" e que formulasse um programa político preciso. Não houve acordo.[84]

Em seguida, um infeliz episódio: depois do fechamento do *Sovremennik*, no verão de 1862, Herzen cometeu a imprudência de enviar a Nicolau Tchernychevski uma carta clandestina oferecendo-lhe solidariedade e as instalações de sua gráfica, em Londres ou em Genebra, para editar a publicação no exílio. O escrito caiu nas mãos da III Seção que, usando-a como pretexto, fez prender Tchernichevski, acusando-o de conspiração contra o Estado.[85] Como se sabe, Tchernychevski ficaria dezenas de anos na cadeia e no exílio siberiano, de lá saindo apenas pouco antes de morrer, e mesmo então sem ter readquirido a liberdade de voltar às grandes cidades da Rússia imperial.[86]

---

[83] Ver o artigo "*Very dangerous*" (no original), publicado no *Kolokol* de 1º de junho de 1859, dirigido diretamente ao círculo de N. Tchernychevski, onde se faziam restrições à proposta revolucionária de enfrentamento direto com o poder.

[84] Ver *P. et M.*, v. 4, p. 495, nota 44.

[85] Ibid., nota 45.

[86] Nascido em 1828, Tchernychevski foi preso no verão de 1862. Amargaria prisões e exílios internos longínquos até 1883. Foi então autorizado a residir livremente em Astracã. Só ganhou autorização para residir na cidade natal, Saratov, meses antes de desaparecer, em outubro de 1889, com 61 anos.

Herzen reencontrou-se com o isolamento e a solidão. Estrangeiro no estrangeiro e entre os seus, mesmo entre aqueles que, em certo momento, reivindicavam a condição de seus discípulos.

Expressão do abismo que se criara entre ele e a *nova geração* foi a crítica pública, contundente, feita por P. Zaitchnevski. Da prisão onde se encontrava desde julho de 1861, esse jovem de apenas 19 anos, ex-divulgador clandestino dos escritos de Herzen e Ogarev, formulou o manifesto da Jovem Rússia (*Maladaia Rossia*). Anunciando novos tempos revolucionários, criticava Herzen por seus propósitos moderados: "assustado pelo fracasso da revolução (...) sem confiança nas transformações violentas", dera as costas às posições de outrora.[87]

Herzen respondeu aos ataques com dois artigos no *Kolokol*, criticando os revolucionários que queriam deixá-lo "no meio do caminho". Empregou uma ironia amiga: "vocês nos acham retrógrados, mas não queremos mal a vocês; se estamos mais atrasados em relação às idéias, o mesmo não acontece com o coração, e é ele que dará o nosso ritmo". E continuava: "não se zanguem se chamarmos a atenção de vocês, amigavelmente, para o fato de que a roupa que vocês usam, de Karl Moore et de Gracchus Babeuf, numa praça pública da Rússia, não somente envelheceu, mas parece uma fantasia de baile".[88]

Mas retomar a interlocução não seria uma tarefa fácil.

Um companheiro de Herzen, da redação do *Kolokol*, diria que, depois do panfleto da Jovem Rússia, "a história nos [o pessoal do jornal] colocou nos arquivos, nos enterrou vivos, e nos transformou em espectros do passado".[89]

A última cartada (1865-70)

Londres voltara a se tornar um cidade lúgrube, quase hostil. Minguavam as visitas, despencava a tiragem do *Kolokol*.[90] As fontes de informação secavam. Apequenavam-se as possibilidades de articulação e de ação.

Herzen decidiu então mudar-se para a Suíça, que se tornara um centro importante do exílio centro-europeu e russo. Iria buscar o diálogo direto com

---

[87] *P. et M.*, v. 4, p. 494.

[88] Ibid.

[89] Ibid., p. 495.

[90] Nos tempos áureos, o jornal chegara à tiragem de 2.500 exemplares, expressivo para a época e para as condições russas. Depois das reformas, e das divergências subseqüentes, a publicação foi-se esvaziando. Em 1865, a tiragem mal chegava a 500 exemplares.

os revolucionários, recuperar sua condição de interlocutor e de ator na cena política russa.

Foi sua última cartada. Mas já ninguém queria ouvi-lo.

Os jovens revolucionários o consideravam anacrônico, moderado demais para os tempos apocalípticos que se anunciavam, pelo menos em suas mentes aquecidas, e, para eles, era isto que contava. Envelhecera, no pior sentido da palavra, e era agora procurado apenas como fonte de recursos materiais. As tentativas de articulação com os emissários da Zemlia i Volia, depois de um começo promissor, não levaram a parte alguma. Herzen queixava-se da arrogância dos jovens e do modo "instrumental" como o tratavam.

A vida pessoal o atormentava. As relações com uma segunda mulher, Natalia Tutchkov, não iam nada bem.[91] Tivera com ela mais três filhos, uma filha e um casal de gêmeos, estes mortos prematuramente, vítimas de escarlatina, em Paris,[92] o que nada contribuíra, evidentemente, para desanuviar a atmosfera doméstica. Seus filhos do primeiro casamento, agora jovens, envolviam-se romanticamente em relações afetivas com as quais Herzen não concordava. As tentativas que fez para reunir novamente a *grande família* sob um mesmo teto não deram bons resultados.

Até o círculo mais íntimo, seu último reduto no início sombrio do exílio londrino, parecia agora vacilar.

Foi nestas circunstâncias que, surpreendido por uma pneumonia, em Paris, Herzen desapareceu, em janeiro de 1870.

Um estrangeiro: por destinação ou por vocação?

Alexandre Herzen e a condição do revolucionário estrangeiro

O revolucionário há de ser mesmo um estrangeiro.

Se quer mudar a sociedade em que vive, e o mundo ao redor, é porque não aceita os fundamentos da ordem realmente existente, distancia-se dela,

---

[91] Herzen protagonizara um segundo triângulo amoroso, com a mulher de seu amigo íntimo P. Ogarev, logo depois da chegada deste e de sua então mulher em Londres, em 1856. O casal hospedou-se *chez* Herzen, onde nasceu e cresceu o afeto deste pela mulher do amigo. Os amigos não chegaram a se desentender por causa do *affaire*, ao menos aparentemente. Ogarev reconheceu o fato consumado e, discretamente, se mudou, casando-se mais tarde com outra mulher, Mary Sutherland, uma inglesa, que lhe foi fiel até os últimos dias. Sintomaticamente, Herzen não fala uma só palavra desse assunto em suas volumosas memórias.

[92] A filha mais velha da segunda mulher, Lisa, suicidou-se em 1875, com 17 anos.

tornando-se, nesta exata medida, um *estrangeiro*. De certo modo, precisa mesmo, em sonhos e projetos, enquanto luta, já ir vivendo em ou construindo um território estrangeiro, o objeto de seus desejos, que provavelmente nunca se realizarão.

Se estas reflexões têm um mínimo de adequação, a caracterização de Herzen como estrangeiro não tem nada de singular.

O que torna, no entanto, singular a sua trajetória é a extensão, a intensidade e a profundidade com que se desvincula de suas raízes, de seu ambiente, e de qualquer raiz, e de qualquer ambiente.

O fenômeno não é tão corriqueiro, ao contrário. Por mais extremos, é comum os revolucionários — até para se sentirem fortes, até para fortalecerem a própria determinação — construírem sólidos laços de *pertença*. Com o próprio povo, cujas tradições *positivas* (ou seja, revolucionárias) celebram, ou *inventam*, e que consideram, freqüentemente, e desde Rousseau, *bom*, totalmente, ou fundamentalmente, *bom*, embora eventualmente corrompido, ou degradado, ou *desviado*, pelas circunstâncias e/ou pelas elites dominantes. Também é comum que estabeleçam identidades, à prova de perigos e de desastres, com suas organizações, partidos ou movimentos, e elas resistem, como se pode verificar, a verdadeiras catástrofes políticas e históricas.

Herzen muito raramente, e por pouco tempo, e não com muita profundidade, conseguiu elaborar esses vínculos de pertença. Houve, é certo, em seu itinerário, momentos gloriosos — os anos universitários; o primeiro ano de amor romântico com Nathalia em Vladimir; o período de intensos debates moscovitas, que se estendeu do fim dos exílios internos, em 1842, à partida para o Ocidente, em 1847; e os anos de auge da Imprensa Livre Russa, entre 1853 e 1861.

Foi então possível construir laços relativamente sólidos, com Nathalia, numa primeira fase, antes da partida para a Europa, com os filhos, sobretudo com Alexandre (Sacha) e com Natalia (Tata), com N. Ogarev, sem dúvida.

De resto, amizades menos profundas, a admiração por determinados personagens (Mazzini, Garibaldi, Worcell) e, enfrentando sempre as adversas condições, o acionar de uma personalidade e de um caráter que pareciam crescer diante dos desafios, como se precisasse deles para se lançar sempre em busca de seus objetivos, onde a ação propriamente dita — *semper in moto* — parecia sobrelevar os objetivos, como se a trajetória e o percurso fossem mais importantes do que o alvo perseguido.

Os exegetas favoráveis a Herzen celebram sua dupla condição de russo e de cosmopolita. Teria sempre mantido altas expectativas em relação ao povo russo, considerando-o instintivamente construtivo e revolucionário. E teria sido capaz de articular ampla rede de relações pessoais, políticas e afetivas no *grand monde* da política do século XIX, tornando-se figura incontornável na tradição revolucionária do século XIX russo. Talvez por isto tenha sido, em certa medida, reconhecido pela historiografia existente, inclusive pela soviética, chegando mesmo a merecer a inscrição de seu nome no obelisco existente nas cercanias do Kremlin.[93]

A estas avaliações, a meu ver, falta integrar, e considerar, as constantes restrições e ácidas críticas que formulava à Rússia, seu povo e suas gentes, de onde provinha inclusive seu receio de uma revolução *por baixo*, violenta, a qual era por ele associada a uma tempestade catastrófica, de impacto civilizacional certamente negativo.

Quanto ao Ocidente, como proposta civilizatória, cedo se decantaram suas esperanças. Era um mundo *sem humanidade, sem poesia, sem honra, simplificado, reduzido*. Nessa atmosfera, era como "se não houvesse prefácio, e o epílogo se encontrasse logo no começo".[94] As contra-elites, salvo exceções que reafirmavam a regra, eram objeto, na melhor das hipóteses, de ironias bem-humoradas; na pior, e mais freqüentemente, de impiedosos sarcasmos. Em uma palavra, não inspiravam nenhuma confiança.

O que as distanciava de Herzen, essencialmente, era a desigual avaliação da necessidade do sofrimento humano. Herzen abominava o sacrifício dos seres humanos por quaisquer ideais ou utopias, magníficos e exaltantes que fossem. Em conseqüência, execrava o que chamava de *idéias fixas ou potências fatais*. Nesse balaio entravam o catolicismo, o protestantismo, a ciência e a revolução, esses deuses de pavor e destruição aos quais costumavam e ainda costumam se curvar os seres humanos, que preferem o consolo da segurança e da morte ao risco da imprevisível liberdade.

A liberdade pessoal, que não se confunde com o individualismo desabrido, não como objetivo, mas como ponto de partida, conforme bela carta que escreveu a Mazzini.[95] E como condição para a construção da felicidade

---

[93] V. Lenin, depois da vitória revolucionária, e retomando a tradição faraônica, determinou que nomes ilustres da ordem tsarista fossem apagados do obelisco e, em seu lugar, inscritos nomes de revolucionários. Herzen mereceu essa honra. Um tributo formal porque os bolcheviques não compartilhavam suas concepções e propostas.

[94] *P. et M.*, v. 4, p. 418-419.

[95] Ibid., v. 2, p. 430.

humana, como condição para a liberdade em geral e como barreira às utopias famintas de sacrifício humano. A liberdade de cada indivíduo, *pessoal*, a ser defendida contra as tiranias conservadoras e revolucionárias.[96]

A liberdade, sobretudo, de procurar caminhos num universo imprevisível, não destinado a nenhum fim predeterminado.

Diria Herzen, e vale a longa citação:

> Sabendo que a natureza e a história *não vão a parte alguma* e por causa disto são capazes de ir em qualquer direção; sabendo que elas se desenvolvem na medida em que — por uma infinidade de circunstâncias (...) — o homem, longe de se perder como um grão de areia, adquire um enorme poder, [tornando-se] o piloto que fende as vagas em seu pequeno barquinho, transformando em via de comunicação um abismo sem fundo.
> Sem programa, sem tema, sem finalidade, a história — improvisação descabelada, que se desenvolve sem limites — oferece a cada um suas páginas para que cada um escreva nelas o próprio verso, que será sempre o *seu verso*, bastando para isto que seja sonoro e que o poema não se interrompa![97]

Num mundo dominado pelas *potências fatais*, polarizado em torno de forças conservadoras, interessadas em mudar para conservar, e de movimentos revolucionários, mobilizados por *idéias fixas* e por utopias devoradoras de vidas, que outro destino poderia ter Herzen, fiel a suas convicções, senão o do eterno peregrino, *semper in moto*, mas radicalmente *estrangeiro* num tempo que não era o seu...

Referências bibliográficas

AGULHON, M. *1848, o aprendizado da república*. São Paulo: Paz e Terra, 1991.

ANNENKOV, P. V. *The extraordinary decade* — literary memoirs. Ann Arbor: The University of Michigan Press, 1968.

BERLIN, I. *Pensadores russos*. São Paulo: Companhia das Letras, 1988.

---

[96] "Porque só o individual e o pessoal é que nos agrada, que nos leva, que dá o colorido, o som, o sentido, a paixão. Nosso lirismo é um lirismo pessoal, nossa felicidade e infelicidade são pessoais" (ibid., v. 3, p. 93).

[97] Ibid., v. 4, p. 235.

CARR, E. H. *The romantic exiles*. London: Penguin, 1968.

CONFINO, Michael. Idéologies et mentalités: intelligentsia et intellectuels en Russie aux XVIII et XIXème siècles. *Cultures et Sociétés de l'Est*, Paris, Institut du Monde Soviétique et de l'Europe Centrale et Orientale, n. 13, p. 389-421, 1991.

GINZGURG, Lydia. *Byloie i Dumi Guertzena*. Leningrad, 1957.

MALIA, M. *Alexander Herzen and the birth of Russian socialism*. Harvard: Harvard University Press, 1971a.

_______. Qué es la intelligentsia rusa? In: MARSAL, J. F. (Org.). *Los intelectuales políticos*. Buenos Aires: Nueva Visión, 1971b.

MENDEL, A. Introduction. In: ANNENKOV, P. V. *The extraordinary decade* — literary memoirs. Ann Arbor: The University of Michigan Press, 1968.

MILIUKOV, P. N. (Org.). *Histoire de Russie*. Paris: Ernest Leroux, 1932.

RAEFF, Marc. *Origins of the Russian intelligentisa*. New York: Harcourt, 1966.

REIS FILHO, Daniel Aarão. Intelectuais e política nas fronteiras entre reforma e revolução. In: REIS FILHO, D. A. (Org.). *Intelectuais, história e política*. Rio de Janeiro: Sette Letras, 2000. p. 11-34.

_______. Entre ética e política, entre reforma e revolução: os intelectuais na longa marcha das alternativas ao capitalismo liberal (séculos XIX e XX). In: SILVA, Francisco Carlos Teixeira da; MATTOS, Hebe; FRAGOSO, João (Orgs.). *Escritos sobre história e educação, em homenagem a Maria Yedda Leite Linhares*. Rio de Janeiro: Mauad/Faperj, 2001. p. 151-170.

_______. À procura de modernidades alternativas. A aventura política dos intelectocratas russos em meados do século XIX. In: RIDENTI, M.; BASTOS, E. R.; ROLLAND, D. *Intelectuais e Estado*. Belo Horizonte: UFMG, 2006.

RIASANOVSKY, N. V. *A parting of ways*. Government and the educated public in Russia, 1801-1855. Oxford: Clarendon Press, 1976.

_______. *Histoire de la Russie*. Des origines à 1996. Paris: Robert Laffont, 1994.

SETON-WATSON, H. *The russian empire, 1801-1917*. New York: Oxford Press, 1988.

SIRINELLI, J. F. Le hasard ou la nécessité? Une histoire en chantier: l'histoire des intellectuels. *Vingtième siècle — Revue d'Histoire*, n. 9, jan./mars, 1986.

VENTURI, Franco. *Les intellectuels, le peuple et la révolution*. Histoire du populisme russe au XIXème siècle. Paris: Gallimard, 1972.

WALICKI, A. *A history of Russian thought*. Stanford: Stanford University Press, 1979.

Obras de Alexandre I. Herzen

Polnoe sobranie sochineni i pisem. Petrograd: 1915-25. 22v.

Sobranie sotchineni v tridtasati tomakh. Moskva: 1954-1965. 30v.

Passé et méditations (Byloié i Dumy). Lausanne: L'Age d'Homme, 1974-81. 4v.

Who is to blame? Translation, annotation and Introduction by Michael R. Katz. Cornell: Cornell University Press, 1984.

Essais critiques. Organisés et préfacés par S. Lischiner. Moscou: Progrès, 1977.

La Russie et l'Occident. Adaptation française par André Prudhommmeaux. Des Portes de France, 1946.

Du développement des idées révolutionnaires en Russie. 1853.

De l'autre rive. Traduit par Alexandre Herzen Fils. Genève: 1870.

Récits et nouvelles. Paris: Germer Baillère, s.d.

Essais critiques. Moscou: Progrès, 1977.

Correspondance intime (1851-69). Organisés par J. Michelet et A. Herzen. Paris: s.d.

Impresso nas oficinas da
SERMOGRAF - ARTES GRÁFICAS E EDITORA LTDA.
Rua São Sebastião, 199 - Petrópolis - RJ
Tel.: (24)2237-3769